LEI ANTITERRORISMO

Lei 13.260/2016

Coordenador
Gabriel Habib

LEI ANTITERRORISMO

Lei 13.260/2016

2017

www.editorajuspodivm.com.br

www.editorajuspodivm.com.br

Rua Mato Grosso, 175 – Pituba, CEP: 41830-151 – Salvador – Bahia
Tel: (71) 3363-8617 / Fax: (71) 3363-5050
• E-mail: fale@editorajuspodivm.com.br

Copyright: Edições JusPODIVM

Conselho Editorial: Eduardo Viana Portela Neves, Dirley da Cunha Jr., Leonardo de Medeiros Garcia, Fredie Didier Jr., José Henrique Mouta, José Marcelo Vigliar, Marcos Ehrhardt Júnior, Nestor Távora, Robério Nunes Filho, Roberval Rocha Ferreira Filho, Rodolfo Pamplona Filho, Rodrigo Reis Mazzei e Rogério Sanches Cunha.

Diagramação: Ideia Impressa *(ideiaimpressadesign@gmail.com)*

Capa: Ana Caquetti

L525   Lei antiterrorismo: lei nº 13.260/2016 / coordenador Gabriel Habib – Salvador: Ed. JusPodivm, 2017.
            368 p.

            Vários autores.
            Bibliografia.
            ISBN 978-85-442-1528-9.

            1. Direito internacional penal. 2. Antiterrorismo. I. Habib, Gabriel. II. Título.

                                                                            CDD 341.1366

Todos os direitos desta edição reservados à Edições JusPODIVM.

É terminantemente proibida a reprodução total ou parcial desta obra, por qualquer meio ou processo, sem a expressa autorização do autor e da Edições JusPODIVM. A violação dos direitos autorais caracteriza crime descrito na legislação em vigor, sem prejuízo das sanções civis cabíveis.

SOBRE A COORDENAÇÃO E A AUTORIA

COORDENADOR

Gabriel Habib

Mestre em Ciências Jurídico-Criminais pela Faculdade de Direito da Universidade de Lisboa, Portugal. Pós-graduado em Direito Penal Econômico pelo Instituto de Direito Penal Econômico e Europeu da Faculdade de Direito da Universidade de Coimbra. Professor da pós-graduação da FGV – Fundação Getúlio Vargas. Professor da pós-graduação da PUC-RJ. Professor da EMERJ – Escola da Magistratura do Estado do Rio de Janeiro. Professor da ESMAFE – Escola da Magistratura Federal do Paraná. Professor de FESUDEPERJ – Fundação Escola da Defensoria Pública do Estado do Rio de Janeiro. Professor da FESMP/MG – Fundação Escola Superior do Ministério Público de Minas Gerais. Professor do CERS. Professor do Curso Forum. Defensor Público Federal.

AUTORIA

Álvaro Antanavicius Fernandes

Mestre em Ciências Criminais pela Pontifícia Universidade Católica do Rio Grande do Sul e Doutorando em Ciências Jurídico-Criminais pela Faculdade de Direito da Universidade de Lisboa.

André Mauro Lacerda Azevedo

Doutorando em Ciências Jurídico-Criminais pela Faculdade de Direito da Universidade de Lisboa. Mestre em Direito Constitucional pela Universidade Federal do Rio Grande do Norte. Pesquisador-Visitante do Instituto Max-Planck de Direito Penal Estrangeiro e Internacional (Freiburg-Alemanha) (2013/2014). Especialista em Direito Penal e Criminologia pela Universidade Potiguar. Coordenador do Centro de Estudos e Aperfeiçoamento Funcional do Ministério Público do Estado do Rio Grande do Norte (desde 2013). Presidente do Colégio de Diretores de Escolas e Centros de Estudos e Aperfeiçoamento Funcional dos Ministérios Públicos do Brasil. Promotor de Justiça.

Bruno Gilaberte Freitas

Delegado de Polícia Civil / RJ. Bacharel em direito pela UFF. MBA pela FGV. Mestrando pela UNESA.

Carlos Luiz de Lima e Naves

Advogado Criminalista. Doutorando em Ciências Jurídico-Criminais pela Faculdade de Direito da Universidade de Coimbra. Mestre em Ciências Jurídico-criminais pela Universidade de Lisboa/Portugal. Pós-graduado em Direito Processual pela PUC/Minas. Graduado em Direito pela FDMC. Professor de Direito Processual Penal.

Gabriel Cortez

Pós-Graduado em Direito e Processo pelo Centro Universitário de João Pessoa. Practitioner SOAR pela Florida Christian University. Professor de Direito Penal e Processo Penal em cursos preparatórios para Defensor Público Federal, Estadual, Delegado de Polícia, Tribunal e Ministério Público. Advogado. Assessor de Procurador de Justiça e Master Coach Integral Sistêmico (FEBRACIS).

Isabelle Kishida

Mestre e Doutoranda em Criminologia e Ciências Forenses pela Universidade Pablo de Olavide.

João Batista Moura

Mestre em Ciências Jurídico-Criminais pela Universidade de Lisboa. Defensor Público no Estado do Rio Grande do Sul.

Leonardo Henriques da Silva

Advogado. Mestre e Doutorando em Direito Penal pela Faculdade de Direito da Universidade de São Paulo. Pós-graduado em Direito Penal Econômico e Europeu e em Direitos Fundamentais pela Universidade de Coimbra/Portugal. Pós-graduado em Direito Penal e em Direito Público pela Escola Superior do Ministério Público de São Paulo. Professor Universitário.

Luiza Borges Terra

Mestre e Doutoranda em Criminologia e Ciências Forenses pela Universidade Pablo de Olavide.

Marcelo Rodrigues da Silva

Master of Laws (LLM) em Direito Civil pela Universidade de São Paulo (USP) – 2015-2017. Especialista em Ciências Criminais pela Universidade Estácio de Sá (UNESA). Especialista em Direito Contratual pela Pontifícia Universidade Católica de São Paulo (PUCSP). Especialista em Direito Público pela Escola Paulista da Magistratura (EPM). Especialista em Direito Público pelo Damásio de Jesus em convênio com a Universidade Potiguar. Autor do livro "Organizações Criminosas e Técnicas Especiais de Investigação" (Juspodivm) em coautoria com Luiz Flávio Gomes. Professor convidado na Pós-graduação em Ciências Criminais na Rede de Ensino LFG/Universidade Anhanguera-Uniderp. Professor em direito penal e processo penal na TV Justiça (Coordenada pelo Supremo

Tribunal Federal). Professor do Portal Atualidades do Direito. Advogado. Representante do Instituto Brasileiro de Direito e Política de Segurança Pública nos anos 2012-2013. Membro associado do IBCCRIm, CONPEDI e do BRASILCON.

Márcio Schlee Gomes

Promotor de Justiça do Ministério Público/RS. Mestre em Ciências Jurídico-Criminais na Faculdade de Direito da Universidade de Lisboa (Portugal). Especialista em Direito Constitucional pela Fundação Escola Superior do Ministério Público/RS. Professor de Direito Penal e Processual Penal na Faculdade Anhanguera do Rio Grande/RS. Autor dos livros: "Júri: limites constitucionais da pronúncia" (Ed. Sérgio Fabris, 2010) e "A prova indiciária no crime de homicídio: lógica, probabilidade e inferência na construção da sentença penal" (Ed. Livraria do Advogado, 2016).

Mauricio Schaun Jalil

Advogado. Mestre em Direito Penal pela Faculdade de Direito da Universidade de São Paulo. Pós-graduado em Direito Penal Econômico e Europeu pela Universidade de Coimbra/Portugal. Pós-graduado em Direito Penal pela Escola Paulista da Magistratura. Professor Universitário e Palestrante.

Orlando Faccini Neto

Doutor em Ciências Jurídico-Criminais, pela Universidade de Lisboa – Portugal. Mestre em Direito Público pela UNISINOS – Universidade do Vale do Rio dos Sinos – RS. Especialista em Direito Constitucional pela ULBRA – Universidade Luterana do Brasil. Professor de Direito Constitucional, Direito Penal e Processo Penal. Leciona na Escola Superior da Magistratura/RS. Professor do Curso de Pós-graduação no IDC – Porto Alegre. Representante da AMB – Associação dos Magistrados Brasileiros – junto à ENCCLA – Estratégia Nacional de Combate à Corrupção e à Lavagem de Dinheiro. Delegado Brasileiro em Direito Penal junto à UIM – União Internacional dos Magistrados – nos Encontros da Cidade do México (2016), Barcelona (2015) e Foz do Iguaçu (2014). Autor dos livros: (i) Elementos de Uma Teoria da Decisão Judicial – Constituição, Hermenêutica e Respostas Corretas em Direito e (ii) O Bem Jurídico Penal: duas visões sobre a legitimação do Direito Penal a partir da teoria do bem jurídico. Organizador e coautor do livro: Temas Criminais: a Ciência do Direito Penal em Discussão. Juiz de Direito no Estado do Rio Grande do Sul. Durante o ano de 2016 atuou junto ao Gabinete do Ministro Felix Fischer, no Superior Tribunal de Justiça, em Brasília – DF.

Rodrigo Bello

Advogado Criminalista. Professor de Processo Penal e Prática Penal. Especialista em Ciências Criminais pela UGF/RJ. Autor e professor dos Cursos Forum e Supremo Concursos.

Thiago Grazziane Gandra

Juiz de Direito do TJMG. Titular da Vara de Execuções Penais de Ipatinga/MG. Mestre em Ciências Jurídico-criminais pela Universidade de Lisboa/Portugal. Pós-graduado em

Direito de Empresa pela UGF/RJ. Graduado em Direito pela UFMG. Professor de Direito Penal e Direito Processual Penal.

Wellington Luís de Sousa Bonfim

Mestre em Ciências Jurídico-Criminais pela Faculdade de Direito da Universidade de Lisboa. Procurador Regional da República da 1ª Região. Coordenador do Núcleo de Assuntos Criminais da Procuradoria Regional da República da 1ª Região.

APRESENTAÇÃO

O terrorismo ganhou as manchetes das mídias de todo o mundo a partir do atentado de 11 de setembro, em Nova Iorque. Depois daquele episódio, seguiram-se outros vários acontecimentos, em várias cidades do mundo, como Madri (2004), Londres (2005), Oslo (2011), Boston (2013), Paris (2015), Bruxelas (2016), Istambul (2016), Nice (2016), Berlim (2016), entre outras.

Todos esses acontecimentos tiveram como fator de semelhança os ataques em locais onde havia um grande número de pessoas reunidas.

Na ordem jurídica brasileira, a previsão inicial do terrorismo está nos arts. 4º e 5º, XLIII, da Constituição da República, inclusive esse último artigo equipara-o a crime hediondo. Contudo, no Brasil nunca houve o tipo legal de crime de terrorismo. A previsão constitucional não era suficiente para a tipificação do delito, em razão do princípio da legalidade penal. O ato de terrorismo praticado poderia gerar a prática de outros tipos penais, como o homicídio e a lesão corporal. Porém, jamais o crime de terrorismo por absoluta falta de previsão legal.

A 5 meses das Olimpíadas que ocorreram no Rio de Janeiro em 2016, o Congresso Nacional viu-se obrigado a dar uma "resposta satisfatória" ao mundo, diante dos acontecimentos relacionados ao terrorismo, bem como, e sobretudo, da proximidade das Olimpíadas. Nesse sentido, o Congresso rapidamente aprovou e o Presidente da República sancionou a Lei 13.260/2016, denominada "Lei Antiterrorismo". Como sempre aconteceu nas últimas décadas, a lei, feita às pressas, não primou pela qualidade técnica da sua redação.

Este livro reúne uma coletânea de artigos que abordam questões de natureza penal e processual penal, dos mais variados temas, tendo sempre como ponto central o terrorismo. A nossa intenção com a obra é trazer elementos que auxiliem o estudioso do Direito a compreender de forma mais técnica e precisa os elementos que giram em torno do tema terrorismo.

O que é terrorismo? Quais são os elementos para a sua definição? De quem é a atribuição para investigá-lo e a competência paga julgá-lo? O

Brasil está preparado para enfrentar o terrorismo? Como se dá a produção da prova no terrorismo? O que se entende por atos preparatórios de terrorismo? Existe a figura do terrorista solitário? Como se desenvolveu a Operação Hashtag pela Polícia Federal? Qual a relação entre a criminalidade econômica e o terrorismo? É possível a tortura do terrorista como meio de obtenção de prova?

Essas e outras perguntas são respondidas no decorrer da obra.

Gabriel Habib
Coordenador

SUMÁRIO

1. **O CRIME DE TERRORISMO: UM OLHAR SOBRE A PUNIBILIDADE DOS ATOS PREPARATÓRIOS** 19
   1. CONSIDERAÇÕES INTRODUTÓRIAS 19
   2. FUNDAMENTOS PUNITIVOS DOS DELITOS DE TERRORISMO: O BEM JURÍDICO TUTELADO 21
   3. OS ATOS PREPARATÓRIOS COMO CONDUTAS IMPUNÍVEIS – EM REGRA – NO DIREITO PENAL BRASILEIRO 25
   4. A PUNIBILIDADE DOS ATOS PREPARATÓRIOS DE TERRORISMO: A PREVISÃO DO ART. 5º DA LEI Nº 13.260, DE 16 DE MARÇO DE 2016 28
      - 4.1. Os atos preparatórios de terrorismo 28
      - 4.2. A desistência voluntária e o arrependimento eficaz 30
   5. O ESPECIAL FIM DE AGIR: O (ABSURDO) PROPÓSITO INEQUÍVOCO DE CONSUMAR O DELITO 32
   6. A (DES)PROPORCIONALIDADE DA PENA PREVISTA 33
   7. UMA CONCLUSÃO 34
   8. REFERÊNCIAS BIBLIOGRÁFICAS 34

2. **O ENFRENTAMENTO DO TERRORISMO E O DEVER DE COLABORAÇÃO DO CIDADÃO COM AS LIBERDADES DOS DEMAIS** 37
   - INTRODUÇÃO 37
   1. A PESSOA E O DIREITO PENAL 38
   2. O DIREITO PENAL DO ESTADO DE DIREITO DEMOCRÁTICO E LIBERAL 40
   3. DIREITO PENAL DO CIDADÃO *VS.* DIREITO PENAL DO INIMIGO 42
   4. O INJUSTO DOS CIDADÃOS E O DEVER DE COLABORAÇÃO COM AS LIBERDADES DOS DEMAIS 44

5. TERRORISMO: QUANDO A SEGURANÇA EXIGE A IMPLEMENTAÇÃO DE MEDIDAS EXTREMAS PELO ESTADO: A EXPERIÊNCIA BRASILEIRA (LEI Nº 13.260/2016) 47
6. COMBATE AO TERRORISMO: EM BUSCA DA LEGITIMIDADE PERDIDA 53
7. CONCLUSÃO 56
8. REFERÊNCIAS 58

3. **BEM JURÍDICO-PENAL NO CONTEXTO DA LEI 13.260: CONSIDERAÇÕES DEMOCRÁTICAS** 63
   1. INTRODUÇÃO 63
   2. O BEM JURÍDICO-PENAL E SUA EVOLUÇÃO HISTÓRICA 64
   3. A FUNÇÃO LIMITADORA DO BEM JURÍDICO-PENAL 69
   4. BENS JURÍDICOS OCOS E A ILUSÃO DO PODER POLÍTICO (IN)CONTIDO 74
   5. CONSIDERAÇÕES SOBRE A LEI 13.260, DE 2016 76
   6. CONCLUSÃO 82
   7. REFERÊNCIAS BIBLIOGRÁFICAS 83

4. **IMPRESSÕES PROCESSUAIS DA LEI ANTITERRORISMO: A PRISÃO TEMPORÁRIA APLICADA NA FASE PREPARATÓRIA COMO INSTRUMENTO DE LEGITIMAÇÃO DO DIREITO PROCESSUAL PENAL DO INIMIGO** 85
   1. INTRODUÇÃO 85
   2. LEI ANTITERRORISMO SOBRE O PANORAMA BRASILEIRO 86
       2.1. Mandado de criminalização e orientação internacional 87
   3. PRINCIPAIS ASPECTOS PROCESSUAIS DA LEI Nº 13.260/2016 89
   4. NOÇÕES DE PRISÃO TEMPORÁRIA 91
       4.1. Conceito 91
       4.2. Requisitos 92
           4.2.1. Compreensão Dos Requisitos 95
   5. PRISÃO TEMPORÁRIA E A LEI ANTITERRORISMO 98
       5.1. Direito penal do autor e do fato (culpa) 99
   6. PRISÃO TEMPORÁRIA DOS ATOS PREPARATÓRIOS DO TERRORISMO 100

SUMÁRIO

      6.1. Considerações sobre os porquês de os atos preparatórios serem puníveis e passíveis de prisão temporária........................ 101

      6.2. Funcionalidade da prisão temporária para apurar atos preparatórios.. 102

  7. CONCLUSÃO 103

  8. REFERÊNCIAS BIBLIOGRÁFICAS.. 104

5. **O TERRORISTA SOLITÁRIO. QUANDO O INIMIGO AGE SOZINHO** 105

  1. INTRODUÇÃO 105

  2. O TERRORISMO E O DIREITO PENAL DO INIMIGO.................... 106

  3. O TRATAMENTO JURÍDICO DIVERSO DADO AO DELITO DE ORGANIZAÇÃO TERRORISTA E A NEUTRALIZAÇÃO DO INIMIGO COMO *RATIO LEGIS*... 117

  4. A ORGANIZAÇÃO TERRORISTA COMO FONTE DE PERIGO E O PARALOGISMO DA MAIOR PERICULOSIDADE DE UMA ASSOCIAÇÃO DELITUOSA 119

  5. O TERRORISTA SOLITÁRIO NA LEI PENAL BRASILEIRA............. 123

  6. CONCLUSÕES 124

  7. BIBLIOGRAFIA 124

6. **A OPERAÇÃO *HASHTAG* E A LEI 13.260/2016** 127

  INTRODUÇÃO 127

  1. A OPERAÇÃO *HASHTAG* 132

  2. REPRESENTAÇÃO DA AUTORIDADE POLICIAL 135

  3. PEDIDO DE PRISÃO TEMPORÁRIA, BUSCA E APREENSÃO DOMICILIAR E CONDUÇÃO COERCITIVA.................................... 137

  4. FUNDAMENTOS DO PEDIDO 139

  5. DA COMPETÊNCIA... 142

  6. CONCLUSÃO 146

  BIBLIOGRAFIA... 148

7. **CRIME DE TERRORISMO: UMA VISÃO PRINCIPIOLÓGICA À LUZ DA LEI Nº 13.260/2016** 149

  1. INTRODUÇÃO 149

  2. PODER, DIREITO E TERRORISMO 151

  2.1. Poder e violência 151
  2.2. Conceito de terrorismo, guerra e guerrilha 153
  2.3. A dinâmica do terrorismo 153
  2.4. Terrorismo e evolução legislativa internacional. Breves considerações 155
  2.5. O atentado de 11 de setembro nos EUA sob a perspectiva do Direito 156
3. O CRIME DE TERRORISMO E O DIREITO PENAL DO INIMIGO 158
  3.1. O direito penal do inimigo (direito penal?) 158
  3.2. Combate ao terrorismo na contramão de um sistema de garantias de defesa 161
  3.3. Segurança nacional e os perigos da polarização no eixo das garantias democráticas 164
4. A LEI 13.260/2016: ABORDAGEM CRÍTICA NA PERSPECTIVA DAS GARANTIAS 166
  4.1. Conceito de crime de terrorismo na Lei 13.260/16 166
  4.2. Dos atos preparatórios 169
5. DA PRISÃO CAUTELAR NO CRIME DE TERRORISMO 171
  5.1. Breves considerações normativas 171
  5.2. Da prisão temporária e da prisão preventiva no crime de terrorismo 172
6. DA INVESTIGAÇÃO, PROCESSO E JULGAMENTO 174
7. CONCLUSÃO 176
8. REFERÊNCIAS 178

8. **ORGANIZAÇÕES TERRORISTAS: INTERSECÇÕES E DIÁLOGOS ENTRE AS LEIS 12.850/2013 E 13.260/2016** 181
INTRODUÇÃO 181
1. BREVE CONTEXTUALIZAÇÃO DA LEI "ANTITERRORISMO" (LEI 13.260/2016) E REFLEXÕES CRÍTICAS 182
2. O CONCEITO DE TERRORISMO E SUA TIPIFICAÇÃO 197
3. ANÁLISE PANORÂMICA DOS CRIMES DOS ARTIGOS 5º, *CAPUT* (E INCISOS I E II) E 6º DA LEI 13.260/2016 202
  3.1. A criminalização dos atos preparatórios de terrorismo e do recrutamento, transporte, municiamento e treinamento de pessoas internacional ou não (artigo 5º, *caput* e incisos I e II) 202

SUMÁRIO

    3.2. Criminalização do financiamento do planejamento, da preparação ou da execução de atos de terrorismo e outros equiparados (artigo 6º da Lei 13.260/2016) 204

4. ORGANIZAÇÕES TERRORISTAS: INTERSECÇÕES E DIÁLOGOS ENTRE AS LEIS 13.260/2016 E 12.850/2013 205

    4.1. O crime de participação em organização terrorista (artigo 3º da Lei 13.260/2016) 205

    4.2. A aplicação da Lei 12.850/2013 às organizações terroristas: qual a extensão do artigo 1º, § 2º, inciso II? 214

    4.3. Investigação, processo e julgamento dos crimes previstos na Lei Antiterrorismo (artigo 16 da Lei 13.260/2016) 215

        4.3.1. Meios excepcionais de produção de provas 215

        4.3.2. Processo e julgamento 217

5. CONSIDERAÇÕES FINAIS 219
6. REFERÊNCIAS BIBLIOGRÁFICAS 220

9. CRIME DE TERRORISMO: ASPECTOS PROBATÓRIOS 225

INTRODUÇÃO 225

1. O CRIME DE TERRORISMO E A LEI 13.260/2016 226
2. DIREITO PENAL SIMBÓLICO E A QUESTÃO DO TERRORISMO: REFLEXOS NA PROVA PENAL 229
3. PROBLEMÁTICA PROBATÓRIA PARA CARACTERIZAÇÃO DO "TERRORISTA" 233

    3.1. Indícios e a comprovação dos atos de terrorismo 233

    3.2. *Standard* de prova: prova acima de dúvida razoável 238

4. CONCLUSÕES 243
5. REFERÊNCIAS BIBLIOGRÁFICAS 246

10. CRIMINALIDADE ECONÔMICA E TERRORISMO 249

1. CRIMINALIDADE ECONÔMICA: CONCEITUAÇÃO, PRINCIPAIS CARACTERÍSTICAS E PECULIARIDADES 249
2. NORMATIZAÇÃO DO TEMA NO BRASIL: BREVE SÍNTESE LEGISLATIVA DA CRIMINALIZAÇÃO NA ESFERA ECONÔMICA 254
3. A PRÁTICA DO TERRORISMO E SUAS REPERCUSSÕES ECONÔMICAS: AS INCRIMINAÇÕES DO ART. 6º DA LEI 13.260/16 258

4. CONSIDERAÇÕES FINAIS 262
5. BIBLIOGRAFIA 262

11. A TORTURA DO TERRORISTA COMO EXPRESSÃO DE UMA CRÍTICA À METODOLOGIA DA PONDERAÇÃO 265

1. INTRODUÇÃO 265
2. A ESTRUTURA DA PONDERAÇÃO 266
3. PONDERANDO A POSSIBILIDADE DE TORTURAR 270
4. DIMENSÃO AXIOLÓGICA DOS PRINCÍPIOS 274
5. DIGNIDADE 279
6. LEGÍTIMA DEFESA 281
7. ESTADO DE NECESSIDADE 285
8. DESCULPA 289
9. CONCLUSÃO 292
10. REFERÊNCIAS 293

12. DA COMPETÊNCIA E PROCESSAMENTO E JULGAMENTO DOS CRIMES DE TERRORISMO 297

1. OBJETIVO 297
2. INTRODUÇÃO 298
3. O ART. 11 DA LEI 13.260/16 299
4. PRINCÍPIOS PROCESSUAIS 299
5. CONCEITOS DE ATRIBUIÇÃO E COMPETÊNCIA 302
6. INVESTIGAÇÃO DA POLÍCIA FEDERAL 302
7. PRISÃO TEMPORÁRIA 305
8. COMPETÊNCIA DA JUSTIÇA FEDERAL 306
9. PROCESSAMENTO E JULGAMENTO DOS CRIMES DE TERRORISMO 308
10. CONCLUSÃO 310

13. UMA ANÁLISE HERMENÊUTICA SOBRE O CRIME DE TERRORISMO TIPIFICADO NA LEI 13.260/16: A INCONSTITUCIONALIDADE DO ELEMENTO SUBJETIVO ESPECIAL DO INJUSTO INSERIDO PELO LEGISLADOR INFRACONSTITUCIONAL 311

1. INTRODUÇÃO 311

SUMÁRIO

2. CARACTERIZAÇÃO DO TERRORISMO E CONCEITO LEGAL 313
3. CAUSA DE EXCLUSÃO DO CRIME (ART. 2º, § 2º, LEI 13.260/16): MOVIMENTOS SOCIAIS 316
4. ATIPICIDADE DOS ATOS DE TERROR PRATICADO POR ORGANIZAÇÕES CRIMINOSAS NÃO TERRORISTAS QUE ATUAM DE DENTRO DOS ESTABELECIMENTOS PRISIONAIS 319
5. DA INCONSTITUCIONALIDADE DO ELEMENTO SUBJETIVO DO TIPO PREVISTO PARA A CONFIGURAÇÃO DO CRIME DE TERRORISMO 326
6. CONCLUSÃO 334
7. REFERÊNCIAS BIBLIOGRÁFICAS 337

14. ELEMENTOS PARA A DEFINIÇÃO DO CRIME DE TERRORISMO E A CARACTERIZAÇÃO DO TERRORISMO CONTEMPORÂNEO 339

1. INTRODUÇÃO 339
2. AS OITO VARIÁVEIS DO TERRORISMO, SEGUNDO GEORGE P. FLETCHER 340
   - 2.1. O fator da violência 341
   - 2.2. A finalidade exigida 342
   - 2.3. A natureza das vítimas 342
   - 2.4. A conexão do ofensor com o Estado 343
   - 2.5. A justiça e o motivo das causas terroristas 343
   - 2.6. O nível de organização 344
   - 2.7. O elemento teatral 344
   - 2.8. A ausência de culpa ou de arrependimento 344
3. OS ELEMENTOS DA DEFINIÇÃO DE TERRORISMO NA DOUTRINA. 345
   - 3.1. O elemento estrutural 346
     - 3.1.1. O terrorista solitário 347
     - 3.1.2. A ausência de hierarquia no terrorismo jihadista 349
   - 3.2. O elemento teleológico 350
4. TOMADA DE POSIÇÃO SOBRE A DEFINIÇÃO DE TERRORISMO........ 351
5. O TERRORISMO CONTEMPORÂNEO 353
   - 5.1. As características do terrorismo contemporâneo 356

5.2. O terrorismo nacional ou interno 359
5.3. O terrorismo internacional 359
5.4. Terrorismo tradicional x terrorismo contemporâneo 361
6. CONCLUSÃO 362
7. REFERÊNCIAS BIBLIOGRÁFICAS 363

1

O CRIME DE TERRORISMO: UM OLHAR SOBRE A PUNIBILIDADE DOS ATOS PREPARATÓRIOS

ÁLVARO ANTANAVICIUS FERNANDES[1]
LUIZA BORGES TERRA[2]

SUMÁRIO • 1. Considerações introdutórias – 2. Fundamentos punitivos dos delitos de terrorismo: o bem jurídico tutelado – 3. Os atos preparatórios como condutas impuníveis – em regra – no direito penal brasileiro – 4. A punibilidade dos atos preparatórios de terrorismo: a previsão do art. 5º da Lei nº 13.260, de 16 de março de 2016: 4.1. Os atos preparatórios de terrorismo; 4.2. A desistência voluntária e o arrependimento eficaz – 5. O especial fim de agir: o (absurdo) propósito inequívoco de consumar o delito – 6. A (des)proporcionalidade da pena prevista – 7. Uma conclusão – 8. Referências bibliográficas.

1. CONSIDERAÇÕES INTRODUTÓRIAS

Ainda que de certa forma acompanhe a humanidade no curso da história o terrorismo vem ganhando cada vez maior expressividade no cenário mundial.[3] Neste ponto, se forem observados os diversos sistemas de Direi-

---

1. Mestre em Ciências Criminais pela Pontifícia Universidade Católica do Rio Grande do Sul e Doutorando em Ciências Jurídico-Criminais pela Faculdade de Direito da Universidade de Lisboa.
2. Mestre e Doutoranda em Criminologia e Ciências Forenses pela Universidade Pablo de Olavide.
3. CALLEGARI, André e LINHARES, Raul Marques. Terrorismo: uma aproximação conceitual. "In" Revista Brasileira de Ciências Criminais. Ano 23, volume 115, julho/agosto de 2015. São Paulo: RT, p. 196. Tal fato pode ser percebido incluso em normativas da União Européia ao obrigar a tipificação dos delitos de terrorismo aos países membros, como ressalta CARBONELL: "Ya en 2005, y apremiados en gran medida por el asesinato del cineasta holandés Theo Van Gogh (noviembre de 2014), los atentados de Londres (julio 2005) y el hecho que en los casos mencionados varios de los terroristas eran ciudadanos europeos que habían sido radicalizados dentro de la Unión Europea, la UE presentó la Estrategia de Lucha contra el Terrorismo, documento que fijaba las bases regulatorias y los objetivos a cumplir en materia de lucha contra el terrorismo y que ya apuntaba – de forma específica – medidas más concretas y líneas de actuación. Apesar de haber sido sujeto de varias revisiones, actualmente ese documento sigue siendo cargado de establecer la estrategia europea. El documento se articula en base a Cuatro grandes ejes de acción que cubren todas las problemáticas a las que la Unión Europea estipula hacer frente en relación a

to comparado, fácil é perceber um "endurecimento" no campo do Direito Penal material e, simultaneamente, uma tendência à flexibilização de garantias no âmbito processual como decorrência de uma guerra que se encontra efetivamente sacramentada. Implementa-se, pois, uma verdadeira esquizofrenia belicista do sistema integral penal, fonte de um Direito Penal bélico que assenta a prevenção nas teorias da perigosidade e da segurança.[4] Desestabilizou-se a premissa de que o Direito Penal, no âmbito de um Estado democrático de Direito, se fundamenta na dignidade da pessoa humana, não se identificando "com qualquer qualificação dogmática geradora da negação do ser humano como pessoa, mas com uma qualificação dogmática de Direito penal da humanidade."[5]

Nos Estados Unidos, apenas para trazer um exemplo, o "Patriot Act", editado logo após o 11 de Setembro e atualmente substituído pelo "USA Freedom Act", estabeleceu uma relativa desconstrução da pessoa como sujeito de direitos a fim de propiciar a "descoberta da verdade e a paz pública". Passou-se a admitir o emprego da tortura, a privação da liberdade sem decisão judicial ou culpa formada, a supressão de garantias processuais penais, a criação de tribunais especiais militares para questões de crime, o cancelamento do "habeas corpus" e a violação de todos os direitos, liberdades e garantias, tudo sob o fundamento da "guerra ao terrorismo".[6]

No Brasil, a Lei n° 13.260, de 16 de março de 2016, editada com a finalidade de regulamentar o disposto no art. 5º da Constituição Federal,[7] em meio à definição dos tipos penais incriminadores, introduziu, em meio a polêmicas, a punibilidade de atos preparatórios do terrorismo, o que se traduz em inovação no Direito Penal brasileiro. Foi sob a vigência da nova lei, aliás, que em 21 de junho de 2016 (quinze dias antes do início dos Jogos Olímpicos do Rio de Janeiro), a Polícia Federal prendeu, naquela que teria

---

esa materia: prevenir, proteger, perseguir y responder". (In *Islamismo yihadista: radicalización y contraradicalización*. Valencia: Tirant lo Blanch, 2015. p. 216). Neste mesmo sentido CAMPO MORENO: "Tal modificación es la respuesta penal ofrecida por nuestro legislador al terrorismo yihadista y la plasmación normativa del acuerdo de los dos partidos mayoritarios en la Cámaras legislativas. Es el fruto del reciente Pacto Antiterrorista ante las amenazas, en Europa, por parte del terrorismo más radical y de carácter extremamente ideológico." (*In: Comentarios a la reforma del Código Penal en materia de terrorismo: La L.O. 2/2015*. Valencia: Tirant lo Blanch, 2015. p. 6.)

4. VALENTE, Manuel Monteiro Guedes Valente. *Direito Penal do Inimigo e o Terrorismo: o "progresso ao retrocesso"*. Coimbra: Almedina, 2010, p. 100.
5. VALENTE, Manuel Monteiro Guedes Valente, *Op. cit.*, p. 100.
6. VALENTE, Manuel Monteiro Guedes Valente, *Op. cit.*, p. 99.
7. O aludido diploma legal disciplina o terrorismo, trata de disposições investigatórias e processuais e reformula o conceito de organização terrorista, alterando, ainda, as Leis n°s 7.960, de 21 de dezembro de 1989, e 12.850, de 2 de agosto de 2013.

sido a primeira operação que se efetivou na vigência da nova lei contra o terrorismo (denominada de "Operação Hashtag"), dez pessoas suspeitas de planejarem atos terroristas.

Pois bem. Feitas tais considerações, sem perder de vista as modernas tendências criminais e processuais, a proposta para este trabalho é examinar exatamente as seguintes questões: (a) a (i)legitimidade da punição dos atos meramente preparatórios de terrorismo – enquanto exceção à regra da relevância penal a partir da prática dos atos de execução – em sua relação com o princípio da legalidade; e (b) a (des)proporcionalidade da sanção penal abstratamente prevista. Optou-se por iniciar com uma breve alusão à questão do bem jurídico, prosseguindo com a temática da punibilidade dos atos preparatórios de terrorismo, transitando, ainda, pela problemática do especial fim de agir, para finalizar com a questão da (eventual) violação ao princípio da proporcionalidade que deve reger o estabelecimento da pena privativa de liberdade. O tema é novo. A discussão está ainda iniciando.

2. FUNDAMENTOS PUNITIVOS DOS DELITOS DE TERRORISMO: O BEM JURÍDICO TUTELADO

Previamente ao pontual exame dos problemas que cercam a punição dos atos preparatórios de terrorismo, afiguram-se indispensáveis algumas considerações acerca do bem jurídico tutelado. De início, cumpre desde logo ressaltar que ao tipificar os delitos de terrorismo optou o legislador brasileiro por estabelecer delitos gerais (exemplo: homicídio), cometidos, contudo, com uma finalidade específica que funciona como justificativa para um tratamento jurídico bem mais severo. Por outro lado, relativamente ao bem jurídico que se pretende tutelar, dividem-se os penalistas em dois grandes grupos. Um primeiro grupo defende que os delitos de terrorismo não constituem tipos penais autônomos, lesionando unicamente o bem jurídico tutelado pelo delito geral. Portanto, em um delito de homicídio cometido com uma finalidade terrorista o bem jurídico tutelado seria, tal como ocorre em qualquer hipótese em que tal delito é praticado, unicamente a vida. Um segundo grupo, de modo contrário, sustenta que os delitos de terrorismo são autônomos, caracterizando-se como pluriofensivos, lesionando o bem jurídico individual (exemplo: vida ou integridade física), mas simultaneamente outro bem jurídico supraindividual. Dentro desta segunda concepção é possível identificar nova subdivisão em dois entendimentos distintos:

(a) o primeiro considera que são dois os bens jurídicos, é dizer, o bem jurídico individual – que muda de acordo com a conduta concreta –

e um único bem jurídico supraindividual, que independe do delito cometido, e que consiste na ordem pública.

(b) o segundo entende que os delitos de terrorismo lesionam o bem jurídico individual, modificando-se o bem jurídico supraindividual conforme a finalidade terrorista que se busca com a prática do delito concreto. Assim, os delitos de terrorismo teriam diferentes bem jurídicos tutelados dependendo da finalidade contida na ação.

Acerca de tais posicionamentos, apresenta o primeiro deles um grave problema estrutural: desconsideram os seus defensores que se os delitos de terrorismo punem com uma pena maior do que os delitos gerais tal ocorre justamente porque afetam de alguma maneira valores adicionais aos bens jurídicos que protegem. Por tal razão, entende-se severamente equivocado defender que os delitos de terrorismo não apresentam pluriofensividade.[8]

Por outro lado, afirmar que em todas as possíveis formas de terrorismo o bem jurídico supraindividual protegido é a ordem pública (considerada como a "preservación de los principios, derecho y liberdades constitucionales"), independente da finalidade terrorista ou da razão com que o delito em concreto foi praticado, também é algo que não se pode aceitar.[9] Cumpre perceber, neste passo, em que pese os delitos de terrorismo lesionarem direitos e liberdades constitucionais, que se aceitarmos a conceituação proposta estaremos frente a um bem jurídico pouco delimitado e geral, tendo em vista que qualquer delito previsto no ordenamento jurídico penal lesionará de alguma forma direitos fun-

---

8. Sobre a pluriofensividade do bem jurídico apresentada pelos delitos de terrorismo discorrem diversos autores, sendo posicionamento pacificado na doutrina. Dentre eles: MUÑOZ CONDE: "Tratamiento agravatorio de los delitos comunes: los arts. 572, 573, 574 y 575 establecen, en efecto, una pena distinta, superior a la que corresponde a los delitos de estragos (art. 572,1), incendios (art. 572.1), delitos contra las personas (arts. 572,2 y 3), tenencia, tráfico, depósito de armas, municiones o explosivos (573), otros delitos (art. 574) y delitos contra el patrimonio (art.575), cuando sean cometidos por personas que pertenecen, actúan al servicio o colaboran con las organizaciones terroristas." (In: Manual de Derecho Penal. Parte especial. Valencia: Tirant lo blanch, 2013, p. 813). Da mesma forma discorre GONZÁLES CUSSAC "(...) posuen dos elementos comunes, a sa, ber: la comisión material y directa de una serie de figuras delictivas, y la finalidad con que se llevan a cabo: subvertir el orden constitucional o alterar gravemente la paz pública." (In: Tomo VII. Esquemas de derecho penal. Parte especial. Valencia: Tirant lo blanch, 2010. p. 404).

9. SUÁREZ-MIRA RODRIGUEZ, Carlos; JUDEL PRIETO, Ángel; PIÑOL RODRIGUEZ, José Ramon. Manual de Derecho Penal. Tomo II. Parte Especial. Thomson Reuters, 2011. p. 673 y ss. Tal forma insatisfatória de conceituar a ordem pública pode ser encontrada, por exemplo, no ordenamento espanhol tanto em forma de jurisprudência, sendo ainda mais incompleta na doutrina. Por exemplo, estabelece a STC 19/1985: "la seguridad, de la salud y de la moralidad pública, son elementos constitutivos del orden pública protegido por la Ley en el ámbito de una sociedad democrática". (In: SENTENCIA n. 19/1985 del TRIBUNAL CONSTITUCIONAL, 13 de Fevereiro de 1985).

damentais, o respeito pela lei ou pelas liberdades constitucionais. Assim, não restariam distinguidos os bens jurídicos tutelados nos delitos de terrorismo daqueles protegidos nos demais tipos penais do Código Penal. De forma extremamente simples, pode-se afirmar que um delito de lesões corporais sempre fere o direito fundamental de integridade física. Deste modo, poderíamos incorrer em figuras de terrorismo que nada tem a ver com o terrorismo em si, devido a má delimitação do bem jurídico, o que não pode ser minimamente aceito em um Estado Democrático de Direito.

Assim, o posicionamento mais aceitável parece ser o estabelecido pelo legislador brasileiro no art. 2º, § 1º, da Lei nº 13.260, de 16 de março de 2016, é dizer, aquele que considera os delitos de terrorismo como pluriofensivos, ou seja, lesionam o bem jurídico individual, mas ao mesmo tempo lesionam um bem jurídico supraindividual que se relaciona à finalidade exigida no tipo penal. Com efeito, temos, com o advento da Lei 13.260, de 16 de março de 2016, duas finalidades terroristas que pouco se distinguem entre si, nos termos da lei: "provocar terror social ou generalizado". Tal expressão deve ser entendida como a criação de um estado de terror que crie tamanho pânico social que impeça, total ou parcialmente, o livre exercício das liberdades fundamentais próprias do Estado democrático de Direito. Seria, em outras palavras, um delito que lesiona a própria paz pública,[10] impedindo o exercício dos direitos fundamentais. Não é necessário, sublinhe-se, que o sujeito alcance a finalidade de provocar terror social ou generalizado, bastando que o meio utilizado para tanto possua idoneidade para atingir tal desiderato.

---

10. "O terrorismo, também no tipo penal desenvolvido no Brasil, pode ser considerado um crime atentatório a diversos bens jurídicos. Conforme já exposto no presente trabalho, em um primeiro momento, o terrorismo pode ser considerado como uma violação do bem jurídico tutelado pela figura criminosa comum da qual se utiliza para a prática do terrorismo (como por exemplo, no homicídio, a vida). Acima disso, deve-se propriamente atribuir a tutela de bens jurídicos mais amplos, como a paz pública e a própria democracia (...). O bem jurídico paz publica se relaciona diretamente com a característica comunicacional do terrorismo, que tem em seu cerne o objetivo de difusão do terror nas pessoas, e por isso, atentando contra o sentimento de paz pública. O conceito de paz pública é fornecido por BLANCO CORDERO, para quem o termo se refere "a la tranquilidad y sosiego en relaciones de unos con otros, esto es, a las condiciones básicas para la convivencia ciudadana, a la seguridad en el ejercicio de derechos y libertades sin temor a ataques contra las personas". (CALLEGARI, André Luís; LIRA, Cláudio Rogério Sousa; REGHELIN, Elisângela Melo. MELIÁ, Manuel Cancio; LINHARES, Raul Marques. *O crime de terrorismo: reflexões críticas e comentários à Lei do Terrorismo*. Porto Alegre: Livraria do Advogado, 2016, p. 99). Nesse sentido também CAMPO MORENO: "(...) la finalidad segunda (hablando de la generación del estado de terror) es una clásica entre las finalidades terrorista. Alterar gravemente la paz pública." (*In Comentarios a la reforma del Código Penal en materia de terrorismo: La L.O. 2/2015*. Valencia: Tirant lo Blanch, 2015. p. 39).

Cumpre perceber, entretanto, que ao tipificar como condutas terroristas as que possuem finalidade de causar terror social ou generalizado se podem imputar como terrorismo diversas condutas que talvez não constituam um ato terrorista em si. O legislador brasileiro não delimitou na referida legislação um caráter político, limitando-se a estabelecer "a finalidade do terrorismo unicamente a provocação do terror social ou generalizado".[11] Em uma análise literal do tipo base do delito de terrorismo apresentado no art. 2º, encontraríamos taxados de terrorismo delitos que não condizem – "de per si" – com a intenção político-criminal do legislador. Desde que cometidos com a finalidade de criar um estado de terror generalizado, poderíamos imputar – devido à técnica legislativa falha utilizada pelo legislador – como terrorismo até a conduta de um "serial killer", por exemplo.

Assim sendo, deve-se entender que os delitos de terrorismo são delitos contra a vida, a liberdade etc., mas que sejam, entretanto, cometidos como forma de coação, como um sinal de intimidação coletiva, a fim de provocar um estado de terror social ou generalizado. É, saliente-se, insuficiente um terror momentâneo, como, por exemplo, o originado de eventuais tiroteios.

Ademais, para além da finalidade intrínseca ao delito de terrorismo, é imprescindível a presença de um elemento teleológico, dentre aqueles descritos no art. 2º, "caput". Tais elementos são enumerados pelo legislador de forma taxativa, sendo eles: "xenofobia, discriminação ou preconceito de raça, cor, etnia e religião". Portanto, se ausente qualquer dessas motivações mais adequado parece o entendimento de que a conduta seria atípica, o que limita descomedidamente a aplicabilidade da lei.

No que tange a algumas condutas de terrorismo, algumas delas apresentam-se como atos executórios propriamente ditos em delitos de terrorismo, como, por exemplo, usar conteúdo nuclear para promover destruição em massa, enquanto outras consistem em atos preparatórios em que o legislador optou por equiparar a atos terroristas propriamente ditos, por exemplo, guardar explosivos em depósito.[12] Entretanto, o que difere essas condutas das condutas previstas no Código Penal são os requisitos presentes no tipo subjetivo e a natureza pluriofensiva do bem jurídico discutida anteriormen-

---

11. CALLEGARI, André Luís; LIRA, Cláudio Rogério Sousa; REGHELIN, Elisângela Melo. MELIÁ, Manuel Cancio; LINHARES, Raul Marques. *Op. cit.*, p. 96.

12. Neste sentido: "Neste ponto, são adotadas figuras criminais de mera conduta (usar ou ameaçar usar, transportar, guardas, portar ou trazer consigo), próprias de um direito penal cada vez mais voltado a tutela do futuro, com um viés preventivo, no qual, segundo Massimo Donini, não se criminalizam condutas intoleráveis em si mesmas, mas sim pelas consequências que elas poderiam produzir". (CALLEGARI, André Luís; LIRA, Cláudio Rogério Sousa; REGHELIN, Elisângela Melo. MELIÁ, Manuel Cancio; LINHARES, Raul Marques. *Op. cit.*, p. 92-93).

te. No tipo subjetivo, ademais da necessidade do dolo, todas estas condutas devem apresentar um dos elementos teleológicos referidos anteriormente, adjuntos à finalidade terrorista de provocar terror social ou generalizado.

3. OS ATOS PREPARATÓRIOS COMO CONDUTAS IMPUNÍVEIS – EM REGRA – NO DIREITO PENAL BRASILEIRO

Sabe-se que os preceitos penais, quando tipificam os delitos, o fazem normalmente aludindo à forma consumada. Não obstante, é deveras importante lembrar que até atingir esta fase, o "fato doloso" percorre um "caminho" – o "iter criminis" –, que se inicia com a decisão de cometê-lo, transita pela sua preparação, começo da execução, até atingir a produção do efeito buscado pelo agente com a sua prática. Nem todas estas fases, todavia, são revestidas de relevância criminal.

A simples decisão de cometer um fato delituoso não é, de fato, algo de que se ocupe, em regra, o Direito Penal. Se tal viesse a ocorrer, comprometida estaria a segurança jurídica, admitindo-se que fossem punidas as ideias, ou o próprio pensamento, etapas puramente internas do autor, o que viria a ferir o elementar princípio de que aquelas ou este não podem suportar qualquer pena.[13] Assim, a cogitação, ou a elaboração intelectual do delito, é impunível, em regra, cumprindo-se lembrar, com substrato em WELZEL, ser impossível castigar-se a vontade má em realização, mas somente a vontade má realizada. Isto, sublinha-se, não somente porque a primeira não se mostra apreensível e a moralidade não pode ser imposta à força, mas também ante a sensível distância que separa o pensamento da ação.[14]

A consumação, por sua vez, considerada como a plena realização do tipo em todos os seus elementos, acarreta, contudo, a punição prevista no preceito secundário do tipo penal. A este respeito, reiterando-se o que acima já salientado, a lei, quando estabelece a pena, o faz em atenção ao fato criminoso consumado, operando-se, a partir daí, as adaptações necessárias (acréscimos e reduções legalmente previstas, de acordo com a hipótese concreta de que se está a tratar).

Entre a cogitação e a consumação situam-se os atos preparatórios e os atos executórios, estes – assim como a consumação – também passíveis de punição a partir do que estabelece o art. 14, II, do Código Penal. Já aqueles,

---

13. ZAFFARONI, Eugênio Raúl e PIERANGELI, José Henrique. *Manual de Direito Penal brasileiro*. São Paulo: Editora Revista dos Tribunais, 2002, p. 698.
14. WELZEL, Hans. *Derecho Penal Alemán*. Santiago: Editorial Jurídica de Chile, 1997, p. 221.

entretanto, não possuem, em geral, relevância criminal, razão por que não são, em regra, puníveis. A distinção extremamente importante entre atos preparatórios e atos de execução, e em decorrência a obtenção dos respectivos conceitos, pode ser feita a partir de duas perspectivas: (a) uma perspectiva "formal-legal", segundo a qual são atos preparatórios aqueles que antecedem temporalmente a execução do fato, não estando descritos na generalidade dos tipos penais, impossível, por isto, que venham a se constituir em base de responsabilização penal. Como exemplo, pode-se apontar que o simples fato de alguém adquirir uma escada para transpor o obstáculo à subtração da coisa não pode ser, de forma alguma, considerado como ato executório do delito de furto (Código Penal, art. 155); e (b) uma perspectiva "material", que define atos preparatórios em função da violação do bem jurídico tutelado. Conforme assinala FIGUEIREDO DIAS,[15] a partir da existência deste "ataque ao ordenamento social" que a ordem jurídica quer prevenir seria possível compreender, e admitir, a existência de tipos penais (de atos meramente preparatórios, porém formalmente transformados em "crimes autônomos" de perigo abstrato) que estejam a abranger a preparação de tais violações. Contudo, é extremamente importante não esquecer que isto somente deverá ocorrer de forma excepcionalíssima, porquanto os atos ditos preparatórios consistem, geralmente, em ações que se caracterizam por uma conformidade com o ordenamento social. Daí porque, conforme assinala o autor, uma punição indiscriminada de tais ações viria a permitir uma ilegítima punibilidade de simples intenções.[16]

Os atos preparatórios, enquanto tais, não são, então, passíveis de punição penal.[17] O Direito brasileiro segue esta linha, tendo-se por atípicos

---

15. DIAS, Jorge de Figueiredo. *Direito Penal. Parte Geral. Tomo I. Questões fundamentais. A doutrina geral do crime.* Coimbra: Coimbra Editora, 2011, p. 683.
16. O fundamento político criminal na diferenciação de pena entre entre a tentativa e os atos preparatórios, decorre da diferença no desvalor de resultado, em que uma conduta tentada possui sempre maior gravidade que um mero ato preparatório. Neste sentido MUÑOZ CONDE: "La diferente gravedad de pena atiende, desde luego, a la distinta entidad objetiva de los diversos grados de realización del hecho punible (cfr. infra capítulo XXXI y art. 62); pero en muchos Códigos se deja al arbitrio de los tribunales la atenuación de pena en el caso de no consumación o se permite, incluso, que se castigue la tentativa con la misma pena que la consumación (cfr. infra casos especiales de tentativa). De todas formas, en la medida en que el desvalor del resultado consumativo añada un componente adicional a la gravedad del injusto cometido, es evidente que la pena del delito consumado, sobre todo en los delitos de resultado (homicidio, daños, incendios, etc.), debe ser más grave que la del delito intentado". *Derecho Penal.* Valencia, Tirant lo Blanch, 2015. p.414. Também na diferença de desvalor de resultado ver, por todos, Paulo César Busato: "Trata-se, pois, simplesmente de distintos graus de desvalorado do resultado". (BUSATO, Paulo César. *Direito Penal. Parte Geral.* São Paulo: Atlas, 2013, p. 669)
17. Ainda conforme as lições de FIGUEIREDO DIAS, a punição de atos preparatórios, não como crimes autônomos, mas como atos preparatórios enquanto tais seria possível unicamente em casos excepcionais. É pois, uma solução que somente poderia ser aceitável se presentes dois pressu-

os atos de mera vontade ou preparação, excetuando-se aqueles casos em que o legislador, excepcionalmente, transformou tais atos em tipos penais autônomos.[18] Hipóteses em que tal ocorre em nosso ordenamento jurídico podem ser verificadas, por exemplo, no art. 152 do Código Penal Militar, que trata da "conspiração" para a prática de motim,[19] e no art. 253 e no art. 288 do Código Penal, que versam, respectivamente, sobre o "fabrico, fornecimento, aquisição posse ou transporte de explosivos ou gás tóxico, ou asfixiante"[20] e sobre a "associação criminosa".[21] São, entretanto, exceções

---

postos: (a) "alto grau de probabilidade" de realização do tipo penal a partir da prática dos atos meramente preparatórios; e (b) a necessidade de uma intervenção penal específica em uma fase precoce do "iter criminis". (*Op. cit.*, p. 683).

18. ZAFFARONI, Eugenio Raúl. PIERANGELI, José Henrique. *Da tentativa. Doutrina e jurisprudência*. São Paulo: Revista dos Tribunais, 2005, p. 14-15. Segundo os autores: "As etapas desenvolvidas no íntimo do agente não podem ser atingidas pela tipicidade, na conformidade do antigo e elementar princípio 'cogitationis poenam nemo patitur". A manifestação de vontade do agente através da palavra ou de outro meio simbólico também não é típica, porque a tipicidade proíbe um grau do 'iter criminis' que não surja normalmente, representado pela palavra. Neste sentido, o velho princípio liberal nem sempre foi bem compreendido, porque, às vezes, estima-se que a palavra não pode atingir o campo de proibição típica e nem nela entrar. Isto é irreal, porque o meio de execução de certos delitos é a palavra (crimes contra a honra, por exemplo. Porém, no geral, tampouco é punível a etapa que por si só transcende a do objetivo, numa forma que excede o âmbito da mera manifestação do desejo ou do propósito, para configurar a parte da conduta imediatamente precedente à da execução, vale dizer, a preparação. A regra geral é a de que o 'iter criminis' começa a ser punível quando começa a atividade executiva, por serem atípicos os atos preparatórios, embora, às vezes, o legislador transforme esses atos em tipos penais especiais, quebrando a regra. Para isso pode seguir dois caminhos diferentes, consistindo o primeiro em estender o proibido para além do âmbito da tentativa, para abranger uma parte da atividade preparatória, ou seja, alterar o alcance que possui a fórmula geral do art. 14, II, do CP, dando-lhe a função de dispositivo ampliador da tipicidade. Este primeiro método não dá lugar a qualquer tipicidade independente, mas tão-só a uma exceção da regra do art. 14, II, do CP. O outro método adotado pela lei é a tipificação independente de certos atos preparatórios, que dá lugar a uma tipicidade própria, ou, por outras palavras, a um delito independente, com a consequência de que, por sua vez, este admitirá a tentativa, o que não pode ocorrer na hipótese anterior. O primeiro grupo de casos de punição dos atos preparatórios compõe-se de delitos incompletos, mais amplos que a tentativa; o segundo, de delitos completos, que, por sua vez, admitem a tentativa. As diferenças entre ampliação da tipicidade para abranger os atos preparatórios e a tipificação independente destes refletir-se-ão também em que, se se chegar a tentar ou consumar um fato, se o apenará tendo em conta a tentativa ou o delito consumado, conforme o caso, sempre que se tratar de uma ampliação da tipicidade, sem que possa, em hipótese alguma, concorrer com o delito tentado ou consumado. Ao contrário, tratando-se de um tipo independente, a tipicidade do mesmo será fixada com a sua consumação ou com a tentativa, permanecendo como fato precedente não punível só no caso em que o seu conteúdo injusto não exceda, em sentido algum, o conteúdo injusto da tentativa ou da consumação.

19. Art. 152 do Código Penal Militar possui a seguinte redação: "Concertarem-se militares ou assemelhados para a prática do crime previsto no art. 149."

20. Art. 253 do Código Penal possui a seguinte redação: "Fabricar, fornecer, adquirir, possuir ou transportar, sem licença da autoridade, substância ou engenho explosivo, gás tóxico ou asfixiante, ou material destinado à sua fabricação."

21. Art. 288 do Código Penal possui a seguinte redação: Associarem-se 3 (três) ou mais pessoas, para o fim específico de cometer crimes.

que nada mais fazem do que confirmar a regra geral, sendo a partir desta premissa que prosseguiremos no item seguinte.

4. A PUNIBILIDADE DOS ATOS PREPARATÓRIOS DE TERRORISMO: A PREVISÃO DO ART. 5º DA LEI Nº 13.260, DE 16 DE MARÇO DE 2016

4.1. Os atos preparatórios de terrorismo

Conforme já referido, dentre os preceitos criminalizadores previstos na Constituição de 1988 existe um comando específico relativo ao terrorismo e à ação de grupos armados contra a ordem constitucional.[22] Para regulamentar o dispositivo constitucional (art. 5º, XLIII), restou recentemente editada a Lei nº 13.260, de 16 de março de 2016, que disciplinou o terrorismo, tratou de disposições investigatórias e processuais e reformulou o conceito de organização terrorista; e alterou as Leis nº 7.960, de 21 de dezembro de 1989, e nº 12.850, de 2 de agosto de 2013.

Ao que consta do art. 2º, "o terrorismo consiste na prática por um ou mais indivíduos dos atos previstos neste artigo, por razões de xenofobia, discriminação ou preconceito de raça, cor, etnia e religião, quando cometidos com a finalidade de provocar terror social ou generalizado, expondo a perigo pessoa, patrimônio, a paz pública ou a incolumidade pública". Em seguida, o § 1º deste art. 2º estabelece quais atos constituem o terrorismo, a saber:

> (...)
> § 1º São atos de terrorismo:
> I – usar ou ameaçar usar, transportar, guardar, portar ou trazer consigo explosivos, gases tóxicos, venenos, conteúdos biológicos, químicos, nucleares ou outros meios capazes de causar danos ou promover destruição em massa;
> II – Vetado;
> III – Vetado;
> IV – sabotar o funcionamento ou apoderar-se, com violência, grave ameaça a pessoa ou servindo-se de mecanismos cibernéticos, do controle total ou parcial, ainda que de modo temporário, de meio de comunicação ou de transporte, de portos, aeroportos, estações ferroviárias ou rodoviárias, hospitais, casas de saúde, escolas, estádios esportivos, instalações públicas ou locais onde funcionem serviços públicos essenciais, instalações de geração

---

22. Apenas para que não passe em branco, sublinha-se que a Constituição Federal de 1988, no art. 5º, XLIII, equiparou o terrorismo aos crimes hediondos, limitando direitos processuais e materiais penais, tais como a fiança, a graça e anistia. Em seguida, no inciso XLIV do referido artigo, previu a inafiançabilidade e a imprescritibilidade às ações de grupos armados, civis ou militares, contra a ordem constitucional e o Estado Democrático.

ou transmissão de energia, instalações militares, instalações de exploração, refino e processamento de petróleo e gás e instituições bancárias e sua rede de atendimento;

V – atentar contra a vida ou a integridade física de pessoa:

Algumas dessas condutas apresentam-se como atos executórios em delitos de terrorismo, como, por exemplo, usar conteúdo nuclear para promover destruição em massa, enquanto outras consistem em atos preparatórios nos quais o legislado optou por equiparar a atos terroristas propriamente ditos, dentre outros, a conduta de "guardar explosivos em depósito".[23]

Entretanto, insta perceber que o diferencial entre estas condutas e aquelas previstas no Código Penal são os requisitos presente no tipo subjetivo e a natureza pluriofensiva do bem jurídico anteriormente discutida. No tipo subjetivo, ademais da necessidade do dolo, todas estas condutas devem apresentar um dos elementos teleológicos já referidos, adjuntos à finalidade de provocar terror social ou generalizado.

Retomando a análise, uma vez definidos os tipos (ou atos) de terrorismo, por si só revestidos de severa complexidade, inovou a lei ao tipificar, no art. 5º, a conduta de "realizar atos preparatórios de terrorismo com o propósito inequívoco de consumar tal delito", instituindo verdadeira aberração em nosso ordenamento jurídico. Isto porque se dispensa o tratamento de "tentativa" a um inequívoco "ato preparatório" – que, em verdade pode ser considerado como uma "tentativa antecipada" –, cominando-se uma pena abstrata correspondente ao crime consumado, diminuída de um quarto até a metade. Como se vê, não fosse suficiente a complexidade de se reveste a tarefa de precisar o que seja o próprio terrorismo,[24] a lei buscou tipificar, também, os atos preparatórios correspondentes. Com isto, é fácil verificar uma clara opção do legislador quanto a uma aproximação com a "perspectiva material" a que acima se fez alusão.

---

23. Neste mesmo sentido: "Neste ponto, são adotadas figuras criminais de mera conduta (usar ou ameaçar usar, transportar, guardas, portar ou trazer consigo), próprias de um direito penal cada vez mais voltado a tutela do futuro, com um viés preventivo, no qual, segundo Massimo Donini, não se criminalizam condutas intoleráveis em si mesmas, mas sim pelas consequências que elas poderiam produzir". (CALLEGARI, André Luís; LIRA, Cláudio Rogério Sousa; REGHELIN, Elisângela Melo. MELIÁ, Manuel Cancio; LINHARES, Raul Marques. Op. cit., 2016, p. 92-93.)

24. Neste sentido: "Esse cuidado se deve ao fato de inexistir, atualmente, um consenso em relação ao conceito de terrorismo, sendo fácil verificar, em seu estudo, a utilização doutrinaria, legislativa e judicia de critérios classificatórios diversos. Como fenômeno de alta complexidade que é, a definição precisa do terrorismo se torna uma tarefa árdua, muito em razão da dificuldade de se compreender suas causas, motivações, objetivos, estruturações, etc." (CALLEGARI, André e LINHARES, Raul Marques. Op. cit., p. 197)

Note-se, contudo, ser necessária uma interpretação no sentido de que somente são puníveis as condutas imediatamente antecedentes à prática dos verbos nucleares. Se assim não for, possível que se venha a punir toda conduta precedente. Neste sentido, como bem ponderam MARTINELLI e DE BEM,[25] ao tipificar os "atos preparatórios de terrorismo", a lei passou a admitir, somente em tese, que qualquer coisa possa vir a constituir ato preparatório para o terrorismo. Citam os autores os seguintes exemplos: (a) um sujeito decide viajar a um país conhecido por abrigar grupos extremistas; (b) estudantes que, por meios de fóruns de discussão na internet, discorrem sobre a "opressão do ocidente contra o oriente e, num certo dia, decidem reunir-se pessoalmente; (c) numa conversa interceptada, um dos interlocutores, de forma jocosa, diz que gostaria de "explodir" o Congresso Nacional. Por isso mesmo é que se mostra necessária a observação acima.[26]

4.2. A desistência voluntária e o arrependimento eficaz

Agora, uma questão interessante a ser resolvida decorre dos termos do art. 10, segundo o qual "mesmo antes de iniciada a execução do crime de terrorismo, na hipótese do art. 5º desta Lei, aplicam-se as disposições do art. 15 do Decreto-Lei n° 2.848, de 7 de dezembro de 1940 – Código Penal".

Ora, o art. 15 do Código Penal trata dos institutos da desistência voluntária e do arrependimento eficaz, estabelecendo, pois, que "o agente que, voluntariamente, desiste de prosseguir na execução ou impede que o resultado se produza, só responde pelos atos já praticados." Assim, ambos os institutos pressupõem, para respectiva caracterização, o início da execução,[27] o que induz a um inadmissível paradoxo.

Neste ponto, não exigir o início da execução para eventual reconhecimento de desistência voluntária ou arrependimento eficaz implica, segun-

---

25. MARTINELLI, João Paulo. DE BEM, Leonardo Schmitt de. *Os atos preparatórios na nova Lei "Antiterrorismo"*. Boletim IBCCrim, ano 24, n°284, julho/2016, p. 11.
26. Frise-se, também, que a forma elegida pelo legislador para tipificar sem trazer exemplos do que seriam exatamente os atos preparatórios puníveis dificultou ainda mais a aplicação deste tipo penal. Tal ocorre, por exemplo, no Direito espanhol quanto à difusão de conteúdos incitadores de terrorismo (art. 579, 1, do Código Penal) ou a aceder de habitual a conteúdos a conteúdos terroristas publicados na internet (art. 575, 1, do Código Penal).
27. O agente responderá por um crime de menor gravidade eventualmente já consumado ou restará isento de punição se os atos por ele praticados não forem suficientes para caracterização de um crime autônomo.

do alguns autores, uma inovação legislativa de tentativa inacabada,[28] sendo perfeitamente possível a aplicação dos dois institutos.

Entretanto, parece-nos que para a compreensão da aplicabilidade ou não dos dispositivos previstos na parte geral do Código Penal, devem ser analisados dois pontos cruciais. O primeiro deles é que dentro dos tipos penais previstos como condutas autônomas de terrorismo encontram-se previstos atos que podem ser considerados preparatórios. Sendo assim, admitir a aplicação deste instituto implicaria em aceitarmos a punição penal de um ato preparatório de outro ato preparatório. Exemplo: o legislador pune como delito autônomo a colaboração eventual com organização terrorista (art. 3º). Assim, o sujeito que decide se juntar a uma organização terrorista, buscando informações na internet e depois, refletindo melhor, desiste, teria prevista sua punição penal na desistência voluntária dos delitos de terrorismo, antes mesmo do início da execução.

Este mesmo exemplo não se subsumiria ao instituto da desistência voluntária prevista na parte geral do Código Penal, sendo impune, porque o ato de tomar a decisão, pesquisar sobre terrorismo na internet e depois desistir não apresenta relevância alguma para o direito penal, tampouco ofensividade, constituindo exemplo clássico de atos preparatórios não puníveis, nos termos do art. 31 do Código Penal. Desde esta perspectiva, parece-nos impossível a aplicação de ambos dispositivos antes mesmo de iniciada a execução, portanto, sobre atos preparatórios.[29]

Talvez fosse possível contra-argumentar dizendo que existem delitos que não constituem tipificação autônoma de atos meramente preparatórios, ao contrário do exemplo anterior, e sobre eles seria possível a aplicação do arrependimento eficaz ou da desistência voluntária. Entretanto, tal entendimento encontra-se igualmente equivocado,[30] porque ainda que

---

28. Nesse sentido opina CASTRO, Henrique Hoffmann Monteiro de. COSTA, Adriano Souza. *Lei antiterrorismo inova com a tentativa antecipada do crime*, http://www.conjur.com.br/2016-abr-20/lei-antiterrorismo-inova-tentativa-antecipada-crime, acesso em 30.09.2016).

29. Neste sentido: "Acontece que se os atos de execução do crime de realizar atos preparatórios de terrorismo são mesmo atos que em nada se relacionam com terrorismo propriamente dito, nos casos de interrupção voluntária ou mesmo involuntária de tais atos, se estaria diante de condutas absolutamente impunes. Isso em 100% dos casos, deixando novamente de fazer qualquer sentido a existência da previsão legal do art. 10". (BUSATO, Paulo Cesar. *Título provável: Lei 13.260, de 16 de março de 2016. Lei antiterror anotada.* Curitiba, 2016).

30. Neste sentido: "Finalmente, poder-se-ia pretender que atos que não se relacionam de modo algum com o terrorismo pudessem ser considerados atos de execução dos atos preparatórios de terrorismo. Assim, por exemplo, àquele que fosse adquirir os componentes elétricos para a montagem de um detonador (ato preparatório de crime de terrorismo), teria, por exemplo, que sacar dinheiro de um caixa eletrônico para a compra, tomar o ônibus que vai para a rua em que fica a

os atos puníveis constituam delitos de terrorismo propriamente ditos, os atos preparatórios não são puníveis, em regra geral, por se tratarem de condutas que nada têm a ver com a realização do tipo penal. Exemplo: é inconcebível (verdadeiro contrassenso) imaginar a punição de alguém que compra um imóvel para contribuir com o terrorismo e depois resolve dar outra finalidade ao empreendimento ou ainda que decide contribuir no recrutamento do terrorismo.

Assim, em que pese a tendência quanto aos delitos de terrorismo seja a ampliação desenfreada dos limites punitivos, a conclusão dogmaticamente aceitável é a inaplicabilidade absoluta dos institutos em tela sobre os atos preparatórios, porquanto a punição dos atos preparatórios constitui, em si mesma, uma ampliação duvidosa das barreiras de punição, e a tentativa legislativa de aumentar essa ampliação acabou por criar institutos impossíveis de serem aplicados.

5. O ESPECIAL FIM DE AGIR: O (ABSURDO) PROPÓSITO INEQUÍVOCO DE CONSUMAR O DELITO

A Lei n° 13.260, de 16 de março de 2016, ao tipificar os atos preparatórios de terrorismo, colocou em destaque a seguinte expressão: "propósito inequívoco de consumar o delito". Assim procedendo, traz como pressuposta tal finalidade para que se possa cogitar da aplicação da reprimenda penal. Porém, o que realmente vem a significar "atuar com o propósito inequívoco de consumação"?

Para responder a esta indagação, deve-se inicialmente ponderar que todo ato preparatório está invariavelmente conectado ao delito a ser cometido. Em outras palavras, o objetivo do ato preparatório é a consumação do crime (com produção do resultado final), afigurando-se clara, no caso dos delitos de terrorismo, a pretensão do legislador quanto a estabelecer uma certeza de que a realização de determinado ato preparatório ocorreu

---

loja de material eletrônico e pegar uma senha de atendimento na loja. Poderia, neste caso, interromper a realização de qualquer destes atos (que nada tem a ver com terrorismo) repentinamente desistindo de realizar a aquisição. Seria aceitável que no exemplo dado, havendo interrupção involuntária se castigasse por tentativa? Parece razoável que, se o sujeito fosse impedido, contra a sua vontade, de realizar uma conduta que não se relaciona com terrorismo, respondesse por tentativa de ato preparatório de terrorismo? Quem poderia sustentar ser punível em grau de tentativa do art. 5º, por exemplo, que nosso agente tenha acudido ao caixa eletrônico em horário em que não permite mais saques, tenha perdido o horário do ônibus para a rua da loja de eletrônicos, ou tenha chegado lá quando a loja estava fechada para o almoço? Seria algo não apenas ilógico, como completamente ridículo. (BUSATO, Paulo Cesar. *Título provável: Lei 13.260, de 16 de março de 2016. Lei antiterror anotada*. Curitiba, 2016).

com este "especial fim de agir". Aferir tal finalidade especial, contudo, é algo efetivamente impossível no mundo real, não havendo como se afirmar, com razoável convicção, a respectiva presença, em especial porque muitas alterações anímicas podem ocorrer em meio ao "iter criminis". Ademais disso, é certo que muitos atos são desprovidos de uma ofensividade mínima, razão pela qual não possuem qualquer relevância penal.

6. A (DES)PROPORCIONALIDADE DA PENA PREVISTA

O princípio da proporcionalidade deriva da antiga máxima "poena debet commensurari delicto", consistindo em decorrência direta dos princípios da legalidade e da retributividade, tendo nestes seu fundamento lógico e axiológico.[31] Conforme aponta FELDENS,[32] é necessário que, muitas vezes, o juiz – quando não o fizer o legislador – realize um certo paralelismo entre as sanções cominadas aos ataques jurídicos perpetrados em relação a bens jurídicos diversos, em especial naqueles casos em que haja uma gritante desproporção, a tal ponto que se esteja diante de uma inequívoca inversão na escala de bens jurídicos a partir de sua valoração constitucional.

Assentadas tais importantes premissas, o exame atento da Lei nº 13.260, de 16 de março de 2016, permite verificar um ponto sobremodo importante, que deve ser enfrentado a partir do princípio da proporcionalidade. Observe-se, de início, que, inexistindo na lei em tela qualquer dispositivo que conceda à tentativa o tratamento diferenciado, se mostra, assim, de inteira aplicação a regra geral do Código Penal. Este, como sabido, prevê que a punição da tentativa deve ser feita a partir do que estabelece o art. 14, II, do Código Penal, segundo o qual "diz-se o crime tentado, quando, iniciada a execução, não se consuma por circunstâncias alheias à vontade do agente."

Assim, o legislador ao estipular a punição da tentativa adotou o entendimento de que esta ocorre apenas com o início da realização do tipo, é dizer, com o início da execução. Desta forma, somente existe um delito tentado se iniciados os atos executórios, não podendo incidir sobre meros atos preparatórios.

---

31. FERRAJOLI, Luigi. *Direito e razão. Teoria do Garantismo Penal*. Tradução de Ana Paula Zomer, Fauzi Hassan Choukr, Juarez Tavares e Luiz Flávio Gomes. São Paulo: Revista dos Tribunais, 2002, p. 320.
32. FELDENS, Luciano. *Direitos Fundamentais e Direito Penal*. Porto Alegre: Livraria do Advogado, 2008, p. 88.

A desproporcionalidade surge quando:

a) em um delito de terrorismo tentando, no qual o agente já pratica atos executórios, a redução da pena será de um a dois terços;

b) em um ato preparatório punível, em que pese menor o desvalor de resultado, a redução será de um terço até a metade, menor, portanto, do que nas hipóteses de delito tentado.

Para efeitos práticos, a partir da a política criminal adotada pelo legislador é – absurdamente – mais benéfico ao agente iniciar a execução do delito do que realizar apenas atos preparatórios puníveis, pois no primeiro caso lhe será deferida uma maior redução de pena. Tal paradoxo decorrente da exacerbada ânsia punitiva com relação aos delitos de terrorismo viola frontalmente o Direito Penal, em especial o princípio da proporcionalidade punitiva.

7. UMA CONCLUSÃO

A conclusão que de tudo se extrai é no sentido de que se está diante de um evidente "acolhimento de uma racionalidade penal de adiantamento da punição", demonstrativa da exacerbada preocupação preventiva do Direito Penal própria do paradigma expansionista.[33] A lei regula (e tentar legitimar) o adiantamento da intervenção penal por meio da punição dos atos preparatórios. Entretanto, o faz de forma insuficiente e desproporcional. Alguns dos institutos previstos no diploma são absurdamente inaplicáveis em si mesmos, trazendo-se hipóteses de intervenção praticamente inviáveis, tudo para satisfazer a um anseio social generalizado de domínio sobre o futuro, que não parece ser compatível com as capacidades de atuação penal.[34]

8. REFERÊNCIAS BIBLIOGRÁFICAS

BARBOSA, Ruchester Marreiros, *Lei 13.260/2016 é um ato terrorista à hermenêutica constitucional*, http://www.conjur.com.br/2016-mar-22/academia-policia-lei-132602016--ato-terrorista-hermeneutica-constitucional, acesso em 30.09.2016.

BUSATO, Paulo César. *Direito Penal. Parte Geral.* São Paulo: Atlas, 2013.

_____. *Título provável: Lei 13.260, de 16 de março de 2016. Lei antiterror anotada.* Curitiba, 2016.

---

33. CALLEGARI, André Luís; LIRA, Cláudio Rogério Sousa; REGHELIN, Elisângela Melo. MELIÁ, Manuel Cancio; LINHARES, Raul Marques. *Op. cit.*, p. 99.

34. CALLEGARI, André Luís; LIRA, Cláudio Rogério Sousa; REGHELIN, Elisângela Melo. MELIÁ, Manuel Cancio; LINHARES, Raul Marques. *Op. cit.*, p. 100.

CALLEGARI, André e LINHARES, Raul Marques. Terrorismo: uma aproximação conceitual. "In" Revista Brasileira de Ciências Criminais. Ano 23, volume 115, julho/agosto de 2015. São Paulo: RT, p. 196.

CALLEGARI, André Luís; LIRA, Cláudio Rogério Sousa; REGHELIN, Elisângela Melo. MELIÁ, Manuel Cancio; LINHARES, Raul Marques. *O crime de terrorismo: reflexões críticas e comentários à Lei do Terrorismo*. Porto Alegre: Livraria do Advogado, 2016.

CAMPO MORENO. Comentarios a la reforma del Código Penal en materia de terrorismo: La L.O. 2/2015. Valencia, Tirant lo Blanch, 2015.

CARBONELL *Islamismo yihadista: radicalización y contraradicalización*. Valencia: Tirant lo Blanch, 2015.

CASTRO, Henrique Hoffmann Monteiro de. COSTA, Adriano Souza. *Lei antiterrorismo inova com a tentativa antecipada do crime*, http://www.conjur.com.br/2016-abr-20/lei-antiterrorismo-inova-tentativa-antecipada-crime, acesso em 30.09.2016.

DIAS, Jorge de Figueiredo. *Direito Penal. Parte Geral. Tomo I. Questões fundamentais. A doutrina geral do crime.* Coimbra: Coimbra Editora, 2011.

FELDENS, Luciano. *Direitos Fundamentais e Direito Penal*. Porto Alegre: Livraria do Advogado, 2008.

FERRAJOLI, Luigi. *Direito e razão. Teoria do Garantismo Penal.* Tradução de Ana Paula Zomer, Fauzi Hassan Choukr, Juarez Tavares e Luiz Flávio Gomes. São Paulo: Revista dos Tribunais, 2002.

GONZÁLEZ CUSSAC. *El derecho penal frente al terrorismo*. Cuestiones y perspectivas. Castellón de la Plana, Universitat Jame, 2006.

_____. Tomo VII. *Esquemas de derecho penal*. Parte especial. Valencia, tirant lo blanch, 2010.

MARTINELLI, João Paulo. DE BEM, Leonardo Schmitt de. *Os atos preparatórios na nova Lei "Antiterrorismo".* Boletim IBCCrim, ano 24, n°284, julho/2016, p. 11.

MUÑOZ CONDE: *Manual de Derecho Penal*. Parte especial. Valencia, tirant lo blanch, 2013.

SENTENCIA n. 19/1985 del TRIBUNAL CONSTITUCIONAL Español, 13 de Fevereiro de 1985.

SUÁREZ-MIRA RODRIGUEZ, Carlos; JUDEL PRIETO, Ángel; PIÑOL RODRIGUEZ, José Ramon. Em: *Manual de Derecho Penal*. Tomo II. Parte Especial. Thomson Reuters, 2011.

TANGERINO, Davi P. Costa; D'AVILA, Fábio Roberto; CARVALHO, Salo de. O Direito Penal na "luta contra o terrorismo". In *Sistema Penal & Violência*, Porto Alegre, v. 4, n. 1, p. 1-21, jan./jun. 2012.

VALENTE, Manuel Monteiro Guedes. Direito Penal do Inimigo e o Terrorismo: o "progresso ao retrocesso". Coimbra: Almedina, 2010.

WELZEL, Hans. *Derecho Penal Alemán*. Santiago: Editorial Jurídica de Chile, 1997.

ZAFFARONI, Eugenio Raúl. PIERANGELI, José Henrique. *Da tentativa. Doutrina e jurisprudência.* São Paulo: Revista dos Tribunais, 2005.

_____. *Manual de Direito Penal brasileiro*. São Paulo: Editora Revista dos Tribunais, 2002.

2

O ENFRENTAMENTO DO TERRORISMO E O DEVER DE COLABORAÇÃO DO CIDADÃO COM AS LIBERDADES DOS DEMAIS

ANDRÉ MAURO LACERDA AZEVEDO[1]

SUMÁRIO • Introdução – 1. A pessoa e o direito penal – 2. O direito penal do estado de direito democrático e liberal – 3. Direito penal do cidadão *vs.* Direito penal do inimigo – 4. O injusto dos cidadãos e o dever de colaboração com as liberdades dos demais – 5. Terrorismo: quando a segurança exige a implementação de medidas extremas pelo estado: a experiência brasileira (Lei nº 13.260/2016) – 6. Combate ao terrorismo: em busca da legitimidade perdida – 7. Conclusão – 8. Referências.

INTRODUÇÃO

O terrorismo constitui um fenômeno mundial que não mais se restringe às fronteiras de certos países, tampouco se dirige, especificamente, contra determinados grupos ou povos. Toda e qualquer pessoa pode vir a se tornar alvo ou vítima de uma ação terrorista. Essa afirmação tornou-se ainda mais real a partir do surgimento do Estado Islâmico, que trouxe consigo uma "nova" forma de terrorismo, que em vez de ações com planejamento e execução bastante complexos e de altíssimo custo, como era comum nos ataques promovidos pela *Al-Qaeda*, utiliza-se de ações mais simples, normalmente planejada e executada por poucas pessoas, até mesmo com o emprego da figura do "lobo solitário", mas que conta com um poder de destruição e difusão do terror igualmente devastador. O ataque

---

1. Doutorando em Ciências Jurídico-Criminais pela Faculdade de Direito da Universidade de Lisboa. Mestre em Direito Constitucional pela Universidade Federal do Rio Grande do Norte. Pesquisador-Visitante do Instituto Max-Planck de Direito Penal Estrangeiro e Internacional (Freiburg--Alemanha) (2013/2014). Especialista em Direito Penal e Criminologia pela Universidade Potiguar. Coordenador do Centro de Estudos e Aperfeiçoamento Funcional do Ministério Público do Estado do Rio Grande do Norte (desde 2013). Presidente do Colégio de Diretores de Escolas e Centros de Estudos e Aperfeiçoamento Funcional dos Ministérios Públicos do Brasil. Promotor de Justiça.

terrorista ocorrido no mês de julho de 2006,[2] em Nice, na França, quando um só terrorista, ao atira o caminhão que conduzia contra uma multidão, matando mais de oitenta pessoas, é um claro exemplo desse novo modo de se praticar terrorismo.

Independentemente da forma de terrorismo empregada, o que de fato importa são as providências que as nações devem tomar para prevenir tais práticas e, assim, conferir uma maior e melhor segurança à população. Na esteira dessa necessidade – que se trata, insistimos, de uma necessidade mundial, da qual nenhum povo ou nação deve abster-se – vimos, neste ano de 2016, ser finalmente sancionada a Lei Antiterrorismo brasileira (Lei nº 13.260/2016). Com ela, obviamente, emerge a necessidade da doutrina se debruçar sobre seus dispositivos, submetendo-os, assim, à necessária análise crítica, algo saudável e imprescindível numa democracia.

De nossa parte, dedicaremos, no plano geral, a um estudo quanto à legitimidade de uma intervenção estatal mais rigorosa, com uma maior restrição de liberdades do que aquela comumente observada nos crimes comuns, quando se tratar da prevenção e repressão ao terrorismo; e, no âmbito especial, concentraremos nossa análise no enfrentamento específico de alguns dos dispositivos da Lei Antiterrorismo brasileira, no desiderato de se tentar demonstrar tratar-se ou não de um instrumento (constitucionalmente) adequado à prevenção e repressão do terrorismo dentro de um modelo de Estado de Direito liberal e democrático.

1. A PESSOA E O DIREITO PENAL

A coexistência social pacífica depende de medidas estatais que permitam garantir o mínimo de segurança ao pleno exercício, pelos cidadãos, de suas liberdades.[3] Para tanto, o Estado se socorre do remédio amargo do Direito Penal como *ultima ratio* na promoção das condições mínimas de convivência em sociedade.[4] No implemento dessas medidas, quando devidamente justificada a sua necessidade, o fundamento ético que deve emoldurar uma tal intervenção há de ser o do respeito à dignidade da pessoa,[5]

---

2. Disponível em: <http://www.lemonde.fr/police-justice/live/2016/07/15/en-direct-plusieurs-morts--a-nice-apres-qu-un-camion-a-fonce-sur-la-foule_4969598_1653578.html>. Acesso em: 3 set. 2016.
3. Não há democracia sem respeito ao pluralismo, em que seja possível proteger-se os valores da justiça e da equidade, cf. Souza Mendes (2014, p. 250).
4. Acerca dessa perspectiva do Direito Penal, cf. Schünemann (2010, p. 9-33) e Jareborg (2005, p. 521-534).
5. Uma sociedade democrática e plural deve se basear no respeito à isonomia e à dignidade das pessoas (SILVA; SAYEG, 2012, p. 324).

que não se desfaz diante do crime e de suas consequências. O réu, por mais hedionda que seja a sua conduta, não se despe da qualidade de pessoa, nem se despoja do seu *status* de cidadão. É por isso que, por maior utilidade que tenha o emprego do Direito Penal, é a racionalidade da sua utilização que deve conduzir toda e qualquer intervenção na liberdade dos cidadãos.

Trazendo essa ideia inicial para o nosso tema central – o terrorismo – temos, então, novos elementos que, sem dúvida, interferirão na percepção do fenômeno e de como o Direito Penal deverá a ele reagir. O contexto ético que se põe consiste na delimitação da fronteira entre o legítimo e o ilegítimo, e, com isso, o estabelecimento dos limites da intervenção estatal no crime de terrorismo. Essa infração penal, diferentemente de qualquer outra, possui um poder sem precedentes de disseminação do terror, de desestabilização social e de fragilização do poder constituído.

Há, no terrorismo, um fenômeno emocional que contamina a todos, mesmo aqueles que não sejam alvos (potenciais) de atentados dessa natureza, nem que tenham, diretamente, experimentado consequências diretas ou indiretas de atentados anteriores. O terror, o pânico e o pavor são, sem dúvida, as emoções mais características daquilo que se sente em relação ao terrorismo, cuja disseminação assume contornos globais, causando pânico nos membros daqueles grupos, etnias ou nações que constantemente são alvos de ações terroristas, mas também repercutindo, ainda que em menor grau, nas pessoas que não sejam (ainda) alvos potenciais dessas ações hediondas. Percebe-se, assim, que a indignidade do terrorismo exorta a unidade ética e existencial de todos os homens, reforçando, assim, o sentido de humanidade e de dignidade.[6]

A gravidade do terrorismo impõe, por conseguinte, uma resposta penal eficaz e adequada, o que, necessariamente, implicará a imposição de penas e medidas cautelares mais graves do que aquelas usualmente empregadas no enfrentamento de delitos de menor gravidade e repercussão social. A pergunta que deve ser respondida, portanto, é até que ponto o Estado pode interferir na liberdade dos cidadãos para prevenir e reprimir a prática do terrorismo, cuja resposta, todavia, não é simples, haja vista a multidão de valores, interesses e direitos que a essa questão invoca.

Não obstante a importância e urgência de uma resposta penal rigorosa ao terrorismo, essa não pode se exercer divorciada do necessário reconhe-

---

6. A essa afirmação podemos complementar trazendo a ideia de Fichte (1977, p. 17) quanto ao sentido de comunidade humana, uma totalidade agregadora de todos os homens; cf. também Levinas (2015, p. 38) e Mead (1972, p. 95).

cimento do outro como pessoa,[7] respeitando-se a sua dignidade, "que não está dependente da condição nem do comportamento da pessoa".[8] Desse modo, toda e qualquer medida imposta pelo Estado deve se pautar no fundamento ético-jurídico de respeito à dignidade de todos os cidadãos.[9]

2. O DIREITO PENAL DO ESTADO DE DIREITO DEMOCRÁTICO E LIBERAL

A análise introdutória que trouxemos serviu para que identificássemos o problema, mostrando-se também de grande utilidade para que projetássemos uma solução jurídico-penal possível (e legítima!). Para tanto, é certo que não se pode renunciar à necessária relação entre o Direito Penal e a conformação do Estado de Direito democrático e liberal. Não há democracia sem pluralismo, tolerância e respeito aos direitos e garantias fundamentais; sendo a dignidade da pessoa humana o condutor, e indutor, de uma política criminal que, a despeito de tentar cumprir eficientemente com seus fins, há de se vincular, estritamente, aos ditames da proteção do homem em suas liberdades e dignidade.

A concepção liberal e democrática do Estado de Direito traz, junto a si, as noções de justiça, equidade e direitos individuais.[10] Trata-se, portanto, de uma concepção que exorta a dignidade da pessoa, que abraça o pluralismo e que abomina a intolerância. As circunstâncias de justiça hão de fazer presentes no núcleo estrutural do Estado de Direito, cujos negócios devem ser conduzidos sob os ditames da benevolência, da fraternidade e dos afetos.[11]

A Constituição Federal brasileira alinhou-se a esse espírito liberal, na medida em que absorveu, como princípios estruturantes da sua organização política,[12] entre outros, os do Estado Democrático de Direito, do plu-

---

7. Para Honneth (2011, p. 180-184), do mesmo modo que há níveis de reconhecimento, há também níveis de desrespeito; uma sociedade fundada no não reconhecimento do outro é um modelo de sociedade do desprezo e da indivisibilidade, cf. Honneth (2011, p. 166-167).
8. Silva Dias (2012, p. 201-202).
9. O conceito de cidadão, num mundo globalizado, extrapola as fronteiras das nações para envolver um sentido mais amplo e inclusivo de cidadania global (RODRIGUES, 2009, p. 83), exortando, por conseguinte, a construção de um direito dos cidadãos do mundo (*Weltbürgerrecht*), conforme assinalado por Kai Ambos (2013, p. 58).
10. Sandel (2005, p. 21); a democracia pressupõe a convivência de distintas formas de pensar e agir, v. Amaral (2005, p. 281).
11. Sandel (2005, p. 59); o conceito de humanidade deve congregar a realização de direitos básicos fundados na liberdade, dignidade e fraternidade, v. Edelman (1992, p. 156).
12. Sobre os fundamentos do Estado de Direito e dos princípios que estruturam a sua organização política, cf. Mendes; Coelho; Branco (2008, p. 147-159).

ralismo político, da dignidade da pessoa humana e da isonomia. Os fundamentos da organização política do Estado brasileiro erguem-se sobre o pluralismo, a tolerância e a liberdade. Essa consciência democrática e liberal, todavia, que se mantém viva no espírito do constitucionalismo da contemporaneidade, não percorre seu curso imune às perturbações, necessitando superar-se diante das incursões pouco democráticas que repetidamente objetiva enfraquecê-la. A pretexto de se proteger a segurança e a coletividade, ou com base em argumentos de caráter utilitário,[13] as tentativas de avanço da arbitrariedade e da injustiça constituem uma realidade que precisa ser enfrentada.

O pluralismo que deve imperar no Estado de Direito contemporâneo significa que não se deve sustentar, com base num determinado consenso ético,[14] a exigência de certos modos de vida, ainda que sejam considerados valiosos por uma maioria ou pelo grupo dominante. Há de se prevalecer a prioridade do justo sobre o bom.[15] O consenso ético é contrário ao desenvolvimento do pluralismo e da tolerância. Trata-se de uma espécie de ditadura moral do comportamento humano,[16] que por mais que signifique a busca pela perfeição moral, a história já mostrou que uma imposição dessa natureza traz perdas irreparáveis àqueles que não se alinhem ao padrão comportamental elegido e imposto pelo grupo dominante numa determinada sociedade.

Essa questão exige que regressemos nossa reflexão ao debate sempre atual acerca da distinção entre Direito e Moral. Habermas traz uma ideia que acreditamos ser de acentuado acerto se comparada com outras posições, quando defende que a relação entre Direito e Moral seria a de uma "complementariedade recíproca",[17] inexistindo, portanto, a preferência ou hierarquia de um sobre o outro.

---

13. O sentido de utilidade a que nos referimos e que deve ser evitado é aquele pautado no cálculo de perdas e ganhos (prazer e dor), segundo o qual o valor das ações estaria nos seus propósitos (BENTHAM, 2007, p. 1-7), e não na máxima que o determina (KANT, 1999, p. 25); o cálculo utilitário deveria trazer como limitador nessa busca pela felicidade os direitos individuais, conforme nos ensina Moore (1997, p. 643); pensamento parecido é o de Dworkin (1977, p. 269-277), para quem a utilidade estaria limitada pelos direitos individuais (*trump utility*).

14. Amelung (2007, p. 239) afirma que o consenso sobre os valores deve ser construído em um processo legislativo democrático.

15. Cf. Sandel (2005, p. 42); na justiça por equidade, os princípios da justiça são aqueles escolhidos na posição original, v. Rawls (1999, p. 37).

16. As espécies de relacionamento entre Direito e Moral podemos encontrar em Souto Moura (2006, p. 17-19), quando diz que, em um dos extremos, estaria a imposição da moral pelo Estado para "ajudar-nos a ser virtuosos", no outro extremo teríamos o que se denomina de "liberalismo intransigente", posição defendida por John Stuart Mill, e, no centro, uma posição conciliadora, que apesar de admitir um certo consenso sobre princípios morais, acaba por recusar "a ideia de moral única".

17. Habermas (1997, p. 141. 1v).

A Teoria do Direito Penal tem, por isso, a missão de construir racionalmente um sistema que consiga justificar, de forma idônea, a imposição de violência às pessoas orientada pela ideia de liberdade.[18] Isso significa que os meios empregados não podem ser dissociados da dignidade da pessoa contra quem se dirigem, ainda que os fins sejam nobres e as necessidades de segurança e a urgência da tomada de medidas penais sejam inarredáveis realidades com que o Estado terá de lidar.

3. DIREITO PENAL DO CIDADÃO *VS*. DIREITO PENAL DO INIMIGO

A resposta penal à ofensa de bens e direitos causada pelo crime sempre exigiu uma atenção redobrada, do legislador e do intérprete, sem perder de vista, logicamente, a permanente contribuição da doutrina. Temos, aqui, uma sempre delicada relação entre *segurança* e *liberdade*, que ganha contornos ainda mais problemáticos quando estamos diante de um modelo de criminalização que deve sempre manter-se alinhado aos fundamentos do Estado de Direito democrático e liberal.

A intrusão arbitrária de modelos punitivos autoritários e antidemocráticos sempre esteve presente no desenvolvimento do Direito Penal moderno. Da limpeza étnica empreendida pelo nacional-socialismo alemão em relação aos "estranhos à comunidade"[19] ao Direito Penal do inimigo proposto por Jakobs,[20] o que temos observado é que, constantemente, esses rompantes autoritários disputam posição dentro da atuação repressiva estatal, o que implica a necessidade de uma permanente atenção, do intérprete e da doutrina, para que os identifique e impeça a sua absorção pelo sistema penal.

A ideia central que parece unir medidas penais autoritárias distantes no tempo e no espaço consiste numa percepção voltada para a inocuização do sujeito desviado, isolando-o e neutralizando-o. Trata-se de

---

18. É preciso trazermos, aqui, o questionamento formulado por Pawlik (2012a, p. 18), *verbis*: "como pode uma teoria da liberdade permitir, de forma idônea, que outros homens sejam submetidos à violência?".

19. Muñoz Conde (2003, p. 176); o regime nacional-socialista, através da lei sobre o delinquente habitual perigoso, entre os anos de 1934 e 1944, enviou para campos de concentração mais de 17 mil pessoas, que de lá nunca mais regressaram, v. Muñoz Conde (2002-2003, p. 44).

20. O inimigo é aquele que se afastou da sociedade de modo duradouro, que não nos fornece confiança alguma e contra quem devemos nos proteger com vistas a prevenir fatos futuros, cf. Jakobs (2012, p. 8); há um distanciamento, no Direito Penal do inimigo, da prevenção geral, positiva e negativa, e da prevenção especial, reabilitadora ou de reinserção social, adotando-se os fins da exclusão e inocuização, próprios da denominada "legislação de luta ou de guerra", conforme nos explica Gracia Martín (2006, p. 1054).

um pensamento que enxerga o delinquente como um cidadão de segunda classe, ou, melhor dizendo, que o coloca numa categoria de não cidadão, de inimigo, e, a partir desse isolamento, a imposição de um rigor penal desmedido adquire a aparência de legítimo, por não ser dirigido aos cidadãos. É daí que surge a distinção entre Direito Penal do Cidadão e Direito Penal do Inimigo.

Na primeira metade do século XX, a guerra que se passa no *front* externo é absorvida para o interior do *Terceiro Reich* por meio de um Direito Penal autoritário que buscava a neutralização do inimigo interior.[21] O Direito Penal assume a característica de um instrumento de combate, cuja missão é neutralizar o inimigo, independentemente dos meios que sejam necessários para alcançar esse fim.

Em que pese tratar-se de um Direito Penal desenhado para servir aos interesses do nacional-socialismo alemão, havia uma condescendência e, até mesmo, uma certa obstinação de setores da doutrina em tentar justificar, juridicamente, a imposição de medidas extremas, como, por exemplo, a esterilização e a pena de morte. Da filosofia de Gustav Radbruch à teoria penal de Edmund Mezger, muitos teóricos alemães empreenderam esforços em engendrar a construção do Direito Penal alemão daquela época.

A presença de um Direito Penal autoritário não seria algo inusitado para o nazismo, cuja convivência parece significar uma realidade de natureza indissociável. Não obstante, o que nos chama a atenção é que mesmo nas democracias que foram forjadas no pós-guerra ainda encontramos resquícios desse modelo de Direito Penal autoritário e antidemocrático. Seja na medida e natureza da sanção penal aplicada, seja na forma com que se trata o criminoso, a verdade é que respostas penais dessa natureza sempre estão à espreita, esperando o momento mais adequado para mostrar sua face, o que exige uma vigília constante de todos aqueles que defendem uma intervenção penal mais humana, racional e democrática.

A antiga redação do § 175 do Código Penal alemão,[22] a decisão do Tribunal Constitucional alemão sobre a possibilidade da lei moral servir como critério para a intervenção na liberdade dos cidadãos,[23] a pena de morte que ainda é permitida em alguns países e, logicamente, a própria forma com que normalmente se enfrenta o terrorismo são medidas clara-

---

21. Encontramos essa percepção em Muñoz Conde (2003, p. 180).
22. Criminalizava o homossexualismo entre adultos.
23. ALEMANHA. Tribunal Constitucional. *BVerfG, 6, 389*. Karlsruhe, 10 de maio de 1957. Disponível em: <http://www.servat.unibe.ch/dfr/bv006389.html>. Acesso em: 22 mai. 2016.

mente representativas dessa indesejada incursão de métodos autoritários de repressão ao crime.

4. O INJUSTO DOS CIDADÃOS E O DEVER DE COLABORAÇÃO COM AS LIBERDADES DOS DEMAIS

O início da discussão que ora propomos não pode passar ao largo de uma análise, ainda que circunscrita aos limites deste texto, acerca da missão do Direito Penal, enquanto premissa racional para se legitimar a intervenção estatal na liberdade dos cidadãos, sobretudo em relação à pena e às medidas processuais limitadoras da liberdade.

Sem querermos adentrar em toda a discussão que circunda a função do Direito Penal, certo é que, embora haja até hoje muita divergência nesse aspecto, o Direito Penal é orientado pela premissa da proteção de bens jurídicos. Diante disso, a pena surge como consequência da afetação de algum bem jurídico penalmente tutelado, ou seja, volta-se para o passado, quando o mal já houvera sido praticado.[24] É aqui que reside um aspecto de suma importância para a compreensão da função do Direito Penal e, com isso, a percepção de se a violência imposta ao cidadão é justificável ou não.

A partir deste ponto, assim como procedeu Pawlik, traremos a noção de dano ou *harm*,[25] como a razão pela qual a imposição da pena transcende a mera noção de mal para assumir um caráter retributivo mais justo e racional ao trazer para o contexto uma concepção positiva, que se dá com o restabelecimento da situação anterior promovido pela reparação do dano.

Muitos poderão pensar, e não sem razão, que a reparação do dano em Direito Penal nem sempre se mostrará possível, pois há situações, que não são poucas, em que não mais poderemos restabelecer a situação anterior, sendo o homicídio uma dessas muitas hipóteses. Mas, então, como socorrermos do dano e de sua reparação, enquanto fundamentação (legítima) da pena?

A resposta consiste no modo como encaramos o dano e o seu conteúdo. O dano consiste na perturbação que o delito provoca nas relações intersub-

---

24. A pena considerada como medida compensatória da culpa do autor e restauradora do Direito violado encontramos em Roxin (2002, p. 14); a ideia Kantiana de justiça compensatória consiste na resposta de que o mal da pena é imposto ao delinquente porque ele havia imposto igualmente um mal à vítima, v. Pawlik (2010, p. 81).
25. O dano a certos bens e interesses legítimos que se pretende evitar é o que justificará a intervenção estatal na liberdade dos cidadãos, conforme encontramos em: Feinberg (1984, p. 33); Mill (1864, p. 21-22); e Brown (1972, p. 137).

jetivas numa determinada comunidade, e sua reparação constitui o retorno à estabilidade (necessária) vigente antes da prática delitiva. Pawlik fala de um "ordenamento existente juridicamente constituído da liberdade",[26] que, todavia, não é abstrato, posto que se materializa na existência de uma liberdade real e concreta, cuja colaboração para a manutenção dessas condições de liberdade é dever de todos os cidadãos.[27] A prática de um delito representa, portanto, um rompimento com esse dever de colaboração a este projeto comum de liberdade; a pena, por sua vez, significa a aceitação da utilização de seus direitos para "restabelecer as relações jurídicas por ele perturbadas",[28] e, assim, promover as condições para a manutenção da ordem social.

Não podemos divorciar esse injusto dos cidadãos (*Unrecht des Bürger*) de uma compreensão do Direito Penal que se reflete sobre o reconhecimento recíproco dos membros da comunidade humana. Os seres humanos devem cooperar para a construção da desejada estabilidade social, que não há de ser encontrada senão numa comunidade jurídica em que os seus participantes se reconhecem reciprocamente como seres livres e iguais,[29] obrigando-se a limitar a sua atuação de modo a que não venham a invadir a esfera de liberdade dos demais.[30] O reconhecimento recíproco tem seu fundamento na dignidade e no respeito pelo parceiro da interação social, pautado numa compreensão das relações humanas como uma (co)existência intersubjetiva transcendental,[31] que se projeta para além da individualidade para encontrar um projeto existencial que abrace a noção de humanidade.[32]

---

26. Pawlik (2012a, p. 26).
27. Para Pawlik (2010, p. 87); os cidadãos têm o dever de manter a estabilidade de um "estado de juridicidade", que não se restringe aos danos causados à vítima concreta, pois afeta, também, o dever do próprio autor frente à sua comunidade jurídica; o dever de colaboração surge da nossa união em torno do pacto social, que nos obriga a obedecer à ordem jurídica, de modo a podermos receber uma maior proteção de nossas liberdades, cf. Pawlik (2012b, p. 121-122).
28. Pawlik (2012a, p. 27).
29. Silva Dias (2009, p. 113); o reconhecimento do outro como pessoa envolve reconhecê-lo também nos seus interesses supraindividuais, como uma pessoa que deseja que o seu mundo seja ordenado de uma determinada maneira, v. Stratenwerth (2007, p. 369); o sentido de reciprocidade foi percebido por Hegel (2002, p. 56-57) como o terceiro nível de interação social.
30. Hirsch (1986, p. 47).
31. Esse sentido encontramos em Figueiredo Dias (2009. p. 603-604).
32. Fichte (1999, p. 41) defende a existência de uma conexão intersubjetiva que conforma um dar e receber recíproco; a ideia de um "eu" reflexivo na filosofia de Fichte é defendida por Mead (1972, p. 88); o sentido de reciprocidade na interação social é também reconhecido por Hegel (2002, p. 56-57); a ideia de uma reciprocidade profunda de acolhimento do outro encontramos em Levinas (2015, p. 13).

Esse reconhecimento não existe – melhor dizendo, se esfacela – quando um dos participantes rompe com o dever de colaboração para a manutenção da ordem social, perturbando-a com a prática do delito, por meio do qual acaba por promover a violação de direitos ou interesses alheios. O reconhecimento, a partir daí, cede passagem à indignidade, ao desprezo e ao desrespeito pelo outro, que não mais é reconhecido como um ser igualmente livre, cujos direitos e interesses deveriam ser respeitados por todos.

O desrespeito pelo outro, ao não reconhecê-lo como um sujeito livre e igual, cujos interesses e projetos seriam igualmente merecedores de proteção, avilta as relações humanas manchando-as com a marca indelével do desprezo e da indiferença. A indignidade que irrompe desse contexto não poderia deixar de sofrer interferência do Estado que, na qualidade de guardião da liberdade e protetor da dignidade de todos os cidadãos, deve empreender esforços no sentido de restabelecer o equilíbrio perdido com a degradação do *status* de cidadão daquele que é privado de seus direitos e interesses ao sofrer os danos causados injustamente por seu parceiro de interação social.

A resposta estatal, desta feita, há de se traduzir numa medida proporcionalmente adequada a repelir essa quebra da reciprocidade, de modo a restabelecer, assim, a estabilidade necessária à manutenção da paz social. O cidadão que não colabora com o equilíbrio da ordem social, perturbando-a com a prática do delito, causa dano à vítima diretamente atingida pelo seu comportamento, como também ataca a comunidade jurídica, que é de onde emerge a necessidade da reparação do injusto. Há, portanto, um dever de colaboração do cidadão que, se violado, tem o condão de provocar a interferência estatal, cuja legitimidade estará arraigada justamente na necessidade de reparação desse injusto.[33]

Desse pensamento extrai-se uma das condições de aceitabilidade do conteúdo da pena a ser aplicada àquele que desconsidera seu "dever de colaboração em relação ao outro".[34] O delito que emerge do descumprimento dessa obrigação consiste, portanto, num ataque aos fundamentos de confiança da sociedade jurídica, uma agressão ao bem comum, que, por isso, traduz-se – e assim deve ser interpretado – em um evidente dano social.[35] A pena, dessa maneira, implica uma medida extrema dotada de fundamentos de legitimação, pois amparada que está no injusto do cidadão, que com

---

33. Pawlik (2010, p. 84).
34. Pawlik (2012a, p. 29).
35. É assim que se posiciona Otto (2004, p. 89).

sua ação criminosa desestabilizou a ordem social, cuja manutenção há de ser reconhecida como uma prioridade do Estado.[36]

Se a pena assim se justifica, por certo que nem toda pena passará pelo teste da legitimidade do seu conteúdo. É por isso que precisamos dar mais um passo em direção à legitimação do sistema punitivo estatal se quisermos encontrar o limite entre o justo e o injusto em matéria de sanção penal. A gravidade de certos delitos deve ser levada em consideração. O terrorismo, obviamente, encontra-se nessa categoria, alcançando, sem dúvida, o patamar máximo em dano social,[37] posto que dispõe, conforme já o vimos, de um incomensurável poder de difundir o terror entre os cidadãos, ultrapassando fronteiras e culturas, eis que qualquer pessoa pode vir a sofrer, direta ou indiretamente, suas consequências.

Ainda assim, o Estado não está autorizado a empregar o Direito Penal sem ajustá-lo aos fundamentos e limites que lhe são impostos pela Constituição. A segurança destruída pelo terrorismo não deve justificar o desrespeito e a desconsideração pelo outro. A violação do dever de colaboração não deve resultar na despersonalização do terrorista, que continua sendo pessoa, e, portanto, deve ser tratado com respeito e consideração, embora esteja sujeito a uma resposta penal mais rigorosa, em razão da maior gravidade do injusto praticado.

5. TERRORISMO: QUANDO A SEGURANÇA EXIGE A IMPLEMENTAÇÃO DE MEDIDAS EXTREMAS PELO ESTADO: A EXPERIÊNCIA BRASILEIRA (LEI Nº 13.260/2016)

O enfrentamento do terrorismo no Brasil foi regulamentado com o advento da Lei nº 13.260/2016, que firmou um conceito de terrorismo para fins penais, constituiu delitos e cominou penas, dentre outras questões por ela abordadas. O terrorismo, por definição legal, passou a ser concebido como uma ação violenta praticada por motivação xenofóbica, discriminatória ou preconceituosa, que tenha por fim "provocar terror social ou generalizado, expondo a perigo pessoa, patrimônio, paz pública ou incolumidade pública".[38]

---

36. Para Roxin (2007, p. 446), a finalidade do Direito Penal é buscar uma existência livre, pacífica e socialmente segura para todos os cidadãos.
37. O delito como dano social podemos encontrar, entre outros, em: Carmignani (1865, p. 45-46); Eser (1965-1966, p. 353); Perkins; Boyce (1982, p. 12); Rocco (2005, p. 406); e Janka (1902, p. 43).
38. Lei nº 13.260/2016, art. 2º: "O terrorismo consiste na prática por um ou mais indivíduos dos atos previstos neste artigo, por razões de xenofobia, discriminação ou preconceito de raça, cor, etnia e

Percebe-se, aqui, que o crime de terrorismo seguiu uma construção de perigosidade abstrata, que se contenta com a mera exposição de certos bens jurídicos à situação de perigo, sendo desnecessária a ocorrência do dano para a configuração do delito. Até aqui, não agiu o Estado para além das balizas constitucionais, uma vez que a legitimidade dos delitos de perigo, mesmo aqueles abstratos, é incontestável, desde que ultrapasse a mera desobediência de regras administrativas em que não se possa identificar na conduta proibida alguma hipótese de perigo possível.[39] Se não conseguir superar esse limite, a ilegitimidade do crime de perigo abstrato será patente, materializando o que Cuesta Pastor denomina de "peligro del peligro".[40]

Os atos de terrorismo previstos na lei brasileira, indubitavelmente, carregam a potencialidade necessária a afetar as pessoas, o patrimônio, a paz pública e a incolumidade pública.[41] O problema, todavia, não reside na escolha do modelo de perigosidade abstrata, mas sim na antecipação da punição dos atos terroristas e na supervalorização de certas condutas que, tradicionalmente, não contam com a difusão de terror à população exigida pelo art. 2º da Lei Antiterrorismo brasileira. Podemos citar, por exemplo, a *sabotagem do funcionamento de instituições bancárias ou de escolas*, ainda que de modo temporário. Há, aqui, um excessivo rigor do legislador e, sem dúvida, uma certa deficiência de técnica legislativa ao não perseguir, na definição dos atos terroristas, os critérios estabelecidos pela própria lei ao conceituar o terrorismo.

---

religião, quando cometidos com a finalidade de provocar terror social ou generalizado, expondo a perigo pessoa, patrimônio, a paz pública ou a incolumidade pública".

39. Sobre esse aspecto, trouxemos a constatação de que haveria um equívoco na doutrina que rechaça os crimes de perigo abstrato por colocar, numa mesma categoria, tipos de perigo diversos, e, assim, lançar sobre todos eles a mácula da ilegitimidade. A perigosidade abstrata legítima seria, segundo pensamos, aquela em que podemos constatar a potencial perigosidade a bens jurídico-penais, que, ao menos hipoteticamente, poderiam sofrer danos em decorrência da conduta (AZEVEDO; FACCINI NETO, 2013, p. 48-50).
40. Cuesta Pastor (2002, p. 44).
41. Lei nº 13.260/2016, §1º, art. 2º: "São atos de terrorismo: I – usar ou ameaçar usar, transportar, guardar, portar ou trazer consigo explosivos, gases tóxicos, venenos, conteúdos biológicos, químicos, nucleares ou outros meios capazes de causar danos ou promover destruição em massa; II – (VETADO); III – (VETADO); IV – sabotar o funcionamento ou apoderar-se, com violência, grave ameaça a pessoa ou servindo-se de mecanismos cibernéticos, do controle total ou parcial, ainda que de modo temporário, de meio de comunicação ou de transporte, de portos, aeroportos, estações ferroviárias ou rodoviárias, hospitais, casas de saúde, escolas, estádios esportivos, instalações públicas ou locais onde funcionem serviços públicos essenciais, instalações de geração ou transmissão de energia, instalações militares, instalações de exploração, refino e processamento de petróleo e gás e instituições bancárias e sua rede de atendimento; V – atentar contra a vida ou a integridade física de pessoa".

Se a definição de terrorismo já é, por si, problemática, ainda mais complexas são as demais questões jurídico-penais trazidas por ela. Procuramos deixar clara nos capítulos antecedentes a importância de um Direito Penal pujante em relação ao terrorismo, muito embora tenhamos esclarecido que o dever do Estado de enfrentar o terrorismo não deve ser motivo para se justificar medidas radicais e desumanizantes, que assim reduza o terrorista a um cidadão de segunda classe, um inimigo a quem não se reconhece o *status* de cidadão e que, por isso, legitimaria medidas de coerção claramente inconstitucionais. Há, portanto, duas forças contrapostas: o dever de proteger suficientemente bens e interesses individuais e coletivos, por um lado, e o dever de respeito à dignidade da pessoa, por outro. O equilíbrio haverá de ser encontrado num modelo que materialize um tratamento jurídico-penal adequado, necessário e proporcional.[42]

A primeira questão que trouxemos – a da antecipação da punição do perigo – é, sem dúvida, uma dessas controvérsias que encontramos na Lei nº 13.260/2016. Especificamente em relação à antecipação da punição, ao que também se alinham as medidas cautelares, talvez resida, nela, a principal problemática que merece ser mais profundamente analisada e que, pela pertinência e relevância em relação ao nosso tema, não poderíamos deixar de conferir-lhe uma especial atenção. Falar-se em antecipação da punição significa compreender, previamente, os fundamentos que a justificam. Noutras palavras, é preciso identificarmos os princípios que acabam por sucumbir para que a punição antecipada possa prosperar.

A periculosidade que sobressai de toda e qualquer medida penal que pretenda (antecipadamente) impor alguma sanção ou constrição ao infrator depende, necessariamente, do fracasso dos princípios da culpabilidade e do fato.[43] As necessidades de proteção, sobretudo diante do terrorismo – fenômeno global e extremamente violento –, impõe a tomada de medidas extremas. Essas, contudo, não podem ultrapassar as balizas constitucionais de proteção do indivíduo, dentre as quais se destacam o princípio da culpabilidade e do fato.

A utilização de condutas antecedentes para justificar a punição criminal e a tomada de medidas cautelares extremas pode acabar por conduzir a intervenção estatal a um modelo de Direito Penal de presunção

---

42. A lei penal deve se submeter aos requisitos de adequação, necessidade e proporcionalidade em sentido estrito. Nesse sentido: Canotilho (2002, p. 453); Canotilho (1992, p. 628-629); e, também, Miranda (2000, p. 207).
43. Pawlik (2012a, p. 124); também assim nos manifestamos em Azevedo; Faccini Neto (2013, p. 59 e segs.).

do injusto,[44] quer dizer, um modelo em flagrante violação ao princípio da culpabilidade,[45] cuja periculosidade do agente justificaria, por si só, a imposição da força coercitiva estatal.

O emprego de modelos de perigo abstrato, quando não se consegue extrair da hipotética situação de perigo a idoneidade abstrata da ação perigosa, não se amolda à exigência constitucional da culpabilidade. A ação criminosa em que não é possível detectar o injusto pessoal do seu autor, ou seja, em que nela não encontramos a violação de dever de colaboração do cidadão, mas sim uma simples subsunção de um fato à norma abstrata, temos, sim, a hipótese precária e controversa do *perigo de perigo*, a que já nos referimos alhures. Não haveria, *ex ante*, a necessária formação de um "juízo de desvalor quanto à perigosidade da ação".[46]

Ao divorciar-se do princípio da culpabilidade, sobressaem-se as necessidades preventivas, especialmente a supervalorização da periculosidade futura do delinquente, essa considerada de forma isolada e independente da gravidade do fato cometido e da contribuição pessoal do agente para a sua realização.[47] Fatores internos – personalidade e disposições de caráter[48] – acabariam por justificar a tomada de medidas preventivas, as quais visam alcançar, especialmente no terrorismo, estágios cada vez mais prévios, quando confrontados com os atos potencialmente aptos a causar danos.

Esse modelo de incriminação parece ter sido, pelo menos parcialmente, adotado pelo Brasil na Lei nº 13.260/2016. Se voltarmos nosso olhar para o seu art. 5º, *caput* e parágrafos, teremos algumas hipóteses em que a antecipação da punição avançaria sobre atos preparatórios absolutamente inócuos, eis que independentes das ações terroristas futuras.

Comprar uma bomba no mercado negro com o fim de utilizá-la para cometer um atentado contra várias pessoas obviamente que se mostra tratar-se de um ato preparatório idôneo, posto que apto a causar sérios danos

---

44. Azevedo; Faccini Neto (2013, p. 61).
45. Para Roxin (1997, p. 726) somente a culpabilidade e as necessidades preventivas podem, juntas, desencadear a responsabilidade penal; posição distinta encontraremos em Stratenwerth (1980, p. 85 e segs.), que defende uma espécie de superação do princípio da culpabilidade pela prevenção; para uma visão mais detalhada sobre as várias perspectivas da culpabilidade, cf. Azevedo (2014, p. 74 e segs.).
46. Azevedo; Faccini Neto (2013, p. 63); também nesse sentido, encontramos crítica semelhante em Mendoza Buergo (2001, p. 82).
47. Haveria, de acordo com Pawlik (2012a, p. 124-125), nessa hipótese, uma espécie de finalidade *preventivo-especial radical*, própria de medidas de direito de guerra.
48. Cf. estudo analítico que fizemos acerca da culpa do caráter em: Azevedo (2014, p. 43-59).

no futuro. Por outro lado, dar e receber treinamento, seja no seu próprio país, seja em país estrangeiro, para fins de capacitar-se para a pratica de atos terroristas é por demais exagerada a sua punição, amoldando-se naquilo que se designa de finalidade *preventivo-especial radical*. O problema, nessa hipótese, é que o injusto não se relaciona aos danos, ainda que potenciais, que o agente pode causar aos seus concidadãos. Trata-se, ao contrário, de uma punição eminentemente preventiva, voltada à sua inclinação pessoal para o crime, à sua personalidade perigosa. Conforme esclarece Pawlik, "a mera aquisição em si de habilidades perigosas não está no mesmo nível de realização de risco que corresponda a uma conduta apta a converter-se indiscriminadamente em um perigo concreto ou em lesão a outros".[49]

O treinamento a que se referem os incisos I e II, do §1º do art. 5º não precisaria estar relacionado a um eventual ato terrorista planejado ou em planejamento, o que poderia, se assim o fosse e a depender da situação concreta, expressar o mínimo de relação com o princípio do fato, esse indispensável à criminalização legítima. Além disso, quanto à avaliação do respeito ao princípio da culpabilidade, o agente deveria ser punido não pela sua inclinação ou tendência interior, mas sim pelo reflexo de seus atos na prática de um potencial atentado terrorista. A antecipação da punição deve também respeitar o princípio do fato para que se mostre legítima dentre de um modelo de Direito Penal liberal,[50] de modo que "a periculosidade estimável dos pensamentos tenha uma intensidade que supera significativamente a periculosidade das ideias",[51] o que, todavia, não parece ter sido a técnica legislativa dos dispositivos citados.

Por outro lado, se pensarmos na medida da pena imposta para alguns dos tipos penais descritos pela Lei nº 13.260/2016, perceberemos, também, a presença de uma supervalorização da prevenção, violando, igualmente, o princípio da culpabilidade e, ainda, o próprio princípio da proporcionalidade, pois se a pena ultrapassa a medida da culpabilidade do agente, temos, assim, uma pena desproporcional, eis que ausente a justa medida[52] necessária à validação constitucional da sanção penal.

---

49. Pawlik (2012a, p. 132).
50. Consideramos Direito Penal liberal aquele que precisa justificar ao máximo a sua intervenção por configurar a forma mais invasiva de interferência estatal na liberdade das pessoas, cf. Crespo (2004, p. 1027).
51. Pawlik (2012a, p. 126).
52. Canotilho (2004, p. 270) entende o princípio da proporcionalidade como o princípio da justa medida, em que se busca identificar o meio proporcional em relação a um determinado fim, fazendo-se uso de um juízo de ponderação.

Cabe aqui, todavia, uma explicação pormenorizada, quiçá uma breve justificação da afirmação que trouxemos acima. O terrorismo, na acepção da palavra, consiste num comportamento altamente violento e com um poder de destruição e intimidação sem precedentes. Por essa razão, aos seus perpetradores haveria de se lhes impor a pena mais grave prevista no nosso ordenamento jurídico-penal. Isso parece indiscutível. Por outro lado, coisa bem diferente são os comportamentos elegidos pelo legislador quando do enquadramento jurídico-penal de condutas acessórias à prática de atos terroristas.

Sabotar o funcionamento de uma escola por meio de uma invasão dos computadores daquela instituição é algo bem diferente do que explodir uma bomba num estádio de futebol repleto de pessoas. Não é razoável que ambas as condutas tenham o mesmo patamar abstrato de penas, até porque a culpabilidade, no primeiro caso, é infinitamente de menor reprovação do que a do segundo. É bem verdade que, na pena concreta, certamente que ao primeiro infrator ser-lhe-ia imposto uma sanção penal menor do que aquela do segundo. Muito embora seja de importância fazermos esse registro, de fato houve uma clara violação à proporcionalidade e à culpabilidade quando o legislador elevou, ao mesmo patamar de censura e punição, comportamentos tão distintos em intensidade, reprovabilidade e consequências.

É claro que a motivação do legislador foi a de fazer prevalecer uma "função de pura segurança",[53] assim como também o foi a do legislador alemão, quando da criminalização do terrorismo naquele país, especificamente em relação ao crime de associação terrorista.[54] A priorização da punição de atos preparatórios foi, sem dúvida, a tônica da legislação brasileira, conforme fica claro na lacunosa dicção do preceito primário do art. 5º, da Lei nº 13.260/2016. As necessidades de segurança e as finalidades preventivas, sobretudo num contexto de uma certa impotência estatal em relação a outras medidas aptas a evitar a prática de atos terroristas, foram as razões que impulsionaram uma intervenção estatal açodada e, em certos aspectos, ilegítima, eis que marcada pela pecha da inconstitucional ofensa aos princípios da culpabilidade, do fato e da proporcionalidade.

---

53. Encontramos essa expressão em Schroeder (1985, p. 29) quando trata do delito de conformação de associação terrorista (*Bildung Terroristischer Vereinigungen*), previsto no § 129, a, do Código Penal alemão (*StGB*).
54. Cf. Pawlik (2012a, p. 129).

6. COMBATE AO TERRORISMO: EM BUSCA DA LEGITIMIDADE PERDIDA

O terrorismo – embora existam diversos conceitos que tentam apreender o seu sentido – relaciona-se, de modo mais intenso, com a prática de atos de guerra por aqueles grupos que não dispõem de um exército formal.[55] Trata-se, de fato, de uma modalidade de guerra na qual os terroristas empregam os meios de que dispõem com o fim de causar o máximo de temor possível às nações e população atacadas. Poderíamos caracterizar o terrorismo, portanto, como atos destinados a desestabilizar a paz social por meio da difusão do medo e insegurança na sociedade. O modo pelo qual pode alcançar esse objetivo não será, portanto, por meio do uso de poderio militar ou político, mas sim por ataques sistemáticos, imprevisíveis e com grande potencial destrutivo, levados a cabo por pessoas obstinadas, com o fim de difundir o medo e o terror na população.

Há, portanto, uma mensagem que se quer comunicar à população de que qualquer um pode ser vítima de atos terroristas, que ninguém está imune a sê-lo e que ninguém se encontra totalmente seguro, independentemente do poderio militar convencional do país de sua nacionalidade. Os custos reduzidos, o simbolismo marcante, a difusão do medo e da insegurança na população, os poucos recursos financeiros necessários à sua execução e a escolha das vítimas ao acaso tornam o terrorismo um eficiente meio de imposição de violência extrema e de difusão do medo e insegurança na sociedade.

No terrorismo religioso há ainda um agravante, que é a existência de uma motivação que está para além de razões políticas ou ideológicas. Trata-se de uma motivação calcada no extremismo religioso, cuja principal característica é a de eleger todos os outros como inimigos, de modo que independentemente da forma, da crueldade, da extensão e da barbárie todo e qualquer ato estaria justificado. O terrorismo religioso não tem fronteiras, posto que é internacional. Além disso – o que é ainda pior – tem nos seus soldados indivíduos que não temem a morte, e que, por isso, tornam-se ainda mais perigosos, cujas ações são, consequentemente, de uma violência extrema e sem limites.

O objetivo do terrorismo é difundir o medo na população, provocar o temor nas pessoas, o que se mostra uma estratégia bastante eficiente, pois independe de outras metas ou objetivos de natureza político-ideológica. O

---

55. Pawlik (2012a, p. 112) nos diz que, desde o princípio, "o terrorismo foi a arma dos mais fracos, isto é, daqueles que estão privados do poder militar convencional".

terrorismo não é, portanto, o meio para se alcançar algum fim, pelo menos um fim plausível e possível de ser alcançado. A destruição de todo o mundo ocidental não poderia mesmo ser considerado como o fim do terrorismo islâmico, pois se trata de uma espécie de utopia que não se quer ou mesmo se pensa ser possível de se alcançar. O objetivo é aterrorizar todos aqueles que não pertençam ao pequeno grupo de extremistas religiosos, ao qual se juntam adeptos, inclusive ocidentais, que posteriormente convertem-se ao islamismo praticado e interpretado por esse círculo de pessoas. O meio, portanto, já é mesmo o próprio fim, de modo que, nesse sentido, os propósitos do terrorismo religioso são alcançados com a execução dos atentados terroristas planejados.

A partir desse terrível cenário, temos de nos perguntar até que ponto estaremos dispostos a ceder para assegurar o nível de segurança que nos foi tomado pelo terrorismo. Refazendo a pergunta, agora trazendo a própria reflexão de Pawlik: "Qual nível de insegurança o mundo ocidental é capaz de tolerar no sentido político, econômico e ideológico?".[56]

Há, no terrorismo, uma clara assimetria em relação às forças jurídico-políticas dos Estados, o que conduz naturalmente à constatação da necessidade de uma resposta – aqui nos referimos, especificamente, à resposta penal – também assimétrica. Essa assimetria, entretanto, não pode, nem deve transpor os postulados do Estado de Direito democrático e liberal. O terrorismo, diferentemente dos Estados, não se submete a regras e parâmetros mínimos de respeito aos direitos humanos. Há, portanto, uma máxima liberdade no que se refere ao aniquilamento do outro, que é o inimigo que se pretende eliminar.

A desumanização, a barbárie e a violência extrema reproduzem essa assimetria a que nos referimos acima. Mas se não há limites para as ações terroristas e a seus perpetradores, o mesmo já não ocorre com o Estado, mesmo imbuído do esforço de neutralizar o terrorismo ou, pelo menos, reduzir os seus impactos na vida da sociedade. Essa situação conduz a um paradoxo, no qual o Estado deve exercer o seu papel e, assim, fornecer as condições necessárias à paz social, sem que, para isso, possa fazer uso dos meios jurídico-penais sem ater-se às balizas constitucionais.

É de se constatar, por outro lado, que as limitações constitucionais impostas ao Estado não significam que o terrorismo deva ser tratado de forma similar ao tratamento conferido aos demais crimes. Haveria, se assim o

---

56. Pawlik (2012a, p. 117); sobre o conflito histórico entre os interesses públicos da segurança e da vida privada, cf. Snyder (1953, p. 759).

fosse, uma clara violação do princípio constitucional da proporcionalidade, especificamente da proibição da proteção deficiente (*Untermassverbot*), que exige do Estado uma atuação efetiva na proteção de direitos fundamentais. Se pensarmos no terrorismo, especialmente nos sérios danos que promove no indivíduo e na sociedade, uma atuação estatal tímida deixaria desprotegidos os cidadãos em seus bens e interesses, sobretudo em relação àqueles que lhes são mais valiosos, como a vida, a integridade física e a segurança.

Não obstante, há uma fronteira que não deve ser ultrapassada, que é a do respeito à dignidade humana. As medidas coercitivas impostas pelo Estado não devem, jamais, converter o Direito Penal num instrumento de guerra, numa ferramenta de luta contra o inimigo. A força estatal continua a ser um poder a ser exercido de acordo com o Direito, jamais à margem ou fora dele. Não há pessoas de primeira e segunda categoria, do mesmo modo que não deve existir um Direito Penal para o cidadão e outro para os inimigos (não cidadãos).

A barbárie que impera no terrorismo não pode ser motivo para justificar a desumanização daquele que o comete. Esse, por mais graves que sejam seus atos, continua a ser cidadão, e, justamente por isso, deverá responder pelos seus atos por violar o seu dever de cidadão ao atacar os bens e interesses do outro. As consequências penais e processuais penais a que estará sujeito certamente que deverão ter a medida da gravidade dos seus atos, mas isso não significará o rompimento da relação comunicacional com os demais membros da comunidade política. Antes, contudo, servirá justamente para reverter o dever violado e, assim, reconciliá-lo com os seus concidadãos. Essas consequências – ou, pelo menos, as mais impactantes – foram objeto de nossa reflexão no capítulo anterior.

A despersonalização do terrorista (inimigo), isto é, a perda do *status* de cidadão, ainda que estejamos diante de uma espécie de autoexclusão, em que o sujeito, ao violar o seu dever de colaboração com seus concidadãos, acaba por renunciar – expropriando-se a si mesmo – de sua personalidade jurídica e em relação à qual teria, a seu favor, um conjunto de direitos inalienáveis conformadores da dignidade humana. Essa sua despersonalização ensejaria, contra si, a possibilidade da tomada de medidas preventivas extremas, inclusive ao arrepio de princípios e garantias fundamentais, pois não mais ali estaria um ser humano no mesmo patamar de dignidade e respeito que os demais. A coisificação, deste modo, traduzir-se-ia numa espécie de processo de instrumentalização do sujeito em favor do bem comum.

Não nos parece legítima essa linha de argumentativa, posto que a dignidade que reside em cada um de nós é partilhada com todos, formando uma totalidade que nos congrega a todos nesta grande comunidade humana, inviabilizando, portanto, a classificação das pessoas em categorias. Por outro lado, a violação do dever de colaboração certamente impõe ao sujeito desviante consequências, mas essas são construídas com base na justificativa de que a imposição de pena e de outras medidas de força servem para o fim de restabelecer a dignidade violada pelo sujeito. É, portanto, a própria dignidade humana que conduz o Direito Penal à tentativa de restabelecer o equilíbrio perdido provocado pelo delito.

Com base nisso, obviamente que a prevenção do terrorismo não pode ser pautada por uma construção jurídico-penal com base num modelo de *prevenção especial radical*,[57] de instrumentalização do terrorista em favor dos propósitos de segurança que o Estado não é capaz de atingir por meio do emprego de meios legítimos. Conforme dissemos acima, há um espaço de legitimidade para o enfrentamento rigoroso do terrorismo. Inclusive, medidas de maior gravidade devem ser tomadas pelo Estado, a fim de preservar os interesses individuais, sobretudo a vida, a saúde e a integridade física dos cidadãos. Para tanto, o emprego de crimes de perigo abstrato, medidas preventivas de força e penas em patamares elevados são, sem dúvida, necessários a uma proteção suficiente desses bens expostos aos riscos decorrentes do terrorismo.

De outra banda, contudo, o maior rigor que deve ser empreendido pelo Estado não se fundamenta na despersonalização do terrorista, de modo a poder submetê-lo a toda e qualquer medida, penal e processual penal, desde que os fins sejam a proteção daqueles direitos, bens e interesses violados ou expostos ao risco de o serem. Há, nesse balanço, a possibilidade da existência de uma zona gris, mas que se devidamente mediado pelo princípio da proporcionalidade, certamente teremos uma maior chance de evitar abusos e, ainda assim, continuarmos a poder punir, com rigor, o terrorismo e prevenir, adequadamente, a prática de atentados terroristas.

7. CONCLUSÃO

O desafio a que nos propomos neste trabalho pautou-se na utilização da medida do injusto do cidadão como baliza para conduzir o processo

---

57. Essa expressão colhemos de Pawlik (2012a, p. 135-136), que significa "segundo critérios legitimantes do direito penal, despersonalização".

de criminalização e a resposta penal constitucionalmente adequada. Procuramos, com base nesse argumento, analisar a legislação antiterrorismo brasileira, a fim de identificar se essa se manteve ou não dentro dos limites constitucionais. De fato, o excessivo uso da antecipação da punição e a imposição de penas exageradas a certos comportamentos legalmente definidos como atos terroristas foram dois dos aspectos analisados e que nos indicaram ter o legislador ultrapassado o terreno do legítimo. Não se quer dizer, todavia, que a lei não teve seus acertos, que foram muitos, inclusive. O que se pretendeu foi deixar clara a fronteira entre o legítimo e o ilegítimo no que tange a alguns dos aspectos jurídico-criminais estudados.

Dessa nossa análise chegamos, então, a algumas conclusões. A primeira delas é a de que não deve o Estado, ainda que movido por motivos e fins nobres, desconsiderar a dignidade que reside em cada um de nós e que, por isso mesmo, é a todos um bem inalienável. Além disso, está na violação do dever de colaboração do cidadão com as liberdades dos demais o injusto de onde deverá ser extraída a medida justa da pena, respeitando-se, portanto, os ditames dos princípios da culpabilidade e do fato.

Por outro lado, a necessária manutenção do *status* de cidadão, mesmo em se tratando de terroristas, não significa que o Estado deva manter-se inerte, furtando-se ao seu dever de proteger os bens e interesses expostos ao risco de dano em decorrência do terrorismo. Deve, portanto, envidar esforços para prevenir tais práticas e restabelecer a paz social cujo equilíbrio fora rompido com a prática de atos de terrorismo. Para alcançar sucesso, embora deva empregar a força coercitiva de penas duras e medidas cautelares, não pode simplesmente abster-se de conduzir a persecução penal estatal dentro dos fundamentos e limites impostos pela Constituição.

A equação é deveras complexa; difícil, portanto, de se alcançar o equilíbrio desejado na busca de fins preventivos legítimos. Assim, embora a intervenção penal possa não ser compreendida como uma efetiva restrição de direitos,[58] posto que, quando autorizada, o direito suprimido não estaria mesmo constitucionalmente garantido, constitui, evidentemente, numa importantíssima intervenção na liberdade individual, que não pode ultrapassar os limites impostos pela Constituição, devendo ser ainda adequado, necessário e proporcional, além de ter em mira, sempre, o respeito à dignidade da pessoa humana.

---

58. Essa é a interpretação trazida por Reis Novais (2002, p. 266), para quem uma intervenção penal que seja alicerçada numa restrição legítima não constitui violação constitucional.

8. REFERÊNCIAS

AMARAL, Maria Lúcia. *A forma da república*: uma introdução ao estudo do direito constitucional. Coimbra: Coimbra Editora, 2005, p. 281.

AMBOS, Kai. Bien jurídico y harm principle: bases teóricas para determinar "la función global" del derecho penal internacional. *Revista de Derecho Penal y Criminología*, 3ª época, n. 10, jul. 2013, p. 343-378.

AMELUNG, Knut. El concepto 'bien jurídico' en la teoría de la protección penal de bienes jurídicos. Tradução de Íñigo Ortiz de Urbina Gimeno. In: HEFENDEHL, Roland (Ed.). *La teoría del bien jurídico: ¿fundamento de legitimación del Derecho penal o juego de abalorios dogmático?*. Madrid: Marcial Pons, 2007. p. 227-264.

AZEVEDO, André Mauro Lacerda. Direito penal e emoções: uma análise da culpa jurídico-penal a partir da personalidade do agente materializada no fato criminoso. In: SAMPAIO, Denis; FACCINI NETO, Orlando (Org.). *Temas Criminais*: a ciência do direito penal em discussão. Porto Alegre: Livraria do Advogado, 2014. p. 41-86.

AZEVEDO, André Mauro Lacerda; FACCINI NETO, Orlando. *O bem jurídico-penal*: duas visões sobre a legitimação do direito penal a partir da teoria do bem jurídico. Porto Alegre: Livraria do Advogado, 2013.

BENTHAM, Jeremy. *An introduction to the principles of morals and legislation*. Mineola: Dover Publications, 2007.

BROWN, D. G. Mill on liberty and morality. *The Philosophical Review*, Durham, v. 82, n. 2, abr. 1972, p. 133-158.

CANOTILHO, J. J. Gomes. *Direito constitucional e teoria da constituição*. 5. ed. Coimbra: Almedina, 2002.

____. *Direito constitucional*. 5. ed. Coimbra: Almedina, 1992.

____. *Direito constitucional e teoria da constituição*. 7. ed. Coimbra: Almedina, 2004.

CARMIGNANI, Giovanni. *Elementi di diritto criminale*. Milano: Francesco Sanvito Editore, 1865.

CRESPO, Eduardo Demetrio. Del "derecho penal liberal" al "derecho penal del inimigo". In: PERES ALVARES, Fernando (Ed.). *Serta: in memoriam Alexandri Baratta*. Salamanca: Ediciones Universitad, 2004, p. 1027-1053.

CUESTA PASTOR, Pablo. *Delitos obstáculo*: tensión entre política criminal y teoría del bien jurídico. Granada: Comares, 2002.

DWORKIN, Ronald. *Taking rights seriously*. London: Duckworth, 1977.

EDELMAN, Bernard. Universalité et droits de l'homme. In: DELMAS-MARTY, Meireille (Dir.). *Procès Pénal et Droits de L'Homme*. Paris: Presses Universitaires de France, 1992. p. 153-167.

ESER, Albin. The principle of harm in the concept of crime: a comparative analysis of the criminally protected legal interests. *Duquesne University Law Review*, Pittsburgh, v. 4, 1965-1966, p. 345-417.

FEINBERG, Joel. *The moral limits of the criminal law: harm to others*. New York: Oxford University Press, 1984. 1v.

FICHTE, Johann Gottlieb. *Grundlage des Naturrechts*. Jena e Leipzig: Gabler, 1797.

_____. *Lições sobre a vocação do sábio*. Tradução de Artur Morão. Lisboa: Edições 70, 1999.

FIGUEIREDO DIAS, Jorge de. O papel do direito penal na proteção das gerações futuras. In: *Direito Penal Económico e Europeu*: textos doutrinários. Coimbra: Coimbra Editora, 2009b. p. 603-614. 3v.

GRACIA MARTÍN, Luis. Sobre la negación de la condición de persona como paradigma del "derecho penal del enemigo". In: CANCIO MELIÁ, Manuel; GÓMES-JARA DÍEZ, Carlos (Coord.). *Derecho Penal del Enemigo*: el discurso penal de la exclusíon. Buenos Aires: Editorial B de F, 2006, p. 1051-1080.

HABERMAS, Jürgen. *Direito e democracia*: entre facticidade e validade. Tradução de Flávio Beno Siebeneichler. Rio de Janeiro: Tempo Brasileiro, 1997. 1v.

HEGEL, G. W. F. *System der Sittlichkeit*: Critik des Fichteschen Naturrechts. Hamburg: Meiner, 2002.

HIRSCH, Andrew von. *Doing justice*: the choice of punishment. Boston: Northeastern University Press, 1986.

HONNETH, Axel. *Luta pelo reconhecimento*. Lisboa: Biblioteca Nacional de Portugal, 2011.

_____. *La sociedad del desprecio*. Tradução de Francesc. J. Hernàndez y Benno Herzog. Madrid: Trotta, 2011.

JAKOBS, Günther. Sobre la teoría del derecho penal del enemigo. In: AMBOS, Kai (Dir.). *Desarrolos Actuales de las Ciencias Criminales en Alemania*. Bogotá: Editorial Temis, 2012.

JANKA, Karl. *Das österreichische Strafrecht*. Wien: F. Tempsky, 1902.

JAREBORG, Nils. Criminalization as last resort (*ultima ratio*). *Ohio State Journal of Criminal Law*, Columbus, v. 2, n. 2, 2005, p. 521-534.

KANT, Immanuel. *Grundlegung zur Metaphysik der Sitten*. Hamburg: Meiner, 1999.

LEVINAS, Emmanuel. *Totalidade e infinito*. Tradução de José Pinto Ribeiro. Lisboa: Biblioteca Nacional de Portugal, 2015.

MEAD, George Herbert. *Movements of thought in the nineteenth century*. 9. ed. Chicago: University of Chicago Press, 1972. 2v.

MENDES, Gilmar Ferreira; COELHO, Inocêncio Mártires; BRANCO, Paulo Gustavo Gonet. *Curso de Direito Constitucional*. 2. ed. São Paulo: Ed. Saraiva, 2008.

MENDOZA BUERGO, Blanca. *Límites dogmáticos y político-criminales de los delitos de peligro abstracto*. Granada: Comares, 2001.

MILL, John Stuart. *On Liberty*. 3. ed. London: Longman, Green, Roberts & Green, 1864.

MIRANDA, Jorge. *Manual de direito constitucional*. 3. ed. Coimbra: Coimbra Editora, 2000. 4v.

MOORE, Michael. *Placing blame*. Oxford: Clarendon Press, 1997.

MUÑOZ CONDE, Francisco. *Edmund Mezger y el derecho penal de su tiempo*: estudios sobre el derecho penal en el nacionalsocialismo. 4. ed. Valencia: Tirant lo Blanch, 2003.

_____. El proyecto nacional socialista sobre el tratamiento de los "extraños a la comunidad". *Revista Penal*, Madrid, n. 9, 2002-2003, p. 42-58.

OTTO, Harro. *Grundkurs Strafrecht*: allgemaine Strafrechtlehre. 7. ed. Berlin: De Gruyter Recht, 2004.

PAWLIK, Michael. *Teoria da ciência do direito penal, filosofia e terrorismo*. Tradução de Eduardo Saad-Diniz. São Paulo: Editora LiberArs, 2012a.

_____. *Das Unrecht des Bürgers*. Tübingen: Mohr Siebeck, 2012b.

_____. *La libertad institucionalizada*: estudios de filosofia jurídica y derecho penal. Madrid: Marcial Pons, 2010.

PERKINS, Rollin M.; BOYCE, Ronald N. *Criminal Law*. 3. ed. Mineola: The Foundation Press Inc., 1982.

RAWLS, John. *A theory of justice*. Oxford: Oxford University Press, 1999, p. 37.

REIS NOVAIS, Jorge. *As restrições a direitos fundamentais não expressamente autorizadas pela constituição*. Universidade de Lisboa, Lisboa, Tese de Doutoramento, 2002, 949p.

ROCCO, Arturo. *El objeto del delito y de la tutela jurídica penal*: contribución a las teorías generales del delito y de la pena. Tradução de Gerónimo Seminara. Montevideo: Editorial B de F, 2005.

RODRIGUES, Anabela Miranda. A globalização do direito penal – da pirâmide à rede ou entre a unificação e a harmonização. In: *Direito Penal Económico e Europeu*: textos doutrinários. Coimbra: Coimbra Editora, 2009. p. 81-111. 3v.

ROXIN, Claus. Sobre a evolução da política criminal na Alemanha após a Segunda Guerra Mundial. Tradução de Augusto Silva Dias. In: VALDÁGUA, Maria da Conceição (Coord.). *Problemas Fundamentais de Direito Penal*: Colóquio Internacional de Direito Penal em homenagem a Claus Roxin. Lisboa: Universidade Lusíada Editora, 2002.

_____. ¿Es la protección de bienes jurídicos una finalidad del derecho penal?. Tradução de Íñigo Ortiz de Urbina Gimeno. In: HEFENDEHL, Roland (Ed.). *La teoría del bien jurídico*: ¿fundamento de legitimación del Derecho penal o juego de abalorios dogmático?. Madrid: Marcial Pons, 2007, p. 443-458.

_____. *Strafrecht: Allgemeiner Teil*. München: C. H. Beck'sche Verlagsbuchhandlung, 1997.

SANDEL, Michael J. *O liberalismo e os limites da justiça*. Tradução de Carlos E. Pacheco do Amaral. 2. ed. Lisboa: Fundação Calouste Gulbenkian, 2005.

SCHROEDER, Friedrich-Christian. *Die Straftaten gegen das Strafrecht*. Berlin: Walter de Gruyter, 1985.

SCHÜNEMANN, Bernd. O direito penal é a *ultima ratio* da proteção de bens jurídicos!. Tradução de Luís Greco. *Revista Brasileira de Ciências Criminais*, São Paulo, n. 53, mar.-abr. 2005.

SILVA DIAS, Augusto. Os criminosos são pessoas? Eficácia e garantia no combate ao crime organizado. *Revista do Ministério Público do Rio Grande do Sul*, Porto Alegre, n. 72, mai.-ago. 2012, p. 201-215.

_____. Reconhecimento e coisificação nas sociedades contemporâneas: uma reflexão sobre os limites da intervenção penal do Estado. In: SILVA DIAS, Augusto [et al.] (Org.). *Liber Amicorum de José de Sousa e Brito*. Coimbra: Almedina, 2009, p. 113-131.

SILVA, Marco Antônio Marques da; SAYEG, Ricardo Hansson. O direito e dever humano recíproco à tolerância. In: *Estudos em Homenagem ao Prof. Doutor Jorge Miranda*. Coimbra: Cimbra Editora, 2012. p. 323-344.

SNYDER, Orvill C. *An introduction to criminal justice*. Boston: Little & Brown, 1953.

SOUTO MOURA, José. Consciência individual, pluralismo ético e opções políticas. *Brotéria*, v. 163, n. 1, jul. 2006, p. 7-23.

SOUSA MENDES, Paulo de. Em defesa do particularismo moral e do pluralismo liberal – em especial no domínio do direito penal. In: BELEZA, Teresa Pizarro; CAEIRO, Pedro; COSTA PINTO, Frederico de Lacerda (Org.). *Multiculturalismo e Direito Penal*. Coimbra: Almedina, 2014.

STRATENWERTH, Günter. La criminalización en los delitos contra bienes jurídicos colectivos. tradução de Íñigo Ortiz de Urbina Gimeno e Margarita Valle M. de Gante. In: HEFENDEHL, Roland (Ed.). *La teoría del bien jurídico*: ¿fundamento de legitimación del Derecho penal o juego de abalorios dogmático?. Madrid: Marcial Pons, 2007. p. 365-372.

____. El futuro del principio jurídico penal de culpabilidad. In: *Colección de Criminología y Derecho Penal*. Madrid: Instituto de Criminología de la Universidad Complutense de Madrid, 1980.

3

BEM JURÍDICO-PENAL NO CONTEXTO DA LEI 13.260: CONSIDERAÇÕES DEMOCRÁTICAS

BRUNO GILABERTE FREITAS[1]

SUMÁRIO • 1. Introdução – 2. O bem jurídico-penal e sua evolução histórica – 3. A função limitadora do bem jurídico-penal – 4. Bens jurídicos ocos e a ilusão do poder político (in)contido – 5. Considerações sobre a Lei 13.260, de 2016 – 6. Conclusão – 7. Referências bibliográficas.

1. INTRODUÇÃO

A teoria do bem jurídico-penal formulada em bases constitucionalistas foi uma das grandes conquistas do direito penal democrático, ao romper com modelos abusivos ou que, embora respaldados na intenção de restringir o poder de atores políticos na elaboração de normas penais, não atingiam de fato esse intento. A função limitadora da teoria, à qual se agregam outras, como a interpretativa e a sistematizadora, se tornou um dos temas mais debatidos da ciência. Não poderia ser diferente, pois, como leciona HIRSCH, "*el concepto de bien jurídico suministra al legislador una medida político-criminal de lo que él puede penar y de lo que debe dejar impune*",[2] ao mesmo tempo em que impõe ao juiz a lesividade como pressuposto de aplicação concreta da norma. Entretanto, a menos que se confira à teoria sua exata dimensão, continuaremos nos deparando com perplexidades, como as verificadas quando da edição da Lei 13.260, de 2016, que cuida do crime de terrorismo.

---

1. Delegado de Polícia Civil / RJ. Bacharel em direito pela UFF. MBA pela FGV. Mestrando pela UNESA.
2. HIRSCH, Hans Joachim. Acerca del estado actual de la discusión sobre el concepto de bien jurídico. In: *Modernas tendencias en la ciencia del derecho penal y en la criminologia*. Madrid: Universidad Nacional de Educación a Distancia, 2006. p. 371.

As menções à paz pública, à incolumidade pública (art. 2º, *caput*), e a indisfarçada criminalização dos atos preparatórios (art. 5º) são temas que precisam ser enfrentados para a mantença da higidez principiológica, ainda que episódios autoritários venham se tornando cada vez mais frequentes no panorama jurídico-penal brasileiro. As negras nuvens antes estacionárias no horizonte se deslocam com rapidez, evidenciando a tormenta que se avizinha.

Partiremos, assim, de uma breve análise histórica da teoria do bem jurídico-penal, analisando vertentes que, ao contrário de oferecerem contenção ao arbítrio do Estado, se prestaram apenas a legitimá-lo; também veremos as teorias hoje mais aceitas, mas em sua correta expressão, para que se prestem à digna tarefa que lhes é confiada; e, ao final, transportaremos as conclusões parciais ao novo diploma legal, passando a esmiuçá-lo. A digressão é importante porque cadáveres insepultos – na Antares do nosso direito penal – regularmente caminham entre nós. Mas, ao contrário do que ocorre na obra de Érico Veríssimo, não expõem a hipocrisia e as contradições reinantes, prestando-se apenas como reforço ao descompromisso dogmático.

2. O BEM JURÍDICO-PENAL E SUA EVOLUÇÃO HISTÓRICA

A organização do Estado sob a forma absolutista situava o delito como a violação de um dever para com o Estado, concepção esta que encontrou forte resistência iluminista. FEUERBACH, nessa esteira, fundou sua oposição na ideia de crime como lesão a direitos subjetivos da vítima (direitos de liberdade). A racionalidade amparada no contrato social – o criminoso exerce uma liberdade arbitrária, da qual abriu mão ao confiar a uma autoridade reconhecida (Estado) as garantias das condições de vida, com o que atinge as liberdades alheias – tinha como objetivo separar o delito das meras violações de dever. FEUERBACH, assim, já insinuava que apenas as liberdades individuais poderiam ser objeto de proteção jurídico-penal, ainda que posteriormente tenha flexibilizado sua teoria, ao admitir a existência de crimes em infrações de polícia, isto é, infrações em que não há a lesão a direitos subjetivos, como ações atentatórias aos bons costumes e infrações de fundo religioso.

Foi com BIRNBAUM, em 1834, que restou superada a tese do direito subjetivo, com a criação da figura do bem jurídico. Frise-se que a intenção do doutrinador não era limitar o poder político na seara penal, mas ampliá-lo, de modo a se estabelecer uma construção que permitisse abarcar os crimes contra o Estado e contra a religião, entre outros. A época – situada em meio à Revolução Industrial – é de reação ao iluminismo e superação da ideia de um direito natural imutável. A lição de FEUERBACH, fortemente inspirada pelo jusnaturalismo, é rechaçada, com a substituição dos direitos subjetivos pelos bens como objeto da tutela penal. Esses bens "tuteláveis" ora seriam concedidos pela natureza, ora se estabeleceriam como produto da evolução social, de modo que, além dos bens individuais, também poderiam figurar como objeto de tutela os bens coletivos.

O positivismo, ancorado nos ensinamentos de COMTE e HUME, também influenciou a concepção de injusto e a teoria ora em comento, dando-lhe contornos diferentes daqueles enunciados por BIRNBAUM. Consoante a filosofia positivista, em síntese que omite várias de suas nuances, mas necessária, os fenômenos eram causados por fatores que podiam ser reduzidos a uma lei constante e imutável, a qual deveria ser reconhecida através de processos empíricos (observação, ponderação e experiência).[3] No campo do direito, o que interessa para a validação da norma é o seu antecedente causal, normalmente calcado em um ato de vontade do Estado. Com a ascensão do positivismo jurídico, BINDING, por ele inspirado, afastou da norma penal os valores pré-jurídicos, transformando o bem jurídico em um direito subjetivo do Estado (o direito de exigir obediência às leis). Assim, bem jurídico é o que a norma diz que é, uma vez que ela ecoa o interesse estatal. Em outras palavras, a violação à lei representaria inexoravelmente lesão a um bem jurídico a ela intrínseco, seja na qualidade de sua finalidade ou de sua *ratio*. A concepção de BINDING, analisada criticamente, revela-se incapaz de proteger o cidadão do poder estatal, pois, como adverte BECHARA, estabelece-se "uma política criminal estritamente estatal, desde o Estado e para o Estado, que considera o indivíduo como um simples destinatário da norma".[4]

Ainda nessa toada, VON LISZT pode ser apontado como positivista naturalista. Para o autor, a pena cumpriria uma função social atrelada às suas finalidades de coação, correção, ou, em último caso, de inocuização, sendo necessária apenas quando voltada à proteção de bens jurídicos. Contrariando BINDING, VON LISZT atribui ao injusto não apenas um aspecto formal, sedimentado na violação à norma, mas também a ele credita uma esfera material, ancorada na lesão ou perigo de lesão ao bem jurídico. Existiriam interesses vitais preexistentes às normas e oriundos de relações sociais que, uma vez selecionados por critérios de política criminal, cumpririam a função de bem-jurídico penal. A doutrina de VON LISZT, ainda

---

3. TAVARES, Juarez. *Teoria do Injusto Penal.* 2. ed. Belo Horizonte: Del Rey, 2002. p. 14-15.
4. BECHARA, Ana Elisa Liberatore Silva. *Op. cit.*, p. 101.

que se apresentasse como uma evolução em comparação ao positivismo de BINDING ao conferir um aspecto material ao crime, é também criticável, pois se amparava em igual estrutura positivista, uma vez que o "interesse vital" a ser tutelado era selecionado arbitrariamente, sem maiores considerações sobre o porquê da seleção.

A reação ao método científico e ao empirismo propostos pelo positivismo veio através das doutrinas neokantistas. "*Zurüch zu Kant!*" (retorno a Kant), propunham os defensores desta escola, estabelecendo como linhas mestras a racionalização da religião e a teoria do conhecimento. Estabeleciam que a realidade deveria ser valorada, ou seja, que ganhava sentido apenas quando a ela era atribuído, pela consciência humana, um valor ou um desvalor, substituindo-se o empirismo pela racionalidade. A influência do neokantismo sobre a teoria do bem jurídico-penal vem principalmente da Escola de Baden, assentada sobre a razão prática e sobre a axiologia, em contraposição à Escola de Marburgo, mais formalista e ancorada na razão pura. Surgem, à época, pensadores influentes, como RADBRUCH e MAYER, entre outros. O bem jurídico passa a ser considerado um valor cultural reconhecido pelo direito, e não criado por ele. Ou seja, esses valores – culturais – existiriam previamente ao direito (espiritualização ou idealização do bem jurídico). Como bem ensina BECHARA, "o objeto de proteção não existiria enquanto tal, concretizando-se somente quando são vistos nos valores da comunidade, com o fim objetivo das prescrições penais".[5]

A concepção neokantiana fez com que o bem jurídico se prestasse unicamente como critério interpretativo do tipo penal, deixando de lado a sua função crítica. É nesse sentido que HONIG oferecerá sua contribuição, pautando o bem jurídico como o sentido da norma penal ou como sua *ratio legis*, isto é, trazendo um resultado que já se avizinhava à época de BINDING. Em resumo, o conceito perde seu caráter limitador, pois confunde o objeto da norma com seu objetivo. Ainda que persista a noção de que os ilícitos penais exigem lesão a um bem jurídico, a desmaterialização do conteúdo deste passa a permitir uma maior amplitude incriminadora.

MEZGER é influenciado por HONIG em seus estudos sobre a matéria. Importa ressaltar que o autor aderiria ideologicamente ao nacional-socialismo alemão, o que fica claro no prólogo de sua obra *Kriminalpolitik*, escrito em 1933.[6] MEZGER, assim, busca adequar o direito penal alemão aos

---

5. Idem, *ibidem*. p. 106.
6. CONDE, Francisco Muñoz. *Edmund Mezger e o Direito Penal de seu Tempo*: estudos sobre o Direito Penal no Nacional-Socialismo. Rio de Janeiro: *Lumen Juris*, 2005. p. 79.

ideais do partido nazista, inclusive situando a vontade do Führer como única fonte do direito. Nesse ponto, destacamos trecho de um escrito produzido pelo autor, no qual afirma que o povo alemão é "o valor jurídico mais alto e concretamente determinado e só sua sã concepção como conceito ao mesmo tempo valorativo e real deve orientar a determinação material nacional-socialista do Direito Penal, ainda que, obviamente, dado que o Direito que dele emana deve converter-se em Direito positivo, precisa de direção estatal para sua conformação e reconhecimento".[7] É justamente no período do nacional-socialismo alemão que o individualismo e o liberalismo reinantes no séc. XIX são solapados pela preponderância da comunidade do povo – naturalmente, não qualquer povo, mas apenas aquele unido por vínculos de raça. Aliás, impõe-se aqui uma justiça histórica: ao contrário do que se costuma apregoar, não foi o positivismo, especialmente aquele formulado nas linhas de KELSEN, que forneceu ao nacional-socialismo a base teórica para a distorção do direito penal e para as atrocidades cometidas contra os chamados "associais"; o direito alemão da época era calcado em atos de vontade do Führer, não nas leis postas, o que se afastava do positivismo kelseniano – esta foi apenas a justificativa encontrada pelos juristas que aderiram ao nacional-socialismo para se verem absolvidos da contribuição fornecida à sustentação do regime.[8] O direito penal de então busca sua legitimação no "são sentimento do povo" e o poder punitivo retoma a tese da lesão de dever como fundamento, reconhecidamente ampliativo.

Com o advento do finalismo, surge a concepção ontológica de WELZEL. Com ênfase no desvalor da conduta decorrente de sua carga negativa, o penalista realizou uma antecipação da tutela penal, relacionando-a aos valores ético-sociais. Os interesses jurídicos dignos de proteção penal, na dicção de SCHMITT DE BEM e MARTINELLI, somente existiriam na medida em que eles atuassem na vida social.[9] Contudo, quando WELZEL enuncia que bem jurídico é "todo estado social desejável que o direito penal quer resguardar de lesões",[10] nada mais faz do que defender um conceito aberto, insuficiente para as finalidades a que a teoria se propõe.

---

7. Idem, *ibidem*. p. 81
8. O positivismo kelseniano, inclusive, foi duramente criticado pelos apoiadores do regime de exceção. Aparentemente, sua invocação como sustentáculo das posições jurídicas então adotadas foi obra de RADBRUCH, mas não corresponde à realidade. Deve ser lembrado que KELSEN foi perseguido pelo regime nazista e terminou seus dias exilado nos EUA.
9. MARTINELLI, João Paulo Orsini; DE BEM, Leonardo Schmitt. *Lições fundamentais de Direito Penal*: parte geral. São Paulo: Saraiva, 2016. p. 93.
10. Idem, *ibidem*. p. 93.

Sob a égide do funcionalismo, ROXIN, retomando ideais iluministas e a noção de contrato social, insere uma ênfase constitucionalista ao conceito de bem jurídico-penal. Em outras palavras, abandona-se o pensamento de FEUERBACH, centrado nos direitos subjetivos, com a assimilação dos direitos fundamentais como ponto nodal da teoria. Esses direitos encontrariam leito na Constituição, documento político que ditaria os limites à atividade incriminadora. ROXIN, portanto, faz com que o conteúdo da objetividade jurídica transcenda o direito penal, mas sem permitir uma abertura demasiada, de modo que a atividade de elaboração das normas penais não se queda ao alvedrio de inclinações políticas de ocasião. Parte, o autor, da seguinte reflexão: "penso que o direito penal deve garantir os pressupostos de uma convivência pacífica, livre e igualitária entre os homens, na medida em que isso não seja possível através de outras medidas de controle sócio-políticas menos gravosas".[11] Como a lei limita a liberdade do cidadão, prossegue ROXIN, não pode proibir mais do que o estritamente necessário para a garantia da coexistência livre e pacífica. A partir do momento em que se enuncia o direito penal como um instrumento de promoção da liberdade, devem sempre ser resguardadas a igualdade e a dignidade humana, condições essenciais daquela. Esses direitos seriam consagrados pela ordem constitucional de diversos países, ainda que não expressamente, mas como "fundamentos da democracia parlamentar, bem como do reconhecimento de direitos humanos e de liberdade que devem ser respeitados em um estado de direito moderno".[12] Arremata o autor: "O ponto de partida correto consiste em reconhecer que a única restrição previamente dada ao legislador se encontra nos princípios da Constituição. Portanto, um conceito de bem jurídico vinculante político-criminalmente somente pode derivar dos deveres, plasmados na Lei Fundamental, do nosso Estado de Direito baseado na liberdade do indivíduo, através dos quais se marcam seus limites ao poder punitivo do Estado".[13]

A ênfase nas teses constitucionalistas do bem-jurídico tem o mérito de conferir à matéria um parâmetro razoável para a seleção de interesses ou valores tuteláveis pelo direto penal: não seriam, pensamos, aqueles que não se encontrem em contrariedade para com o texto constitucional,[14] mas

---

11. ROXIN, Claus. *Estudos de Direito Penal*. Rio de Janeiro: Renovar, 2006. p. 32.
12. Idem, *ibidem*. p. 33-34.
13. ROXIN, Claus. *Derecho Penal*: parte general. 2. ed. Madri: Editorial Civitas, 1997. tomo I, p. 56.
14. Defendendo que podem ser tutelados "valores não contrastantes com aqueles previstos na Constituição", no que pode ser classificado como uma visão constitucionalista ampliativa, NUVOLONE (apud SCHMITT DE BEM e MARTINELLI, *op. cit.*, p. 96).

apenas aqueles efetivamente consagrados por ele. Frise-se, com eloquência, que apesar de o direito penal buscar na Constituição a legitimação de sua tutela, nem tudo aquilo que é constitucionalmente consagrado será automaticamente erigido à condição de bem jurídico-penal. A Constituição oferece aqueles interesses ou valores que podem ser selecionados para a salvaguarda penal, mas não impõe a criminalização, que somente ocorrerá quando estritamente necessária (em respeito a princípios complementares à teoria do bem jurídico-penal, como veremos).[15]

Evidentemente, há quem se oponha à constitucionalização da teoria do bem jurídico e, ainda na senda do funcionalismo, ora radical, JAKOBS mostra sua contrariedade, apregoando que a principal função da construção dogmática examinada é assegurar as expectativas sociais, razão pela qual ao direito penal incumbiria proteger a vigência da norma, de modo a permitir tal reconhecimento por parte das pessoas. Verifica-se que há correlação entre o pensamento de JAKOBS e sua defesa não declaradamente hegeliana da pena como modo de afirmação da vigência da norma violada. JAKOBS, aliás, embora não repudie a relevância do bem jurídico, sustenta a existência de infrações penais nas quais não há sua afetação, como em alguns delitos de dever.[16]

Sustentamos a interação entre a teoria do bem jurídico-penal e a Constituição. Nenhuma teoria anterior ou posterior, cremos, fornece críticas suficientemente embasadas que permitam seu rechaço, assim como nenhuma outra confere de forma tão precisa e coerente um conteúdo material ao conceito, tornando-o efetivamente um dique à atividade político-criminal. Assim, atingindo essa primeira compreensão, passamos às demais considerações.

3. A FUNÇÃO LIMITADORA DO BEM JURÍDICO-PENAL

A correta seleção do objeto de tutela penal é de manifesta importância para a legitimação da norma penal incriminadora, mas esta não se basta naquela. A simples identificação de um interesse ou valor que se preste à criação de tipos penais não impede que se antecipe exageradamente a criminalização, tampouco que sejam reconhecidas como delituosas condutas que pouco ou nenhum risco oferecem ao bem jurídico. Imprescindível, portanto, a conjugação da teoria com princípios informadores do direito

---

15. Nesse sentido, DOLCINI e MARINUCCI (apud TAVARES, op. cit., p. 200)
16. Apud ZAFFARONI, E. Raúl; BATISTA, Nilo; ALAGIA, Alejandro; SLOKAR, Alejandro. Direito Penal Brasileiro. Rio de Janeiro: Revan, 2010. v. 2. p. 219.

penal, a saber: *harm principle* (lesividade), intervenção mínima e proporcionalidade.

A reconhecida missão de proteção de bens jurídicos cometida ao direito penal de nada serve se não observada pela ótica estrutural da lesividade. Na dicção de PACELLI e CALLEGARI, a lesividade é inerente aos tipos penais, cuidando-se de "norma não escrita, mas contida implicitamente em todo o Direito de natureza penal".[17] Compreendemos o princípio da lesividade (ou ofensividade, ou, para alguns, princípio da proteção de bens jurídicos ou da exclusiva proteção de bens jurídicos),[18] em bases constitucionalistas, como uma natural efluência da opção pelo Estado Democrático de Direito.

A exigência da lesividade, consoante BITENCOURT, gera reflexos em dois planos: serve de orientação à atividade legiferante, ao fornecer substratos político-jurídicos para que a incriminação de condutas represente ou contenha verdadeiro conteúdo ofensivo a bens jurídicos socialmente relevantes (a descrição típica da conduta deve contemplar comportamento efetivamente ofensivo àquilo que se pretende tutelar); e serve igualmente como critério interpretativo, "constrangendo o intérprete legal a encontrar em cada caso concreto indispensável lesividade ao bem jurídico protegido."[19] Assim, explica o autor, o princípio da lesividade exerce simultaneamente função político-criminal (abstratamente, na formulação da norma) e interpretativa ou dogmática (concretamente, no momento de sua aplicação).

Tomemos como exemplo o art. 234 do Código Penal: considerando o paradigma da dignidade sexual, explicitado pela Lei 12.015 (2009), a conduta ali prevista não se mostra apta a ofender o bem jurídico tutelado. Dito de outra forma: o sentimento público de pudor não pode ser erigido à qualidade de bem jurídico-penal,[20] de forma que, em homenagem à denomi-

---

17. PACELLI, Eugênio; CALLEGARI, André. *Manual de Direito Penal*: parte geral. São Paulo: Atlas, 2015. p. 90.
18. Esclarece GRECO que a doutrina alemã usa a expressão "proteção de bens jurídicos", ao passo em que a anglo-saxã opta por "lesividade", ou *harm principle*. A doutrina italiana usa as palavras "lesividade" ou "ofensividade" para denominar o princípio e a espanhola, as quatro anteriores, além de por vezes mencionar a expressão "exclusiva proteção de bens jurídicos". Sustenta GRECO que a melhor opção seria "proteção de bens jurídicos", para se evitar confusão entre o problema do bem jurídico e a estrutura delitiva (GRECO, Luís. Breves reflexões sobre os princípios da proteção de bens jurídicos e da subsidiariedade no direito penal. In: BRITO, Alexis Augusto Couto de et al. *Direito Penal*: aspectos jurídicos controvertidos. São Paulo: Quartier Latin, 2006).
19. BITENCOURT, Cezar Roberto. *Tratado de Direito Penal:* parte geral. 13. ed. São Paulo: Saraiva, 2008. v. 1. p. 22.
20. Nesse sentido é a lição de ROXIN: "Outra consequência da concepção acima delineada é que a imoralidade ou a reprovabilidade ética de um comportamento não podem legitimar uma proi-

nação conferida ao Título em que a norma está inserida, infere-se que o objeto da tutela é a dignidade sexual; como o comportamento descrito na norma não se mostra apto a lesionar o bem jurídico, percebe-se inadequação na formulação normativa. Contudo, ainda que acertada a elaboração normativa, isso não desincumbe o aplicador na norma penal de verificar, caso a caso, se aquela conduta colocada sob análise de fato gerou ao menos risco de lesão. No crime previsto no art. 229 do Código Penal, v. g., outrora denominado casa de prostituição, somos pela pertinência da norma incriminadora, desde que interpretada em consonância com sua objetividade jurídica: a dignidade sexual. Destarte, o delito em tela se mostra apto a lesionar o bem jurídico-penal tutelado quando os profissionais do sexo são submetidos a condições indignas de trabalho: ambientes insalubres, pagamento de porcentagens extorsivas do lucro auferido, fixação de um número mínimo de encontros sexuais por dia de trabalho etc. Fora dessa hipótese, não há crime. Aqui, deve o destinatário da norma, seja o delegado de polícia, quando do encaminhamento do fato a uma repartição policial, seja o promotor de Justiça, quando instado a oferecer denúncia, ou o magistrado, realizar o controle da lesividade da conduta, afirmando a atipicidade daquelas hipóteses em que não há sequer risco de lesão.

Todavia, ainda que se dê a correta seleção do objeto de tutela e que possa ele ser lesionado pela conduta incriminada, a norma penal deverá respeitar a intervenção mínima a fim de se fazer consentânea com os protestos por um direito penal democrático. Caso possamos enxergar em outra forma de controle social – jurídica ou extrajurídica (sociopolítica) – uma forma menos drástica e mais digna de se enfrentar a lesão a um interesse ou valor, o direito penal não deverá atuar, dado seu caráter subsidiário. Consoante GRECO, a subsidiariedade, indissociavelmente atrelada à teoria do bem jurídico, seria a "porta de entrada de dados empíricos, criminológicos e criminalísticos sobre a prevenção do crime na discussão jurídica, permanente apelo a que se pense em alternativas à proibição e à sanção penal", além de ser orientada político-criminalmente, como indicativo ao legislador sobre a pertinência do recurso à pena criminal.[21] Entendemos, ainda, que o caráter subsidiário do direito penal faz um apelo à hermenêutica, exigindo uma interpretação restritiva dos tipos penais, naquilo que é cometido ao princípio.

---

bição penal, se os pressupostos de uma convivência pacífica não forem lesionados. (...) Sob a influência da crítica, decidiu-se o legislador alemão a reformar por completo os delitos sexuais, limitando-os – salvo algumas incoerências – a lesões à autodeterminação sexual e à proteção dos jovens" (op. cit., p. 37-38).

21. GRECO, Luís. op. cit. p. 170.

Da mesma forma, em meio ao complexo de bens jurídicos penalmente tuteláveis, somente "fragmentos de injusto dotados de especial gravidade"[22] (fragmentariedade do direito penal) podem ensejar a criação de infrações penais. Decorre daí que apenas lesões relevantes podem determinar a aplicação concreta da norma penal (vislumbramos aí o leito em que se aconchega o afastamento da tipicidade material pela insignificância da ofensa jurídica ao bem tutelado). A fragmentariedade, muitas vezes tratada em meio à subsidiariedade, em verdade é um corolário desta, concedendo-lhe um espectro prático de maior amplitude.

ZAFFARONI, BATISTA, ALAGIA e SLOKAR, tratando do tema, esclarecem, nessa esteira, que o conceito de bem jurídico não é um conceito legitimante do poder punitivo, devendo se prestar a um uso limitativo-redutor. Em apertada síntese, primeiramente afirmam que a legislação penal não cria bens jurídicos, mas sim são estes "criados pela Constituição, pelo direito penal a ela incorporado e pelo resto da legislação (civil, comercial, administrativa etc.) com ela compatível", sendo certo que, pela natureza fragmentária do direito penal, a lei penal se limita a "demarcar alguma ação que ofenda o bem jurídico de certo modo", ou seja, "toda e qualquer ofensa ao bem jurídico que não observe estritamente o modelo típico é indiferente para a lei penal"; em seguida, arrematam os autores, sustentando: "mesmo quando a pretensa tutela jurídico-penal se proclame subsidiária (ou complementar) e se anuncie limitá-la com a cláusula da *ultima ratio*, é inegável que importa numa natureza fundante também complementar, pois leva à distinção entre bens *juridicamente* tutelados e bens *jurídico-penalmente* tutelados e, em última instância, a extensão dos segundos dependerá da medida em que a *ultima ratio* seja acolhida pela decisão política criminalizante, sempre determinada por conjunturas de poder, pode demandas publicitárias do populismo penal: as emergências desnudam o uso oportunista da *ultima ratio*".[23] Aduzindo que a criminalização pode avançar "até onde não se apresente poder jurídico para contê-la, arrematam os autores, afirmando que "o conceito de bem jurídico empresta-se como instrumento de contenção ao juiz, perguntando pela lesividade no caso concreto".[24]

No que concerne à proporcionalidade, tem-se nela um paradigma do qual emanam os princípios-gerais abordados. Nesse sentido, informam PACELLI e CALLEGARI que "a proporcionalidade, como pauta de interpretação, orientada pela proibição do excesso e pela máxima efetividade dos

---

22. Idem, *ibidem*. p. 170.
23. ZAFFARONI, E. Raúl; BATISTA, Nilo; ALAGIA, Alejandro; SLOKAR, Alejandro. *Op. cit.*, p. 216-217.
24. Idem, *ibidem*, p. 217.

direitos fundamentais", serve como "a lente e a bússola para a construção de toda a leitura da Parte Geral".[25]

Com efeito, o princípio da proporcionalidade repercutirá na edição de normas penais com o escopo de conter o poder punitivo estatal, especialmente no que concerne aos seus aspectos da necessidade e adequação, sem nos esquecermos da proporcionalidade em sentido estrito.

A intervenção estatal na esfera de liberdades, ainda que voltada contra o autor de um ilícito penal, representa restrição a direitos fundamentais, de modo que o exercício desse poder não pode se dar por mera conveniência política, senão quando estritamente necessário, o que confere à proporcionalidade, por esse prisma, a condição de fundamento da subsidiariedade.

Em tema de adequação, a proporcionalidade buscará as finalidades da pena para legitimar a intervenção. Reconhecendo como mais difundidas as teorias da prevenção geral e especial, ainda que desconsiderar as demais teorias pareça – e é – uma visão estreita do direito penal, mas assumindo as limitações inerentes ao escopo deste texto, verifica-se que a proporcionalidade é o cimento entre os tijolos do direito penal e da finalidade preventiva. Aquele deve ser útil ao atingimento desta, ou restará ilegítima a consectária sanção.

A proporcionalidade em sentido estrito – classicamente compreendida como proibição de excesso, mas também fundadora da vedação à insuficiência – é dirigida ao legislador e ao aplicador da norma, buscando paridade entre pena e magnitude do injusto. Daqui deflui o reconhecimento da insignificância penal e nisso fica claro como a proporcionalidade se posiciona como vertedouro dos demais princípios, de forma a não ser possível a menção a uns sem o presente enfrentamento.

Importante, nesse momento, um parêntese, que demonstrará porque um estudo sobre bem jurídico não pode prescindir da abordagem à proporcionalidade: na doutrina germânica, já há quem, ancorado na jurisprudência do Tribunal Constitucional Federal Alemão, veja a superação da teoria do bem jurídico, substituída unicamente pelo princípio da proporcionalidade como fonte de limitação do poder político-penal. Em 2008, o Tribunal Constitucional decidiu que "conforme a Constituição, as normas penais não estão sujeitas a nenhuma exigência que se possa derivar da teoria do bem jurídico em matéria penal". BURCHARD,[26] a partir do trecho destaca-

---

25. PACELLI, Eugênio; CALLEGARI, André. op. cit. p. 86.
26. BURCHARD, Christoph. O princípio de proporcionalidade no direito penal constitucional ou o fim da teoria do bem jurídico tutelado na Alemanha. In: AMBOS, Kai et al. *Desenvolvimentos atuais*

do, estrutura sua crítica à teoria do bem jurídico-penal, aduzindo que: (a) a doutrina do bem jurídico é binária, limitando-se a reconhecer punibilidade ou não punibilidade, desconhecendo as zonas cinzentas próprias de uma sociedade democrática e pluralista; (b) a teoria do bem jurídico é extremamente permeável a subjetividades e idiossincrasias, ancorando-se no decisionismo e na intuição, ao mesmo tempo em que relega a oblívio o *check and balance* estatal (em suma, qualquer jurista com boa retórica poderia inventar bens jurídicos). BURCHARD busca evidenciar em um exemplo a existência de lacunas na teoria do bem jurídico: por que (segundo o autor, acertadamente), o armazenamento de pornografia envolvendo adultos não constitui crime e a pornografia infantil (também acertadamente, diz) é criminalizada? Cremos que a doutrina do bem jurídico-penal pode fornecer respostas adequadas a essas indagações, ainda que reconheçamos que o embate teórico é necessário à dogmática. Afinal, como bem explica ROXIN (ainda que em outro contexto), "aqui vão se desenvolvendo evoluções que provavelmente são de grande importância ao Direito penal do século XXI; mas no máximo conduzirão a uma certa relativização, e não a um abandono da ideia de bem jurídico".[27]

4. BENS JURÍDICOS OCOS E A ILUSÃO DO PODER POLÍTICO (IN)CONTIDO

A correta seleção de bens jurídico-penais, isto é, de interesses ou valores tuteláveis pela norma penal, passa pela exclusão daquilo que ora denominamos "bens jurídicos ocos", ou seja, expressões com alto grau de abstração usadas unicamente com o escopo de "legitimar" uma norma incriminadora, mas carentes de conteúdo mais preciso. SCHMITT DE BEM leciona que "o bem jurídico deve estar fundamentado em base realista e não espiritual, pois a sua proteção não deve ser vir de fundamento à expansão da pena, mas, ao contrário, deve limitar o poder de punição estatal".[28] Em seu texto, o autor cita OTTO, para quem "o bem jurídico deve ser algo verdadeiramente real e subsistente".[29]

Importa uma vez mais consignar a crítica de BURCHARD, o qual, destoando da posição de OTTO (e, no geral, como vimos, refutando a teoria do bem jurídico), assenta como possível a proteção penal a interesses com

---

das ciências criminais na Alemanha. Brasília: Gazeta Jurídica, 2013. p. 38-47.
27. ROXIN, Claus. *Op. cit.*, p. 62.
28. DE BEM, Leonardo Schmitt. *Direito Penal de Trânsito*. 2. ed. São Paulo: Saraiva, 2013. p. 273.
29. Idem, *ibidem*. p. 273.

alto grau de abstração, como a proteção das funções do mercado de capitais nas atividades do especulador que, mediante informações internas ou privilegiadas, manipula esse mercado. Nessa esteira, o autor critica a Escola de Frankfurt, que admite apenas a existência de bens jurídicos individuais, como vida, patrimônio etc., tutelados sob a égide dos clássicos delitos de resultado.[30] Saliente-se que, no Brasil, PACELLI e CALLEGARI são igualmente críticos à defesa esposada pela Escola de Frankfurt.[31]

Contudo, abstração não é necessário sinônimo de conteúdo vazio, embora este conceito habitualmente se sirva daquele. Aliás, muitas normas penais possuem abstratos apenas na retórica, sendo-lhes possível conferir certa concretude quanto ao objeto de tutela, a depender da ótica através da qual a norma é encarada. Tomemos como exemplo os crimes ambientais, superando os diversos senões à incriminação de comportamentos lesivos a biomas e outras esferas ambientais, naquilo que se convencionou chamar de "administrativização do direito penal": poluição, desmatamento e outras formas de condutas ambientalmente lesivas não possuem um bem jurídico impalpável, senão versam sobre a proteção à saúde e à vida de pessoas indeterminadas (existem, pois, bens jurídicos individuais sendo tratados em conjunto). Em outros casos, estar-se-á bens jurídicos denominados coletivos e dotados de certo grau de abstração, como a administração da justiça, mas sobre os quais é possível pensar algo de concreto. Entretanto, como definir, com a necessária taxatividade, o "sentimento público de pudor" e a "segurança interna", entre outros bens jurídicos ocos?

A demasiada abertura de certos enunciados torna possível que quaisquer situações sejam neles acomodadas, no que resulta absoluta liberdade estatal para punir comportamentos que lhe convenham, ainda que sem respaldo dogmático.

A imprecisão conceitual, ademais, permite seja contornado, sem nenhum esforço, o princípio da lesividade. Vejamos: os tribunais brasileiros, em alguns julgados, entendem que a "segurança viária" é o objeto de tutela em alguns crimes do Código de Trânsito, como ocorre na embriaguez ao volante;[32] só que, ao assumirmos esse posicionamento como correto, passamos a caminhar no pantanoso terreno do poder punitivo incontido. Trata-se de um termo que apenas tem aura de bem jurídico coletivo palpável, mas não o é em sua essência. A adoção da segurança viária como bem jurí-

---

30. BURCHARD, Christoph. op. cit. p. 39.
31. PACELLI, Eugênio. CALLEGARI, André. op. cit. p. 89.
32. Nesse sentido, STF, ARE n. 855311/RJ, julg. em 09/12/2014.

dico tutelado demonstra, outrossim, uma confusão entre o objetivo da lei e aquilo que se pretende tutelar. Em verdade, tutela-se *in casu* bens jurídicos clássicos: vida, integridade corporal e patrimônio de pessoas indeterminadas, expostos a um risco de lesão pelo condutor embriagado. Perceba-se que, quando a "segurança viária" é erigida à qualidade de bem jurídico, o limite entre a infração de perigo e a infração de dano se torna esmaecido, pois toda conduta que desestabiliza a noção de "segurança viária" automaticamente já corresponde a uma efetiva lesão jurídica. Por conseguinte, mesmo condutas que sequer remotamente afetam os bens jurídicos clássicos apontados passam a ser reconhecidas como criminosas pelo aplicador da norma.[33] Consoante HIRSCH,[34] *"sin embargo, en los últimos tempos el concepto de bien jurídico inmanente al sistema – y esto debería regir también para el concepto de bien jurídico previamente dado – ha entrado em crisis debido a la ampliación constante del círculo de los bienen jurídicos universales. Se observa un proceso de creciente 'espiritualización' de los bienes jurídicos. Se habla también de una tendencia de la 'desmaterialización' del concepto de bien jurídico. (...) La tendencia a la desmaterialización tiene como consecuencia que el concepto de bien jurídico haya perdido rendimiento en esos ámbitos. Si se opina que tales bienes jurídicos, de contornos imprecisos, pueden ser estabelecidos, entonces se debilita lentamente la diferencia entre delitos de lesión y actos preparatorios punibles, pues, por último, los delitos de lesión son mucho más estilizados en relación con unos supuestos bienes jurídicos universales."* HIRSCH conclui salientando que, assim, os crimes de perigo abstrato são incorporados "clandestinamente e sem reparos" ao direito penal, transmudados em delitos de lesão. Assim, ocorre a "antecipação da lesão a um campo prévio", o que determina um adiantamento da punibilidade e a criação de ameaças penais desarrazoadas de desajustadas dentro da lei.

5. CONSIDERAÇÕES SOBRE A LEI 13.260, DE 2016

ALBRECHT, ao arriscar um pronunciamento sobre o terrorismo, desde logo adverte que o conceito é difuso. Consoante o autor, "suas variantes são quase tão numerosas quanto as diferentes formas de aparição do próprio terrorismo. O perigoso potencial da definição de terrorismo resulta, sobretudo, do extraordinariamente extenso catálogo de fatos puníveis e, na verdade, internacional, em todos os ordenamentos jurídicos".[35]

---

33. É nesse sentido o escólio de SCHMITT DE BEM (op. cit., p. 270-275).
34. HIRSCH, Hans Joachim. op. cit., p. 381-382
35. ALBRECHT, Peter-Alexis. *Criminologia*: uma fundamentação para o Direito Penal. Rio de Janeiro: Lumen Juris, 2010. p. 568.

Essa diversidade – não raro – leva à positivação de normas de duvidosa correlação com o tema, ou ainda a definições imprecisas que concedem ao Estado, sob o manto da proteção social, amplo campo para sua atuação político-punitiva.

Logo em seu art. 2º, a Lei 13.260 traz seu conceito de terrorismo, nos seguintes termos: "o terrorismo consiste na prática por um ou mais indivíduos dos atos previstos neste artigo, por razões de xenofobia, discriminação ou preconceito de raça, cor, etnia e religião, quando cometidos com a finalidade de provocar terror social ou generalizado, expondo a perigo pessoa, patrimônio, a paz pública ou a incolumidade pública". Percebe-se, mesmo em uma análise superficial, que a lei condiciona a existência do terrorismo à periclitação de bens jurídicos indicados pela própria lei: vida, integridade corporal, liberdade individual etc. (bens de índole pessoal); patrimônio; paz pública; e incolumidade pública. Quanto aos dois últimos, indicadores de situações de fato em que há indeterminação conceitual, é que surgem os grandes problemas.

Os crimes hoje classificados como atentados à paz pública não são uma novidade no âmbito do direito penal pátrio. Por exemplo, então chamados "crimes policiais", já se faziam presentes na Parte Quarta do Código Criminal de 1830, já contemplavam as "sociedades secretas" e os "ajuntamentos ilícitos" – este muito assemelhado ao atual crime de associação criminosa – nos Capítulos II e III.[36] O "ajuntamento ilícito", frise-se, também

---

36. CAPITULO II: SOCIEDADES SECRETAS. Art. 282. A reunião de mais de dez pessoas em uma casa em certos, e determinados dias, sómente se julgará criminosa, quando fôr para fim, de que se exija segredo dos associados, e quando neste ultimo caso não se communicar em fórma legal ao Juiz de Paz do districto, em que se fizer a reunião. Penas – de prisão por cinco a quinze dias ao chefe, dono, morador, ou administrador da casa; e pelo dobro, em caso de reincidência. (...) CAPITULO III: AJUNTAMENTOS ILLICITOS. Art. 285. Julgar-se-ha committido este crime, reunindo-se tres, ou mais pessoas com a intenção de se ajudarem mutuamente para commetterem algum delicto, ou para privarem illegalmente a alguem do gozo, em exercicio de algum direito, ou dever; Art. 286. Praticar em ajuntamento illicito algum dos actos declarados no artigo antecedente. Penas – de multa de vinte a duzentos mil réis, além das mais, em que tiver incorrido o réo; Art. 287. Se o ajuntamento illicito tiver por fim impedir a percepção de alguma taxa, direito, contribuição, ou tributo legitimamente imposto; ou a execução de alguma Lei, ou sentença; ou se fôr destinado a soltar algum réo legalmente preso. Penas – de quarenta a quatrocentos mil réis, além das mais, em que o réo tiver incorrido. Art. 292. Os homens livres de mais de dezoito annos de idade, e menos de cincoenta, que sendo convocados pelo Juiz de Paz, ou de ordem sua, para o fim declarado no artigo antecedente, recusarem, ou deixarem de obedecer, sem motivo justo. Penas – de multa de dez a sessenta mil réis. Art. 293. Aquelles, que, fazendo parte do ajuntamento illicito, se não tiverem retirado do lugar um quarto de hora depois da terceira admoestação do Juiz de Paz, ou que, depois de desfeito o ajuntamento, se tornarem a reunir. Pena – de multa de dez a cem mil réis. Se tiverem committido violencias antes da primeira admoestação do Juiz de Paz. Penas – as mesmas estabelecidas nos artigos duzentos oitenta e seis, e duzentos oitenta e sete. Art. 294. Aquelles, que commetterem violencias, depois da primeira admoestação do Juiz de Paz.

foi considerado criminoso no Código Penal republicano, mas ainda sem referência à paz pública.[37] Hoje nosso ordenamento jurídico-penal encampa vários delitos que supostamente contemplam o conceito em apreço, como a incitação ao crime (art. 286 do CP); a apologia a crime ou criminoso (art. 287 do CP); associação criminosa (art. 288, CP); a constituição de milícia privada (art. 288-A, CP); a associação para o tráfico (art. 35 da Lei 11.343, de 2006); a associação para o genocídio (art. 2º da Lei 2889, de 1956); a organização criminosa (art. 2º da Lei 12.850, de 2013), entre outros. Resta saber se a tutela à paz pública condiz com a teoria do bem jurídico-penal.

Consoante afirmado outrora, conceitos indeterminados não podem ser assimilados pelo direito penal como objetos de tutela, já que a vagueza impede seja limitado de forma consistente o poder punitivo estatal. O conceito de "paz pública" revela essa indeterminação em todo seu fulgor. Vejamos: HUNGRIA define o termo como "o sentimento coletivo de paz que a ordem jurídica assegura", para, em seguida, asseverar que os crimes contra a paz pública provocam uma "situação de alarma no seio da coletividade, isto é, a quebra do sentimento geral de tranquilidade, de sossego, de paz, que corresponde à confiança na continuidade normal da ordem jurídico-social";[38] COSTA JR. empresta ao termo a conotação de "sentimento de tranquilidade e segurança pessoal",[39] seguindo em linhas gerais a lição de MAGGIORE, o qual emprega a expressão "ordem pública" para se referir, objetivamente, à "coexistência harmônica e pacífica dos cidadãos debaixo da soberania do Estado e do direito", e, subjetivamente, ao "sentimento de tranquilidade pública, à convicção da segurança social, que é o alicerce da vida civil".[40] Impõe-se ressaltar que, em algumas legislações estrangeiras, o termo "ordem pública" é preferido à denominação "paz pública", mas usado na mesma acepção, ou com ligeiras diferenças. Essa opção é criticada por NORONHA, para quem ordem pública é uma expressão vaga, contra a

---

Penas – de prisão com trabalho por um á tres annos, além das mais, em que tiverem incorrido pela violencia. Se a violencia fôr feita contra o Juiz de Paz, ou contra as pessoas encarregadas de desfazer o ajuntamento. Penas – de prisão com trabalho por dous a seis annos, além das mais, em que tiverem incorrido pela violencia.

37. Art. 119. Ajuntarem-se mais de tres pessoas, em logar publico, com o designio de se ajudarem mutuamente, para por meio de motim, tumulto ou assuada: 1º, commetter algum crime; 2º, privar ou impedir a alguem o gozo ou exercicio de um direito ou dever; 3º, exercer algum acto de odio ou desprezo contra qualquer cidadão; 4º, perturbar uma reunião publica, ou a celebração de alguma festa civica ou religiosa. Pena – de prisão cellular por um a tres mezes.
38. HUNGRIA, Nelson. *Comentários ao Código Penal*. Rio de Janeiro: Forense, 1958. v. IX, p. 163.
39. COSTA JR., Paulo José da. *Comentários ao Código Penal*. 7. ed. São Paulo: Saraiva, 2002. p. 882.
40. MAGGIORE, *apud* COSTA JR., Paulo José. op. cit., p. 880.

qual todo e qualquer crime atentaria.⁴¹ O autor atinge o ponto que considermos fundamental, embora acreditemos que a fala possa ser expandida também à paz pública: em tese, se todo crime gera um sentimento de alarma e intranquilidade, como restringir essas afetações de modo a limitar o alcance da atividade legislativa? Aliás, pode o direito penal se ocupar de sentimentos?

A proteção a sentimentos é trabalhada por GRECO,⁴² que ressalta não existir ainda resolução aos entraves à sua compatibilização para com a teoria do bem jurídico-penal. Porém, adverte o autor que "o problema de tal descrição do bem jurídico com base em sentimentos é o perigo de sacrificar-se a função limitadora do conceito de bem jurídico". Conclui demonstrando o risco da assimilação desses sentimentos pelo direito penal: "ações imorais costumam gerar sentimentos de revolta, e nem por isso se poderá já incriminá-las: para um exemplo, vide o homossexualismo". No que tange ao tratamento doutrinário ao tema, ressalta que há autores que falam indiscriminadamente em sentimentos como objeto da tutela penal; há autores que a recusam de todo; e há os que buscam um caminho no meio, buscando critérios que tornariam a proteção legítima: manifestações de desrespeito, por exemplo, ou uma ponderação de demonstrasse a dignidade do sentimento tutelado. Somos pela completa inadmissibilidade da tutela, pois não há qualquer diretriz segura que permita de fato refrear a atividade legislativa sobre o assunto, senão subjetividades de ocasião, que, em última análise, também são sentimentos. Teríamos o paradoxo de um sentimento legitimando a proteção a outro sentimento (senão ao mesmo).

Especificamente analisando a questão da paz pública, GRECO a posiciona entre os bens jurídicos aparentes ou pseudobens jurídicos, aos quais usa para tecer críticas ao bem jurídico compreendido como uma entidade ideal, e não como um dado fenomênico. Explica o autor que, uma vez assumido o caráter espiritualizado do bem jurídico, "abrem-se as portas para uma livre postulação de bens jurídicos com o fim de legitimar toda e qualquer norma que se entenda desejada – noutras palavras, não será mais possível distinguir bens jurídicos reais de bens jurídicos aparentes ou pseudobens jurídicos (como a paz pública, a saúde pública, a incolumidade pública, a segurança no trânsito etc.)".⁴³

Ora, a partir do momento em que admitimos a paz pública – interesse de definição perceptivelmente oca – como objeto da tutela, legitimamos

---

41. NORONHA, E. Magalhães. *Direito Penal*. São Paulo: Saraiva. v. 4. p. 74.
42. GRECO, Luis. op. cit., p. 165
43. Idem, *ibidem*. p. 158.

não apenas toda sorte de incriminações, já que qualquer discurso pode atribuir a uma conduta a qualidade de violadora da tranquilidade geral ou de um sentimento de segurança; além disso, trazemos a reboque a antecipação da tutela penal, pois atos sequer remotamente ofensivos a bens jurídicos reais e normalmente tidos como preparatórios são erigidos à qualidade de atos de execução, justificados pela retórica vazia: em suma, o perigo ao objeto de tutela real é dispensado como critério definidor da incriminação. Não é por outro motivo que a Lei 13.260, depois de abordar o perigo à paz pública no art. 2º, em seu art. 5º criminaliza de forma expressa os atos preparatórios de terrorismo, desde que inequívoca a intenção de praticar um crime de terrorismo. Não é outra a conclusão a que chega ROXIN, *verbis*: "Um bem jurídico similarmente pouco claro é a paz pública, cuja 'perturbação' eventual o legislador quer prevenir através dos já mencionados dispositivos sobre a incitação contra um povo e de mais alguns outros. Tem-se, porém, de pensar que também todas as outras proibições penais, como a contra as lesões corporais, o furto etc., protegem a paz pública, que seria perturbada se se tolerassem tais comportamentos. Mas elas só o fazem indiretamente, como consequência da proteção de bens jurídicos bem mais concretos (como a integridade física e a propriedade) e somente na medida em que a convivência humana seja prejudicada por um comportamento que contrarie a norma penal. Nestes crimes, não se precisa recorrer à paz pública como bem protegido, e tampouco há quem o faça".[44]

Entendemos que a razão está com SCHMITT DE BEM e MARTINELLI, quando defendem que, nos chamados crimes contra a paz pública, não é esse o objeto de proteção da norma. Em verdade, busca-se a "tutela antecipada de bens jurídicos individuais de uma quantidade indeterminada ou indeterminável de pessoas". Os crimes associativos, tomados como exemplos, podem ter como bem jurídico tutelado a vida, o patrimônio, a ordem econômica etc., atinentes a pessoas indeterminadas e expostos a um risco – ainda que abstrato – de lesão, mas nunca a "paz pública", invariavelmente lesionada, o que transforma todo perigo – ou, pior, até mesmo as situações não perigosas – em fictício dano.

Nesse ponto, mister uma ressalva: não compactuamos com a doutrina que invariavelmente sustenta a inconstitucionalidade dos crimes de perigo abstrato, acreditando que uma construção cuidadosa do conceito pode afastar esse vício (assim surgem as concepções dos crimes de perigo abstrato como delitos de perigosidade concreta, como delitos de potencial pe-

---

44. ROXIN, Claus. *Op. cit.*, p. 52.

rigo, como crimes de perigosidade real etc., o que demonstra que simplesmente taxar esses crimes como inconstitucionais sem uma análise mais acurada pode soar leviano). Todavia, em qualquer conduta que se repute criminosa impõe-se a possibilidade – ainda que em uma aferição *ex ante* – de lesão ao objeto de tutela. Verifica-se, pois, o quão absurda é a referência legal aos atos preparatórios remotos, uma vez que absolutamente em descompasso com a teoria do bem jurídico ou com qualquer outra tentativa de se limitar a margem de atuação estatal.

A lição pode ser estendida à referência à incolumidade pública, outro bem jurídico oco. A expressão ora é usada para se referir aos bens jurídicos vida e integridade corporal, embora concernentes a pessoas indeterminadas, expostas a uma situação de risco pela conduta alheia, ora inclui também o risco patrimonial (por exemplo, como sói acontecer no capítulo do Código Penal que traz os crimes de perigo comum). Contudo, por si só incolumidade pública nada quer dizer. Lecionando sobre os crimes contra incolumidade pública (Título VIII da Parte Especial do CP), escreveu HUNGRIA: "Tão relevante é esse interesse, que a lei do Estado entendeu de reconhecer, na espécie, um bem jurídico merecedor da reforçada tutela penal, incriminando certos fatos pela simples criação de perigo de dano à vida, à integridade física ou ao patrimônio de pessoas indefinidamente consideradas".[45] O mencionado título cumpriu a função sistematizadora do bem jurídico, agrupando na rubrica delitos vagos que supostamente salvaguardariam a incolumidade pública. A própria dicção de HUNGRIA, no entanto, permite entrever que temos bens jurídicos individuais – todavia observados em relação à coletividade – sendo tutelados em um estágio anterior à efetiva lesão, situação à qual se deu o nome de "incolumidade pública", sem que esse termo corresponda de fato à tutela.

Sobre esse ponto, manifesta-se TAVARES: "(...) a incolumidade pública, para assegurar sua qualidade de bem jurídico, não pode ser vista dentro do contexto da ordem pública, mas na de um estado de estabilidade da pessoa humana, sentido dentro de um grupo social ainda que indeterminado, em face de perigos para sua vida, saúde e patrimônio. Dessa forma, não pode ser integrado no âmbito da incolumidade pública o simples controle do tráfego de veículos, mas só a situação concreta de perigo ou de dano para a vida, a saúde ou o patrimônio de pessoas, ainda que não identificáveis, decorrentes de ações desenvolvidas naquelas atividades controladas. Se não se puderem reduzir os dados dessa atividade controlada a situações concretas de perigo ou de dano à vida, à saúde ou ao patrimônio de pesso-

---

45. HUNGRIA, Nelson. *Op. cit.*, p. 7.

as, não se estará diante de um bem jurídico, mas sim de uma verdadeira e simples função".[46]

Extrai-se daí que os crimes contra a "incolumidade pública" somente se reputam legítimos quando o comportamento incriminado for apto a colocar em risco – ainda que abstrato – a vida, a integridade corporal ou o patrimônio de pessoas genericamente consideradas, de sorte que a remota menção a atos preparatórios não se presta a tal finalidade. Em outras palavras, a menção à incolumidade pública presente no art. 2º da lei em comento é arbitrária, porquanto não funcione como critério limitador ao poder punitivo. Ao contrário, funciona como um malabarismo jurídico para ampliar essa esfera, o que não se coaduna com um direito penal democrático.

6. CONCLUSÃO

Negar a existência de atividades terroristas como fenômeno criminal e a necessidade de intervenção penal sobre tais comportamentos é fechar os olhos a uma realidade crua e recorrente, ainda mais quando o terrorismo assume escala global. A situação se torna especialmente delicada quando à violência, seja no terrorismo de Estado ou no promovido por insurgentes, é permeada por componentes ideológicos que trazem o sentimento de justiça ao mal promovido. Nessas hipóteses, "tanto os Estados quanto os insurgentes sentem ter uma justificativa moral para o barbarismo".[47] Não é por outro motivo que as Nações Unidas vêm editando uma série de convenções acerca do terrorismo, inclusive a Estratégia Antiterrorista Global, de 2006.

Não é algo, portanto, que deva escapar à legislação brasileira. Esse reconhecimento, todavia, não implica ofertar ao legislador carta branca em matéria criminalizante, o que é incompatível com um Estado Democrático de Direito. A reflexão que se impõe leva ao entendimento de que um Estado superpoderoso atinge os direitos fundamentais de forma mais frequente, ampla e sistemática que a própria atividade terrorista. Nessa toada, não pode o direito penal se afastar da teoria do bem jurídico erigida em bases constitucionais e de seus consectários princípios (lesividade, subsidiariedade, fragmentariedade e proporcionalidade) como forma de seleção daquilo que pode figurar como objeto da norma, de estruturação da conduta proibida e de interpretação do alcance normativo.

---

46. TAVARES, Juarez. *Op. cit.*, p. 217.
47. HOBSBAWN, Eric. *Globalização, Democracia e Terrorismo*. São Paulo: Companhia das Letras, 2007. p. 127.

Claro que desafios contemporâneos se opõem à teoria, a qual deve ser constantemente repensada, mas sua moldura, senão perene, pois sempre há a possibilidade de uma formulação inovadora e razoável, deve ser preservada como a melhor estratégia atual de limitação do poder punitivo. Assim, os ajustes são salutares, mas não podem renegar a necessidade de conter o ímpeto estatal.

Afigura-se, por conseguinte, como constitucionalmente incompatíveis os trechos da Lei 13.260 que se traduzem em excessiva antecipação criminalizante, o que pode ser constatado a partir de uma correta interpretação sobre os valores ou interesses tutelados pela norma penal, demandando sejam extirpados os excessos.

7. REFERÊNCIAS BIBLIOGRÁFICAS

ALBRECHT, Peter- Alexis. *Criminologia*: uma fundamentação para o Direito Penal. Rio de Janeiro: Lumen Juris, 2010.

BITENCOURT, Cezar Roberto. *Tratado de Direito Penal:* parte geral. 13. ed. São Paulo: Saraiva, 2008. v. 1.

BURCHARD, Christoph. O princípio de proporcionalidade no direito penal constitucional ou o fim da teoria do bem jurídico tutelado na Alemanha. In: AMBOS, Kai et al. *Desenvolvimentos atuais das ciências criminais na Alemanha*. Brasília: Gazeta Jurídica, 2013.

CONDE, Francisco Muñoz. *Edmund Mezger e o Direito Penal de seu Tempo*: estudos sobre o Direito Penal no Nacional-Socialismo. Rio de Janeiro: LumenJuris, 2005.

COSTA JR., Paulo José da. *Comentários ao Código Penal*. 7. ed. São Paulo: Saraiva, 2002.

DE BEM, Leonardo Schmitt. *Direito Penal de Trânsito*. 2. ed. São Paulo: Saraiva, 2013.

GRECO, Luís. Breves reflexões sobre os princípios da proteção de bens jurídicos e da subsidiariedade no direito penal. In: BRITO, Alexis Augusto Couto de et al. *Direito Penal*: aspectos jurídicos controvertidos. São Paulo: Quartier Latin, 2006.

HIRSCH, Hans Joachim. Acerca del estado actual de la discusión sobre el concepto de bien jurídico. In: *Modernas tendencias en la ciencia del derecho penal y en la criminologia*. Madrid: Universidad Nacional de Educación a Distancia, 2006.

HOBSBAWN, Eric. *Globalização, Democracia e Terrorismo*. São Paulo: Companhia das Letras, 2007.

HUNGRIA, Nelson. *Comentários ao Código Penal*. Rio de Janeiro: Forense, 1958. v. IX.

MARTINELLI, João Paulo Orsini; DE BEM, Leonardo Schmitt. *Lições fundamentais de Direito Penal*: parte geral. São Paulo: Saraiva, 2016.

NORONHA, E. Magalhães. *Direito Penal*. São Paulo: Saraiva. v. 4.

PACELLI, Eugênio; CALLEGARI, André. *Manual de Direito Penal*: parte geral. São Paulo: Atlas, 2015.

ROXIN, Claus. *Estudos de Direito Penal*. Rio de Janeiro: Renovar, 2006.

_____. *Derecho Penal*: parte general. 2. ed. Madri: Editorial Civitas, 1997. tomo I.

TAVARES, Juarez. *Teoria do Injusto Penal*. 2. ed. Belo Horizonte: Del Rey, 2002.

ZAFFARONI, E. Raúl; BATISTA, Nilo; ALAGIA, Alejandro; SLOKAR, Alejandro. *Direito Penal Brasileiro*. Rio de Janeiro: Revan, 2010. v. 2.

4

IMPRESSÕES PROCESSUAIS DA LEI ANTITERRORISMO: A PRISÃO TEMPORÁRIA APLICADA NA FASE PREPARATÓRIA COMO INSTRUMENTO DE LEGITIMAÇÃO DO DIREITO PROCESSUAL PENAL DO INIMIGO

GABRIEL CORTEZ[1]

SUMÁRIO • 1. Introdução – 2. Lei antiterrorismo sobre o panorama brasileiro: 2.1. Mandado de criminalização e orientação internacional – 3. Principais aspectos processuais da Lei n.º 13.260/2016 – 4. Noções de prisão temporária: 4.1. Conceito; 4.2. Requisitos: 4.2.1. Compreensão dos requisitos – 5. Prisão temporária e a lei antiterrorismo: 5.1. Direito penal do autor e do fato (culpa) – 6. Prisão temporária dos atos preparatórios do terrorismo: 6.1. Considerações sobre os porquês de os atos preparatórios serem puníveis e passíveis de prisão temporária; 6.2. Funcionalidade da prisão temporária para apurar atos preparatórios – 7. Conclusão – 8. Referências bibliográficas.

1. INTRODUÇÃO

Há certo tempo, o legislador brasileiro vem intencionado em editar uma norma para conceituar o que seria terrorismo e os atos insertos nesse conceito, tanto para cumprir o mandado de criminalização encartado no

---

1. Pós-Graduado em Direito e Processo pelo Centro Universitário de João Pessoa. Practitioner SOAR pela Florida Christian University. Professor de Direito Penal e Processo Penal em cursos preparatórios para Defensor Público Federal, Estadual, Delegado de Polícia, Tribunal e Ministério Público. Advogado. Assessor de Procurador de Justiça e Master Coach Integral Sistêmico (FEBRACIS).

artigo 5º, inciso XLIII da Constituição Federal,[2] como em obediência aos acordos internacionais travados.[3]

Por outra ótica, o texto da Lei n.º 13.260/2016 demonstra uma tentativa de acalmar a sociedade com a criminalização de condutas, além dos motivos acima expostos, tendo em vista a crença de que o Direito Penal é uma fórmula milagrosa para tapar as crateras sociais resultantes da inoperância do Estado, ao invés de se trabalhar com medidas preventivas educadoras e reparatórias integrativas, o que na Criminologia seria a prevenção primária, não a ladeira escorregadia do método dissuasório.

Por óbvio, conforme os ensinamentos de Günther Jakobs,[4] há, além do Direito Penal do Inimigo, o Direito Processual Penal do Inimigo, matéria relacionada ao conteúdo que será exposto nesse Título, em especial quando tratarmos da Prisão Temporária como prisão cautelar dos atos preparatórios do terrorismo.

Logo, perceberemos regras mais extremas dentro da Lei nº 13.260/2016, em especial, ao enxergar a figura do terrorista como Inimigo do Estado Democrático de Direito, além da (im)possibilidade de dar concretude aos termos balizadores da Lei Antiterrorismo.

2. LEI ANTITERRORISMO SOBRE O PANORAMA BRASILEIRO

De claro modo, percebemos que o Constituinte Originário orientou o legislador ordinário a editar uma norma que viesse a conceituar o que viria

---

2. Art. 5º (...); XLIII – a lei considerará crimes inafiançáveis e insuscetíveis de graça ou anistia a prática da tortura, o tráfico ilícito de entorpecentes e drogas afins, o terrorismo e os definidos como crimes hediondos, por eles respondendo os mandantes, os executores e os que, podendo evitá-los, se omitirem;

3. Resolução 49/60 adotada pela ONU, referente à Declaração de Medidas para Eliminação do Terrorismo Internacional; Convênio de Tóquio de 1963 sobre infrações e outros atos cometidos a bordo de aeronaves; Convenção de Haia de 1970 para a repressão ao apoderamento ilícito de aeronaves; Convenção de Montreal de 1971 para a repressão de atos ilícitos contra a segurança da aviação civil; Convenção de 1973 para a prevenção e a punição dos crimes cometidos contra pessoas internacionalmente protegidas, incluindo os agentes diplomáticos; Convenção de 1979 para a prevenção e repressão da tomada de reféns; Convenção de 1980 sobre apropriação e utilização ilícita de materiais nucleares; Protocolo de 1988 para a repressão de atos ilícitos violentos em aeroportos que prestem serviço à aviação civil internacional; Convenção de 1988 para a supressão de atos ilícitos contra a segurança da navegação marítima; Protocolo de 1988 para a repressão de atos ilícitos contra a segurança das plataformas fixas colocadas na plataforma continental; Convenção de 1991 sobre a marcação de explosivos plásticos para sua detecção, negociado na sequência da explosão de uma bomba no voo 103 da Panam em 1988, cuja autoria foi atribuída judicialmente a agentes líbios; Convenção internacional de 1997 para a repressão de atentados terroristas cometidos com bombas; Convenção internacional de 1999 para a repressão ao financiamento do terrorismo de 1999.

4. JAKOBS, Günther; MELIÁ, Manuel Cancio. **Direito Penal do Inimigo:** Noções e Críticas. 6ª ed. Porto Alegre: Livraria do Advogado Editora, 2012. p. 38.

a ser terrorismo, bem como aplicar a punição através de um regime jurídico mais gravoso.

Nesse sentido, alguns doutrinadores asseveravam que o referido tema já estava elencado no artigo 20,[5] da Lei n.º 7.170/1983, que tipifica crimes contra a segurança nacional, a ordem política e social.[6]

É fácil entender que essa corrente se utiliza da interpretação analógica dos verbos do tipo para assegurar a existência de formas de terrorismo. No entanto, ousamos discordar, tendo em vista que o artigo acima mencionado é maleável e não permite ao Juízo processante a devida adequação formal da conduta com o que se visa combater. Na mesma linha, pensa Renato Brasileiro de Lima.[7]

Além do mais, sustentar que antes da edição da Lei Antiterrorismo havia a tipificação desse crime na Lei da Segurança Nacional, viola o princípio da taxatividade, em latim conhecido como *nullum crimen, nulla poena sine lege certa*.

2.1. MANDADO DE CRIMINALIZAÇÃO E ORIENTAÇÃO INTERNACIONAL

Segundo a lição de Ponte: "*os mandados de criminalização indicam matérias sobre as quais o legislador ordinário não tem a faculdade de legislar, mas a obrigatoriedade de tratar, protegendo determinados bens ou interesses de forma adequada e, dentro do possível, integral*".[8]

Com essa projeção, identificamos que os direitos fundamentais amparados em um Estado Democrático de Direito são assegurados também pelos "mandados de criminalização", necessitando, em alguns casos, de proteção criminal (*última ratio*), orientando o Legislador Ordinário a afastar normas despenalizadoras para determinadas condutas, sob pena de imprimir o juízo de desobediência às determinações Constitucionais.

A respeito do terrorismo, já havia o artigo 5º, inciso XLIII da Constituição Federal, orientando o legislador comum a criar uma categoria de crimes, descrevendo os tipos ali expressos e desenvolvendo seus respectivos preceitos secundários à luz da gravidade de cada prática, é isso que extraímos do teor do dispositivo citado. Vejamos:

---

5. Art. 20 – Devastar, saquear, extorquir, roubar, sequestrar, manter em cárcere privado, incendiar, depredar, provocar explosão, praticar atentado pessoal ou atos de terrorismo, por inconformismo político ou para obtenção de fundos destinados à manutenção de organizações políticas clandestinas ou subversivas.
6. FERNANDES, Antônio Scarence. **Considerações sobre a Lei 8.072/1990 – Crimes Hediondos.** RT, 1990. p. 261.
7. DE LIMA, Renato Brasileiro. **Manual de Processo Penal.** 3ª ed. Salvador: Juspodivm, 2015. p. 982.
8. PONTE, A. C. **Crimes eleitorais.** São Paulo: Saraiva, 2008, p. 152.

Art. 5º (...); **XLIII** – a lei considerará crimes inafiançáveis e insuscetíveis de graça ou anistia a prática da tortura, o tráfico ilícito de entorpecentes e drogas afins, o terrorismo e os definidos como crimes hediondos, por eles respondendo os mandantes, os executores e os que, podendo evitá-los, se omitirem;

Daí a importância prática da edição da Lei de Terrorismo ou Lei Antiterrorismo, seja nas questões afetas ao direito material, ou as medidas relacionadas à regência processual dada aos que nesses novos tipos incorrerem.

Nesse passo, o legislador não apenas conceituou o que seria terrorismo[9] no artigo 2º da Lei n.º 13.260/2016 e tipificou várias condutas caracterizadoras de atos de terrorismo[10] no §1º do mesmo artigo, em seus incisos I, IV e V, mas, sobretudo, deu aplicação homogênea a esse delito com os demais narrados no mandado de criminalização,[11] modificando a Nova Lei de Organizações Criminosas (Lei n.º 12.850/2013), inserindo nela a figura associativa para a prática do terrorismo.[12]

Deixou clara a aplicação da Lei dos Crimes Hediondos (Lei n.º 8.072/1990) e inseriu a alínea *p*, no art. 1º, inciso III da Lei n.º 7.960/1989 (Lei da Prisão Temporária).

Por outro lado, no âmbito internacional, além de colocar o terrorismo como um objeto de repúdio na Carta Magna, elevando a um dos princípios regentes nas suas relações internacionais, ratificou as principais Convenções Internacionais sobre o tema, trabalhando ativamente junto à ONU

---

9. Artigo 2º – O terrorismo consiste na prática por um ou mais indivíduos dos atos previstos neste artigo, por razões de xenofobia, discriminação ou preconceito de raça, cor, etnia e religião, quando cometidos com a finalidade de provocar terror social ou generalizado, expondo a perigo pessoa, patrimônio, a paz pública ou a incolumidade pública.

10. Artigo 2º (...);

    §1º – São atos de terrorismo: **I** – usar ou ameaçar usar, transportar, guardar, portar ou trazer consigo explosivos, gases tóxicos, venenos, conteúdos biológicos, químicos, nucleares ou outros meios capazes de causar danos ou promover destruição em massa; **II** – (VETADO); **III** – (VETADO); **IV** – sabotar o funcionamento ou apoderar-se, com violência, grave ameaça a pessoa ou servindo-se de mecanismos cibernéticos, do controle total ou parcial, ainda que de modo temporário, de meio de comunicação ou de transporte, de portos, aeroportos, estações ferroviárias ou rodoviárias, hospitais, casas de saúde, escolas, estádios esportivos, instalações públicas ou locais onde funcionem serviços públicos essenciais, instalações de geração ou transmissão de energia, instalações militares, instalações de exploração, refino e processamento de petróleo e gás e instituições bancárias e sua rede de atendimento; **V** – atentar contra a vida ou a integridade física de pessoa:

    Pena – reclusão, de doze a trinta anos, além das sanções correspondentes à ameaça ou à violência.

11. Para rememorarmos: tráfico de drogas, tortura e os crimes taxados como hediondos.

12. Art. 3º: Promover, constituir, integrar ou prestar auxílio, pessoalmente ou por interposta pessoa, a organização terrorista: Pena – reclusão, de cinco a oito anos, e multa.

(Organização das Nações Unidas), OEA (Organização dos Estados Americanos) e MERCOSUL (Mercado Comum do Sul).[13]

3. PRINCIPAIS ASPECTOS PROCESSUAIS DA LEI N.º 13.260/2016

A Lei Antiterrorismo veio pontuar e apontar uma nova tendência dos delitos de maior gravidade, qual seja, punir com mais rigor e aplicar técnicas mais eficazes de investigação e contenção do criminoso.

Por essa razão, foi determinado pelo artigo 17 a aplicação da Lei n.º 8.072/1990 (Lei dos Crimes Hediondos) a todos os delitos previstos na Lei n.º 13.260/2016. Isso tem importância prática frente à execução da pena, progressão, prazos de prisão temporária, conclusão de inquérito, impossibilidade de anistia, graça, indulto, fiança.

Apontou, em seu artigo 11, a competência para o processo e julgamento ser da Justiça Federal, presumindo o interesse da União, situação que gerará questionamentos sobre a constitucionalidade do referido dispositivo, tendo em vista o rol taxativo do artigo 109 da Constituição Federal cumulado com a presunção absoluta do interesse da União ao tipo penal específico.

Por óbvio, com a competência sendo da Justiça Federal, a investigação caberá a Polícia Federal, o que fará nascerem discussões acerca da complementariedade e subsidiariedade da investigação por outros órgãos com atribuição para angariar informações, dos quais vale menção o próprio Ministério Público, tanto pela relevância midiática e papel constitucional, como pela decisão do Pleno do Supremo no Recurso Extraordinário n.º 593.727/MG,[14] com repercussão geral, reconhecendo o poder investigatório do *Parquet*.

Até porque o próprio artigo 3º da Lei de Terrorismo promana, em seu inciso VIII, a cooperação entre instituições/órgãos das diversas esferas (federal, estadual e municipal), com a finalidade comum de obter elementos informativos para dar substrato a uma instrução criminal.

---

13. Art. 4º: A República Federativa do Brasil rege-se nas suas relações internacionais pelos seguintes princípios: VIII – repúdio ao terrorismo e ao racismo;

14. O Ministério Público dispõe de competência para promover, por autoridade própria, e por prazo razoável, investigações de natureza penal, desde que respeitados os direitos e garantias que assistem a qualquer indiciado ou a qualquer pessoa sob investigação do Estado, observadas, sempre, por seus agentes, as hipóteses de reserva constitucional de jurisdição e, também, as prerrogativas profissionais de que se acham investidos, em nosso País, os Advogados (Lei 8.906/94, artigo 7º, notadamente os incisos I, II, III, XI, XIII, XIV e XIX), sem prejuízo da possibilidade – sempre presente no Estado democrático de Direito – do permanente controle jurisdicional dos atos, necessariamente documentados (Súmula Vinculante 14), praticados pelos membros dessa instituição. (STF. Plenário. RE 593727/MG, red. p/ o acórdão Min. Gilmar Mendes, julgado em 14/5/2015).

Outro ponto de altíssimo valor prático e teórico é o da aplicação dos institutos da Nova Lei das Organizações Criminosas (Lei n.º 12.850/2013), a Lei Antiterrorismo, leia-se aqui a possibilidade de interceptação telefônica, ambiental, eletromagnética, ópticos, acústicos, utilização do saudoso meio de obtenção de prova da Colaboração Premiada, ação controlada, infiltração de agentes, quebra de sigilos.

Por sua vez, a constrição dos bens e sua administração é uma grande inovação, previsto nos artigos 12 a 15, para o patrimônio que seja proveito, instrumento ou produto dos crimes de terrorismo ou equiparados, compreendendo melhor essa modalidade na própria Lei de Lavagem de Capitais (Lei n.º 9.613/1998).

Ademais, há clara previsão da inversão do ônus da prova em desfavor do investigado ou acusado, tendo que comprovar, para liberação dos valores, tanto a licitude da origem como do seu destino.

Por último, e o que teremos de mais importante, em atenção ao que estamos debatendo neste Título do livro, é a alteração dada pelo artigo 18 da Lei n.º 13.260/2016, a Lei da Prisão Temporária, incluindo nesta, a alínea *p*, prevendo a possibilidade de representação e decretação de prisão temporária em qualquer crime previsto na Lei de Terrorismo, entre os quais se encontram insertos os atos preparatórios, com punibilidade antecipada prevista na forma do artigo 5º da Novel Lei.

Ora, é diante da própria alma que move a Lei Antiterrorismo que se visou fixar vários institutos, sobretudo, decretação de prisão temporária para atos preparatórios, sendo uma atuação mais forte do Estado, de forma antecipada, dentro do *iter crimines*, lembrando que a mera cogitação não será punível por sequer existir materialidade de conduta concreta (pensar em comprar uma bomba para a prática de terrorismo – o que é punido é a compra do explosivo para esse fim, por exemplo).

Pois bem, é dentro da Prisão Temporária que despenderemos mais tempo e atenção, dando um enfoque especial e direcionando o estudo de forma especifica dentro da Lei de Terrorismo, demonstrando algumas especificidades e discussões que serão levantadas com o decorrer da aplicação legal, inclusive, como um exemplo do Direito Processual Penal do Inimigo apontado por Jakobs, mesclando com a terceira velocidade[15] ensinada por Silva Sánchez.[16]

---

15. "O Direito Penal da terceira velocidade utiliza-se da pena privativa de liberdade (como o faz o Direito Penal de primeira velocidade), mas permite a flexibilização de garantias materiais e processuais (o que ocorre no âmbito do Direito Penal de segunda velocidade)." SCHIAPPCASASSA, LUCIANO VIEIRALVES. O que se entende por direito penal da terceira velocidade? **JUSBRASIL**. Disponível em: <http://lfg.jusbrasil.com.br/noticias/155308/o-que-se-entende-por-direito-penal-da-terceira-velocidade-luciano-vieiralves-schiappacassa>. Acesso em: 28 de set. 2016.

16. SILVA SÁNCHEZ, Jesús-Maria. **A expansão do direito penal:** aspectos da política criminal nas sociedades pós-industriais. Trad. Luíz Otávio de Oliveira Rocha. São Paulo: RT, 2002.

4. NOÇÕES DE PRISÃO TEMPORÁRIA

Antes de compreendermos as fases ensinadas por Jakobs no Direito Penal do Inimigo (crítica, descritiva e legitimadora), vale a pena rememorarmos os conceitos e institutos básicos da prisão temporária.

A prisão temporária, desde o seu nascimento, gera debates acerca da sua constitucionalidade, tendo em vista que a Lei n.º 7.960/1989 decorreu da conversão da Medida Provisória n.º 111/1989.

Nesse rumo, uma parcela da doutrina[17] afirmou que havia um vício formal que tornava a lei inconstitucional, para tanto, trazia o argumento de que a iniciativa para tratar de matéria de Direito Penal e Processo Penal era da União,[18] através do Congresso Nacional, sendo vedada tal atitude oriunda do Poder Executivo.

Pois bem, à época até houve Ação Direta de Inconstitucionalidade ajuizada pelo Conselho Nacional da OAB, processada sob o número 162, impugnando a validade da Medida Provisória em questão, tendo inclusive liminar deferida pelo Ministro Relator Celso de Melo. Contudo, o Supremo, através da sua formação colegiada, apontou, por maioria de oito a dois, que a ADI restava com o seu julgamento prejudicado por perda do objeto, afirmando que a Lei n.º 7.960/1989 não resultou da conversão da Medida Provisória n.º 111/1989.[19]

Portanto, a Lei de Prisão Temporária é constitucional e se encontra em pleno vigor, produzindo efeitos no mundo jurídico e instrumentalizando investigações preliminares dentro do processo penal. Inclusive, em 2016, já se teve demonstração de sua aplicabilidade na Operação "Hashtag" da Polícia Federal, prendendo, alguns dias antes do início das Olimpíadas, no Rio de Janeiro, pessoas suspeitas de possíveis atos terroristas, mesmo que preparatórios.

Sendo assim, faz-se necessário compreender alguns pontos doutrinários e legais da referida prisão cautelar.

4.1. Conceito

Trata-se de uma espécie de prisão de cautelar/assecuratória, expedida por juiz e decretada apenas na fase de investigação preliminar, com dura-

---

17. FRANCO, Alberto Silva. **Crimes Hediondos**. 4ª ed. Revistas dos Tribunais, São Paulo: 2000, p. 357-358.
18. Art. 22. Compete privativamente à União legislar sobre: I – direito civil, comercial, penal, processual, eleitoral, agrário, marítimo, aeronáutico, espacial e do trabalho;
19. STF, Pleno, ADI 162/DF, Rel. Min. Moreira Alves, DJ 27/08/1993 p. 1.

ção prévia e certa, cuja finalidade é colher elementos de informação quanto à autoria e materialidade dos crimes elencados em seu artigo 1º, inciso III, bem como referente aos delitos hediondos e equiparados,[20] dando efetividade às investigações – tutela meio –, para, com isso, fornecer substrato jurídico suficiente para o oferecimento da inicial acusatória e respaldar possível sentença condenatória – tutela fim.[21]

4.2. Requisitos

Dentro desse tópico há uma grande divergência doutrinaria, vez que surgem 05 (cinco) correntes sobre as quais seriam os requisitos essenciais que dariam embasamento jurídico suficiente para a decretação dessa medida cautelar.

A Lei n.º 7.960/1989, em seu artigo 1º, expõe em três incisos quando caberá a prisão temporária, *in verbis*:

> Art. 1º Caberá prisão temporária:
>
> I – Quando imprescindível para as investigações do inquérito policial;
>
> II – Quando o indicado não tiver residência fixa ou não fornecer elementos necessários ao esclarecimento de sua identidade;
>
> III – Quando houver fundadas razões, de acordo com qualquer prova admitida na legislação penal, de autoria ou participação do indiciado nos seguintes crimes: **a)** homicídio doloso (art. 121, caput, e seu § 2°); **b)** sequestro ou cárcere privado (art. 148, caput, e seus §§ 1° e 2°); **c)** roubo (art. 157, caput, e seus §§ 1°, 2° e 3°); **d)** extorsão (art. 158, caput, e seus §§ 1° e 2°); **e)** extorsão mediante sequestro (art. 159, caput, e seus §§ 1°, 2° e 3°); **f)** estupro (art. 213, caput, e sua combinação com o art. 223, caput, e parágrafo único); **g)** atentado violento ao pudor (art. 214, caput, e sua combinação com o art. 223, caput, e parágrafo único); **h)** rapto violento (art. 219, e sua combinação com o art. 223 caput, e parágrafo único); **i)** epidemia com resultado de morte (art. 267, § 1°); **j)** envenenamento de água potável ou substância alimentícia ou medicinal qualificado pela morte (art. 270, caput, combinado com art. 285); **l)** quadrilha ou bando (art. 288), todos do Código Penal; **m)** genocídio (arts. 1°, 2° e 3° da Lei n° 2.889, de 1° de outubro de 1956), em qualquer de suas formas típicas; **n)** tráfico de drogas (art. 12 da Lei n° 6.368, de 21 de outubro de 1976); **o)** crimes contra o sistema financeiro (Lei n° 7.492,

---

20. Art. 2º Os crimes hediondos, a prática da tortura, o tráfico ilícito de entorpecentes e drogas afins e o terrorismo são insuscetíveis de: §4º A prisão temporária, sobre a qual dispõe a Lei no 7.960, de 21 de dezembro de 1989, nos crimes previstos neste artigo, terá o prazo de 30 (trinta) dias, prorrogável por igual período em caso de extrema e comprovada necessidade. (Incluído pela Lei nº 11.464, de 2007).

21. Na mesma linha: DE LIMA, Renato Brasileiro. **Manual de Processo Penal**. 3ª ed. Salvador: Juspodivm, 2015. p. 974. FREITAS, Jayme Walmer. **Prisão temporária**. 2ª ed. revista ampliada e atualizada. São Paulo: Saraiva, 2009. p. 102.

de 16 de junho de 1986); **p)** crimes previstos na Lei de Terrorismo (Incluído pela Lei nº 13.260, de 2016).

A discussão entre os estudiosos é travada no tocante à conjugação dos incisos acima mencionados.

Nesse ponto, para a primeira corrente, defendida por Diaulas Costa Ribeiro, afirma bastar a presença de um dos incisos acima encartados, tendo em vista que, pela regra basilar da hermenêutica, *"os incisos representam unidades autônomas entre si, vinculadas ao preceito do parágrafo ou artigo".*[22]

No entanto, essa corrente não prevaleceu, em razão de sua interpretação não harmônica com o texto constitucional, pois autoriza a prisão cautelar pelo simples fato de haver possível atuação do indiciado nos crimes taxativos ali elencados, ou simplesmente por não deter residência fixa, mesmo que não fornecesse meios de identificação civil, ou até mesmo pelo simples fato de ser a cautelar necessária para as investigações, ferindo de forma frontal o princípio da presunção de inocência.[23]

A segunda corrente, por sua vez, defende a necessidade de cumular os três incisos para decretação da prisão temporária.[24]

A mesma não foi bem aceita, tendo em vista que a cumulação dos três incisos iria quase que elidir a prisão temporária do mundo prático. Até porque é difícil imaginar uma situação concreta em que o agente pratique ou participe de um dos crimes taxativamente ensejadores dessa medida cautelar, somada, ao mesmo tempo, à ausência de residência fixa ou meio para aferir a sua identidade civil, aliando tudo isso à indispensabilidade da segregação para as investigações.

Para uma terceira corrente, além de cumular ao mesmo tempo os três incisos, seria necessário verificar se no caso em análise estariam presentes os requisitos que dão ensejo à prisão preventiva.

Nesse sentido de pensamento, é a linha desenvolvida por Vicente Greco, descrevendo que *"essas hipóteses parecem ser puramente alternativas e destituídas de qualquer outro requisito. Todavia, assim não podem ser interpretadas. Apesar de instituírem uma presunção de necessidade de prisão, não teria cabimento a sua decretação se a situação demonstrasse cabalmen-*

---

22. RIBEIRO, Diaulas Costa. **Prisão temporária – Lei nº 7.960/89, de 21.12.89 – um breve estudo sistemático e comparado.** Revistas dos Tribunais, nº 707, p. 272, set. 1994.
23. DE LIMA, Renato Brasileiro. **Manual de Processo Penal.** 3ª ed. Salvador: Juspodivm, 2015. p. 975.
24. NUCCI, Guilherme de Souza. **Leis Penais e Processuais Penais Comentadas.** São Paulo: Editora Revista dos Tribunais, 2006. p. 658.

te o contrário. É preciso, pois, combiná-las entre si e combiná-la com as hipóteses de prisão preventiva, ainda que em sentido inverso, somente para excluir a decretação".[25]

A quarta corrente é a posição majoritária. Para ela, adotada por Scarance e Grinover, com o intuito de conceder técnica a falhas textuais do legislador, aponta que a prisão temporária deverá sempre ter a existência de fundadas razões de autoria ou participação do indiciado em algum dos crimes elencados no inciso III (*fumus comissi delicti*), do art. 1º, aliado alternativamente à imprescindibilidade da segregação cautelar para a eficácia das investigações (inciso I) ou diante da ausência de residência certa ou identificação civil (inciso II), ambas hipóteses de *periculum libertatis*.[26]

Para a última corrente, defendida por Renato Brasileiro de Lima, Polastri e Lanfredi, deve ser aliado o inciso I, que demonstra a necessidade da prisão, através do perigo da liberdade, para o desenvolvimento adequado das investigações, com o inciso III, fumaça do cometimento de algum dos delitos ali elencados.[27]

Entretanto, para essa linha doutrinaria, a combinação do inciso III (suposta prática de alguns dos crimes autorizadores da medida cautelar temporária) com o inciso II (ausência de residência certa ou falta de identificação civil), não podem por si só ensejar a prisão temporária, tendo em vista que a medida tem que ser imprescindível para o sucesso das investigações. Exemplificam na ausência de residência certa em um inquérito que já foi concluído. Apontam que caberia prisão preventiva, e não temporária.[28]

É a essa última corrente que nos filiamos, tendo em vista que não é razoável segregar de forma cautelar um indivíduo que não se identificou civilmente, quando se é possível identificá-lo criminalmente, conforme aponta a Nova Lei de Identificação Criminal (Lei n.º 12.027/2009), em seus artigos 1º e 2º, mais recente que a Lei de Prisão Temporária, respeitando, com isso, o princípio da proporcionalidade e o subprincípio da necessida-

---

25. GRECO FILHO, Vicente. **Manual de processo penal.** 6ª ed. São Paulo: Saraiva, 1999. p. 272/273.
26. Posição de Antônio Scarance Fernandes (Op. cit. p. 308). De igual modo, GRINOVER. **As nulidades do processo penal.** Op. cit. p. 278.
27. Adotada por Marcellus Polastri Lima (Op. cit. p. 308). Na mesma linha, Luís Geraldo Sant'Ana Lanfredi (Op. cit. p. 136), o inciso II do art. 1º não implica nem autoriza, estando sozinho e isolado, o particular e exigido *periculum libertatis*, se a ele não se associar a reivindicação de um bom termo das investigações criminais.
28. DE LIMA, Renato Brasileiro. **Manual de Processo Penal.** 3ª ed. Salvador: Juspodivm, 2015. p. 976.

de.[29] Por lógica, se cabe identificação criminal, não há que se aplicar uma medida mais gravosa, *in casu*, prisão cautelar.

À luz dessa projeção, apesar de sermos contrários, deve-se aplicar, na prática e em provas, a quarta corrente. Logo, imperativo a conjugação do inciso III, do art. 1º da Lei n.º 7960/1989 (*fumus comissi delicti*) com o inciso I ou II, do mesmo dispositivo (*periculum libertatis*).

4.2.1. Compreensão Dos Requisitos

Nesse rumo, após uma compreensão geral da corrente majoritária, em especial, quanto à conjugação dos incisos para a legalidade da prisão em estudo, há a necessidade de enxergarmos o sentido da norma para não sermos conduzidos a erros desnecessários. Portanto, analisaremos minuciosamente o que representa cada uma das subdivisões acima mencionadas.

Sendo assim, é de bom alvitre notar que no âmbito da prisão temporária, a imprescindibilidade das investigações é o leme, o rol taxativo de crimes é o barco, e a ausência de residência fixa ou identificação civil é a âncora.

Posto que, sem a necessidade da segregação cautelar para conceder efetividade às investigações, não há porque realizá-la. De outra forma, sem adequação normativa típica em um dos delitos taxativamente expostos, não existe sequer legalidade em sua aplicação. Por fim, não possuir residência fixa ou deixar de fornecer meios de identificação civil impede a normalidade das investigações.

4.2.1.1. Indícios de autoria ou participação do indiciado nos crimes taxativamente previstos no artigo 1º, inciso III da Lei n.º 7.960/1989 e no artigo 2º, § 4º da Lei n.º 8.072/1990

De início, só é possível decretação de prisão temporária nos casos de fundadas razões da prática de um dos crimes taxativamente previstos em um rol previamente elaborado.

Desta forma, o *fumus comissi delicti* encontra-se caracterizado pelo indiciamento (mas não somente, pois o membro do MP pode requerer a prisão no curso das investigações, ausente o indiciamento, ato privativo do

---

29. Art. 1º: O civilmente identificado não será submetido a identificação criminal, salvo nos casos previstos nesta Lei. Art. 2º: A identificação civil é atestada por qualquer dos seguintes documentos: I – carteira de identidade; II – carteira de trabalho; III – carteira profissional; IV – passaporte; V – carteira de identificação funcional; VI – outro documento público que permita a identificação do indiciado. Parágrafo único. Para as finalidades desta Lei, equiparam-se aos documentos de identificação civis os documentos de identificação militares.

Delegado de Polícia) em um dos delitos insertos no inciso III, do art. 1º da Lei de Prisão Temporária (Lei n.º 7.060/1989), cujo prazo é de 5 (cinco) dias, prorrogáveis por igual período, em caso de comprovada e extrema necessidade. Não podendo na dicção do art. 2º, *caput* da legislação em comento ser decretada de ofício pelo juiz, sob pena de ofender o princípio da imparcialidade do magistrado e o sistema acusatório.

Com o advento da Lei nº 8.072/1990, houve previsão no art. 2º, §3º, posteriormente renumerado pela Lei nº 11.464/2007 para §4º, de utilização da prisão temporária para os delitos ali previstos, bem como, naquela ocasião, foi dado um prazo diferenciado de 30 (trinta) dias, prorrogáveis por igual período em caso de fundada e extrema necessidade.

Logo, a partir da vigência da Lei de Crimes Hediondos, não apenas os crimes previstos na Lei n.º 7.060/1989 seriam passíveis na fase investigatória de decretação de prisão temporária, mas também os que fossem considerados Hediondos ou Equiparados a Hediondos (tráfico de drogas, tortura e terrorismo), com prazo de duração diferenciado.

Nesse rumo, vale dizer que cabe para os delitos consumados ou tentados, mas não pode ser decretada para crimes culposos ou contravenções penais, é a interpretação extraída da simples leitura e comparação das Leis n.º 7.060/1989 e 8.072/1990.

Extrai-se, por interpretação lógica, que se a prisão temporária for decretada na investigação de algum delito não elencado no rol taxativo das normas acima descritas, a mesma será ilegal, cabendo relaxamento.

Lembrando que, não necessariamente para ser decretada deverá aguardar uma formação robusta da materialidade e colheita de indícios suficientes de autoria, sendo fundamentação idônea apenas a materialidade e indício da pratica ou participação, sem o "robusto" e os "suficientes", protegendo a própria instrumentalidade dessa prisão.

Por outro lado, e por lógica, aponta Lanfredi que a prisão temporária *"não deve ser utilizada como instrumento para facilitar o trabalho acometido à polícia, se não para viabilizar, imprescindivelmente, o prosseguimento das investigações criminais, no sentido (e abrindo o caminho) da aquisição de provas, que não têm como serem alcançadas estando o indiciado em liberdade, e desde que sejam indispensáveis para a formalização da denúncia"*.[30]

---

30. LANFREDI, Luís Geraldo Sant'Ana. Op. cit. p. 658/659.

4.2.1.2. Imprescindibilidade da prisão temporária para as investigações

Como concluímos na exposição acima, por ocasião da análise do requisito matriz que é o *fumus comissi delicti* (inciso III), nesse momento, ao colocar em estudo o inciso I como primeira condição caracterizadora do perigo da liberdade, mostra-se necessário apontar a existência de uma investigação preliminar, não necessariamente precisa ser um inquérito, mas apuração de fatos e coisas, que pode ser feito através de uma comissão parlamentar de inquérito, procedimento investigatório criminal presidido pelo órgão do Ministério Público.

Diante da existência de uma investigação prévia e notando a medida como indispensável para angariar elementos informativos quanto à autoria e materialidade da pratica criminosa, mostra-se possível a decretação da segregação temporária do indivíduo.

Em outro viés, entenda-se esse termo de imprescindibilidade da prisão temporária para as investigações como a inexistência de outra medida cautelar diversa da prisão e menos gravosa, que na prática seja suficiente para dar eficácia às investigações e colher os elementos informativos necessários. Esse entendimento tem respaldo no princípio da proporcionalidade, em especial no seu subprincípio, qual seja o da necessidade.

Faz-se necessária, também, uma interpretação extensiva do artigo 282, §6º, artigo 310, inciso II, ambos do Código de Processo Penal, para depreender que quando as medidas cautelares forem suficientes ou adequadas para respaldar a eficiência da investigação, deve o magistrado deixar de realizar a segregação temporária.

Nesse passo, se as medidas cautelares do artigo 319 do Código de Processo Penal, as quais são diversas da prisão, forem suficientes para conceder a eficiência necessária à investigação, não há porque decretar a prisão temporária do indivíduo.[31]

4.2.1.3. Ausência de residência fixa ou não fornecimento de elementos necessários ao esclarecimento da identidade civil

Aqui não há muito que se divagar, até porque já percebemos pelas correntes apontadas um pouco dessa exigência.

No entanto, é importante fazermos alguns apontamentos, primeiramente o que se entende por ausência de residência fixa. Para a Corte Cida-

---

31. TJDF, 2ª Turma, HC 2.758-3, Rel. Des. Getúlio Pinheiro, DJU de 22/04/1999.

dã, essa ausência é compreendida como a inexistência de qualquer endereço em que o indiciado possa ser localizado.[32]

Na mesma linha, a Suprema Corte já apontou que a situação de miserabilidade de um morador de rua não pode ser interpretada como risco de fuga.[33]

Por essa e outras razões, apontamos a necessidade de atenção à Nova Lei de Identificação Criminal (Lei n.º 12.027/2009), em especial, seus artigos 1º e 2º, como anteriormente citados, bem como ênfase na temporalidade de sua entrada em vigor, sendo esta posterior à Lei de Prisão Temporária.[34]

Ora, se existe hipótese de identificação criminal do acusado ou indiciado que não se identificasse civilmente, não há que se aplicar segregação da liberdade, em atenção ao princípio da proporcionalidade, lato senso e ao subprincípio da necessidade, em sentido estrito.

Nesse passo, apesar de a lei apontar a figura do indiciado, como falamos no tópico "Compreensão dos requisitos" – 4.2.1.1, não é essa condição obrigatória, tendo em vista que o próprio inquérito é dispensável. Ao descrever essa figura, a norma quis externar a representação de alguém com ligação mínima a elementos de informação que a vinculem à pratica de um fato criminoso.

Por fim, absorvemos que, o terrorista, ainda que em atos preparatórios e de forma inequívoca com a contextualização da prática em concreto de atos de terror, poderá ser preso de forma temporária, mesmo que ainda não tenha sido indiciado formalmente pela autoridade policial (atribuição de autoria e materialidade do delito).

5. PRISÃO TEMPORÁRIA E A LEI ANTITERRORISMO

Partindo das noções acima, de nada adiantaria a vigência de normas que tipificam condutas sem a força coercitiva para afastar a prática ou ao menos diminuir sua incidência, dando efetividade, inclusive, às investigações, para assim enrobustecer uma peça inicial acusatória.

---

32. STJ, 5ª Turma, RHC 12.658/SP, Rel. Min. José Arnaldo da Fonseca, DJ 28/04/2003, p. 209. E ainda: STJ, 5ª Turma, HC 75.488/SP, Rel. Min. Gilson Dipp, DJ 29/06/2007, p. 683.
33. STF, 2ª Turma, HC 97.177, Rel. Min. Cezar Peluso, DJe 191 08/10/2009.
34. Art. 1º: O civilmente identificado não será submetido a identificação criminal, salvo nos casos previstos nesta Lei. Art. 2º: A identificação civil é atestada por qualquer dos seguintes documentos: I – carteira de identidade; II – carteira de trabalho; III – carteira profissional; IV – passaporte; V – carteira de identificação funcional; VI – outro documento público que permita a identificação do indiciado. Parágrafo único. Para as finalidades desta Lei, equiparam-se aos documentos de identificação civis os documentos de identificação militares.

Poderíamos dizer que a Lei Antiterrorismo veio, de forma prática, demonstrar a existência clara do Direito Penal e Processual Penal do Inimigo no nosso ordenamento jurídico, afastando algumas teorias, limitando outras, para tratar os que nesses tipos incorrem não como cidadãos, mas como inimigos, dando um aviso pragmático dos meios que serão utilizados e aplicações mais severas dos métodos de investigação.

A bem da verdade e em regra, nossa legislação pune atos postos em prática, não mera preparação criminosa, contudo, a legislação contra o Terrorismo demonstra não só ser possível a punição do planejamento concretizado em atos preparatórios, como também a realização de prisão temporária para as investigações desse ato antecedente ao terrorismo propriamente dito.

Em continuidade, essa modalidade de prisão é possível para todos os crimes lá descritos, até porque foi inserida a alínea *p*, no art. 1º, inciso III da Lei n.º 7.960/1989 (Lei da Prisão Temporária), deixando clara a legalidade desse método investigatório, ou melhor, dessa medida de eficácia instrumental da investigação preliminar.

5.1. Direito penal do autor e do fato (culpa)

Com base na exposição supra, lembramos as lições do Direito Penal do Autor e do Fato. Sabemos que o mero planejamento, via de regra, não é punível em nosso ordenamento, a não ser que as condutas preparatórias tipifiquem outro crime. É a chamada Teoria do Recorte ou Teoria da Observação Individualizada do Ato, quanto aos atos preparatórios.

Exemplificativamente, no caso de se planejar matar alguém, externar essa intenção, comprar a arma, mas não realizar os atos iniciais para ceifar a vida pretendida, poderá, se não detiver o porte da arma, incidir nesse tipo da Lei do Desarmamento, até mesmo cometer o delito de ameaça, mas nunca o crime de homicídio em qualquer de suas formas, porque se repele o fato e não o autor.

Podemos adentrar em discussões eternas sobre quem deverá e poderá ser punido, se será alguém pelo que é ou pelo que fez. Uma linha tênue que poderá nos levar a erros e quedas talvez irreparáveis.

E qual o adotado pelo Brasil? Afinal, é ele que nos interessa. Nesse aspecto, vai depender. Por quê? Para se caracterizar algum crime, adota-se o Direito Penal do Fato, entretanto, para fixar a pena, regime, espécie de sanção, claramente há a aplicação do Direito Penal do Autor, conforme preceitua o artigo 59 do Código Penal.[35]

---

35. Art. 59 – O juiz, atendendo à culpabilidade, aos antecedentes, à conduta social, à personalidade do agente, aos motivos, às circunstâncias e consequências do crime, bem como ao comportamento da vítima, estabelecerá, conforme seja necessário e suficiente para reprovação e prevenção do crime:

Logo, para imputar uma prática a alguém, investigá-lo, aplicar medidas cautelares, processá-lo, tem-se que ter, em regra, a realização de um ato que modifique o mundo concreto (excepcionando, por exemplo, os crimes de perigo – exemplo do delito em estudo).

No caso do terrorismo, em especial na sua modalidade antecedente, punimos e iremos repelir os atos antes mesmos de serem materializados em condutas lesivas ao Estado e à sociedade, aproximando-se, como anteriormente apontado, da Teoria Sistêmica[36] de Günter Jakobs e contrariando a Teoria Constitucional do Delito ou Teoria Funcional Racional do Crime.[37]

Por essa razão, mostra-se crível a previsão legal de autorizar prisão temporária de atos preparatórios, cuja finalidade precípua é descobrir, de forma contundente, os integrantes ou atos desejados com aquela preparação, independentemente de efetiva lesão ou risco de lesão ao bem jurídico tutelado.

Nesse cenário, será evitada a repercussão nefasta de qualquer ato dessa natureza, antes mesmo do risco concreto de terror social e abalos estruturais ao Estado Democrático de Direito, sendo de forma prática empregada a terceira velocidade do Direito Penal encabeçado por Silva Sánchez, aliada à figura do Direito Processual Penal do inimigo.

Frente a todas essas noções, passamos a entender os motivos de se aplicar um Direito Penal de exceção, em casos e crimes específicos, com a finalidade de combater um "inimigo" provocador de terror social.

6. PRISÃO TEMPORÁRIA DOS ATOS PREPARATÓRIOS DO TERRORISMO

No estudo do Direito Penal do Inimigo, nota-se que a exposição de Jakobs começou de maneira crítica, por volta de 1985, apontando que era uma forma de legislação que merecia ser combatida.

I – as penas aplicáveis dentre as cominadas; II – a quantidade de pena aplicável, dentro dos limites previstos; III – o regime inicial de cumprimento da pena privativa de liberdade; IV – a substituição da pena privativa da liberdade aplicada, por outra espécie de pena, se cabível.

36. "O bem jurídico fica em segundo plano; o que mais importa para tal autor é a vigência da norma, tendo menor relevância a ocorrência ou não da lesão ao bem jurídico protegido. Entende que o Direito penal não serve apenas para proteger bens jurídicos, mas especialmente para garantir o cumprimento da norma e manter a confiança da sociedade no sistema. " DOS SANTOS, JULIANA SANUZZO. **JUSBRASIL.** Disponível em: < http://professorlfg.jusbrasil.com.br/artigos/121927342/no-direito-penal-funcionalista-em-que-consiste-a-principal-divergencia-entre-roxin-e-jakobs.> Acesso em : 28 de set. 2016.

37. "Defendido por Luiz Flávio Gomes, para o qual crime é fato típico, antijurídico e punível, onde a culpabilidade é mero pressuposto de aplicação da pena. Ideia denominada de Teoria Constitucionalista do Delito.". **REPENSANDO O DIREITO.** Disponível em: http://repensandodireito.blogspot.com.br/2014/09/aula-de-direito-penal.html

Em continuidade, de forma descritiva e trazendo, em meados de 1999, as linhas que diferenciavam o Direito de Exceção do utilizado ao cidadão comum, começou a pensar na possibilidade de aplicação legítima, necessária e eficaz do Direito Penal do Inimigo a casos pontuais.

Não obstante, em 2003, elegeu o Direito em estudo como legítimo, com fulcro em premissas jurídicas e filosóficas, ponderando que se não existir outra forma, utilize-se desta modalidade para frenar o "inimigo" do Estado.

Sendo assim, na conjuntura posta pela Lei Antiterrorismo, percebemos a possibilidade da decretação de uma prisão cautelar, no caso a temporária, para dar efetividade às investigações, a fim de colher elementos informativos que embasarão a futura inicial acusatória.

Nesse diapasão, de forma antecipada, irá se realizar a prisão de agentes suspeitos de atos preparatórios para prática de crimes de terrorismo. Não seria isso um nítido exemplo da legalidade do Direito Processual Penal do Inimigo no Direito Pátrio, na fase legitimadora?[38] Não estaríamos diante, de forma concreta, da necessidade da terceira velocidade defendida por Silva Sanchéz?[39]

Ora, sabemos que atos preparatórios ou mera cogitação, comumente, não são puníveis, quanto mais passíveis de prisão temporária, por não ser objeto de tutela penal.

Pois bem, estamos diante de um ato preparatório que o legislador resolveu transformar em crime, mesmo que individualmente considerado.

Faz-se mister, portanto, de forma breve, tecer algumas considerações sobre a prisão temporária dos atos preparatórios ao crime de terrorismo, pela aplicação da Teoria da Observação Individualizada do Ato ou Teoria do Recorte.

6.1. Considerações sobre os porquês de os atos preparatórios serem puníveis e passíveis de prisão temporária

Como dito, atos preparatórios, em regra, não são puníveis, a não ser que configurem um delito autônomo, o que é o caso.

Além do mais, pela gravidade do delito e a necessidade de repelir a prática terrorista, poderá, mesmo que embrionariamente dentro do *iter criminis*, se combater a ação e efetuar prisões temporárias para angariar

---

38. Se não há outro remédio, o Direito Penal do Inimigo se mostra legítimo.
39. Se utiliza da pena privativa de liberdade e flexibiliza garantias materiais e processuais.

elementos informativos que darão base a uma denúncia e, ao nosso ver, frenar, de forma mais rápida, a prática criminosa.

Isso mesmo, a nova lei, em sua integralidade, nos leva a crer acerca da necessidade de repressão de qualquer ato preparatório, desde que seja com o intuito inequívoco de praticar atos terroristas, associado à ideia de desmantelar organizações para esse fim e evitar a concretude do terror social em todo o significado da palavra.

De igual forma como foi criticado o RDD (Regime Disciplinar Diferenciado), a Lei de Crimes Hediondos, Lei de Organização Criminosa, assim é a Lei Antiterrorismo, contudo, na prática forense enxergamos com maior clareza a necessidade da aplicação do adágio popular "dois pesos, duas medidas", ou seja, para delitos dessa magnitude e repercussão há a necessidade de uma resposta Estatal mais veemente, adequação de institutos jurídicos e ponderação de valores, daí a importância da maturidade dentro das próprias fases do Direito Penal do Inimigo, no caso, da legitimadora (2003).

No Processo Penal isso soa no mínimo meio estranho, entretanto, na prática penal, não apenas ideológica ou garantista, é necessária, a curto prazo, a mão mais forte do Estado-Juiz, e com o desenvolvimento racional enxergaremos que algumas medidas legislativas acabam sendo necessárias.

Por outro lado, sabemos que as medidas dissuasórias não resolvem completamente o problema, mas pela aplicação do princípio da proporcionalidade e adequação temos que conceder uma pena e medidas investigativas diferenciadas para alguns delitos, no caso em comento aos atos preparatórios do terrorismo, evitando catástrofes e a desestabilização social, com perda da paz e confiança na regência pública.

6.2. Funcionalidade da prisão temporária para apurar atos preparatórios

Entendemos que para se aplicar medidas extremas e incomuns, temos que no mínimo ter motivos diferenciados e valores estruturais a serem protegidos. Por essa razão, faz-se necessária, de uma forma mais firme e cirúrgica, a atuação do Estado contra o terrorista e suas condutas de desestabilização social que inevitavelmente ocorrerão.

No estudo do terrorismo praticado em outros países, os quais sofrem desse mal de forma mais corriqueira, percebemos que esse tipo criminoso normalmente não age sozinho, encontra-se ligado, no mínimo, a uma célula criminosa para a prática desse delito e de outros crimes relacionados a esse fim.

No momento em que a Polícia Federal investiga determinados atos considerados preparatórios ao terrorismo, a exemplo de se comprar um explosivo a ser detonado na Avenida Paulista para causar terror social, irá se trabalhar para que essa ação não ocorra, a diferença é que os atos preparatórios, mesmo que desassociados ao terrorismo propriamente dito, será punido como crime consumado.

Por sua vez, não somente isso, mas para as investigações, é permitida a prisão temporária com a finalidade, dentro do Processo Penal, de angariar elementos para fundamentar uma denúncia e dar efetividade matriz à investigação realizada.

Nesse passo, do ponto de vista prático, enxergamos um destoamento para a frenagem de algumas práticas através de uma prisão que o fim era outro, servindo como antecipação da pena e talvez segregação sem processo. Essa discussão será desenvolvida em outras oportunidades.

Não obstante, desde já apontamos que se a prisão temporária for realizada dentro dos parâmetros aqui analisados em capítulo próprio, não enxergamos nenhum problema.

7. CONCLUSÃO

Concernente aos aspectos processuais da Lei Antiterrorismo, sua comunicação com a Lei de Organização Criminosa se faz basilar para conceder eficácia no combate a essa conduta repugnante, além do mais, sua própria previsão de constrição dos bens de quem nesses atos for relacionado, inclusive com a inversão contrária do ônus da prova.

Por outro viés, a prisão temporária dos atos preparatórios como caracterização do Direito Processual Penal do Inimigo e da terceira velocidade de Silva Sanchéz é proporcional ao que se visa combater (terror social com o risco de desestabilização do Estado Democrático de Direito).

Logo, não haverá desvio de finalidade passível de torná-la ilegal e imperar seu relaxamento, sendo adequada a aplicação do chamado Direito de Exceção à luz da Constituição Federal e nos parâmetros estritos da individualidade da conduta, do ato e da repercussão deste à luz da legislação. Bem como é possível a terceira velocidade do Direito Penal no caso concreto dos crimes elencados nesta lei.

Ademais, a Teoria do Recorte ou Teoria dos Atos Individualmente considerados mostra-se válida pela punição autônoma da preparação para o terrorismo, inclusive como consumado, mesmo que não se alcance o ato terrorista propriamente dito, imperando apenas uma diminuição da pena na terceira fase de sua dosimetria.

Isso tudo, em curto prazo, talvez tenha bons resultados, entretanto, pela gravidade do delito e repercussão social, é preciso uma reformulação estrutural para sua regular repressão, lastreado mais por medidas preventivas e protetivas do que por outras dissuasórias, que são empregadas quando há o risco de perigo e/ou lesão, devendo ser método urgente e secundário, não primário e corriqueiro.

8. REFERÊNCIAS BIBLIOGRÁFICAS

DOS SANTOS, J. S. **JUSBRASIL.** Disponível em: < http://professorlfg.jusbrasil.com.br/artigos/121927342/no-direito-penal-funcionalista-em-que-consiste-a-principal-divergencia-entre-roxin-e-jakobs.> Acesso em : 28 de set. 2016.

FERNANDES, A. S. **Considerações sobre a Lei 8.072/1990 – Crimes Hediondos.** São Paulo: RT, 1990.

FRANCO, A. S. **Crimes Hediondos.** 4ª ed. São Paulo: Revistas dos Tribunais, 2000.

FREITAS, J. W. **Prisão temporária.** 2ª ed. São Paulo: Saraiva, 2009.

GRECO FILHO, V. **Manual de processo penal.** 6ª ed. São Paulo: Saraiva, 1999.

GRINOVER, A. P.; GOMES FILHO, A. M.; FERNANDES, A. S. **As nulidades no processo penal.** 12ª ed. São Paulo: Revista dos Tribunais, 2011.

JAKOBS, G; MELIÁ, M. C. **Direito Penal do Inimigo:** Noções e Críticas. 6ª ed. Porto Alegre: Livraria do Advogado Editora, 2012.

LIMA, R. B. **Manual de Processo Penal.** 3ª ed. Salvador: Juspodvm, 2015.

NUCCI, G. D. S. **Leis Penais e Processuais Penais Comentadas.** São Paulo: Editora Revistas dos Tribunais, 2006.

PONTE, A. C. **Crimes eleitorais**. São Paulo: Saraiva, 2008.

RIBEIRO, D. C. **Prisão temporária – Lei nº 7.960/89, de 21.12.89 – um breve estudo sistemático e comparado.** São Paulo: Revistas dos Tribunais, 1994.

S, L. V. O que se entende por direito penal da terceira velocidade? **JUSBRASIL.** Disponível em: <http://lfg.jusbrasil.com.br/noticias/155308/o-que-se-entende-por-direito-penal-da-terceira-velocidade-luciano-vieiralves-schiappacassa>. Acesso em: 28 de set. 2016.

SÁNCHEZ, J.M.S. **A expansão do direito penal:** aspectos da política criminal nas sociedades pós-industriais. Trad. Luiz Otávio de Oliveira Rocha. São Paulo: RT, 2002.

5

O TERRORISTA SOLITÁRIO.
QUANDO O INIMIGO AGE SOZINHO

GABRIEL HABIB[1]

SUMÁRIO • 1. Introdução – 2. O terrorismo e o direito penal do inimigo – 3. O tratamento jurídico diverso dado ao delito de organização terrorista e a neutralização do inimigo como *ratio legis* – 4. A organização terrorista como fonte de perigo e o paralogismo da maior periculosidade de uma associação delituosa – 5. O terrorista solitário na lei penal brasileira – 6. Conclusões – 7. Bibliografia.

1. INTRODUÇÃO

O tema sugerido para o título do presente artigo desperta alguns questionamentos acerca do terrorismo, que, infelizmente, vem se fazendo presente nos últimos anos, em todo o mundo.

Um dos grandes questionamentos que deve ser feito é se os atos de terrorismo sempre são praticados por uma Organização Terrorista. Em outras palavras, deve ser questionado se é possível falar-se em atos de terrorismo praticados por apenas uma pessoa que aja sozinha, o denominado "terrorista solitário". Caso a resposta seja positiva, faz-se relevante, também, questionar se uma Organização Terrorista tem um grau de periculosidade maior do que uma pessoa que aja sozinha ao praticar atos de terrorismo ou se o terrorista solitário pode ter uma periculosidade maior do que uma organização de pessoas que se reúnem para a prática de atos de terrorismo.

Este artigo propõe-se a resolver esses questionamentos. Para o tratamento adequado do tema, faz-se necessário o estudo dos pontos de con-

---

1. Mestre em Ciências Jurídico-Criminais pela Faculdade de Direito da Universidade de Lisboa, Portugal. Pós-graduado em Direito Penal Econômico pelo Instituto de Direito Penal Econômico e Europeu da Faculdade de Direito da Universidade de Coimbra. Professor da pós-graduação da FGV – Fundação Getúlio Vargas. Professor da pós-graduação da PUC-RJ. Professor da EMERJ – Escola da Magistratura do Estado do Rio de Janeiro. Professor da ESMAFE – Escola da Magistratura Federal do Paraná. Professor de FESUDEPERJ – Fundação Escola da Defensoria Pública do Estado do Rio de Janeiro. Professor da FESMP/MG – Fundação Escola Superior do Ministério Público de Minas Gerais. Professor do CERS. Professor do Curso Forum. Defensor Público Federal.

tato entre o terrorismo e o Direito penal do inimigo, o tratamento que o legislador brasileiro confere ao terrorista e as razões do legislador ao criminalizar uma reunião de pessoas que se reúnem para a prática de atos de terrorismo, a Organização Terrorista como fonte de perigo e a sua suposta maior periculosidade, e, por fim, a figura do terrorista solitário.

2. O TERRORISMO E O DIREITO PENAL DO INIMIGO

Inicialmente, deve ser questionada qual seria relação entre o terrorismo e o Direito penal do inimigo. Seria o terrorismo um caso de Direito penal do inimigo? O terrorista é um inimigo? Caso a resposta seja afirmativa, como o Estado deveria agir com o terrorista/inimigo? Todos esses questionamentos serão resolvidos nas próximas linhas. Para que possamos enriquecer a análise do tema e responder a essas perguntas, traçaremos um panorama geral do Direito penal do inimigo com a exposição do tema.

A discussão sobre a finalidade do Direito penal há muito tempo tem dividido as opiniões da doutrina em diversas vertentes, desde a finalidade ético-social[2] até a finalidade protetiva de bens jurídicos.[3]

Para não fugir do objetivo deste trabalho, trataremos da posição defendida por Jakobs. Ao tratar da finalidade do Direito penal, o autor discorda da ideia segundo a qual o Direito penal tem por finalidade a proteção de bens jurídicos e, a demonstrar ser partidário da teoria da prevenção geral positiva da pena, sustenta que o Direito penal tem por finalidade a garantia da vigência da norma,[4] com os fundamentos de sua concepção vinculados à filosofia do Direito de Hegel[5] e a alguns aspectos da teoria dos sistemas de Luhmann.[6]

---

2. Para mais informações sobre essa finalidade: WELZEL, Hans. Direito penal. Tradução de Afonso Celso Rezende. Campinas: Romana, 2003, pp. 27-41.
3. A finalidade protetiva de bens jurídicos é a posição majoritária no Brasil. Por todos: BATISTA. Nilo. Introdução crítica ao Direito penal, 11ª ed. Rio de Janeiro: Revan, 2007, p. 116.
4. JAKOBS, Günter. O que protege o Direito Penal: os bens jurídicos ou a vigência da norma?, in Direito Penal e Funcionalismo, coord. André Luís Callegari e Nereu José Giacomolli. Tradução de André Luís Callegari, Nereu José Giacomolli e Lúcia Kalil. Porto Alegre: Livraria do Advogado, 2005, p. 33.
5. Segundo HEGEL, Guillermo F. Filosofia del Derecho. Tradução de Angélica Mendoza de Montero Buenos Aires: Editorial Claridad, 1968, p. 112, a prática do crime e a realização da justiça como reação estatal representam a forma de um processo de vontade, com a superação da diferença entre a vontade geral e a vontade individual. Há uma antítese entre a vontade geral e a vontade individual. A prática de um delito como manifestação de uma vontade individual consiste na negação da vontade geral. Por sua vez, a aplicação da pena consiste na negação da vontade individual, sendo, portanto, a negação da negação, tendo como consequência a confirmação do direito.
6. Para LUHMANN, Niklas. Sociologia do Direito I. Tradução de Gustavo Bayer. Rio de Janeiro: Edições Tempo Brasileiro, 1983, pp. 45-66, o homem vive em um mundo constituído sensorialmente, que lhe apresenta uma multiplicidade de possíveis ações e experiências, em oposição ao po-

Segundo Jakobs, as normas configuram a estrutura da sociedade e regulam o conteúdo das relações entre as pessoas dentro do que pode ser espera-

tencial humano limitado em termos de percepção, assimilação de informação e ação consciente. Cada experiência concreta apresenta um conteúdo que remete a outras diversas possibilidades que são ao mesmo tempo complexas (no sentido de que sempre existem mais possibilidades de ação do que se pode realizar, e, em termos práticos, significa seleção forçada) e contingentes (no sentido de que as possibilidades indicadas para as demais experiências podem ser distintas das esperadas, isso é, contingência significa perigo de desapontamento e necessidade de assunção de riscos). "Sobre essa situação existencial desenvolvem-se estruturas correspondentes de assimilação da experiência, que absorvem e controlam o duplo problema da complexidade e da contingência. Certas premissas da experimentação e do comportamento, que possibilitam um bom resultado seletivo, são enfeixadas constituindo sistemas, estabilizando-se relativamente frente a desapontamentos... e esse nível do comportamento seletivo podem ser formadas e estabilizadas expectativas com relação ao mundo circundante." Nos sistemas sociais, o importante é que seja alcançada uma simplificação por meio de uma redução generalizante. Os sistemas sociais estabilizam expectativas objetivas vigentes por meio das quais as pessoas orientam-se, que podem não somente ser verbalizadas sob a forma do dever ser, como também estar acopladas a determinações qualitativas, delimitações da ação, regras de cuidado etc. Luhmann exemplifica com a seguinte regra: "horário de visitas: domingo entre 11h e 12h30". Para o autor trata-se de uma regra impessoal, autônoma e estável no tempo, aplicável de domingo a domingo, sem que seja necessária a sua renovação. Sabe-se, por meio dessa regra, que somente é possível fazer visitas no horário determinado e pode-se esperar um comportamento correspondente por parte do visitado. As expectativas significam que uma pessoa pode esperar algo de outra e vice-versa. Em se tratando de "se esperar algo de alguém", isso pode acontecer ou não, ou seja, a expectativa pode ser ou não atendida. Assim, se a expectativa pode ser defraudada, o sistema deve criar mecanismos para reagir frente a essas defraudações e deve criar mecanismos para que os cidadãos possam seguir confiando nelas, apesar da sua defraudação. Com efeito, todas as estruturas contêm o problema do desapontamento. Por isso, a avaliação da adequação das estruturas deve considerar sempre o problema do seu desapontamento, e a sua racionalização envolve uma dosagem entre uma complexidade sustentável e a carga suportável de desapontamento. "A estabilização das estruturas contém não apenas o esboço coerente do seu perfil – o reconhecimento de leis naturais ou o estabelecimento de normas – mas também a disponibilidade de mecanismos para o encaminhamento de desapontamentos – tal com um serviço de manutenção e reparos na estrutura". Dessa forma, o sistema social como um todo apresenta duas possibilidades contrárias de reação ao desapontamento das expectativas: A primeira consiste na alternativa de modificação da expectativa desapontada, adaptando-se à realidade decepcionante; a segunda consiste em sustentar a expectativa e seguir a vida protestando contra a realidade decepcionante. A depender de qual das duas orientações predomina, pode-se falar em *expectativas cognitivas* ou *expectativas normativas*. A distinção entre o cognitivo e o normativo é definida em termos funcionais, tendo em vista a solução de um determinado problema. No caso de desapontamento de uma expectativa cognitiva, ela é adaptada à realidade. De outro lado, no caso de desapontamento de uma expectativa normativa, não se abandona a expectativa, e sim ocorre a sua manutenção, com a sua sustentação, apesar da sua não satisfação, e o desapontamento é atribuído ao seu autor. Em outras palavras, no caso de defraudação da expectativa cognitiva, a pessoa não pode manter a expectativa e o conflito se resolve mudando-se a conduta. Já no caso de defraudação da expectativa normativa, a reação é diferente. Quando isso acontece, ou seja, quando o outro membro da interação social se comporta de forma diversa do esperado, o homem pode seguir confiando nessa expectativa, apesar de seu descumprimento. A isso se denomina *expectativas contrafáticas*. "Assim, as normas são expectativas de comportamento estabilizadas em termos contrafáticos. Seu sentido implica na incondicionabilidade de sua vigência na medida em que a vigência é experimentada, e, portanto, também institucionalizada, independentemente da satisfação fática ou não da norma."

do. Portanto, a estabilização da norma gera como consequência a estabilização da sociedade. Para que uma sociedade exista de modo verdadeiro, as suas normas devem ter vigência. Isso não significa que as normas não possam ser objetos de violação pelas pessoas sujeitas a elas. Porém, mesmo que as normas possam ser violadas, o desrespeito a elas não desfigura a sociedade.

A legitimação do Direito penal faz-se sob duas óticas: a formal e a material. De um lado, sob o aspecto formal, a legitimação do Direito penal decorre da sua aprovação conforme a Lei Fundamental das leis penais; de outro lado, sob o aspecto material, o Direito penal legitima-se no fato de as leis penais serem necessárias à manutenção da configuração da sociedade e do Estado, e a contribuição que o Direito penal presta a essa manutenção é a garantia das normas.[7]

Do ponto de vista do Direito penal, o bem deve ser representado como uma expectativa garantida, e não como um objeto físico ou algo do gênero. Em uma sociedade é fundamental contar com a expectativa de que se respeitará a vida de seus membros e essa expectativa deve ser respeitada e atendida pelas pessoas que compõem aquela coletividade. Segundo Jakobs, uma frustração, especialmente no âmbito do contrato social, diz respeito àquelas expectativas que resultam da exigência feita à outra parte de que ela respeite as normas vigentes. A expectativa normativa deve ser mantida mesmo no caso de sua frustração.

Na linha desse raciocínio, Jakobs sustenta que a pena criminal constitui um instrumento de manutenção da sociedade. A prática de um delito consiste na contradição das normas determinantes da sociedade e a pena consiste na confirmação dessa identidade social, a contradizer, por sua vez, a conduta criminosa do agente e a restabelecer a vigência normativa.[8] Nesse sentido, ao contrapor a vontade geral manifestada na norma e a vontade individual do agente que pratica um delito, o autor afirma que "a sanção contradiz o projeto do mundo do infrator da norma: este afirma a não-vigência da norma para o caso em questão, mas a sanção confirma que essa afirmação é irrelevante"[9] e conclui que "a função da pena é a preservação da norma enquanto modelo de orientação para contratos sociais".[10]

---

7. JAKOBS, Günter. Tratado de Direito Penal. Teoria do injusto penal e culpabilidade. Tradução de Gercélia Batista de Oliveira Mendes e Geraldo de Carvalho. Belo Horizonte: Del Rey, 2009, p. 61.
8. JAKOBS, Günter. Sociedade, norma e pessoa: Teoria de um direito penal funcional. Tradução de Maurício Antonio Ribeiro Lopes. Barueri: Manole, 2003, pp. 4-5.
9. Ibidem., p 13.
10. JAKOBS, Günter. Tratado de Direito Penal. Teoria do injusto penal e culpabilidade. Tradução de Gercélia Batista de Oliveira Mendes e Geraldo de Carvalho. Belo Horizonte: Del Rey, 2009, p. 27.

Na visão do autor, a pena nunca recompõe o bem jurídico lesado, não opera uma reparação de danos; além disso, muitas violações normativas completam-se antes mesmo da interveniência de um dano externo, como ocorre em geral com a tentativa e com a preparação.[11] A pena é vinculada a futuras lesões: *ne peccetur.* Ao invés de proteger bens jurídicos, o Direito Penal garante uma relação entre as pessoas, ou seja, garante a expectativa de que não haja ameaças aos bens jurídicos. Portanto, o que o Direito Penal protege é a expectativa depositada na vigência da norma de que não sejam produzidas ameaças aos bens jurídicos. Uma norma somente é eficaz se realiza o que deve realizar: o asseguramento das expectativas. A vigência da norma possui como conteúdo positivo a confiança nela depositada.[12]

Com base na visão de Jakobs podemos concluir que o fato criminoso consiste na lesão da vigência da norma com a defraudação da expectativa normativa e gera, como consequência, a negação da estrutura da sociedade. Por sua vez, a pena, como resposta penal estatal, surge como a eliminação da negação da vigência da norma, confirmando a sua vigência. Em outras palavras, o agente nega a vigência da norma e a pena nega a vontade do autor.[13]

Portanto, para Jakobs o bem jurídico objeto de proteção pelo Direito penal é justamente a solidez das expectativas normativas essenciais frente à sua decepção.[14]

Quando se comete um homicídio, por exemplo, não se trata da lesão ao corpo da vítima, e sim da afirmação de que não se deve respeito ao corpo da vítima. Está-se a afetar, na verdade, a expectativa de que não se atentará contra a integridade de seus membros como um elemento essencial para a estrutura básica da sociedade. Com a prática do homicídio, a norma é questionada e o delito constitui a desautorização da norma, a demonstrar a falta de fidelidade do agente ao ordenamento jurídico. Por essa razão, no delito de homicídio o mandado normativo não é "não cause a lesão de um bem" ou "não cause lesão ao bem jurídico vida humana", e sim "não viole seu papel de cidadão fiel ao direito".

---

11. Idem. Tratado de Direito Penal. Teoria do injusto penal e culpabilidade. Tradução de Gercélia Batista de Oliveira Mendes e Geraldo de Carvalho. Belo Horizonte: Del Rey, 2009, p. 25.
12. Idem. Fundamentos do Direito Penal. Tradução de André Luis Callegari, colaboração Lúcia Kalil. São Paulo: Revista dos Tribunais, 2003, p. 133.
13. Fica clara, portanto, a influência de Hegel na formação da teoria da Jakobs, como a tese da *negação da negação*.
14. JAKOBS, Günter. Tratado de Direito Penal. Teoria do injusto penal e culpabilidade. Tradução de Gercélia Batista de Oliveira Mendes e Geraldo de Carvalho. Belo Horizonte: Del Rey, 2009, p. 61.

Assim, não é a causação de uma morte que configura a lesão a um bem jurídico penal, mas a desobediência normativa contida no crime de homicídio.[15] Com efeito, uma conduta não representa uma perturbação social somente quando nela é aperfeiçoado um dano a um bem jurídico. Se o bem jurídico é a eficácia da norma, essa eficácia é prejudicada quando o agente, mediante a sua conduta, manifesta uma falta de respeito a ela. Assim, o agente que dispara um tiro contra a vítima, sem, contudo, atingi-la, não poderá furtar-se à punição com base no argumento de que não existe violação da norma porque não houve nenhuma lesão à vítima ou porque ela não morreu. Ao contrário, ainda que a agressão à vida da vítima tenha sido inócua por ela não ter sido atingida, o agente violou o seu papel de cidadão fiel ao ordenamento jurídico com a frustração da expectativa normativa e causou uma afetação à eficácia da norma que proíbe matar.[16]

Dessa forma, a finalidade da pena no Direito penal é a manutenção da vigência da norma como modelo de contrato social. A sanção serve para a estabilização das expectativas sociais, isso é, para que as pessoas tenham a certeza de que podem seguir as suas vidas normalmente com a confiança na vigência da norma.

Jakobs tratou do tema Direito penal do inimigo pela primeira vez em maio de 1985, no Congresso dos penalistas alemães celebrado em Frankfurt, ao abordar a incriminação do estado prévio à lesão de um bem jurídico. Os debates acerca desse tema foram reabertos após o atentado terrorista de 11 de setembro de 2001 em New York, seguido do atentado ocorrido em 11 de março de 2004, em Madrid, e do atentado ocorrido em 7 de julho de 2005, em Londres.

Na construção do Direito penal do inimigo, Jakobs faz menção a duas espécies de Direito penal: o Direito penal do cidadão e o Direito penal do inimigo, a tratá-los não como duas esferas isoladas do Direito Penal de forma contraposta, mas, sim, como "dois polos de *um só* mundo ou duas tendências opostas em *um só* contexto jurídico-penal",[17] e revela que é perfeitamente possível que essas duas tendências sobreponham-se, isso é, que

---

15. Ibidem., p. 63.
16. JAKOBS, Günter. Tratado de Direito Penal. Teoria do injusto penal e culpabilidade. Tradução de Gercélia Batista de Oliveira Mendes e Geraldo de Carvalho. Belo Horizonte: Del Rey, 2009, pp. 78-79.
17. Idem. Direito Penal do Cidadão e Direito Penal do Inimigo. *In* Direito Penal do Inimigo. Noções e críticas, 2ª ed. Organização e tradução: André Luís Callegari e Nereu José Giacomolli. Porto Alegre: Livraria do Advogado, 2007, p. 21.

se ocultem aquelas que tratam o autor como pessoa e aquelas outras que o tratam como fonte de perigo ou como meio de intimidação.

De acordo com o delineado acima, a pena é um meio de coação e tem como significado a resposta ao fato criminoso praticado pelo agente que desautorizou a vigência da norma, ao atacá-la, como forma de afirmar que a vontade do agente é irrelevante perante a vigência da norma e que, apesar de violada, ela segue sem modificações com a manutenção da sociedade, que pode continuar a ter a sua vida normal com a confiança de que a norma continua a vigorar.

Contudo, para o professor catedrático da universidade de Bonn, a pena não tem somente essa função. A pena produz também um efeito físico durante o tempo de duração da pena privativa de liberdade, qual seja: o preso não tem a possibilidade de cometer delitos fora da penitenciária. E esse efeito físico denota uma prevenção especial segura, de forma a garantir que aquele agente não irá mais delinquir durante o tempo em que estiver encarcerado. Esse efeito físico da pena leva o autor a fazer uma distinção entre um delinquente comum que desviou a sua conduta e praticou um delito, mas tem chances de recuperação e um delinquente de alta periculosidade, que não dá garantia suficiente ao Estado de que irá recuperar-se e não voltará a delinquir. Nessa hipótese do efeito físico que a pena causa, a finalidade da privação da liberdade de um delinquente de periculosidade evidente, como o terrorista, é diferente da privação da liberdade de um delinquente cuja periculosidade ulterior não mostra um grau de evidência similar.[18] No primeiro caso – do delinquente de periculosidade evidente –, a pena não se dirige a uma pessoa no âmbito do Direito, mas, sim, contra um indivíduo perigoso.

Jakobs faz menção aos autores contratualistas como esboço jusfilosófico de sua ideia do Direito penal do inimigo. Inicialmente, discorda das ideias de Rousseau e Fichte. Para esses autores contratualistas, o delinquente que infrinja o contrato social deixa de ser membro do Estado, por estar em guerra com ele, e perde todos os seus direitos como cidadão e como ser humano, razão pela qual o delinquente é um inimigo.

De acordo com Rousseau, as convenções são, entre os homens, a base de toda legítima autoridade e o contrato social tem como finalidade a conservação dos contratantes. Todo malfeitor que ataque o direito social converte-se em um rebelde e em um traidor da pátria por meio de suas ações.

---

18. JAKOBS, Günter. ¿Terroristas como personas em derecho? *In* Derecho penal del enemigo, segunda edición. Günter Jakobs e Manuel Cancio Meliá. Navarra: Thomson Civitas, 2006, p. 69.

Ao violar as leis do Estado e ao fazer-lhe guerra, deixa de ser seu membro. A partir desse momento, a conservação do Estado torna-se incompatível com a sua. Assim, quando se condena à morte um culpado, faz-se mais como inimigo do que como cidadão. O inimigo não é uma pessoa moral, e sim um homem ao qual se pode aplicar o direito de guerra. O seu processo e o seu julgamento são as provas de que o culpado rompeu o pacto social e não é mais considerado membro do Estado. Reconhecendo-se o malfeitor como culpado, ele deve ser banido pelo exílio como infrator do pacto social ou, então, pela morte como inimigo público.[19] Por sua vez, Fichte traz a ideia de que qualquer pessoa tem direitos sob a condição de que se integre em uma comunidade de seres racionais. O indivíduo que viola em uma parte o contrato social perde os seus direitos como cidadão e como homem, desaparecendo a capacidade jurídica da pessoa.[20]

Jakobs discorda das ideias acima expostas por entender que o criminoso deve ser mantido dentro do âmbito do Direito, em primeiro lugar, porque o delinquente tem o direito de ajustar-se com a sociedade e para tal deve manter a condição de pessoa e, em segundo lugar, porque o criminoso não pode, por meio da prática de um delito, despedir-se da sociedade de forma arbitrária.

Entretanto, encontra em Hobbes (que mantém no delinquente a função de cidadão, mas que, no caso de rebeldia e de alta traição, é castigado como inimigo) a distinção entre o *Direito penal do cidadão* e o *Direito penal do inimigo*. Segundo esse autor contratualista, o inimigo nunca esteve sujeito à lei e não pode, portanto, transgredi-la ou, então, esteve sujeito a ela e professa não mais estar. Assim, os danos infligidos a quem é considerado um inimigo do Estado não podem ser considerados como punições, e sim como atos de hostilidade, e nessa situação de hostilidade declarada, torna-se legítimo infligir qualquer espécie de dano. As punições são previstas em lei para os súditos, e não para os inimigos. Consequentemente, se de alguma forma um súdito nega a autoridade de um representante do Estado, esse pode impor àquele qualquer forma de sofrimento, "porque ao negar a sujeição ele negou as punições previstas na lei, portanto deve sofrer como inimigo do Estado". Todos os homens que não são súditos são inimigos e contra os inimigos é legítimo fazer guerra. Com esse fundamento, torna-se legítima a vingança contra os pais e as terceira e quarta gerações ainda

---

19. ROUSSEAU, Jean-Jacques. Contrato Social. Tradução de Mário Franco Nogueira. Lisboa: Editorial Presença,1966, pp. 43-44.
20. FICHTE, Johann Gottlieb. Fundamento del derecho natural según los princípios de la doctrina de la ciencia. Tradução de José L. Villacañas Berlanga, Manuel Ramos Valera e Faustino Oncina Coves. Madrid: Centro de Estudios Constitucionales, 1994, pp. 315-316.

não existentes dos súditos que deliberadamente negam a autoridade do Estado, pois a natureza dessa ofensa reside na renúncia à sujeição ao pacto, configurando um regresso à condição de guerra chamada rebelião. Como rebelião nada mais é do que uma guerra renovada, nesse estado, os ofendidos sofrem como inimigos, e não como súditos.[21]

Da distinção feita pelo autor – entre o delinquente comum que, embora tenha eventualmente desviado a sua conduta e praticado um delito, possui chances de recuperação e o delinquente de alta periculosidade, que não fornece ao Estado garantia suficiente de que irá recuperar-se e não mais delinquir – resulta que o *Direito penal do cidadão* destina-se às pessoas que não delinquem de modo persistente por princípio e mantêm o *status* de pessoa, enquanto que o *Direito penal do inimigo* é dirigido ao delinquente que se desvia por princípio, reincidindo persistentemente, e deixa de ser considerado pessoa.

Assim, o Estado pode proceder de dois modos com os delinquentes: pode vê-los como pessoas que delinquem, pessoas que tenham cometido um erro, ou como indivíduos que devem ser impedidos de destruir o ordenamento jurídico mediante coação: os inimigos.[22] Contra o inimigo, o Estado tem o direito de procurar segurança e os cidadãos têm o direito de exigi-la do Estado.

A relação entre pessoas que possuem direitos e deveres é regida pelo Direito, enquanto a relação com o inimigo determina-se por meio da coação. Todavia, o Direito autoriza o emprego da coação, e o Direito penal a mais intensa de todas as suas formas. Assim, a relação com o inimigo determina-se pela coação, e não pelo Direito.

O *Direito penal do cidadão* é dirigido ao delinquente que desviou a sua conduta e praticou um crime, mas, por mais grave que o delito seja, ao praticá-lo, não colocou em perigo o próprio Estado ou as suas instituições. Trata-se de um crime normal, praticado por uma pessoa que negou a vigência da norma ao delinquir e que pode não mais voltar a delinquir no futuro. Não se vê nessa pessoa um inimigo do Estado que deve ser neutralizado, mas sim um cidadão que oferece garantias cognitivas de que se ajustará ao direito e que será punido com uma pena criminal, como forma

---

21. HOBBES, Thomas. Leviatã. 4ª ed. Tradução de João Paulo Monteiro e Maria Beatriz Nizza da Silva. Lisboa: Imprensa Nacional Casa da Moeda, 2010, pp. 251-252.
22. JAKOBS, Günter. Direito Penal do Cidadão e Direito Penal do Inimigo. *In* Direito Penal do Inimigo. Noções e críticas, 2ª ed. Organização e tradução: André Luís Callegari e Nereu José Giacomolli. Porto Alegre: Livraria do Advogado, 2007, p. 42.

de restabelecer a vigência da norma e manter a expectativa normativa. Ao restabelecer a vigência normativa, a pena gera nos demais participantes do contrato social o efeito de poderem seguir as suas vidas na certeza que as normas proibitivas de crimes continuam em vigor.

O *Direito penal do inimigo*,[23] por sua vez, dirige-se àquelas pessoas que defraudam as expectativas normativas e, além disso, não oferecem garantias cognitivas suficientes de um comportamento pessoal adequado ao direito e que, não só não podem esperar serem tratadas ainda como pessoas, como também o Estado não *deve* tratá-las como tais, já que, do contrário, vulneraria o direito à segurança das demais pessoas.

O inimigo não é qualquer indivíduo que venha a delinquir. O inimigo é o indivíduo que pratica um delito e afasta-se do Direito de maneira duradoura, defraudando uma expectativa normativa de forma não transitória e sem proporcionar garantias cognitivas suficientes de um futuro comportamento pessoal adequado ao Direito. Por essas razões, o inimigo constitui uma verdadeira fonte de perigo para o Estado e, por isso, deve ser neutralizado.

---

23. Importante notar que se encontra referência ao Direito Penal do inimigo nas manifestações de Mezger no século passado, que precederam às ideias difundidas por Jakobs. Certamente, essas manifestações não são feitas nos moldes preconizados por Jakobs, mas demonstram que já se falava, naquela época, em um Direito Penal diferenciado para distintos grupos de pessoas, inclusive com medidas penais que violavam frontalmente qualquer ideia de dignidade humana. O projeto de lei sobre o tratamento dos "estranhos à comunidade" ou "inimigos da comunidade" (como o próprio Mezger denominou) incluía, entre outras medidas, a entrega à polícia dos associais, a sua reclusão por tempo indeterminado em campos de concentração e a sua esterilização quando se pudesse esperar deles uma "herança indesejada" ou a castração de homossexuais, se a segurança pública assim o exigisse. Nos informes redigidos em 1943 por Mezger sobre o projeto de lei a respeito do tratamento dos "estranhos à comunidade" para o regime nacional socialista, o jurista reconheceu que "segundo o projeto, no futuro haverá (dois ou mais) "Direitos Penais", – um Direito penal para a generalidade (no que em essência seguirão vigentes os princípios que regeram até agora, e – um direito penal (completamente diferente) para grupos especiais de determinadas pessoas, como os "delinquentes por tendência." O decisivo é em que grupo deve incluir-se a pessoa em questão (daí que mais adiante, no parágrafo 4 deste informe, intento dar-lhe uma denominação apropriada): uma vez que se realize a inclusão, o "Direito especial" (quer dizer, a reclusão por tempo indeterminado) deverá aplicar-se sem limites. E desde esse momento, carecem de objeto todas as diferenciações jurídicas que se projetam no âmbito da determinação da pena de "reclusão por tempo indeterminado" "se suporta", por assim dizer, todas essas diferenciações. Do mesmo modo, carecem de importância todos os problemas que projetam a determinação da pena em concurso de delitos (pena única, pena complexa) e a relação que o sujeito possa ter com os outros condenados, pois esses são "diferentes". Esta separação entre diversos grupos de pessoas me parece realmente recente (estar na nova Ordem; nele radica um novo começo)." (MUÑOZ CONDE, Francisco. Edmund Mezger y el Derecho Penal de su Tiempo. Estudios sobre el Derecho Penal em el Nacionalsocialismo, 4ª ed. Valencia: Tirant lo Blanch. 2003, pp. 236-237). O texto consultado está escrito em língua espanhola e os sublinhados estão nos originais.

Portanto, o Direito Penal do inimigo é um conjunto de normas que visam à sua neutralização e à sua exclusão.

Após a distinção feita, com o reconhecimento desses "dois polos de *um só* mundo ou duas tendências opostas em *um só* contexto jurídico-penal",[24] faz-se necessário esclarecer qual seria o conceito de inimigo; como chegar à sua definição; quem seria pessoa e quem seria o inimigo; quais são os critérios de distinção e quais são os critérios definidores de pessoa e de inimigo.

Para Jakobs, ser humano é diferente de pessoa.[25] O ser humano é o resultado de um processo natural. A pessoa não é o ser humano individualizado que adquire a personalidade jurídica com o nascimento. Pessoa é a máscara, isso é, não é a manifestação da subjetividade do seu portador, e sim a "representação de uma competência socialmente compreensível".[26] Se é verdade que toda sociedade começa com a criação de um mundo objetivo, também é verdade que os participantes dessa sociedade definem-se pelo fato de que para eles vale esse mundo objetivo, vale dizer, uma norma e, com isso, o indivíduo já tem um papel para representar. Portanto, ser pessoa significa representar um papel dentro desse mundo coletivo.

O Direito penal não se desenvolve na consciência individual, mas, sim, na comunicação. Os atores são pessoas e as suas condições não são estipuladas por um sentimento individual, e sim por um sentimento da sociedade. O indivíduo que estabeleça a sua própria identidade de forma independente das condições de uma comunidade jurídica não pode ser tratado como pessoa em Direito.

A pessoa é um produto social definido como a unidade ideal de direitos e deveres que são administrados através de um corpo e de uma consciência. Pessoa é o destino das expectativas normativas correspondentes a papéis, pois, como dito, ser pessoa significa ter que representar um papel.[27] O indivíduo somente pode ser considerado pessoa se reunir em si três elementos: unidade de direitos e de deveres; comportamento de modo fiel ao Direito; e fornecimento de uma garantia cognitiva suficiente de compor-

---

24. JAKOBS, Günter. Direito Penal do Cidadão e Direito Penal do Inimigo. *In* Direito Penal do Inimigo. Noções e críticas, 2ª ed. Organização e tradução: André Luís Callegari e Nereu José Giacomolli. Porto Alegre: Livraria do Advogado, 2007, p. 21.
25. JAKOBS, Günter. Sociedade, norma e pessoa: Teoria de um direito penal funcional. Tradução de Maurício Antonio Ribeiro Lopes. Barueri: Manole, 2003. pp. 29-46.
26. Ibidem., p. 30.
27. GARCIA MARTÍN, Luis. O Horizonte do Finalismo e o Direito Penal do Inimigo. Tradução de Luiz Regis Prado e Érika Mendes de Carvalho. São Paulo: Revista dos Tribunais, 2007, pp. 136-137.

tamento pessoal.[28] Dessa forma, o inimigo, justamente por não fornecer ao Estado garantia suficiente de que se comportará de forma adequada ao Direito, perde a sua condição de pessoa e passa a ser uma não pessoa frente à ordem jurídica.

O indivíduo que delinque porque desviou a sua conduta dos padrões exigidos pelo Direito, mas que fornece garantias de ajuste ao ordenamento jurídico, mantém a qualidade de pessoa integrante da coletividade. Ao contrário, o indivíduo considerado inimigo perde a qualidade de pessoa.

Na esteira do raciocínio de Jakobs, contrapondo-se o Direito penal do cidadão e o direito penal do inimigo, podemos afirmar de forma sintética que no Direito penal do cidadão combate-se, com a pena, um fato passado para reafirmar-se a vigência da norma; no Direito penal do inimigo neutraliza-se o agente para que ele não cometa fatos futuros e "frente ao inimigo é só coação física até chegar à guerra".[29] O Direito penal do cidadão mantém a vigência da norma; o Direito penal do inimigo combate perigos, por meio da neutralização do inimigo. O lugar da lesão à vigência da norma provocada pelo crime é ocupado pelo perigo de danos futuros que o inimigo oferece.

Segundo Jakobs, no terrorismo, na criminalidade econômica, na criminalidade organizada e nos delitos sexuais, o delinquente afasta-se do Direito de maneira duradoura, não proporcionando uma garantia cognitiva mínima necessária a um tratamento como pessoa. Em relação a essa criminalidade, a reação do ordenamento jurídico caracteriza-se pela neutralização do delinquente, na eliminação de um perigo, e não pela compensação de um dano causado à vigência da norma.

Jakobs vê o terrorista como um inimigo e o tratamento a ele conferido deve ser nos moldes do Direito peal do inimigo. No terreno do Direito penal do inimigo, a punibilidade segue para o âmbito da preparação e a pena destina-se à garantia de segurança contra fatos futuros, e não à sanção de fatos passados, pois um indivíduo que não admite ser obrigado a entrar em um estado de cidadania não pode participar dos benefícios do conceito de pessoa.

---

28. DIAS, Augusto Silva. Os criminosos são pessoas? Eficácia e garantias no combate ao crime organizado. *In* Que Futuro para o Direito Processual Penal? Simpósio em homenagem a Jorge de Figueiredo Dias, por ocasião dos 20 anos do Código de Processo Penal Português. Coimbra: Editora Coimbra, 2009, p. 689.

29. JAKOBS, Günter. Direito Penal do Cidadão e Direito Penal do Inimigo. *In* Direito Penal do Inimigo. Noções e críticas, 2ª ed. Organização e tradução: André Luís Callegari e Nereu José Giacomolli. Porto Alegre: Livraria do Advogado, 2007, p. 30.

Em tom conclusivo, Jakobs afirma que "portanto, o Direito penal conhece dois pólos ou tendências em suas regulações. Por um lado, o tratamento com o cidadão, esperando-se até que exteriorize sua conduta para reagir, com o fim de confirmar a estrutura normativa da sociedade, e, por outro, o tratamento com o inimigo, que é interceptado já no estado prévio, a quem se combate por sua periculosidade".[30]

O perigo que os inimigos representam para a vigência do ordenamento jurídico é um problema que não pode ser resolvido pelo Direito penal comum (do cidadão), nem através dos meios policiais. Daí surge a necessidade de um Direito penal do inimigo diferenciado em seus princípios e regras.[31]

O Direito Penal do inimigo constitui um tipo de Direito penal que não respeita o autor como pessoa e neutraliza-o como fonte de perigo.[32]

Como pudemos observar linhas acima, Jakobs, ao tratar do Direito penal do inimigo, insere o terrorista no rol dos inimigos, que deve ser neutralizado como forma de eliminação de um perigo. O terrorista é visto como uma fonte de perigo e o Estado precisa neutralizá-lo para evitar danos maiores à coletividade. O terrorista defrauda as expectativas normativas e não oferece garantias cognitivas suficientes de um comportamento pessoal adequado ao Direito.

3. O TRATAMENTO JURÍDICO DIVERSO DADO AO DELITO DE ORGANIZAÇÃO TERRORISTA E A NEUTRALIZAÇÃO DO INIMIGO COMO *RATIO LEGIS*

Vimos anteriormente que a ideia do Direito penal do inimigo gera como consequência a distinção entre dois polos do Direito penal que possuem finalidades diversas e o critério distintivo reside justamente no seu destinatário. De um lado, o Direito penal do cidadão, de outro, o Direito penal do inimigo.

---

30. JAKOBS, Günter. Direito Penal do Cidadão e Direito Penal do Inimigo. *In* Direito Penal do Inimigo. Noções e críticas, 2ª ed. Organização e tradução: André Luís Callegari e Nereu José Giacomolli. Porto Alegre: Livraria do Advogado, 2007, p. 37.
31. Nesse sentido, discorrendo sobre a tese do direito penal do inimigo, embora não concordando com ela: GARCIA MARTÍN, Luis. O Horizonte do Finalismo e o Direito Penal do Inimigo. Tradução de Luiz Regis Prado e Érika Mendes de Carvalho. São Paulo: Revista dos Tribunais, 2007, p. 84.
32. GAROFALO, Rafaelle. Criminologia. Estudo sobre o delicto e a repressão penal, 3ª ed. Tradução Julio de Mattos. Lisboa: Livraria Clássica Editora, 1916, p. 504, partilhava de ideia semelhante, ao afirmar que para os autores de delitos mais graves, a exemplo dos que atentam contra a vida das pessoas, a punição deve ser mais severa e afirmava a necessidade de o Estado afastar essa pessoa do convívio social por tempo indeterminado.

Da comparação entre os dois modelos de Direito penal, enxergamos no delito de Organização Terrorista a neutralização do inimigo como *ratio legis*. Ao criar o tipo penal de Organização Terrorista, o legislador teve, nitidamente, a intenção de inocuização do agente no momento anterior à prática dos atos de terrorismo. Na mente do legislador, o indivíduo que se reúne com duas ou mais pessoas com finalidades criminosas específicas traz ínsita uma pré-disposição para a prática de um número indeterminado de infrações penais e está a afastar-se do Direito e, por isso, deve ser neutralizado.

O delito de Organização Terrorista possui características muito semelhantes às medidas excepcionais vigentes no Direito penal do inimigo, desde o momento de criação do tipo penal até o momento final do cumprimento da pena. Para que o resultado de tal comparação fique nítido, faz-se necessário destacar quais seriam essas características. O Direito penal do inimigo é composto por dois conjuntos de normas excepcionais: em primeiro lugar estão as *medidas excepcionais de natureza penal* e em segundo lugar encontram-se as *medidas excepcionais de natureza processual penal*.

Podemos destacar o conteúdo dos dois conjuntos da seguinte forma:[33] o grupo de medidas excepcionais de *natureza penal* é composto por: 1. A proliferação de crimes de risco desvinculados de qualquer lógica de ofensividade e previsibilidade; 2. O aumento da criação de tipos penais com ampla antecipação da punibilidade, por meio da incriminação autônoma de atos preparatórios de outros crimes e dos chamados delitos associativos; 3. A criação e a agravação geral das penas desvinculadas de proporcionalidade entre a gravidade do fato e da pena; 4. A defesa de uma concepção de pena como pena de segurança; e 5. Criação de numerosas leis que se denominam "leis de luta ou leis de combate".

De outro lado, o grupo de medidas de natureza *processual penal* é formado por: 1. A restrição das garantias e direitos processuais dos imputados; 2. O alargamento dos prazos da prisão preventiva; 3. A ampliação dos prazos de detenção policial para o cumprimento de "fins investigatórios"; 5. A inversão do ônus da prova; 6. A generalização de métodos de investigação e de provas excepcionais, como as escutas telefônicas e os agentes provocadores e infiltrados e a permissão de buscas domiciliares noturnas; e 7. A previsão de normas de direito penitenciário que recrudescem as con-

---

33. Os conjuntos de medidas excepcionais foram feitos com base em DIAS, Augusto Silva. Os criminosos são pessoas? Eficácia e garantias no combate ao crime organizado. *In* Que Futuro para o Direito Processual Penal? Simpósio em homenagem a Jorge de Figueiredo Dias, por ocasião dos 20 anos do Código de Processo Penal Português. Coimbra: Editora Coimbra, 2009, pp. 694-695 e GARCIA MARTÍN, Luis. O Horizonte do Finalismo e o Direito Penal do Inimigo. Tradução de Luiz Regis Prado e Érika Mendes de Carvalho. São Paulo: Revista dos Tribunais, 2007, pp. 87-90.

dições de classificação dos internos, que limitam a concessão dos benefícios penitenciários ou ampliam os requisitos do livramento condicional.

Verificam-se alguns pontos de contato entre o delito de Organização Terrorista e as medidas excepcionais de natureza penal. O ponto de contato mais patente ocorre em relação à segunda medida excepcional de natureza penal – aumento da criação de tipos penais com ampla antecipação da punibilidade, por meio da incriminação autônoma de atos preparatórios de outros crimes e dos chamados delitos associativos –, pois a intenção do legislador, ao criar o delito de Organização Terrorista, foi justamente a de antecipar a punição para o momento da associação de várias pessoas com o fim de cometer atos de terrorismo.

Com efeito, o delito de Organização Terrorista, além de ser um delito associativo por excelência, traz em si toda a ideia de antecipação da punibilidade e de incriminação de atos preparatórios, pois o legislador teve a nítida intenção de exercer o *jus puniendi* antecipadamente, antes da prática de qualquer ato de terrorismo, para evitar um dano maior. O legislador, portanto, antecipou a punibilidade para o momento da reunião de várias pessoas para o fim de praticar atos de terrorismo.

Ao criar o tipo penal de Organização Terrorista (art. 3ª, da lei 13.260/2016), o legislador agiu imbuído da ideia de neutralização do terrorista/inimigo no momento anterior à prática dos atos de terrorismo definidos no art. 2º da lei, de forma a interceptá-lo no estado prévio.

Chegados a este ponto, cabe-nos questionar se realmente a reunião de pessoas possui uma periculosidade maior do que um terrorista que aja sozinho.

4. A ORGANIZAÇÃO TERRORISTA COMO FONTE DE PERIGO E O PARALOGISMO DA MAIOR PERICULOSIDADE DE UMA ASSOCIAÇÃO DELITUOSA

Como visto acima, para a criação do tipo penal de Organização Terrorista, o legislador partiu da premissa segundo a qual a reunião de várias pessoas possui uma maior periculosidade do que uma pessoa isolada.

Sustenta-se que a simples associação de pessoas já apresenta um perigo suficientemente grave para conturbar a paz pública. Não fosse o perigo que o legislador presumiu haver na associação em si mesma, a mera reunião de pessoas não passaria de ato preparatório, e, portanto, penalmente irrelevante.[34] O encontro das vontades individuais dos participantes

---

34. HUNGRIA, Nélson. Comentários ao Código Penal, volume IX, arts. 250 a 361. Rio de Janeiro: Forense, 1958, p. 177.

dá origem a uma "realidade autônoma, diferente e superior às vontades e interesses dos singulares membros"[35] e resulta em um *"centro autônomo de imputação fática* das acções prosseguidas ou a prosseguir em nome e no interesse do conjunto".[36]

Deve ser questionado se a premissa da maior periculosidade de uma Organização Terrorista da qual o legislador partiu é verdadeira ou não, se o mero fato de várias pessoas associarem-se sempre eleva o grau de periculosidade ou se isso é apenas um paralogismo.

A premissa de que uma associação de pessoas tem uma periculosidade acentuada não pode ser tida como verdade absoluta. É bem verdade que uma associação de pessoas que se reúnem para a prática de atos de terrorismo pode até ter uma maior periculosidade em relação a autores individuais. Porém, essa não é uma fórmula absoluta que sempre deve prevalecer como regra geral.

Um agente que atue sozinho na prática de atos de terrorismo pode ter um nível de periculosidade igual ou até maior do que a própria Organização.[37]

De um lado, muitas vezes o agente encontra dificuldade na prática do delito ao cogitar a sua atuação sozinho e para que obtenha maior chance de sucesso na empreitada criminosa associa-se a outras pessoas de forma permanente, de modo que essa reunião favorece a prática do delito, a garantir uma maior probabilidade de sucesso. Nesse caso, a Organização Terrorista seria uma fonte de incremento do perigo,[38] tendo em vista que a reunião de pessoas possibilitaria o desenvolvimento de uma dinâmica autônoma, que, a um só tempo, reduziria as barreiras inibitórias individuais e as dificuldades técnicas para a prática de crimes. Porém, de outro lado, um autor isolado pode cogitar e praticar atos de terrorismo de maior magnitude do que uma Organização.

O ponto a ser definido é se um grupo de pessoas adquire uma maior periculosidade do que uma pessoa sozinha.

---

35. DIAS, Jorge de Figueiredo. Comentário Conimbricense ao Código Penal. Parte Especial II, artigos 202º a 307º, dirigido por Figueiredo Dias. Coimbra: Coimbra Editora, 1999, pp. 1161-1162.
36. Ibidem., pp. 1161-1162.
37. Também faz esse alerta, ao tratar dos delitos associativos em geral: CANCIO MELIÁ, Manuel; SILVA SÁNCHEZ, Jesús-María. Delitos de Organización. Buenos Aires: BdeF, 2008, p. 62.
38. RUDOLPHI, Hans-Joachim. Verteidigerhandlen als Unterstützung einer Kriminellen oder terroristischen Vereinigung i. S. der §§ 129 und 129a StGB. Hans-Joachim Rudolphi, *in* Festschrift für Hans-Jürgen Bruns zum 70. Geburtstag. Herausgegeben von Wolfgang Frisch und Werner Schmid. Köln Berlin, Bonn, München: Carl Heymanns Verlag KG, 1978, pp. 317, 319 e 321.

Acontecimentos que ocorrem pelo mundo demonstram que, muitas vezes, uma pessoa sozinha pode apresentar um grau de periculosidade maior do que uma associação de pessoas que se forma para a prática de um delito.

Alguns acontecimentos nos Estados Unidos demonstraram o que ora sustentamos: na década de 1970, Theodore Robert Bundy, considerado um sociopata com temperamento explosivo e imprevisível deu início a uma série de homicídios. O primeiro ocorreu em 1974, ao que deu prosseguimento com outros e, ao final, confessou de 20 a 30 assassinatos; nas décadas de 1970 e 1980, Andrei Romanovich Chikatilo, considerado um serial killer fez a sua primeira vítima em 1978. Na prisão, confessou 55 homicídios; Nas décadas de 1980 e 1990, Jeffrey Lionel Dahmer fazia buracos nas cabeças das vítimas escolhidas e pingava líquidos cáusticos nas feridas; Na década de 1970, John Wayne Gacy Jr. chegou a estrangular 33 vítimas. Em Portugal, Luísa de Jesus era uma mulher que assassinava bebês em série no século XVIII.[39]

Pense-se, ainda, no exemplo do chamado "autor por convicção" ou "autor por consciência", que é aquele que atua em função de um imperativo derivado da sua consciência e da sua ética individual em detrimento desses valores considerados pela coletividade. Os seus valores são diversos dos valores considerados pelo legislador e pela coletividade na qual o agente está inserido. O agente desconhece o desvalor da sua ação em relação ao ordenamento jurídico vigente e age motivado por alguma razão particular de consciência política, religiosa, filosófica etc.[40] Em muitos casos, as pessoas que agem dessa forma possuem um alto grau de periculosidade em sua conduta, podendo causar um dano a um número indeterminado de pessoas em razão de sua crença religiosa ou filosófica, como na hipótese de uma pessoa, agindo sozinha, causar a morte de um grupo de pessoas por pura convicção religiosa.

Outro grande exemplo do que ora sustentamos, fora da seara dos crimes contra a vida, é o delito de gestão fraudulenta de instituição financeira,[41] no qual o diretor de um banco pratica uma gestão de forma fraudulenta, com a utilização de diversos artifícios, fraudes nos balanços patrimoniais, modificação artificiosa da contabilidade do banco etc. Em todas essas hipóteses,

---

39. Notícias disponíveis em <http://pt.wikipedia.org/wiki/Assassino_em_s%C3%A9rie#Incid.C3.AAncia_e_hist.C3.B3rico_de_casos>. Acesso em: 13 fev 2014, 16:30.
40. ZAFFARONI. Eugênio Raul. Tratado de Derecho Penal. Parte general, IV. Buenos Aires: Ediar, 2004, p. 89.
41. Art. 4º da lei 7.492/86.

o agente está a causar dano a um número indeterminado de pessoas, como acionistas, investidores[42] e clientes do próprio banco, além de outras pessoas físicas e coletivas que sofrerão os efeitos patrimoniais daquela gestão fraudulenta. Demais disso, nesse delito os bens jurídicos protegidos são a higidez e a estabilidade do Sistema Financeiro Nacional,[43] o que representa um dano ao próprio Estado, com o abalo de todo o seu sistema financeiro e que, naturalmente, gera um dano à economia de um país. Frise-se: tudo isso, por meio de apenas uma pessoa a agir sozinha.

Note-se – e esse é o ponto relevante deste artigo – que há casos em que atos de terrorismo foram praticados por uma pessoa que agia sozinha. Um exemplo clássico foi o ocorrido na cidade de Oklahoma, nos EUA, em 19 de abril de 1995, no qual Timothy Mc Veigh foi apontado como responsável pelo atentado realizado contra o prédio federal.[44]

Outro exemplo ocorreu em 22 de junho de 2011, quando um cidadão norueguês chamado Anders Behring Breivik, agindo sozinho, provocou uma explosão na zona de edifícios do governo na capital Oslo, que resultou em oito mortos, diversos feridos e danos nos edifícios,[45] sem que se tenham notícias de o agente ter contado com a colaboração de outras pessoas.

Esses acontecimentos demonstram que, algumas vezes, uma pessoa sozinha pode chegar a um nível maior de periculosidade do que uma Organização Terrorista, como os casos acima citados, que ilustram bem os casos dos denominados "terroristas solitários".

Os exemplos acima citados deixaram isso claro. Enquanto uma Organização Terrorista pode reunir-se para a prática de atos de terrorismo em uma casa de shows, como ocorreu recentemente em Paris, no ano de 2015, onde terroristas efetuaram disparos de arma de fogo causando a morte de mais de 100 pessoas que estavam dentro do estabelecimento chamado "Bataclan", um terrorista solitário pode praticar atos de terrorismo em um estádio de futebol, causando a morte de mais de 20.000 pessoas.

---

42. No mesmo sentido: PIMENTEL, Manoel Pedro. Crimes contra o Sistema Financeiro Nacional: comentários à Lei 7.492, de 16.6.86. São Paulo: Revista dos Tribunais, 1987, p. 50.
43. TÓRTIMA, José Carlos. Crimes contra o sistema financeiro nacional, 2ªed. Rio de Janeiro: *Lumen Juris*, 2002, p. 30.
44. Noticiam o caso: FLETCHER, George P. The indefinable concept of terrorism. Journal of International Criminal Justice, vol. 4, 2006, pp. 894-911. Disponível em: <http://heinonline.org>. Acesso em: 14 fev 2014 e IGNATIEFF, Michael. The lesser evil: political ethics in an age of terror. Edinburgh: Edinburgh University Press, 2005, p. 83.
45. Notícia disponível em <http://pt.wikipedia.org/wiki/Atentados_de_22_de_julho_de_2011_na_Noruegal>. Acesso em: 13 fev 2014, 15:49.

Portanto, não se pode impor como uma verdade absoluta a ideia de que uma Organização Terrorista sempre oferecerá uma maior periculosidade do que um terrorista solitário.

5. O TERRORISTA SOLITÁRIO NA LEI PENAL BRASILEIRA

A lei Antiterrorismo brasileira (13.260/2016), em seu art. 2º, define o que são atos de terrorismo. Trata-se de norma penal explicativa que dispõe em que consiste a prática do terrorismo.

Ao encontro do que sustentamos neste texto, o dispositivo legal mencionado fez menção expressa ao terrorista solitário, com a seguinte redação: *"O terrorismo consiste na prática* **por um ou mais indivíduos** *dos atos previstos neste artigo, por razões de xenofobia, discriminação ou preconceito de raça, cor, etnia e religião, quando cometidos com a finalidade de provocar terror social ou generalizado, expondo a perigo pessoa, patrimônio, a paz pública ou a incolumidade pública."* (grifamos).

Como se pode perceber, o legislador reconheceu que os atos de terrorismo podem ser praticados por um grupo de pessoas ou por apenas um indivíduo atuando sozinho. Demais disso, fez previsão também da prática de atos de terrorismo pela denominada Organização Terrorista, tipo penal autônomo previsto no art. 3º da lei.

A todo o momento o legislador deixou claro que o terrorista solitário pode ter um alto grau de periculosidade, pois em várias passagens da lei o legislador faz menção atos de terrorismo em locais onde haja grande concentração de pessoas, como "portos, aeroportos, estações ferroviárias ou rodoviárias, hospitais, casas de saúde, escolas, estádios esportivos, instalações públicas ou locais onde funcionem serviços públicos essenciais, instalações de geração ou transmissão de energia, instalações militares, instalações de exploração, refino e processamento de petróleo e gás e instituições bancárias e sua rede de atendimento" (art. 2º, §1º, IV), bem como refere-se ao uso, à ameaça de uso, ao transporte, à guarda e ao porte de "explosivos, gases tóxicos, venenos, conteúdos biológicos, químicos, nucleares ou outros meios capazes de causar danos ou promover destruição em massa" (art. 2º, §1º, IV).

Note-se que o legislador, ao tratar da prática dos tipos penais e do conceito de atos de terrorismo, não fez nenhuma distinção entre os atos praticados por um ou por vários indivíduos. Ao contrário, a premissa do legislador não foi a quantidade de pessoas reunidas para a prática dos atos de terrorismo, mas, sim, a definição dos atos de terrorismo, que podem ser praticados por uma pessoa isolada, por um grupo de pessoas ou por uma Organização Terrorista.

6. CONCLUSÕES

Ao criar o tipo penal de Organização Terrorista, o legislador teve como *ratio legis* intenção de neutralizar o agente no estado prévio à prática dos atos de terrorismo uma vez que o legislador parte da premissa de que o indivíduo que se reúne com outra pessoa tem uma periculosidade maior do que uma pessoa que atue sozinha.

O delito de Organização Terrorista possui características muito semelhantes às medidas excepcionais vigentes no Direito penal do inimigo, desde o momento de criação do tipo penal até o momento final do cumprimento da pena.

A premissa de que uma associação de pessoas tem uma periculosidade acentuada não pode ser tida como verdade absoluta. Embora possa ter uma maior periculosidade em relação aos autores individuais, essa não pode ser uma premissa absoluta que sempre deve prevalecer. Um agente que atue sozinho na prática de atos de terrorismo pode ter um nível de periculosidade igual ou até maior do que a própria Organização.

A lei Antiterrorismo brasileira (13.260/2016), em seu art. 2º, reconheceu a figura do terrorista solitário, equiparando-o, em nível de periculosidade, a um grupo de pessoas ou a uma Organização Terrorista.

7. BIBLIOGRAFIA

BATISTA. Nilo. **Introdução crítica ao Direito penal**, 11ªed. Rio de Janeiro: Revan, 2007.

CANCIO MELIÁ, Manuel; SILVA SÁNCHEZ, Jesús-María. **Delitos de Organización**. Buenos Aires: BdeF, 2008.

DIAS, Augusto Silva. Os criminosos são pessoas? Eficácia e garantias no combate ao crime organizado. *In* **Que Futuro para o Direito Processual Penal? Simpósio em homenagem a Jorge de Figueiredo Dias, por ocasião dos 20 anos do Código de Processo Penal Português**. Coimbra: Editora Coimbra, 2009.

DIAS, Jorge de Figueiredo. **Comentário Conimbricense ao Código Penal**. Parte Especial II, artigos 202º a 307º, dirigido por Figueiredo Dias. Coimbra: Coimbra Editora, 1999.

FICHTE, Johann Gottlieb. **Fundamento del derecho natural según los princípios de la doctrina de la ciencia**. Tradução de José L. Villacañas Berlanga, Manuel Ramos Valera e Faustino Oncina Coves. Madrid: Centro de Estudios Constitucionales, 1994.

FLETCHER, George P. **The indefinable concept of terrorism. Journal of International Criminal Justice**, vol. 4, 2006.

GARCIA MARTÍN, Luis. **O Horizonte do Finalismo e o Direito Penal do Inimigo.** Tradução de Luiz Regis Prado e Érika Mendes de Carvalho. São Paulo: Revista dos Tribunais, 2007.

GAROFALO, Rafaelle. Criminologia. **Estudo sobre o delicto e a repressão penal**, 3ª ed. Tradução Julio de Mattos. Lisboa: Livraria Clássica Editora, 1916.

HEGEL, Guillermo F. **Filosofia del Derecho**. Tradução de Angélica Mendoza de Montero Buenos Aires: Editorial Claridad, 1968.

HOBBES, Thomas. **Leviatã**. 4ª ed. Tradução de João Paulo Monteiro e Maria Beatriz Nizza da Silva. Lisboa: Imprensa Nacional Casa da Moeda, 2010.

HUNGRIA, Nélson. **Comentários ao Código Penal**, volume IX, arts. 250 a 361. Rio de Janeiro: Forense, 1958.

IGNATIEFF, Michael. **The lesser evil: political ethics in an age of terror**. Edinburgh: Edinburgh University Press, 2005.

JAKOBS, Günter. Direito Penal do Cidadão e Direito Penal do Inimigo. *In* **Direito Penal do Inimigo. Noções e críticas**, 2ª ed. Organização e tradução: André Luís Callegari e Nereu José Giacomolli. Porto Alegre: Livraria do Advogado, 2007.

_____ **Fundamentos do Direito Penal**. Tradução de André Luis Callegari, colaboração Lúcia Kalil. São Paulo: Revista dos Tribunais, 2003.

_____ O que protege o Direito Penal: os bens jurídicos ou a vigência da norma?, *in* **Direito Penal e Funcionalismo**, coord. André Luís Callegari e Nereu José Giacomolli. Tradução de André Luís Callegari, Nereu José Giacomolli e Lúcia Kalil. Porto Alegre: Livraria do Advogado, 2005.

_____ **Sociedade, norma e pessoa: Teoria de um direito penal funcional**. Tradução de Maurício Antonio Ribeiro Lopes. Barueri: Manole, 2003.

_____ ¿Terroristas como personas em derecho? *In* **Derecho penal del enemigo**, segunda edición. Günter Jakobs e Manuel Cancio Meliá. Navarra: Thomson Civitas, 2006.

_____ Tratado de Direito Penal. **Teoria do injusto penal e culpabilidade.** Tradução de Gercélia Batista de Oliveira Mendes e Geraldo de Carvalho. Belo Horizonte: Del Rey, 2009.

LUHMANN, Niklas. **Sociologia do Direito I**. Tradução de Gustavo Bayer. Rio de Janeiro: Edições Tempo Brasileiro, 1983.

MUÑOZ CONDE, Francisco. **Edmund Mezger y el Derecho Penal de su Tiempo. Estudios sobre el Derecho Penal em el Nacionalsocialismo**, 4ª ed. Valencia: Tirant lo Blanch. 2003.

PIMENTEL, Manoel Pedro. **Crimes contra o Sistema Financeiro Nacional: comentários à Lei 7.492, de 16.6.86**. São Paulo: Revista dos Tribunais, 1987.

ROUSSEAU, Jean-Jacques. **Contrato Social**. Tradução de Mário Franco Nogueira. Lisboa: Editorial Presença, 1966.

RUDOLPHI, Hans-Joachim. Verteidigerhandeln als Unterstützung einer Kriminellen oder terroristischen Vereinigung i. S. der §§ 129 und 129a StGB. Hans-Joachim Rudolphi, *in* **Festschrift für Hans-Jürgen Bruns zum 70. Geburtstag. Herausgegeben von Wolfgang Frisch und Werner Schmid**. Köln Berlin, Bonn, München: Carl Heymanns Verlag KG, 1978.

TÓRTIMA, José Carlos. **Crimes contra o sistema financeiro nacional**, 2ª ed. Rio de Janeiro: *Lumen Juris*, 2002.

WELZEL, Hans. **Direito penal**. Tradução de Afonso Celso Rezende. Campinas: Romana, 2003.

ZAFFARONI. Eugênio Raul. **Tratado de Derecho Penal.** Parte general, IV. Buenos Aires: Ediar, 2004.

6

A OPERAÇÃO *HASHTAG* E A LEI 13.260/2016

ISABELLE KISHIDA[1]

SUMÁRIO • Introdução – 1. A Operação *Hashtag* – 2. Representação da autoridade policial – 3. Pedido de prisão temporária, busca e apreensão domiciliar e condução coercitiva – 4. Fundamentos do pedido – 5. Da competência – 6. Conclusão – Bibliografia

Este trabalho tem o objetivo de analisar a primeira aplicação em um caso prático da nova lei de terrorismo, com a deflagração da operação Hashtag, da Polícia Federal (PF). A análise não pretende esgotar todos os pontos tratados na referida investigação, mas analisar as questões mais controvertidas como a tipificação dos atos praticados por parte dos suspeitos, a fixação da competência e o cabimento da prisão temporária.

INTRODUÇÃO

O legislador brasileiro debateu a respeito da tipificação do crime de terrorismo nos Projetos de Lei 762/2011, 499/2013 e do Projeto de Lei nº 263/2012 (na parte que trata do crime de terrorismo) até a edição da Lei em referência. O mandado de criminalização do terrorismo consta no artigo 5º, inciso XLIII, da Constituição Federal. Daí surgiu a necessidade de tipificação da conduta por meio de lei ordinária.

Não foi por acaso a edição da Lei nº 13.260/16, a qual tipifica atos de terrorismo, apenas neste ano. A proximidade dos jogos olímpicos que aconteceram no Rio de Janeiro, Brasil, em julho de 2016, bem como pressões de órgãos internacionais acentuaram ainda mais a necessidade de se tipificar o que consiste o delito de terrorismo.

---

1. Mestre em Direito pela London School of Economics, Delegada de Polícia Federal e Tutora da Academia Nacional de Polícia.

Alguns doutrinadores, como o professor Fernando Capez, entendiam que o aludido delito encontrava-se tipificado na vetusta Lei de Segurança Nacional (LSN), em seu artigo 20 (Lei 7.170/1983) apesar de tratar-se de tipo penal aberto, mas para o eminente doutrinador, não havia ofensa ao princípio da Reserva Legal. Não obstante, Alberto Silva Franco, ao lado da maioria da doutrina, sustenta que o referido tipo viola o Princípio da Legalidade, diante da ausência de definição de seu conteúdo, tendo em vista que a lei não descrevia o que seriam atos terroristas. A doutrina majoritária considerava o referido tipo penal excessivamente aberto. Desta forma, era premente a edição de uma lei que fixasse parâmetros para a tipificação do crime de terrorismo.

A 2ª Turma do Supremo Tribunal Federal (STF), no julgamento do Pedido de Prisão Preventiva para Extradição nº 730/DF,[2] no qual fora relator o Min. Celso de Mello, em 16.12.2014, manifestou-se no sentido da inexistência da definição típica do crime de terrorismo.

Ressalte-se ainda, que o conceito de terrorismo limitava-se a reprimir apenas atos de terrorismo contra a ordem política do Estado, sem englobar o "terrorismo contemporâneo", que compreende a xenofobia, a discriminação ou preconceito por motivo de raça, cor, etnia, religião, ciberterrorismo, entre outras hipóteses.

A dificuldade em se combater o terrorismo, como assevera Baudrillard, advém do fato de que todas as formas de prevenção visam evitar um resultado zero em número de vítimas, enquanto que os terroristas trabalham com o fato de que sempre existe alguém disposto a oferecer sua vida, como os homens bomba, para guerrear contra o indigitado "inimigo".

De acordo com a novel legislação, o bem jurídico tutelado é a paz pública, ou incolumidade pública, além da pessoa e do patrimônio. É o que se denota do art. 2º, que repele os atos praticados por razões de xenofobia, discriminação ou preconceito de raça, cor, etnia e religião, cometidos com a finalidade de provocar terror social ou generalizado.

Do exposto, verifica-se que foram excluídos do conceito de atos terroristas as manifestações de cunho político, de movimentos sociais ou religiosos, sindicais, de classe ou categoria profissionais, conforme § 2º do art. 2º. Nessas hipóteses, é possível considerar-se a existência de causa excludente da tipicidade ou causa excludente da ilicitude, pois se considera que o agente estará em exercício regular de direito.

---

2. Informativo nº 772 do STF

As ações de facções criminosas como o Primeiro Comando da Capital-PCC ou o Comando Vermelho, consubstanciadas em ataques sistemáticos a delegacias de polícia, policiais e seus familiares não foram expressamente tipificadas como ato terrorista. Contudo, ainda que tais organizações criminosas não tenham como finalidade principal de sua existência a prática do terrorismo, a atuação nos moldes acima descritos, ou seja, a promoção de atentados contra a vida e a integridade física de vítimas simplesmente pelo fato de serem policiais, ou parentes destes, em clara discriminação por motivo da profissão da vítima ou por parentesco com policiais, e considerando que tais ações criminosas são adotadas visando imprimir o terror social e generalizado, entendo que podem ser tipificadas como ato terrorista, utilizando-se o tanto o inc. IV, quanto o V, ambos do § 1º, do art. 2º.

Para o senador Aloysio Nunes, relator no Senado Federal do projeto de lei que deu origem à Lei Antiterrorismo, não há clareza quanto ao que pode ser classificado como ato preparatório de uma ação terrorista. Em verdade, a lei não definiu critérios para caracterizar o que pode ser considerado como ato preparatório de terrorismo.

Em regra, os atos preparatórios não são puníveis, nem na forma tentada, uma vez que não se iniciou a realização do núcleo do tipo penal. De fato, o art. 14, II, do CP vinculou a tentativa à prática de atos executórios. Na contramão do Código Penal, o art. 5º da Lei antiterrorismo criminalizou a realização de atos preparatórios, punindo com a pena correspondente ao delito consumado, diminuída de um quarto até a metade.

Denota-se uma forte influência do direito penal do inimigo na elaboração da citada lei, da leitura de seus artigos, tendo em vista: a) proliferação de crimes de risco desvinculados de qualquer lógica de lesividade; b) criminalização de atos preparatórios; c) agravação das penas dos crimes independentemente de qualquer proporcionalidade; d) desproporcionalidade das penas.

Este tipo de legislação que adota o direito penal do inimigo foi amplamente utilizada em regimes ditatoriais, o que facilitava o controle do Estado sobre os indivíduos, à medida que adota conceitos abertos, dificulta o exercício da ampla defesa ao possibilitar imputações genéricas, consequentemente dificultando a observância de garantias fundamentais. A lei de terrorismo apresenta tipos de consumação antecipada, tendo em vista a desnecessidade de se percorrer um iter criminis.

O direito penal do inimigo é fruto da teoria do funcionalismo sistêmico de Gunther Jakobs, precursor da Escola de Bonn. De acordo com o funcionalismo sistêmico, o direito penal não protege um bem jurídico, mas as expectativas para a constituição da sociedade. O bem jurídico a ser protegido é a vigência da norma, ou seja, a proteção da expectativa de não violação da norma. Dessa forma, outros bens jurídicos são protegidos indiretamente, sendo que o foco da proteção do direito penal é o sistema, a ordem jurídica proposta. A partir da violação da norma, Jakobs sustenta a necessidade de um tratamento diferenciado para aquele que a viola, tendo por base considerações sobre a figura do autor, e não tanto sobre o fato criminoso. Segundo o direito penal do inimigo, o direito penal pode proceder de duas formas: para os delinquentes, um direito penal do cidadão; para o inimigo, aquele que desvia sua conduta de forma reiterada, sem intenção de submeter-se à ordem jurídica vigente, não pode ser aplicado o direito penal do cidadão, mas o direito penal do inimigo, que pode suprimir certos direitos e garantias, sob o pretexto de "neutralizar" o inimigo.

Com base nas premissas brevemente expostas acima, Jakobs defende a criminalização de certos atos em um momento anterior à lesão ao bem jurídico, ou seja, o direito penal do inimigo atuaria de maneira prospectiva, anterior a conduta do agente, com o objetivo de prevenir um possível resultado danoso a ser cometido.

Em relação às medidas processuais penais, a adoção do legislador de políticas criminais inspiradas no direito penal do inimigo restou muito clara na elaboração da Lei nº 13.260/16, como a seguir passo a detalhar.

O prazo de prisão temporária, em regra é de 5 dias, e nos casos de crimes hediondos é de 30 dias (art. 2º, § 4º da Lei nº 8.072/90), prorrogáveis por igual período. Considerando que as disposições da lei de crimes hediondos se aplicam aos crimes de terrorismo, conforme o seu art. 17, verifica-se uma exasperação grande do prazo da prisão temporária nos casos de terrorismo, podendo chegar até a 60 dias, caso ocorra prorrogação.[3]

Outro ponto duramente criticado por parte da doutrina, escrito à luz dos estudos de Gunther Jakobs, foi a previsão da consumação de crimes ainda que se configurem apenas os atos preparatórios, conforme o disposto no art. 5º da Lei 13.260/16. As críticas baseiam-se na ausência do primado da lesividade no tipo penal.

A lei também prevê a atuação *ex officio* do magistrado, ou seja, sem requerimento do Ministério Público ou representação da autoridade policial na fase inquisitorial, conforme o art. 12. Faculta-se a decretação de medi-

---
3. A prorrogação da prisão temporária foi utilizada nesses moldes na Operação Hashtag.

das assecuratórias de bens, direitos ou valores do investigado ou acusado, que sejam instrumento, produto ou proveito dos crimes previstos nesta lei. Olvidou-se o legislador que o poder geral de cautela do magistrado apenas poderá ser exercido no curso da ação penal, *ex officio*. Na fase inquisitorial, a atuação do juiz deve ser provocada. Vislumbra-se que a atuação de ofício do magistrado na fase inquisitorial fere o sistema acusatório, não podendo atuar fazendo as vezes do promotor, responsável pela acusação, ou atuar como delegado, conduzindo investigação. A inércia do Poder Judiciário tem por finalidade garantir a imparcialidade no julgamento.

No art. 19 da Lei Antiterrorismo faculta-se a utilização de meios mais invasivos de obtenção de prova, como aqueles previstos na Lei nº 12.850/13, que combate as organizações criminosas. Desta forma, poderão ser utilizados no curso da investigação dos crimes previstos na Lei 13.260/16 os seguintes meios de obtenção de prova:

I – colaboração premiada;

II – captação ambiental de sinais eletromagnéticos, ópticos ou acústicos;

III – ação controlada;

IV – acesso a registros de ligações telefônicas e telemáticas, a dados cadastrais constantes de bancos de dados públicos ou privados e a informações eleitorais ou comerciais;

V – interceptação de comunicações telefônicas e telemáticas, nos termos da legislação específica;

VI – afastamento dos sigilos financeiro, bancário e fiscal, nos termos da legislação específica;

VII – infiltração, por policiais, em atividade de investigação, na forma do art. 11;

VIII – cooperação entre instituições e órgãos federais, distritais, estaduais e municipais na busca de provas e informações de interesse da investigação ou da instrução criminal.

Verificou-se, inclusive, que a Lei Antiterrorismo remete à aplicação de normas que limitam a concessão do livramento condicional, com a aplicação subsidiária da lei de crimes hediondos, a qual exige o cumprimento de 2/5 da pena para o primário e 3/5 da pena para o reincidente aos crimes nela previstos.

Em razão da recentíssima edição da lei, e ainda, da ausência de atentados terroristas no Brasil, ainda não foi possível avaliar o impacto que as disposições legais acima comentadas terão no ordenamento jurídico brasileiro. De qualquer forma, é necessária uma reflexão sobre o fato de se aceitar como constitucional uma lei com inspiração no direito penal do inimigo. Quando leis de influência em regimes totalitários passam a não atentar contra a Carta Magna, é sinal de que podem certamente abrir o caminho para possíveis ataques ao sistema democrático, que tem como alicerces todas as garantias penais defendidas por Ferrajoli, que poderão ser fragilizadas na aplicação da Lei Antiterrorismo.

Após as breves considerações acerca da edição da nova lei, passo a análise de questões controvertidas acerca da prisão de suspeitos de terrorismo, decretada no curso da Operação Hashtag, realizada pela Policia Federal (PF) antes do início dos Jogos Olímpicos.

1. A OPERAÇÃO *HASHTAG*

A Operação Hashtag, realizada por parte da Divisão de Antiterrorismo da Polícia Federal (DAT), em 21.07.2016, às vésperas da abertura dos jogos olímpicos no Rio de Janeiro, foi deflagrada em razão da existência de uma investigação acerca de um grupo de pessoas que, supostamente, planejava um atentado terrorista durante as olimpíadas no Rio de Janeiro.

De acordo com a representação da Autoridade Policial, o inquérito nº 07/16[4] "foi instaurado por portaria para apurar a integração/promoção da organização terrorista Estado Islâmico (EI) por brasileiros residentes em diversas cidades deste país, o que configuraria o fato típico descrito no art. 3º da Lei 13.260/16". O presidente da referida investigação considerou que os membros do grupo "Defensores da Sharia" promoviam e integravam a organização Estado Islâmico, considerada por parte da PF como organização terrorista.

Para a investigação, considerou-se como filiado ao EI, ou seja, como integrante, o indivíduo que se autodeclarou como membro, em geral, por meio de um juramento, que alguns chamam de bay'ah. Neste particular ocorreu uma mudança de paradigma no tocante à forma de recrutamento de membros para organização terrorista, caso se compare o EI à Al Qaeda. Nesta última, mundialmente conhecida como organização terrorista, o recrutamento de membros se dá por meio de uma seleção por um membro recrutador do grupo, o qual deverá aprovar a escolha.

Uma das manchetes que comenta o episódio investigado, o faz da seguinte forma: "A Polícia Federal prendeu nesta quinta-feira (21) dez brasileiros suspeitos de simpatizarem com grupos terroristas".[5] A partir da

---

4. IPL de onde se originou a Operação Hashtag
5. In http://www1.folha.uol.com.br/esporte/olimpiada-no-rio/2016/07/1794031-entenda-o--caso-que-levou-dez-suspeitos-de-planejar-atentado-na-olimpiada-a-prisao.shtml

informação colhida, indaga-se sobre a possibilidade de prisão de pessoas por delito tipificado na Lei Antiterrorismo por simpatizarem com grupos terroristas.

Inicialmente, verifica-se que muitos dos tipos incriminadores da Lei Antiterrorismo, como o art. 3º e o § 1º do art. 5º, tratam de crimes de perigo abstrato. O bem jurídico tutelado pelo ordenamento jurídico na Lei 13260/16 é a proteção de pessoa, patrimônio, paz pública ou a incolumidade pública.

Em que pese as ponderações acima, não se pode afirmar que o simples fato de pessoas simpatizarem com grupos terroristas implique na consumação de um dos tipos enumerados na referida lei. Não obstante, a lei em seu art. 3º considerar típicas as condutas de promoção, constituição, integração e o auxílio a organização terrorista, a mera adoração ou simpatia a grupo terrorista quando ocorre no âmbito interno do indivíduo, em seu íntimo, ou seja, sem exteriorização do pensamento a terceiros, não poderá ser tipificada. O tipo do art. 3º ao tipificar a conduta de "Promover" quis compreender os tipos incitar e de apologia ao crime, dos artigos 286 e 287 do Código Penal (CP). Quando o crime a que se faz referência for o terrorismo e a ação incitada abranger a ação de grupo terrorista, em atenção ao princípio da especialidade, aplicar-se-á o art. 3º da Lei nº 13.260/16. Fala-se em apologia quando a conduta ilícita já foi praticada, o estímulo é indireto, seja exaltando o delito já consumado por outrem ou seu autor. Por fim, destaco que promover não se confunde com simpatizar, sob pena de se criminalizar o simples pensamento, ainda que se cuide de crime de perigo abstrato.

As considerações anteriores conduzem o leitor ao questionamento acerca da liberdade de expressão, diante de sua grande envergadura entre os direitos fundamentais elencados no art. 5º da Constituição da República (CRFB), pois o respeito a esse direito é inerente ao Estado Democrático de Direito. A violação da livre manifestação do pensamento corresponde à violação reflexa da democracia à medida que deve ser garantida a exposição de opiniões contrárias àquelas predominantes em um certo momento histórico. Apesar da própria CRFB em seu art. 5º, inc. IV garantir a livre manifestação do pensamento, este direito, como qualquer outro, não é absoluto. A liberdade de manifestação do pensamento sofre um juízo de ponderação negativo quando for dirigida a incitar ou provocar ações ilegais iminentes, como a promoção de organização terrorista, pois viola a dignidade da pessoa humana, fundamento da República Federativa do Brasil, previsto no artigo 1º, inciso III, da Constituição.

O Supremo Tribunal Federal (STF) já se manifestou no sentido de que a liberdade de expressão encontra limites, no Habeas Corpus nº 82.424/

RS, conhecido como o caso Ellwanger. Por oito votos a três, a Corte confirmou a condenação do escritor gaúcho Siegfried Ellwanger por racismo, por "fazer apologia de ideias preconceituosas e discriminatórias". Ele foi acusado de publicar, por meio de sua editora, obras próprias e de terceiros com conteúdo antissemita, que negam fatos históricos, como o Holocausto, que vitimou milhares de judeus em campos de concentração nazistas. Estão na lista "O Judeu internacional", do norte-americano Henry Ford, e "Holocausto judeu ou alemão?", de sua lavra. Neste último, Ellwanger também contesta a ocorrência do Holocausto e acusa os judeus de quererem dominar o mundo. Absolvido em primeira instância com base no princípio da liberdade de expressão, Ellwanger, descendente de alemães, foi condenado a dois anos de prisão em outubro de 1996 pelo Tribunal de Justiça do Rio Grande do Sul, quatro anos e meio após o recebimento da denúncia. Nesse caso, o crime de discriminação estaria prescrito. Porém, ele foi enquadrado no delito de racismo, que é imprescritível e inafiançável. Estaria assim obrigado a cumprir a pena. Seu advogado recorreu então ao Superior Tribunal de Justiça (STJ) para obter um Habeas Corpus em seu favor, para descaracterizar o crime de racismo, e perdeu. Foi então ao STF e sofreu nova derrota. A circulação das obras de Ellwanger já estava proibida àquela altura.

No referido julgado, o voto vencedor, da lavra do Min. Maurício Corrêa ressaltou que:

> "(...) Liberdade de expressão. Garantia constitucional que não se tem como absoluta. Limites morais e jurídicos. O direito à livre expressão não pode abrigar, em sua abrangência, manifestações de conteúdo imoral que implicam ilicitude penal.
>
> As liberdades públicas não são incondicionais, por isso devem ser exercidas de maneira harmônica, observados os limites definidos na própria Constituição Federal (CF, artigo 5º, § 2º, primeira parte). O preceito fundamental de liberdade de expressão não consagra o "direito à incitação ao racismo", dado que um direito individual não pode constituir-se em salvaguarda de condutas ilícitas, como sucede com os delitos contra a honra. Prevalência dos princípios da dignidade da pessoa humana e da igualdade jurídica."

Contudo, quando a simpatia ao terrorismo é externada em atos de promoção, por meio de instigação de outras pessoas, por propagação de ideias, ou apologia, a ação encontrar-se-á tipificada no art. 3º que torna ilícita a conduta de "promover, constituir, integrar ou prestar auxílio, pessoalmente ou por interposta pessoa, a organização terrorista".

Ao seguir esse raciocínio, é possível inferir que a promoção de organização que pratica atos de terrorismo importa na incitação de atos ilegais, pois atentam contra a integridade física e contra a vida de terceiros, visando provocar terror generalizado. No caso investigado ora sob análise, verificou-se em alguns indivíduos a existência de motivação de tais atos em virtude de discriminação religiosa, conduta que também pode ser tipificada como racismo ou genocídio. A filosofia pregada pelos membros do EI defende o retorno do Califado, com obediência à "sharia[6]", e extermínio dos infiéis, ou seja, morte de todos aqueles que não sigam a vertente salafista do islamismo sunita.

Outro tipo utilizado pelo art. 3º, a integração, importa na realização de atos que demonstrem que o indivíduo pertença a um grupo organizado e estruturado para a prática de atividades terroristas, dispondo de objetivos próprios e específicos, com a divisão de tarefas ou convergência de condutas para obter um resultado que implique na violação da paz pública.

Um grupo de pessoas somente poderá ser considerado como organização terrorista para tipificação de conduta no art. 3º se apresentar estabilidade e permanência entre seus membros, com a finalidade de praticar atos terrorismo, a exemplo do crime de associação criminosa do art. 288, do CP. O art. 3º, assim como o art. 288 do CP, trata-se de crime formal e autônomo, ou seja, não depende da prática ou comprovação de outros delitos para sua consumação. Caso a reunião de pessoas ocorra de forma esporádica ou eventual, estar-se-á diante de mero concurso de pessoas. Vale lembrar, que ao contrário dos art. 288 e § 1º, do art. 1º da Lei 12.850/13, o tipo integrar não exige um número mínimo de participantes.

Os investigados que, supostamente, integravam a célula terrorista eram membros de um grupo intitulado "Adoradores da Sharia". De acordo com a representação da Autoridade Policial, os membros do grupo treinavam artes marciais e haviam tentado comprar um Fuzil, arma utilizada em atentados, de alto poder bélico, por meio da internet, em um site paraguaio. Um dos investigados, no curso das conversas monitoradas, narrou um episódio no qual teria realizado um disparo de arma de fogo. Durante o monitoramento de conversas entre os investigados, verificou-se que um deles declarou que estaria disposto a morrer em nome do terrorismo. Alguns investigados já possuíam

2. REPRESENTAÇÃO DA AUTORIDADE POLICIAL

A partir do conhecimento dos fatos acima narrados, a Autoridade Policial decidiu representar pela prisão temporária, busca e apreensão domiciliar e condução coercitiva dos suspeitos, pois vislumbrou a necessidade

---

6   Conjunto de leis islâmicas

da medida, diante de grande possibilidade de que os investigados executassem atos terroristas durante o período das olimpíadas. Como o monitoramento do grupo foi realizado por meio das redes sociais, por essa razão, a operação teve como nome "Operação Hashtag".

Na representação pela prisão temporária realizada pelo Delegado, não se considerou o grupo "Adoradores da Sharia" como uma organização terrorista, mas em verdade, os investigados foram considerados integrantes do grupo terrorista Estado Islâmico, fato tipificado no art. 3º da Lei 13260/16, na tentativa de implantação de célula terrorista no Brasil.

No curso da investigação, foi possível a utilização de meios de obtenção de prova previstos na Lei das Organizações Criminosas, Lei nº 12850/13, com a sua aplicação, tendo em vista que a organização terrorista a que os investigados encontravam-se vinculados preenche os requisitos do § 1º do art. 1º da citada lei, que conceitua organização criminosa. Os investigadores utilizaram como meio de obtenção de prova a interceptação de mensagens via WhatsApp e Telegram, deferido em medida cautelar de quebra de sigilo de dados telemáticos. Monitorou-se ainda redes sociais e blogs dos investigados.

O Ministério Público Federal ao se manifestar sobre a representação da autoridade policial opinou favoravelmente à concessão dos pedidos de prisão temporária, busca e apreensão domiciliar e condução coercitiva.

A Autoridade Policial aventou a possibilidade de que os suspeitos já estivessem na posse de armas de fogo e artefatos explosivos para utilização em um possível atentado, baseando-se no conteúdo dos diálogos interceptados entre os investigados. Por estas razões, o Delegado decidiu representar pela prisão dos suspeitos com maior participação e condução coercitiva para oitiva dos suspeitos com menor participação nos fatos investigados.

O Juiz responsável para analisar os pedidos da Autoridade Policial entendeu que os fatos investigados correspondiam às práticas dos crimes de integração de organização terrorista (art. 3º da Lei nº 13.260/16) e com relação a alguns dos investigados, ato preparatório a ato terrorista (art. 5º da Lei). Entendeu inclusive, que havia fortes indícios da ocorrência dos crimes de organização criminosa (Lei no 12.850/13), de racismo (Lei no 7.716/89), de propaganda de perseguição religiosa (Lei nº 7.170/83) e de genocídio (Lei nº 2.889/56), dentre outros, sobretudo para tipificação subsidiária quanto a atos ocorridos anteriormente à vigência da Lei nº 13.260/16, caso não restasse comprovada a permanência ou continuidade da conduta após a entrada em vigor da nova Lei, na forma da Súmula no 711 do STF, além do crime de corrupção de menor (Estatuto da Criança e do Adolescente). Esta última tipificação ocorreu em decorrência do envolvimento de menor nas atividades do grupo investigado.

3. PEDIDO DE PRISÃO TEMPORÁRIA, BUSCA E APREENSÃO DOMICILIAR E CONDUÇÃO COERCITIVA

Antes de iniciar as considerações sobre o pedido de prisão temporária, ressalto que partilho do entendimento de que esta modalidade de prisão é constitucional. Pela brevidade da proposta do presente estudo, não será aprofundado tal tópico.

Inicialmente, é relevante mencionar questionamento por parte de alguns membros do Ministério Público Federal (MPF), em suas manifestações no curso de inquéritos, sobre a ausência de capacidade postulatória da Autoridade Policial na fase inquisitorial. É o caso da Segunda Câmara de Coordenação e Revisão do Ministério Público Federal, em entendimento manifestado na apreciação do Procedimento MPF – 1.00.001.000095/2010-86, julgado em 02.12.2010. Para a Coordenadora da Segunda Câmara, Raquel Dodge, apenas o titular da ação penal, que é o Ministério Público, tem legitimidade para requerer em juízo a restrição de um direito individual que seja necessário para a investigação penal e para garantir a segurança pública.

Para a coordenadora, somente o *parquet* pode requerer em juízo a restrição ao direito de liberdade do suspeito que está sendo investigado ou preso em flagrante. Da mesma forma, a restrição ao direito à intimidade do suspeito quanto aos dados bancários, telefônicos ou tributários só pode ser requerida pelo titular da ação penal, que tem legitimidade e capacidade postulatória e atribuição para verificar se a restrição de direito é necessária para a persecução penal ou se a prova já reunida é suficiente para embasar ação penal ou, ainda, se há excludente de culpabilidade que impeça a persecução penal, tornando desnecessária a medida assecuratória.

Para a coordenadora da 2ª CCR, quando ocorre uma infração penal, somente os titulares da relação jurídico-material é que tem interesse na lide, ou seja, o infrator da ordem pública e o Estado, que atua por meio do Ministério Público. Portanto, o delegado de polícia não poderia requerer nenhuma cautelar em nome do titular da ação penal, uma vez que a legislação não o autoriza.

Equivoca-se o membro do Ministério Público ao sustentar tal posicionamento, considerando que a competência para verificar se a restrição de direito é necessária para a persecução penal ou não deve ser realizada por parte do Magistrado, na análise do deferimento ou não da medida restritiva. Trata-se de reserva de jurisdição.

Tanto o Delegado de Polícia como o membro do Ministério Público atuam no interesse da persecução penal, devendo atuar de forma a complementar os esforços em suas atuações, e não de maneira excludente ou subordinada.

Caso se adote o referido entendimento, o Delegado de Polícia não poderá representar por medidas cautelares no curso do inquérito como o pedido de: prisão temporária, busca e apreensão, colaboração temporária diretamente ao juízo, entre outros, mas tão somente ao membro do *Parquet*. Caso o Promotor ou Procurador da República responsável pelo inquérito entenda de forma diversa, a representação pela prisão ou busca realizada com base na convicção da Autoridade Policial nem poderá ser apreciado por parte do Juiz, pois esse somente seria levado ao conhecimento do juízo, caso o membro do *parquet* entendesse pelo cabimento.

Não obstante, entendo ser o mais coerente com o ordenamento jurídico o entendimento da Justiça Federal do Rio Grande do Sul, no Agravo de Instrumento Nº 503233292.2014.404.0000/RS, rejeitou as resoluções do Ministério Público Federal sobre a capacidade postulatória dos Delegados Federais. Retirar da Autoridade Policial a possibilidade de tais representações significaria grande retrocesso na persecução penal, tendo em vista que o Delegado é, em regra, a primeira autoridade a tomar conhecimento dos fatos.

É verdade que o Delegado de Polícia não possui capacidade postulatória plena na fase inquisitorial, pois não é parte processual, não possui interesse no inquérito, e por isso "representa" e não "requer" como o Ministério Público. Ressalte-se ainda, o fato de o Delegado não possuir legitimidade para recorrer no caso de indeferimento da medida representada. Todavia, o art. 282, em seu § 2º, aduz expressamente sobre a capacidade postulatória do Delegado, para postular medidas cautelares no curso do inquérito, bem como no art. 311, do CPP (possibilidade de representação por prisão preventiva) e o art. 4º, § 2º da Lei nº 12.850/13 que prevê a possibilidade do Delegado representar pelo perdão judicial do colaborador.

Há que se observar ainda, o entendimento do Enunciado 47, aprovado durante o IV Congresso Nacional dos Delegados de Polícia Federal, realizado no Espírito Santo em 2014, que diz: "O Delegado de Polícia Federal tem capacidade postulatória para representar diretamente ao Poder Judiciário pelas medidas cautelares, protetivas e de cooperação internacional necessárias.

Além dos argumentos jurídicos, vale lembrar que é saudável para a investigação que se exponha tanto a visão policial como a visão ministerial acerca de requerimentos ao juízo competente, ainda que contrapostas, pois argumentação sob pontos de vista distintos só vem a enriquecer o inquérito.

Por fim, merece destaque a posição do professor Francisco Sanini (2015), a qual cito *in verbis*:

> "Frente ao exposto, parece-nos impossível negar que a Autoridade Policial disponha de uma capacidade postulatória, que nada mais é do que a capacidade técnico-formal de provocar o Juiz. A diferença reside apenas no fato de que tal capacidade se restringe ao exercício das funções pertinentes às atividades de polícia judiciária.
>
> Em conclusão, tendo em vista que o legislador conferiu ao Delegado de Polícia a prerrogativa de provocar diretamente o Poder Judiciário nas situações vinculadas ao exercício de suas funções, independentemente do parecer do Ministério Público, podemos afirmar que a Autoridade Policial possui uma verdadeira *capacidade postulatória imprópria* – vez que não é parte no processo –, materializada através de sua representação, que constitui um ato jurídico-administrativo cuja finalidade é expor ao Juiz os fatos, as circunstâncias e os fundamentos que justifiquem a adoção de uma medida necessária à persecução penal e ao correto desenvolvimento do *ius puniendi* estatal."

Por todo o exposto, entende-se pela capacidade postulatória do Delegado em sede inquisitorial, para postular medidas acautelatórias diretamente ao juízo competente.

4. FUNDAMENTOS DO PEDIDO

O Delegado ao representar pela prisão temporária dos investigados utilizou como fundamento a hipótese de que "os investigados integram e fazem promoção do EI. (...) há claros indícios de que os suspeitos avançaram na dinâmica de planejamento e preparação de ato terrorista no Brasil, com a cogitação de atentado inclusive durante os Jogos Olímpicos." A partir do conhecimento de tais fatos, a Autoridade Policial fundamentou os pedidos de prisão, busca e apreensão e condução coercitiva dos investigados ante a grande possibilidade de perturbação à ordem pública.

Por meio do monitoramento de e-mails, de conversas telefônicas e troca de mensagens por meio de aplicativos como WhatsApp e Telegram, identificou-se a ocorrência de tais condutas entre os investigados. Um dos e-mails monitorados continha o seguinte conteúdo, o qual é bastante esclarecedor quanto à ocorrência das dinâmicas investigadas:

> *"1- Nos preparar física, intelectual e espiritualmente para o combate. Trocaremos conhecimentos entre nós, assim o mais versado no conhecimento passará seu saber*

> aos demais, seja sobre o Din ou Língua Árabe, alinharemos nossas intenções em empreender a Jihad fisabilillah, treinaremos artes marciais e **manuseio de armas de pequeno e médio porte, assim como artilharia pesada**. Formando assim combatentes preparados, o que facilitará e economizará tempo e gastos para o Dawlat, pois já chegaremos com uma boa formação.
>
> 2- Levantar fundos para o financiamento de envio de recursos (em dinheiro) e reforços (em pessoas) para o Dawlat.
>
> 3- **Não sabemos o que pode acontecer aqui no Brasil, que hoje ainda está "Neutro" em relação ao Dawlat, amanhã ou depois podem se aliar contra e então estaremos preparados**, inshallah. Além do que, há muitos rumores sobre guerra civil, golpe militar etc., se estivermos juntos e isso acontecer poderemos tomar proveito da situação em nosso benefício". (Grifo nosso)

Da leitura do trecho, resta clara a conduta de recrutamento, inserida no inc. I, do § 1º do art. 5º da Lei nº 13.260/16.

Outro investigado postou vídeos e fotos de execuções coletivas promovidas pelo grupo terrorista que se autoproclama Estado Islâmico, bem como notícias em favor do EI. Demonstra completa familiaridade e adesão total aos ideais do "califado". Entendo que a referida conduta configura, em tese, o tipo do art. 3º da lei em comento, ou seja, "promover" organização terrorista.

Na decisão do pedido de prisão temporária e busca e apreensão domiciliar, o magistrado corroborou o entendimento da Autoridade Policial no sentido de que houve promoção de organização terrorista e ainda destacou que um dos investigados:

> "Conforme se extrai da análise dos dados fornecidos pelo Facebook acerca de suas atividades na rede social, vê-se que ele declara abertamente que todo adepto do Islã deve fazer um juramento de fidelidade e que seu líder é o califa Al Baghdadi. Orienta outras pessoas que buscam infomações sobre o grupo terrorista pela rede social. Chega a afirmar que a *jihad* é obrigatória e que a chamada é hoje feita por meio da internet. Também fornece material para estudo da doutrina propagada pelo Estado Islâmico ".

Por fim, um dos investigados além de se declarar disposto a praticar uma operação suicida, no curso de interceptação telefônica autorizada judicialmente, afirmou ainda ter disparado arma de fogo contra uma terceira pessoa.

Outro fundamento do decreto de prisão temporária utilizado foi a imprescindibilidade da medida para as investigações, tendo em vista a possibilidade de acerto premeditado de versões dos investigados, na impossibilidade de oitiva simultânea de todos. Ainda aventou-se a possibilidade de alerta a demais membros da organização criminosa da qual se autodeclararam membros, o EI, e até a possível aceleração da fase de execução de um eventual atentado terrorista, caso se optasse por outras medidas investigativas.

O Delegado responsável pela condução do inquérito não aduziu apenas a possibilidade de ocorrência apenas de delitos inscritos na Lei Antiterrorismo. Em verdade, tanto a Autoridade Policial como o Magistrado que deferiu as medidas pleiteadas entenderam pela possibilidade de ocorrência de outros delitos conexos como o delito de genocídio, propagação de preconceito racial ou religioso, porte ilegal de armas, organização criminosa, entre outros crimes.

É importante ressaltar que muitas das condutas tipificadas na lei de terrorismo também se encontram tipificadas na Lei nº 2.889/56, que trata do genocídio e na lei que trata do crime de racismo. A incitação ao genocídio de forma pública e direta encontra-se tipificada no art. 3º da citada lei. De forma muito parecida, a lei de combate ao racismo, Lei nº 7.716/89 também tipifica os crimes de ódio, em seu art. 20.[7]

Caso se entenda que parte das condutas investigadas ocorreu em momento anterior à vigência da Lei nº 13.260, a qual entrou em vigor na data de sua publicação, em 16.03.2016, é possível que os atos investigados se encontrem tipificados nas leis 2.889/56 e 7.716/89, não podendo se considerar a atipicidade das condutas anteriores à Lei nº 13.260.

Os crimes ora investigados são crimes de perigo abstrato. Enquanto que nos crimes de perigo concreto há que se verificar uma situação de perigo que constitui uma elementar do tipo que deve ser verificada caso a caso, nos crimes de perigo abstrato não há que se verificar elementos do tipo, pois o perigo se presume, e trata-se de presunção *juris et de jure*.

Tendo por base todas as informações acima, acredito que o juízo de ponderação a ser realizado na hipótese para a concessão ou não da medida, deve considerar o princípio da lesividade, da exclusiva proteção do bem jurídico, o princípio da responsabilidade pelo fato, em contraposição ao princípio da proibição de proteção deficiente. Não se pode pensar na aplicação do garantismo apenas em sua face negativa, ou seja, nas hipóteses em que se protege os direitos fundamentais do cidadão em face dos poderes do Estado.

O garantismo também deve ser lembrado em sua vertente positiva, a qual exige uma atuação do Estado, que compreenda uma ação concreta,

---

7. **Art. 20.** Praticar, induzir ou incitar a discriminação ou preconceito de raça, cor, etnia, religião ou procedência nacional. Pena: reclusão de um a três anos e multa.

a atender um dever de proteção por parte do Estado, inclusive quanto a agressões contra direitos fundamentais provenientes de terceiros, de tal sorte que se está diante de dimensões que reclamam maior densificação, notadamente no que diz com os desdobramentos da assim chamada proibição de insuficiência no campo jurídico-penal e, por conseguinte, na esfera da política criminal, onde encontramos um elenco significativo de exemplos a serem explorados, utilizando as palavras de Ingo Sarlet (2003).

5. DA COMPETÊNCIA

Em sede de Inquérito, não se discute, em princípio, a competência, mas deve ser observada a atribuição do órgão policial incumbido da investigação e atribuição do promotor respectivo, tendo em vista a natureza administrativa do inquérito. A discussão acerca de competência no curso do inquérito somente poderá ser aventada após a distribuição de alguma medida cautelar ajuizada por parte do Ministério Público ou representação de Delegado a ser decidida por parte do Juiz. É somente nesse momento que se fala em competência na fase inquisitorial.

Dessa forma, ainda que um Delegado, sem a atribuição de investigar o delito conforme os critérios da respectiva instituição, presida determinado inquérito, este fato não ensejará o surgimento de nulidade na investigação. Um exemplo do exposto ocorre quando um Delegado da Polícia Civil instaura inquérito para investigar possível ato de terrorismo, ainda que não tenha atribuição para tal crime (no caso da adoção da corrente majoritária de que os crimes de terrorismo são da competência da Justiça Federal, e atribuição da Polícia Federal) não haverá nulidade no feito, em caso de remessa posterior dos autos à Polícia Federal.

Outra questão que deve ser ressaltada é a impossibilidade de redistribuição do inquérito a outra Autoridade Policial sem despacho que fundamente as razões de redistribuição. Somente será possível a mudança de Delegado na condução do inquérito em caso de interesse público ou por critério de distribuição previamente fixado em regulamento da respectiva polícia. É o que se extrai da leitura do § 4º do art. 2º, da Lei 12.830/13, que dispõe sobre a investigação conduzida pelo Delegado de Polícia. Trata-se de importante garantia para que o presidente do inquérito não sofra interferências políticas, de órgãos externos ou até mesmo de superiores hierárquicos dentro do próprio órgão de origem em razão da condução de qualquer investigação.

De volta à análise dos fatos investigados na Operação Hashtag, no tocante à competência, constatou-se que os membros do grupo encontravam-se domiciliados em diversos Estados brasileiros. Todavia, o pedido de prisão temporária foi distribuído para a 14ª Vara Federal de Curitiba. Observou-se a regra do art. 11 da Lei 13.260/16 para justificar a competência federal e por consequência, a atribuição da Polícia Federal na investigação de atos envolvendo tipos penais da Lei Antiterrorismo.

Inicialmente, é relevante destacar a controvérsia levantada pelo professor Fábio Roque (2016) ao tratar do tema. Para o eminente professor, o art. 11 da Lei Antiterrorismo é inconstitucional, pois a lei não pode presumir o interesse federal. De acordo com Roque, a presença de interesse federal deverá ser realizada casuisticamente, sendo que, em regra, os crimes tipificados no aludido diploma legal são de competência da Justiça Estadual. Apenas nos casos em que se verificar que se trata de terrorismo transnacional é que restaria justificada a competência federal, na visão de Rogério Sanches. Por fim, diante da disposição expressa no art. 11 da Lei nº 13260/16, a doutrina majoritária entende pela competência federal dos crimes da Lei Antiterrorismo.

No caso em tela, em que pese o fato de que todos os investigados possuem domicílio no Brasil, e que o objetivo do grupo era, supostamente, realizar atos terroristas durante os jogos olímpicos no Brasil, não há como refutar o caráter transnacional da empreitada criminosa, tendo em vista que os investigados foram considerados membros de organização terrorista, o Estado Islâmico que tem atuação internacional e tem origem estrangeira. A empreitada criminosa se daria por meio da implantação de uma célula terrorista do EI no Brasil.

Não se pode confundir o critério de competência esposado no Código Penal com o exposto no Código de Processo Penal (CPP). O CP utiliza a teoria da Ubiquidade para se analisar a existência ou não de competência internacional. O CPP ao adotar a teoria do resultado para a fixação de competência dispõe sobre questão diversa. Enquanto que os critérios do Código Penal servem para dizer se o crime será julgado pela justiça brasileira ou não, o CPP trata de competência interna, ou seja, aquela exercida pelos juízes nacionais.

Para definir a competência em situações fáticas, muitos doutrinadores, como Norberto Avena (2016), optam por uma análise realizada por etapas subsequentes. Na primeira etapa deve se verificar a existência de competência ratione personae, ou seja, pergunta-se sobre a existência de condição funcional ou qualidade das pessoas acusadas que determine a remessa do feito ao segundo grau de jurisdição ou não.

A seguir, procede-se à segunda etapa na qual se questiona a natureza dos fatos incriminados. Assim como a primeira etapa, trata-se de critério absoluto em que se analisa a competência de jurisdição ou de justiça. Vencidas as etapas mencionadas, alcança-se a terceira etapa, na qual é definido o foro competente para o processamento do inquérito ou ação penal. A pergunta que se deve fazer aqui é "onde ocorreu o fato delituoso?". Primeiramente, deve ser considerado o local da infração. Na impossibilidade de se estabelecer onde ocorreu o delito, verifica-se o domicílio do réu, conforme previsão do art. 69, II do CPP. Ainda não sendo possível fixar o foro competente, deverão ser utilizados outros critérios secundários para a fixação da competência, como a prevenção, normas de organização judiciária ou distribuição, conforme art. 69 do CPP.

Para a maioria da doutrina, a definição do foro competente trata-se de competência relativa. Todavia, há corrente doutrinária minoritária no sentido de que não existe competência relativa no processo penal, a despeito do que se tem no processo civil, pois não há que se falar em interesse das partes no processo penal. Nesse sentido, Aury Lopes Jr. (2008). Como o processo penal tem como norte a busca da verdade real, por meio do exercício do contraditório efetivo, qualquer questão atinente à competência deve ser entendida como de ordem pública.

Utilizando-se a fórmula acima ventilada para o caso ora sob análise, percebe-se que o único fator de coligamento para a definição da competência é o domicílio dos investigados. Há que se ressaltar que o domicílio do investigado não é critério de competência, mas trata-se de foro supletivo/subsidiário. Todavia, como os suspeitos encontram-se espalhados em diversas cidades brasileiras, comunicando-se entre si por meio da internet, inexiste uma cidade apta a fixar a competência do juízo entre as inúmeras que constam no rol de domicílio dos investigados.

Desta forma, denota-se que a competência do juízo da Vara Federal de Curitiba no caso deu-se por meio de prevenção entre aquelas seções judiciárias nas quais poderia ter sido tombado o inquérito e distribuída a medida cautelar contendo a representação do Delegado pela prisão temporária e busca e apreensão domiciliar nas residências dos investigados.

De acordo com o responsável pela Operação Hashtag, a escolha da Seção Judiciária de Curitiba, entre outras possíveis, não ocorreu por acaso, mas em virtude da facilidade da condução do feito em razão da implantação do processo eletrônico, no qual é possível despachar sem o manuseio de autos físicos. Observou-se o princípio da celeridade e economia processual.

Superado o arrazoado utilizado por parte do órgão investigador, há que se analisar a questão da competência sob o ponto de vista do investigado, ou seja, se a fixação da competência da maneira citada violou garantias processuais dos acusados, tais como a ampla defesa, juiz natural, promotor natural, igualdade processual ou paridade de armas.

Os fatos objeto do presente estudo tratam de crimes plurilocais, ou seja, quando ação e omissão ocorrem em um determinado local e o resultado em um local distinto. Se observada no caso em tela a Teoria do Esboço do Resultado ou do Resultado Projetado, utilizada nesses delitos, a competência não é fixada pelo local da consumação, mas pelo local em que o resultado se esboçou, ou seja, pelo local em que o resultado se projetou. No caso sob análise, a competência seria firmada na Seção Judiciária do Rio de Janeiro, tendo em vista que o resultado projetado ou pretendido deveria ocorrer na referida cidade, durante as olimpíadas.

Todavia, o aludido posicionamento não fica isento de críticas. Há que se considerar que, a princípio, nenhum dos suspeitos possui domicílio na cidade do Rio de Janeiro, e não foram executados quaisquer atos preparatórios ou executórios dos crimes ora investigados na referida cidade. Desta forma, ausente qualquer outro critério de competência, a despeito do local em que o resultado se projetou, em nada auxiliaria os investigados ou ao órgão de investigação.

Ao analisar-se a questão da fixação da competência do ponto de vista do investigado, há que se levar em conta que o local escolhido para a fixação da competência deve permitir às partes a defesa de seus interesses em igualdade de condições, respeitando-se o princípio do contraditório, da ampla defesa, da paridade de armas e da busca da verdade real no processo penal.

Um julgado que ilustra esta posição no caso concreto é o Habeas Corpus nº 112348, julgado pela 2ª Turma do STF em 04.12.2012, *in verbis*:

> EMENTA: HABEAS CORPUS. PENAL. PROCESSUAL PENAL. HOMICÍDIO QUALIFICADO. COMPETÊNCIA PARA A AÇÃO PENAL. CONVENIÊNCIA DA INSTRUÇÃO CRIMINAL. ORDEM DENEGADA.
>
> I – O Código de Processo Penal, ao fixar a competência para apurar e julgar a infração penal, estabeleceu a competência do foro do local do crime, adotando, para tanto, a teoria do resultado, que considera como local do crime aquele em que o delito se consumou.
>
> II – A opção do legislador ordinário pelo local da consumação do delito se justifica pelo fato de ser esse o local mais indicado para se obterem os elementos probatórios necessários para o perfeito esclarecimento do ilícito e suas circunstâncias.
>
> III – Contudo, o próprio dispositivo legal permite o abrandamento da regra, tendo-se em conta os fins pretendidos pelo processo penal, em especial a busca da verdade real.

IV – No caso sob exame, a maior parte dos elementos de prova concentram-se na Comarca de Guarulhos/SP, local onde residiam a vítima e o réu, onde se iniciaram as investigações, onde a vítima foi vista pela última vez, onde reside também grande parte das testemunhas, de forma que, por questões práticas relacionadas à coleta do material probatório e sua produção em juízo, o foro competente para processar e julgar a ação penal deve ser o da Comarca de Guarulhos/SP.

V – Ordem denegada.

Contudo, na ausência de critério de competência apto a fixar a competência pelo local da consumação, utilizou-se a prevenção como critério subsidiário em 2º grau, ao utilizar-se da competência pelo domicílio do investigado (o art. 72, do CPP, domicílio ou residência do Réu). O fato da maioria dos investigados residir fora de Curitiba pode ser arguido como prejudicial para a defesa daqueles investigados que residem em outras cidades. Todavia, caso se deslocasse a competência para outra seção judiciária, o mesmo argumento poderia ser utilizado pelo investigado residente em Curitiba para se contrapor à escolha de outra seção judiciária.

Os princípios da celeridade e economia processual são caros a todas as partes envolvidas na investigação. Ao investigado possibilita a realização de um processo mais barato, pois o seu advogado poderá realizar a consulta de todo o processo de maneira eletrônica, evitando o seu deslocamento à seção judiciária. Além do exposto, importará em maior celeridade do processo, favorecendo o princípio da duração razoável do processo e o princípio da celeridade.

Por todo o exposto, entendo que o foro escolhido por parte da Autoridade Policial foi o mais acertado, dentre as possibilidades aventadas por parte da doutrina em casos de grupo terrorista.

6. CONCLUSÃO

A violência de atos terroristas externada em mortes como os atentados ocorridos na Europa nos últimos anos alçaram o combate ao terrorismo como questão de grande relevância para segurança nacional de muitos países. Não obstante a existência de fundadas razões para se temer o terror empreendido pela ação de grupos terroristas, as leis referentes a políticas de prevenção e combate a este crime devem observar as garantias do devido processo legal, da ampla defesa e do contraditório, do juiz natural e do princípio da legalidade.

A ofensa às referidas garantias constitucionais implica em uma ameaça ao regime democrático e incita a adoção de uma política de "caça às bruxas" a qual não se pode permitir em regimes constitucionais democráticos. É certo que a utilização de diplomas legais que tem sua matriz ideológica calcada no direito penal do inimigo, há que ser feita com cautela e parcimônia, sob pena de serem violadas garantias fundamentais consagradas ao indivíduo, enumeradas em nossa Carta Magna. Os meios não podem justificar seus fins.

Não se pode combater a intolerância com mais intolerância. Todavia, não é possível ignorar o fato de que hoje se vive na "sociedade do risco[8]". Riscos que surgiram em grande parte à medida que a globalização encurtou as fronteiras entre os países e diante do surgimento de novas tecnologias de comunicação e científicas, as quais nem sempre, são utilizadas para finalidades lícitas. Dessa forma, vislumbra-se não ser mais possível conferir ao direito penal uma finalidade apenas punitiva, restringindo-se sua atuação apenas *a posteriori* do fato delituoso. Apesar das severas críticas à utilização de crimes de perigo abstrato por parte da Lei 13.260/13, acredito que ainda não se vislumbrou como possível a efetividade na prevenção de tais delitos, sem a utilização de tipos penais desta natureza ou mesmo sem a possibilidade de antecipação de medidas preventivas, como a prisão temporária, o monitoramento telefônico e de dados telemáticos, como utilizados no curso da Operação Hashtag.

Uma das funções reservadas ao direito penal, entre outras, é também de promover o controle social ou a preservação da paz pública, compreendida como a ordem que deve existir em determinada coletividade, conforme destaca Masson (2011). Com isso, não se quer promover a função simbólica do direito penal, com inflação legislativa, mas pretende-se chegar a um mínimo de efetividade na proteção de bens jurídicos a que o direito penal se propõe a proteger, como a vida humana.

Este estudo não pretende cair no lugar comum de apenas apontar a utilização de instrumentos do direito penal do inimigo na novel legislação antiterrorismo, mas provocar questionamentos acerca de como a nova legislação pode enfrentar o combate a um delito tão complexo e perigoso à sociedade.

A partir do caso prático estudado, denota-se a importância e a necessidade de uma atuação verdadeiramente preventiva do direito penal, na

---

8. Expressão cunhada por Ulrich Beck em Risk Society, no qual afirma que a sociedade industrial, caracterizada pela produção e distribuição de bens, foi deslocada pela sociedade de risco, na qual a distribuição dos riscos não corresponde às diferenças sociais, econômicas e geográficas da típica primeira modernidade. O desenvolvimento da ciência e da técnica não poderia dar mais conta da predição e controle dos riscos que contribuiu decisivamente para criar e que geram consequências de alta gravidade

proteção efetiva da segurança dos indivíduos. Contudo, devem ser observados os princípios do devido processo legal e seus consectários inscritos na CFRB. Com isso, não se quer defender a implantação de um direito penal do inimigo, mas reforçar a máxima de que o direito penal não pode se tornar uma promessa vazia, ou um fim em si mesmo, especialmente quando disser respeito à proteção de vidas humanas.

BIBLIOGRAFIA

AVENA, Norberto. *Processo Penal Esquematizado*. 8ª Ed. Método, 2016

BADARO, Gustavo Henrique. *Processo Penal*. 3ª ed. RT, 2015

BAUDRILLARD, Jean. *O espírito do terrorismo*: Editions Gallillé, 2002

CAPEZ, Fernando. *Curso de Direito Penal*, volume 4. 8ª edição, São Paulo: Saraiva, 2013.

CAPEZ, Fernando. *Curso de Processo Penal*. 13ª ed. Saraiva, 2010.

DEZEM, Guilherme Madeira. *Curso de Processo Penal*. 6ª Ed. RT, 2016.

FRANCO, Silva Alberto. *Código Penal e sua Interpretação Jurisprudencial*, 4ª edição, São Paulo, RT, 1996.

LOPES JR, Aury. *Direito Processual Penal e sua conformidade constitucional*. 3ª Ed. Rio de Janeiro: Lumen Juris, 2008.v.1

MASSON, Cleber. *Direito Penal*: parte geral. Vol.1, Ed.Gen. 2011

MAYERLE, Daniel. O Direito Penal do Inimigo e o seu necessário contraponto, uma Política Jurídica apoiada no Garantismo in *Direitos Fundamentais & Justiça* – Ano 7, No 22, P. 211-236, JAN./MAR. 2013

SANINI, Francisco. O Delegado de Polícia possui capacidade postulatória? publicado em 9.12.2015 in http://canalcienciascriminais.com.br/o-delegado-de-policia-possui-capacidade-postulatoria/

SARLET, Ingo Wolfgang. *Constituição e Proporcionalidade:* o Direito Penal e os Direitos fundamentais entre Proibição de Excesso e de Insuficiência, 2003.

TAVORA, Nestor. *Curso de Direito Processual Penal*. 4ª Ed. JusPodivm, 2010.

CRIME DE TERRORISMO: UMA VISÃO PRINCIPIOLÓGICA À LUZ DA LEI Nº 13.260/2016

JOÃO BATISTA MOURA[1]

SUMÁRIO • 1. Introdução – 2. Poder, direito e terrorismo: 2.1. Poder e violência; 2.2. conceito de terrorismo, guerra e guerrilha; 2.3. A dinâmica do terrorismo; 2.4. Terrorismo e evolução legislativa internacional. Breves considerações; 2.5. O atentado de 11 de setembro nos eua sob a perspectiva do direito – 3. O crime de terrorismo e o direito penal do inimigo: 3.1. O direito penal do inimigo (direito penal?); 3.2. Combate ao terrorismo na contramão de um sistema de garantias de defesa; 3.3. Segurança nacional e os perigos da polarização no eixo das garantias democráticas – 4. A Lei 13.260/2016: abordagem crítica na perspectiva das garantias: 4.1. Conceito de crime de terrorismo na Lei 13.260/16; 4.2. Dos atos preparatórios – 5. Da prisão cautelar no crime de terrorismo: 5.1. Breves considerações normativas; 5.2. Da prisão temporária e da prisão preventiva no crime de terrorismo – 6. Da investigação, processo e julgamento – 7. Conclusão – 8. Referências.

1. INTRODUÇÃO

Nada é tão próximo nem tão longe que não se possa de alguma forma alcançar num mundo cuja revolução tecnológica não cessa sua expansão. A globalização econômica trouxe consigo não apenas um arcabouço de possibilidades nas relações internacionais, mas também uma revolução intelectual instada pela acessibilidade cada vez maior à rede mundial de computadores. O que pouco se sabia de uma cultura ou de uma ideologia já não mais é de conhecimento de alguns, mas de uma gama de pessoas de número ilimitado.

Dessa massificação cultural nasceram vários riscos decorrentes da interpretação equivocada das informações, facilitando a introdução de ide-

---

1. Mestre em Ciências Jurídico-Criminais pela Universidade de Lisboa. Defensor Público no Estado do Rio Grande do Sul.

ologias que fogem de um padrão racional, moral ou ético minimamente aceitável numa sociedade de culturas, raças e religiões diametralmente diferentes, que almeja a convivência harmônica e pacífica.

Os problemas de ordem global que ultrapassam os limites territoriais de um país acabam afetando cada indivíduo no planeta independentemente da cultura a que pertença. O isolamento dos povos ou das nações dificulta o diálogo e o estabelecimento de uma política comum de responsabilidades num mundo sem fronteiras, fazendo-se necessária a definição de regras que determinem a universalidade dos direitos humanos.[2]

A história revela que as relações internacionais de hoje são um processo de construção da humanidade, de ação e reação, que deixaram feridas profundas. A busca do poder pelo poder comumente abre rasgos profundos na memória traumática de determinados povos, passando de geração para geração. Relações conflituosas entre Estados geram políticas de sanções e isolamento que nem sempre representam a melhor solução. Delas nascem o medo e a desesperança, portas abertas à proliferação de ideologias assombrosas que alertam para a necessidade de um entrelaçamento cada vez maior de políticas internacionais e de Direito Internacional tendentes à prevenção e ao combate de crimes de natureza transnacional.

Disso exsurge o crime de terrorismo dentre aqueles de difícil compreensão ao senso comum, mas que acompanha a humanidade desde os primórdios. A expressão terrorismo, que nasceu da Revolução Francesa, cujo Partido Jacobino tinha em Robespierre seu líder, é um signo do medo. De lá até a contemporaneidade o terrorismo tomou formas e dimensões estruturadas em ramificações e células de difícil controle pelos Estados.

O Brasil, apesar de ser reconhecido como uma nação pacífica, não se dissociou da realidade mundial vertendo, igualmente, preocupação com essa tipologia criminosa, especialmente com o advento de eventos internacionais, como as Olimpíadas de 2016, culminando com a promulgação da Lei nº 13.260/16.

Em que pese o intento, a Lei trouxe vários pontos de ordem normativa que acabam por revelar nítido despreparo do legislador pátrio em sua elaboração, capazes de fragilizar princípios de Estado Democrático de Direito. Além disso, esboçou conceituação de crime de terror fragmentada, confusa e que certamente acarretarão integrações dissociadas do princípio da lega-

---

2. LUCAS, Douglas César. Em Busca da Definição que o Mundo Hesita em Elaborar: Terrorismo Internacional. *In*: BEDIN, Antônio Gilmar (organizador). **Estado de Direito, Jurisdição Universal e Terrorismo**. Ed. Unijuí, 2009, p. 39.

lidade. Circunstâncias que serão objeto de análise e crítica, a partir de uma exposição político-jurídica destinadas à reflexão e construção de soluções.

2. PODER, DIREITO E TERRORISMO

2.1. Poder e violência

Poder e violência são palavras que se opõe. No início da humanidade, já nos primeiros modelos de agrupamento humano, era a superioridade da força do homem que predominava à posse dos bens disponíveis na natureza. Somente com o passar do tempo e com o desenvolvimento do uso de instrumentos é que a força muscular cedeu a mecanismos de maior inteligência.[3]

A violência, já nos primórdios, para além da busca pelo alimento por meio da caça e para a proteção contra os predadores naturais era um fator essencial à sobrevivência do homem. Paulatinamente ao advento desses instrumentos vieram as armas, cujo propósito tinha como foco impedir a dominação do homem pelo homem, na busca de bens e satisfação das necessidades primitivas latentes.

Para Freud[4]-[5]os conflitos de interesses entre os homens são resolvidos pelo emprego da violência, como o é em todo o reino animal, de onde o ser humano não tem como se excluir. Eliminar o inimigo faz com que o mesmo não restabeleça sua posição, e os demais não tomem seu exemplo. Controvertido nome da literatura mundial, Nietzsche identificava-se com a assertiva, pois foi um entusiasta da violência, referindo que "Renunciar à guerra, significa renunciar à vida maior.[6]".

Contudo, se matar o inimigo estabelece um vínculo de dominação sobre pessoas ou coisas e delimitação de espaços, necessariamente não garante a perpetuação do poder. É exatamente o que a história nos ensinou do Império Romano, cuja diversificação cultural da época fez o povo duvidar da força dos deuses na direção política de uma população já insatisfeita.

---

3. BASSO, Maristela. Reflexões sobre Terrorismo e Direitos Humanos: práticas e perspectivas. **Revista da Faculdade de Direito**, Universidade de São Paulo, São Paulo, v. 97, p. 435-441, jan. 2002. ISSN 2318-8235. Disponível em: <http://www.revistas.usp.br/rfdusp/article/view/67556>. Acesso em: 07 de jul. 2016.
4. FREUD, Sigmund. **O Mal-Estar na Civilização, Novas Conferências Introdutórias à Psicanálise e Outros Textos (1930-1936)**. Tradução: Paulo César de Souza. São Paulo: Companhia das Letras, 2010, p. 239.
5. O autor também é citado por Basso, mas em obra não referenciada (BASSO, 2016, p. 435).
6. KENNY, Antony Kenny. **Filosofia no Mundo Moderno**: Nova História da Filosofia Ocidental. 1ª ed. Ed. Gradiva, 2011, p. 263.

A paz a partir da guerra, tanto quanto o poder na paz, pode ser efêmera. Mesmo que o direito tenha como uma de suas matrizes a estabilização das relações humanas em sociedade, assim mesmo ele não consegue eliminar a violência em grandes escalas, ainda que o custo seja a pena capital ao autor do fato.

Isso se explica na medida em que os anseios internos de uma nação não são harmônicos e as instabilidades acendem um vértice que aponta exatamente às suas lideranças. Já no plano internacional as instabilidades relacionais, ora coincidentes com as internas, por não raras vezes, têm raízes profundas, de origem histórica, cultural, étnica e religiosa que são passadas de geração a geração. Os apegos a esses valores são tão complexos que seus detentores o equiparam ao próprio valor da vida, e a extensão de sua defesa, logo, é ilimitada. Disso exsurge que guerra e terror podem assim ser faces de uma mesma moeda, mas com significados diferentes.

O Rei da Prússia, Friedrich Wilhelm III, no Decreto de 21 de abril de 1813, ao prescrever as ordens de ataque ao território inimigo, cuja vigência foi de três meses, talvez tenha emitido uma das mais interessantes normas legislativas já vistas pela história. Estabeleceu que todo cidadão estava obrigado a resistir com todos os tipos de armas contra o inimigo, bem como lesá-lo por todos os meios disponíveis de forma a não se submeter às suas regras ou ordens. Para tanto, estaria autorizado a assaltá-lo, interceptar munição e alimentos, correspondência, destruir hospitais, saquear à noite, atormentá-lo, anular sua capacidade, aniquilá-lo individualmente ou em grupo.[7]

O decreto negligenciou todos os princípios básicos do Direito Europeu de Guerra, era uma legitimação de guerra contra os *partisans*, ou seja, uma espécie de tropa irregular que almejava evitar a batalha decisiva da guerra, reduzindo a capacidade de resistência dos inimigos de sua causa. Os *partisans* dependiam da população civil, de seu apoio moral e logístico, que ao mesmo tempo dispunha-se sofrer as represálias da cooperação.[8] Esse compêndio de leis da Prússia criava uma verdadeira carta do guerrilheiro ou revolucionário, o qual podia agir em nome da defesa nacional.[9]

---

7. PAWLIK, Michael. **Teoria da Ciência do Direito Penal, Filosofia e Terrorismo**. Tradução: Eduardo Saad-Diniz. São Paulo: Leberars, 2012, p. 109.
8. *Ibid.*, p. 111-12.
9. SCHMITT, Carl. "The Theory of the Partisan: A Commentary/Remark on the Concept of the Political". *In*: **Michigan State University Press**, 2004, p. 29-30. Disponível em: <http://users.clas.ufl.edu/burt/spaceshotsairheads/carlschmitttheoryofthepartisan.pdf> Acesso em 12 set. 2016.

2.2. Conceito de terrorismo, guerra e guerrilha

O conceito de terrorismo pode ser tarefa hercúlea, tanto quanto tudo o que o motiva. Mas não deve ser confundido com guerrilha ou guerra. A guerra consiste "na reparação que um povo de um Estado opera por si mesmo em virtude da ofensa do povo de outro Estado, ou seja, a represália (*retorsio*), sem buscar um ressarcimento (por meios pacíficos) do outro Estado.[10]"

A guerrilha é um conflito travado em proporções geralmente menores, onde se evitam batalhas ou confrontos diretos, seja por questão de estratégia ou superioridade do inimigo, prolongado por tempo significativo.[11] Seus componentes, formados por grupos revolucionários, geralmente são recrutados entre a população, estabelecendo técnicas e táticas de incursão ofensivas.

O terrorismo, por sua vez, tem sua origem do latim *terrere* (tremer) e *deterrere* (amedrontar). Caracteriza-se pelo emprego ou técnicas de grupos armados que se opõe a sistemas de governos ou intentam chamar a atenção pública para uma causa ou ideologia, seja de cunho político ou não.[12] A ação terrorista é quase sempre desproporcional aos resultados físicos, caracterizando-se pela imprevisibilidade e arbitrariedade, cujas vítimas não têm a possibilidade de evitar, desconsiderando argumentos humanitários.[13]

Membros terroristas atuam de forma individual ou em grupos, mas não desencadeiam, na maioria das vezes, guerras internas. Isso revela o diferencial em relação à guerrilha, na qual os guerrilheiros alinham-se psicologicamente com foco militar, objetivando em muitos casos guerra interna.[14]

2.3. A dinâmica do terrorismo

Desde os primórdios o terrorismo é forma de imposição de ideias e resistência política por parte dos mais fracos, ou seja, daqueles que estão desprovidos do poder militar. Tanto quanto o *partisan*, o terrorista atua na

---

10. KANT, Immanuel. **A metafísica dos Costumes**. Tradução: José Lamego. Lisboa: Fundação Calouste Gulbenkian. 2ª Ed. 2011, p. 232.
11. NETO, José Cretella. Em busca da definição que o mundo hesita em elaborar: terrorismo internacional. *In*: BEDIN, Antônio Gilmar (organizador). **Estado de Direito, Jurisdição Universal e Terrorismo**. Ed. Unijuí, 2009, p. 127.
12. BASSO, 2002, p. 437.
13. *Ibid.*, p. 437-8.
14. *Ibid.*, p. 438.

clandestinidade imiscuindo-se do combate aberto. O terrorismo recorre-se ao simbólico, por meio da imposição do medo e terror, com emprego da violência. O acaso e a possibilidade potencial de um novo ataque são uma forma de linguagem, cuja mensagem é "a próxima poderá ser você".[15]

O terrorismo pode ser atingido de forma relativamente econômica, quando comparado com a força militar tradicional, pois se utiliza de pessoal e material em número significativamente reduzido, sem o apoio da sociedade civil. Utiliza-se da infraestrutura civil do país atacado, incorporando-o como arma de ataque, transmutando-se da defensiva para ofensiva, conduzindo o conflito ao território inimigo.[16]

O terrorista religioso age motivado por sua mensagem, principal foco de suas ações. Há uma relação perigosa entre os meios de comunicação de massa e o terrorismo, pois àqueles cabe amplificar o acontecimento, sem o que a ação de seus agentes se torna de efeitos limitados. Assim, os terroristas valem-se de Estados onde a opinião pública é sensível e crítica à recepção de imagens.[17]

A falta de sentido parece a tônica dos atos terroristas, mas isso nem sempre é real. O moderno terrorismo islâmico vale-se de estratégias racionais, táticas pensadas e idealizadas para atingir seu fim. Trata-se de uma reação à profusão da tecnologia armamentista, em que num confronto armado direto no campo de batalha suas chances seriam pequenas, o que não ocorreria numa guerra clássica, vez que a chance de vitória, ainda que mínima, pode existir. Esse *modus operandi* permite superar o avanço tecnológico armamentista das grandes potências ocidentais, ou aquilo que se pode denominar "guerra sem risco". O lançamento de bombas por um caça supersônico, cuja região é mapeada por potentes satélites colocam seus agentes numa posição extremamente favorável ante a seu inimigo, especialmente se considerada a precariedade do poderio de fogo daqueles que são alvo.[18]

Assim, no confronto direto, o poder tecnológico apoiado no poder econômico dita quem vence e quem perde numa guerra oficialmente declarada. As ações terroristas invisíveis, estabelecidas em células e redes transnacionais, cujas principais vítimas são a sociedade ocidental, resultam numa resposta.

---

15. PAWLIK, 2012, p.112-3.
16. *Ibid.*, p. 113
17. *Ibid.*, p. 115.
18. *Ibid.*, p. 115-6.

Disso se destaca que a indisposição do ocidental a sacrifícios é um foco do qual as ações terroristas não se desvinculam. As ideias de insegurança geradas por ações repentinas de terror instauram instabilidades psíquicas em dimensões bem delineadas em sociedades cuja segurança existencial e o bem-estar são elementos indissociáveis de uma existência de vida plena e feliz. A questão-chave reside em até que ponto o mundo ocidental resistirá à pressão terrorista sem ceder aos apelos de seus agressores, seja no plano político, econômico ou ideológico.[19]

O direito ingressa como uma peça importante no combate ao terrorismo, muito embora terroristas sejam capazes de utilizarem-se das próprias ideias de humanismo para expandirem suas ações, desestabilizando ainda mais a estrutura emocional e psíquica do Ocidente, que apoia suas estruturas jurídicas e democráticas em normas nacionais e internacionais, numa apática descrença nas instituições. Equalizar esse problema com os interesses de segurança dos Estados sem afetar a ordem jurídica é um debate extremamente complexo, tornando-se um desafio para grandes organismos internacionais de direitos humanos.

2.4. Terrorismo e evolução legislativa internacional. Breves considerações

Os assassinatos do rei Alexandre da Iugoslávia e Luís Barthon, ministro das Relações Exteriores da França, na década de trinta foram acontecimentos que inflaram a comunidade jurídica internacional, constituindo um marco para a criação de uma teia de proteção e prevenção contra o terrorismo.[20]

Nesse compasso firmou-se a Convenção de Genebra no ano de 1937, que instituiu normas de prevenção e repressão ao terrorismo. Considerada um marco no Direito Internacional, previu como atos terroristas aqueles dirigidos contra o Estado, a vida, a integridade, saúde e liberdade, além da fabricação de arma e seu fornecimento.[21] Em 1971 a Convenção para a Prevenção e Repressão de Atos Terroristas, ratificada pelo Brasil, foi elaborada pela OEA (Organização dos Estados Americanos). Dois anos após, em 1973, a ONU celebrou a Convenção para Prevenção e Repressão do Terrorismo. Em 1976, os EUA passaram a prever pena de vinte anos para a prática de atos terroristas, era a chamada *Act for the*

---

19. PAWLIK, 2012, p.116-7.
20. BASSO, 2002, p. 438.
21. *Ibid.*, p. 438.

prevention and punishement of crimes against internationally protected persons.[22]

Outras convenções internacionais e instrumentos da ONU também podem ser citados, tais como a Convenção sobre a Prevenção e Punição de Crimes contra Pessoas que gozam de Proteção Internacional, inclusive Agentes Diplomáticos, de 14.12.1973, Resolução nº 3.166, cuja entrada internacional em vigor deu-se em 20.02.1977; a Convenção Internacional contra a Tomada de Reféns, de 17.12.1979; Convenção sobre a Proteção Física de Materiais Nucleares, de 03.03.1980, cuja entrada em vigor deu-se em 08.02.1987; a Convenção Internacional sobre a Supressão de Atentados Terroristas com Bombas, de 15.12.1977; Convenção Internacional sobre a Supressão do Financiamento ao Terrorismo, de 09.12.1999; Convenção Internacional para a Supressão de Atos de Terrorismo Nuclear, de 12.04.2005.[23]

Após o atentado de 11 de setembro de 2001 nos EUA, o Conselho de Segurança da ONU proferiu novas Resoluções no combate ao terror, ratificando o repúdio a toda espécie de ato terrorista.[24]

Em dezembro de 2001 os Ministros de Justiça da União Europeia adotaram uma definição do crime de terrorismo comum a quinze Estados-membros, estabelecendo pena de quinze anos para os crimes mais graves, e de oito anos o mínimo, para os demais crimes.[25]

A tentativa de conceituação ou definição do que é terrorismo tem relevância na medida em que permite a adoção de medidas de prevenção e repressão através de ações conjuntas pela comunidade internacional. No entanto, não se trata de tarefa fácil. Apenas para exemplificar, não há consenso por parte da maioria dos países mulçumanos quanto à definição do que seja terrorismo na Convenção Ampla sobre Terrorismo Internacional. Israel, que ocupa os territórios palestinos, intenta enquadrar as ações militares Israelenses como ações terroristas, no entanto a maioria dos Estados ocidentais discorda.[26]

2.5. O atentado de 11 de setembro nos EUA sob a perspectiva do Direito

O mundo certamente deixou de ser o mesmo após o atentado de 11 de setembro de 2001 às Torres Gêmeas em Nova Iorque e Washington D.C. A

---

22. BASSO, 2002, p. 438.
23. NETO, 2009, p.193-4.
24. BASSO, *Op. cit.* p. 439.
25. *Ibid.*, 439.
26. NETO, 2009, p. 203.

imagem televisionada ao mundo da colisão das aeronaves contra o World Trade Center talvez tenha sido uma das mais impactantes de toda a história do Ocidente, gerando mudanças pontuais nas relações do EUA com outros países.

O Direito sob vários aspectos também sofreu reflexões de órbita preventiva e punitiva de dimensão universal, trazendo à tona o debate quanto à extensão das garantias de defesa na estreita relação com o direito de liberdade dos cidadãos e do direito de punir do Estado.

A necessidade de prevenir futuras agressões mobilizou o Congresso americano desencadeando ações preventivas baseadas na chamada Doutrina Bush de combate ao terrorismo, consistente em ações externas, ataque a grupos terroristas, bem como ações internas, por meio do controle individual dos cidadãos e de imigrantes.[27]

O 11 de setembro certamente foi estopim de um processo mundial de passagem do Direito Constitucional Penal, poder de polícia e direito de segurança transnacional de imensa influência sobre as Constituições nacionais. Esse fenômeno teve e tem grande influência sobre as liberdades individuais dos cidadãos e a gama significativa de direitos humanos.[28] Como exemplo, podem ser citados alguns Estados alemães, especialmente após a abertura das fronteiras pelo Acordo de Schengen, que instituíram a chamada "investigação velada", consistente na permissão da polícia abordar pessoas mesmo sem qualquer suspeita.[29]

É certo que a luta contra o crime organizado e o terrorismo abriu uma visão de Direito Penal e Processual Penal altamente rígido e setorizado, pois quando se trata dessa tipologia de crimes o Estado considera-se autorizado a restringir de forma mais ampla garantias básicas dos cidadãos. Isso configura a transnacionalização da segurança, onde vários Estados de

---

27. CALLEGARI, André Luís; LIRA, Cláudio Rogério Sousa; REGHELIN, Elisangela Melo; MELIÁ, Manuel Cancio; LINHARES, Raul Marques. **O Crime de Terrorismo**: Reflexões Críticas e Comentários à Lei de Terrorismo. Porto Alegre: Livraria do Advogado, 2016, p. 29-30.

28. Cf. D'Avila, a luta contra o terror no pós-11 de setembro, sob o pretexto da defesa da democracia, direitos e liberdades, acarretou por parte dos EUA, principalmente, a subversão do princípio democrático e desses mesmos direitos e liberdades defendidos. A implementação de medidas de vigilância política e invasão de privacidade, trouxe à tona a figura do Combatente Inimigo, hipótese em que não são reconhecidos direitos civis elementares e nem direitos de um prisioneiro de guerra. D'AVILA, Fábio Roberto. **Ofensividade em Direito Penal**: Escritos sobre a Teoria do Crime como Ofensa a Bens Jurídicos. Porto Alegre: Livraria do Advogado, 2009, p.43.

29. GUNTHER, Klaus. **Os Cidadãos Mundiais entre a Liberdade e a Segurança**. Novos estudos. CEBRAP, São Paulo, n. 83, p. 12, Mar. 2009. <http://www.scielo.br/scielo.php?script=sci_arttext&pid=S0101-33002009000100002&lng=en&nrm=iso>. Acesso em: 12 jul. 2016.

forma conjunta e sincronizada reformam sua ordem jurídica interna adaptando-se a uma nova ordem jurídica internacional.[30]

Pois bem, essa transnacionalização composta por redes constituídas por diferentes nações, autoridades políticas, polícias, Direito Penal e Processual Penal não são indicativos da relativização dos direitos humanos, cujas conquistas deram-se a ferro, fogo e sangue? E quando essa relativização vem acompanhada com a aprovação do próprio cidadão, carente de segurança, não estar-se-ia retrocedendo na conquista de direitos de defesa e liberdade da humanidade? Não estar-se-ia diante de um declínio da soberania nacional, como nos aponta Gunther[31]?

Existem vários perigos e armadilhas nessa concepção. O Estado como gestor da segurança deve proteger o cidadão tanto das agressões internas como externas. Contudo, isso tem um custo material e/ou político. Quando se tratam de nações menos ricas a mais das vezes estas tornam-se dependentes de certas conexões com as nações mais ricas, cujas possibilidades tecnológicas, implementadas com base no poder econômico, indicam a necessidade de adesão a um padrão de segurança internamente nesses Estados, seja por meio de troca de informações ou mesmo afetação das liberdades individuais. Logo, as relações políticas e o alinhamento ideológico tornam-se fundamentais nessa relação assimétrica de poder, e inevitavelmente concessões ocorrem.

A aceitação por parte da população de alguns países europeus, como a Alemanha, por exemplo, de restrições pontuais às suas liberdades pressupõe uma estabilização a título presente e futuro de sua liberdade e segurança como um todo já atingidos. A questão é que se essa troca ou aceitação produzirá efeitos iguais em sociedades desiguais ou apenas trará benefícios a partes setorizadas, cujo retorno político é positivo.

3. O CRIME DE TERRORISMO E O DIREITO PENAL DO INIMIGO

3.1. O direito penal do inimigo (direito penal?)

Todo bem jurídico tutelado é resultado de uma paz jurídica cuja nação ou povo tenciona alcançar por meio de limitações à ação punitiva do Estado, estabelecendo padrões de condutas delimitados com base em um consenso comum ou de uma maioria legitimada para tanto.

---

30. GUNTHER, 2009, p. 14.
31. *Ibid.*, p. 15.

A popularização do Direito Penal, em muitos casos motivados pelo jogo político e de poder, tem colocado em risco conquistas obtidas no plano do humanismo e do Direito Internacional com evidente mutação do direito interno de vários Estados. Há muito se fala em uma falência do Direito Penal, que frente ao aumento da criminalidade organizada e crimes de terror é questionado se está de fato apto a garantir a segurança e o equilíbrio que todos almejam no mundo moderno.

Por outro lado, fala-se de uma vulgarização do Direito Penal, onde sua intervenção subsidiária, como *ultima et extrema ratio*, encontra-se num plano de irracional desproporção que lhe subtrai em parte a força intimidatória na tutela dos bens jurídicos de maior relevância.[32]

O Direito Penal que ao mesmo tempo não consegue satisfatoriamente prevenir e punir o crime reflete uma faceta de debilidade do poder estatal interno. Essa combinação de ameaça ao poder e de insegurança social acaba por minar de forma setorizada a estrutura jurídica de países, que se assentam no Estado Democrático de Direito, na busca de soluções imediatas que a mais das vezes trazem resultados aparentes.

Esse conjunto de fatores compõem fórmulas perigosas que meditam na eliminação dos males que assolam a sociedade moderna pela exterminação do inimigo. O terrorismo e os crimes que lhes são conexões representam uma forma de criminalidade cujas soluções contra suas teias são tão complexas quanto suas causas. A esse tipo da agente criminoso é que se tem passado a atribuir uma condição de "não cidadão, não pessoa ou inimigo".

Jakobs, passando por Rousseau, Fichte e Kant, advoga dentro de único contexto jurídico a coexistência das figuras do Direito Penal do Cidadão, dirigido àqueles que não delinquem, e um Direito Penal do Inimigo (Feindstrafrecht), dirigido àqueles que se desviam da ordem jurídica e persistem na comissão de delitos. O primeiro mantém a vigência da norma, o segundo combate perigos.[33]

Assim, se um membro da sociedade age fora do padrão comportamental estabelecido pelo Direito Penal, cujo pacto todos aderiram, e mesmo advertido por meio da pena volta a delinquir, não deve ser tratado como cidadão, mas como um inimigo da sociedade. Disso decorre que a coopera-

---

32. VALENTE, Manuel Monteiro Guedes. **O Direito Penal do Inimigo e o Terrorismo**: O "Progresso ao Retrocesso". Coimbra: Almedina, 2010, p. 14-5.
33. JAKOBS, Günther; MELIÁ, Manuel Cancio, **Direito Penal do Inimigo**: Noções e Críticas. Organização e tradução André Luís Callegari, Nereu José Giacomolli. Porto Alegre: Livraria do Advogado, 2015, p. 24-9.

ção internacional ou nacional no combate aos inimigos e mesmo a vulnerabilidade dos direitos humanos são "traços do Direito Penal do Inimigo, sem ser só por isso ilegítima".[34]

Observa-se que as mesmas indagações de Jakobs,[35] ao tempo de sua construção dogmática do Direito Penal do Inimigo, vêm se acentuando na última década quanto aos sistemas de prevenção e combate ao terrorismo. Afinal, estamos frente a uma guerra ou luta contra o terrorismo? Pode o Direito Penal, instrumentalizado pelo Processo Penal, no Estado Democrático de Direito, impedir o avanço do terror no mundo ou os mecanismos e a forma de encarar sua existência passam pela mudança de foco e/ou armas?

O epicentro da construção dogmática de Jakobs deu-se em 1999 em um Congresso em Berlim, cuja conferência foi intitulada "A ciência do Direito Penal frente o novo milênio". Imediatamente instalaram-se vozes contrárias a suas exposições alertando sobre os perigos que suas ideias poderiam causar ao Estado Democrático de Direito. Por certo, como bem chamou atenção Muñoz Conde, tudo não passaria de mero debate acadêmico não fossem os atentados às Torres Gêmeas em 11 de setembro de 2001, em Bali na Indonésia, em 2003, à estação de Atocha de Madri, em 2004, e ao metrô de Londres em julho de 2005.[36]

No entanto, novos atentados terroristas sucederam-se à França em janeiro de 2015, em que 17 pessoas morreram em ataques contra o jornal satírico Charlie Hebdo e um supermercado judaico, os ataques de 13 de novembro do mesmo ano em Saint-Denis e, recentemente, no dia 14 de julho de 2016, em Nice, com a morte de 84 pessoas atropeladas por um caminhão.[37]

As críticas perfiladas à tese de Jakobs ecoaram a partir do risco potencial à época, e agora real, de afetação ao Direito Penal no Estado Democrático de Direito e na possibilidade de fortificação de ideias cunhadas num Direito Penal fundado em sistemas políticos autoritários. E este ponto é um dos que mais interessa a esta investigação, pois ao que tudo indica surge um novo Direito Penal e Processual Penal influenciados pela dogmática de combate ao inimigo, como via de exceção que inevitavelmente se infiltra

---

34. *Ibid*, p. 48.
35. Nesse sentido, Jakobs questiona "Pode-se conduzir uma "guerra contra o terror" com os instrumentos do Direito Penal de um Estado de Direito?" (*Ibid.*, 51)
36. CONDE, Francisco Muñoz. **Direito Penal do Inimigo**. Tradução de Karyna Batista Sposato. Curitiba: Juruá, p. 25-6.
37. Acontecimentos notórios divulgados pela imprensa internacional.

nos sistemas jurídicos e na órbita do Direito Internacional, como solução a um problema de segurança altamente complexo.

3.2. Combate ao terrorismo na contramão de um sistema de garantias de defesa

Muñoz Conde[38] rechaça por completo a ideia de um Direito Penal do Inimigo na mesma medida em que Jakobs preconizou o absurdo da interpretação de Muñoz acerca de sua dogmática sobre o tema. No entanto, a ideia de endurecimento de Jakobs parece não fazer merecer a pecha de propugnar o Direito Penal do Autor dos penalistas nazistas.[39] Não há absurdo em afirmar que, de fato, alguns indivíduos tenham inclinação à reiteração em determinados tipos de crime, como é absurdo numa visão humanista admitir campos de concentração ou tortura a qualquer infrator, como meio de obtenção de prova, mesmo o terrorista ou aqueles que tenham inclinações ou propensões para tal.[40]

Ora, a concepção de que o aumento das penas de prisão pode combater o terrorismo está longe de atingir o fim que se espera em termos de prevenção e intimidação na luta contra o terror,[41] pois o nível de sacrifício do terrorista por sua causa não encontra limites na vida e nem na liberdade, predisposição que o cidadão ocidental raramente está apto ou tem.

Isso não significa deva o Estado abster-se de mecanismos preventivos e ofensivos de combate ao terrorismo. Contudo, num sistema democrático de direitos e garantias os riscos de um retrocesso nas conquistas alcançadas e sedimentadas pela humanidade é latente. Uma dogmática jurídico-penal fundado na igualdade, respeito à dignidade humana e direito de ampla defesa não deve ceder à concepção de aniquilamento do ser considerado inimigo.

Em tal contexto, a expressão luta ou guerra ao terror tem significado maior do que aparenta na esfera social ou jurídica. E não foi por menos que Jakobs indagou, por ocasião da construção de sua dogmática do Direito

---

38. CONDE, *Op. cit.*, p.34-5.
39. *Ibid.*, p.41.
40. No que tange à obtenção da prova por meio da tortura, o Tribunal Constitucional Alemão (BVerfG, Bundesverfassungsgericht) repudiou-a enfaticamente, afirmando que, no caso, tal forma reduz a pessoa à objeto de luta contra o crime, violando o direito constitucional de ser avaliada e respeitada, sendo destruídos os "pressupostos fundamentais da existência individual e social do ser humano". AMBOS, Kai; LIMA, Polastri Marcellus. **O Processo Acusatório e a Vedação Probatória perante as Realidades Alemã e Brasileira.** Porto Alegre: 2009, p. 90.
41. Segundo Conde (2012, p. 44), um regime de extrema dureza na Espanha contra o terror, com pena de até 40 anos, sem possibilidade de redução ou concessão de liberdade, nos termos da reforma de junho de 2003, não impediram o atentado terrorista de 11 de março de 2004.

Penal do Inimigo: "Pode-se conduzir uma guerra contra o terror com os instrumentos do Direito Penal de um Estado de Direito?".[42]

Em verdade, a resposta é: em parte não. É preciso cuidado no jogo das palavras e na sua interpretação jurídica e hermenêutica. Guerra no sentido jurídico tem implicações práticas distintas que luta, permitindo exceções que numa vigência estável ou em tempo de paz no Estado Democrático de Direito não seriam admitidas.

Isso pode ser antevisto com clareza na decretação do Estado de Sítio, onde em caso de grave repercussão nacional ou ocorrência de fatos que comprovem a ineficácia de medida tomada durante o estado de defesa são admitidas restrições a várias garantias dos cidadãos, tais como a obrigação de permanência em determinado local, restrições à inviolabilidade da correspondência, sigilo das comunicações, liberdade de reunião, bem como busca e apreensão em domicílio, entre outros (artigos 137 e 139, CFRB).

Disso releva destacar que a assunção de uma posição de guerra contra o terrorismo, como uma classe especial de criminalidade que foge ao padrão criminológico de outros delitos, está na sua própria estrutura existencial e as razões ideológicas que instam e o fazem posicionar seus ataques. Como já referido noutro momento, trata-se de uma "guerra dos mais fracos" contra um Estado-alvo, com características e peculiaridades próprias que a distingue da criminalidade organizada transnacional.

O terrorismo tem natureza complexa, violando não apenas um bem jurídico, mas vários. Incide no tipo que pratica por ocasião do atentado, ou seja, a vida, a integridade física, a liberdade, o patrimônio, viola a paz pública e, ainda, agride a democracia do país com o fito de que haja concessões ao agressor, satisfazendo assim sua vontade.[43]

Nesse ponto é que se faz concluir que não é possível uma guerra ou uma luta contra o terror com os instrumentos do Direito Penal (material e processual) de um Estado de Direito Democrático sem efetivamente haver uma restrição ao rol de garantias com base na ponderação de interesses.[44-45]

---

42. JAKOBS, 2015, p. 51.
43. CALLEGARI, 2016, p.49.
44. Cf. Francisco Marcolino, a Constituição da República Portuguesa não proíbe a restrição de direitos, liberdades e garantias, ressalvada a dignidade da pessoa humana, não obstando, assim, a recolha de um meio de prova sujeitando-a a um juízo posterior de ponderação, para aferir-se qual dos direitos conflitantes deve prevalecer. JESUS, Francisco Marcolino. **Os Meios de Obtenção de Prova em Processo Penal**. Coimbra: Almedina, 2011, p. 140.
45. Acerca do princípio da ponderação e do sopesamento dos interesses conflitantes vide ALEXY (2008, p. 91-7).

Cap. 7 • CRIME DE TERRORISMO: UMA VISÃO PRINCIPIOLÓGICA À LUZ DA LEI Nº 13.260/2016

Em tal compasso, os receios de evolução da dogmática do Direito Penal do Inimigo como vetor propulsor de expansão da teoria da periculosidade, como elemento de intervenção do Direito Penal, cujos efeitos espargem sobre a tipicidade, antijuridicidade, culpabilidade e punibilidade merecem atenção.[46] Mas não sob o prisma de um tratamento igualitário ao terrorista, como nos demais crimes, pois não há dúvidas de que se trata de um conjunto de atos cuja essência é de uma guerra declarada, ainda que de forma fragmentada, afetando a própria soberania e segurança das nações.

O problema existente no ponto é que o valor das liberdades e garantias de defesa é de tamanho significado no plano do humanismo que se inadmite, sob qualquer argumento, exceções ou ponderações de órbita jurídica. Compartilha-se do receio, mas não quanto à inadmissibilidade de exceções ou ponderações às garantias no combate ao terror, desde que haja um ponto de equilíbrio entre a tutela dos bens jurídicos e a liberdade das pessoas.

Destarte, como bem ensina Beccaria,[47] o direito de punir é composto de uma parte mínima das liberdades dos cidadãos cedida ao Estado. A justiça é resultado do vínculo estritamente necessário a manter juntos os interesses dos particulares (e do Estado), tudo o mais que ultrapasse os limites destinados à conservação destes mesmos vínculos será injusto.

Logo, conceber restrições de ordem pontual a garantias, normatizadas no combate ao terrorismo, não significa ferir um Direito Penal Humanista e nem mesmo admitir a obtenção de provas por meio da tortura ou infligir penas cruéis coisificando o ser. Antes, significa o estabelecimento pelo cidadão de concessões excepcionais de uma parcela diferenciada de suas liberdades como forma de prevenção e combate ao terrorismo, cujos efeitos avassaladores justificam um novo paradigma de Direito Penal Preventivo e Punitivo.

Portanto, nesse contexto de quase inevitabilidade de endurecimento ao terrorismo, por meio de cooperação entre Estados e ação internacionais, são necessárias normatizações que impeçam uma desestabilização do Estado Democrático de Direito pátrio por um dito Direito Penal do Inimigo sem limites, que sejam capazes de coexistir com o Direito Material e Processual Penal.

---

46. Em tal sentido Zaffaroni critica a teoria da periculosidade. ZAFFARINI, Eugenio Raúl. **Em Busca das Penas Perdidas**: A Perda da Legitimidade do Sistema Penal. Tradução Vânia Romano Pedrosa e Amir Lopes da Conceição. Rio de Janeiro: Revan, 2001, p.249-50.

47. BECCARIA, Cesare. **Dos Delitos e das Penas**. Tradução José de Faria Costa. Lisboa: Fundação Calouste Gulbenkian, 1998, p. 65-6.

3.3. Segurança nacional e os perigos da polarização no eixo das garantias democráticas

O Congresso americano, após o 11 de setembro, autorizou os EUA atacarem por meio das Forças Armadas nações, organizações ou pessoas que tivessem participado ou prestado apoio aos respectivos atentados. Foi a operação Afeganistão, iniciada em 07 de outubro de 2001.

Posteriormente, em 26 outubro de 2001, o Congresso aprovou o *USA Patriotic Act*, que autorizava várias medidas de restrição às garantias de liberdade, tais como interceptações das comunicações orais e eletrônicas,[48] de meios de vigilância, controle de desvios de dinheiro, financiamento ao terror, restrição à imigração, poderes de investigação ao terrorismo e à CIA, bem como estabelecimento de provas secretas e prisão de estrangeiros suspeitos pelo Procurador-Geral, com detenção até a expulsão, além de Tribunais de Exceção.[49] O incremento legislativo acerca da matéria, inegavelmente, teve um impulso até então não visto nos EUA.

Na Inglaterra, seguindo a mesma linha ideológica do *USA Patriotc Act*, foi autorizada a detenção administrativa pela polícia por tempo indeterminado para estrangeiros suspeitos de envolvimento com o terrorismo.[50]

Em Portugal a securitização se destacou no poder de a polícia proceder, com base na Lei de Segurança, revistas e buscas de forma preventiva a um abstrato perigo maior, posse ou detenção de armas ou de objetos proibidos ou perigosos, que causem risco à incolumidade pública. Na hipótese não se exige a comprovação de suspeitas sobre a pessoa a qual recaia o ato de revista ou busca policial não domiciliária, tão somente a "presunção" de que o indivíduo se desloca a um evento desportivo ou de lazer é suficiente para que a polícia realize tais atos.[51]

Com a reforma processual penal de 2007 em Portugal incrementou-se a possibilidade de a polícia criminal proceder restrições a direitos e liberdades fundamentais das pessoas, tais como a intimidade da vida privada, inviolabilidade de domicílio, comunicações, liberdade de escolha do local ou direito a estar só ou que não se saiba onde se encontra. Além disso,

---

48. Cf. Callegari (2016, p. 31) o Congresso americano está envidando esforços no sentido de proibir a interceptação das comunicações telefônicas de seus cidadãos, já tendo sido aprovada uma parte da proposta de reforma, denominada *Freedom Act*, limitando-se a interceptação de informações privadas.
49. *Ibid.*, p. 29-30.
50. Conde, p. 45.
51. VALENTE, 2010, p. 59-60.

permitiu que a polícia detenha a notícia do crime pelo prazo de dez dias sem qualquer comunicação ao Ministério Público, titular da ação penal e do inquérito, sobressaindo disso o fenômeno da policialização.[52-53]

No Brasil, por força dos atentados terroristas que tem ocorrido no cenário mundial, já se vive uma securitização do sistema de segurança pública.[54] Como exemplos podem ser citadas a prisão temporária "quando houver fundadas razões, de acordo com qualquer prova admitida na legislação penal, de autoria ou participação do indiciado em crime de terrorismo" (art. 1º, inc. p, Lei 7.960/89) e do acesso a cadastros, registros e informações do suspeito que informem qualificação pessoal, filiação e endereço frente a Justiça Eleitoral, empresas telefônicas, instituições financeiras, provedores de internet e administradoras de cartão de crédito, independente de autorização judicial (art. 15, Lei 12.850/13).

Dessa forma, observa-se claramente que o mundo tem revelado uma crescente preocupação no combate ao terrorismo. O problema reside em que, por vezes, determinados Estados aderem a estratégias de combate não condizentes com sua própria estrutura jurídica ou, tão somente, adotam ou incrementam um Direito Penal com função meramente estabilizadora, sem a percepção do caráter complexo dessa tipologia de crime.

Na primeira hipótese pode-se falar dos riscos de uma polarização meramente por conveniência política internacional, onde um Estado adere a uma estratégia de prevenção e combate porque estas são as que mais guardam sintonia com determinada nação, cujos vínculos políticos devem ser mantidos. Essa circunstância pode acarretar, em parte, uma perda de identidade jurídica, colocando em risco direitos, garantias e liberdades constitucionais expressivas. Em tal contexto, a escolha de um lado ou de um inimigo pode ser um caminho sem volta e com efeitos altamente danosos, pois se passa a identificar em determinado alvo um inimigo que até então não era.

Na segunda hipótese, por ocasião da adoção de um Direito Penal meramente estabilizador, o legislador busca dar uma resposta rápida a proble-

---

52. VALENTE, 2010, p. 60.
53. Valente (Ibid., 60-1) distingue, com base em Zaffaroni, o conceito de policialização de policização. A primeira é empregada no sentido de descaracterizar do sistema funcional jurisdicionalizado para um sistema de desjuridicionalização, ou seja, a polícia passa a ocupar um papel principal no contexto de segurança, substituindo o Ministério Público e o Juiz. Policização, por sua vez, é um fenômeno de deterioração a que se submetem algumas pessoas de setores carentes da população, que se incorporam às agências militarizadas do sistema penal, consistente em deteriorar sua identidade original, substituindo-a por uma fictícia, funcional ao exercício do poder da agência.
54. Cf. Valente (Ibid., 2010, p.59), contrário à securitização.

mas de insegurança social que, num momento inicial, gera o que se chama de efeito simbólico, ou seja, produzem a sensação de segurança, diminuindo a pressão política, sem, entretanto, solucionar a causa do problema.[55]

As características de alta complexidade do crime de terrorismo indicam que o mero incremento de penas não será suficiente ao seu combate. O fim político que por ele é buscado atingir, por meio da imposição do medo, de forma a desestabilizar a estrutura interna do país-alvo, vem imbuído de total indiferença frente a valores que o mundo ocidental sustenta. O grau de sacrifício do terrorista por sua causa supera a imposição da pena, seja ela qual for. Em suma, o terrorista não teme a perca da liberdade e nem a morte.

Nesse contexto, a postura política ou ideológica do país frente ao terrorismo deve ser pensada concomitante com o Direito Penal, seja no plano material ou processual, mantendo-se foco em diretrizes que guardem a proporcionalidade das normas que limitam direitos fundamentais na órbita do Estado Democrático de Direito.

Para tanto, no caso brasileiro, é necessária uma estruturação jurídico-normativa, consolidada na Constituição, que seja apta a prevenir e punir o terrorismo e passe necessariamente pela definição criminológica dos elementos de seu tipo, inclusive e expressamente sua sujeição ou não, ainda que em partes, a regras típicas do Direito Militar, prevenindo-se a todos de uma interpretação de competência que conduza a um Estado de exceção abusivamente limitador de direitos.

4. A LEI 13.260/2016: ABORDAGEM CRÍTICA NA PERSPECTIVA DAS GARANTIAS

4.1. Conceito de crime de terrorismo na Lei 13.260/16

A Lei 13.260, de 16 de março de 2016, de iniciativa da Presidente da República, nasceu em meio a pressões internacionais em face do advento das Olimpíadas no Brasil. Já por ocasião do projeto a ONU Brasil teceu fortes críticas alertando dos efeitos danosos de sua aprovação conforme o texto se apresentava.

Segundo a ONU[56] a lei incluiria disposições e definições demasiadamente vagas e imprecisas, incompatíveis com um Estado de Direito adep-

---

55. Em sentido análogo, Callegari (2016, p. 67).
56. Organização das Nações Unidas no Brasil. Escritório de Direitos Humanos da ONU Critica Aprovação de Lei Antiterrorismo. Brasil: ONU, 2016. Disponível em: <https://nacoesunidas.org/

to a normas de direitos humanos internacionais. Além de ambiguidades apontadas no texto, parte de alguns dispositivos abririam margens, quando de sua aplicação no futuro, a interpretações discricionárias capazes de causar arbitrariedades inadequadas.

Um dos pontos centrais das críticas da ONU residia em que disposições do projeto possibilitavam o uso inadvertido contra manifestantes e defensores de direitos humanos. Conforme Amerigo Incalcaterra,[57] "A estratégia mundial contra o terrorismo deve ter como pedra angular a proteção dos direitos humanos, as liberdades fundamentais e o Estado de Direito, concluiu o representante do ACNUDH". A questão acabou superada no § 2º do artigo 2º da Lei 13.260/16.

No entanto, vários aspectos de ordem legislativa são passíveis de críticas, justamente por conta do caráter simbólico da norma, impulsionado mais por fatores de viés político do que calcado numa visão estratégica e de sintonia com o ordenamento jurídico pátrio.

Nessa linha, observa-se de plano do conceito de terrorismo suas deficiências, a começar pelo artigo 2º, prevendo que o terrorismo consiste na prática por um ou mais indivíduos dos atos previstos no artigo por razões de xenofobia, discriminação ou preconceito de raça, cor, etnia e religião olvidando que, não poucas vezes as ações dos terroristas, de forma individual (lobo solitário) ou coletiva, são motivadas por razões políticas.

Assim, ações que tenham por motivação, por exemplo, a insatisfação com este ou aquele governo ou líder, praticadas através dos atos do § 1º não poderão ser interpretados como condutas terroristas. Outro ponto de imprevisão no texto é a ação terrorista praticada por motivação oposicionista à forma de governo de determinado Estado ou a mera possibilidade de implantação de um novo sistema.

Revela-se com clareza a resistência do legislador em evitar tipificar condutas relacionadas a movimentos populares em que, comumente, têm por base razões de ordem política. E não por menos é que o § 2º do artigo 2º excluiu expressamente aquelas relacionadas às manifestações políticas, sindicais, religiosas, de classe ou de categoria profissional expressadas na defesa de direitos, garantias e liberdades sociais.

Em que pese a sensibilidade do tema, especialmente por ser afeto ao direito individual e coletivo de manifestação e reinvindicação de direitos,

---

brasil-escritorio-direitos-humanos-da-onu-critica-aprovacao-lei-antiterrorismo/>. Acesso em 02 de ag. 2016.

57. *Ibid.*, 2016.

careceu o legislador de amplo debate acerca da matéria penal, pois determinados comportamentos, inseridos num contexto de manifestação social, ainda que por indivíduos ou grupos isolados, podem valer-se dos atos de terrorismo, previstos no § 1º, fora das razões do artigo 2º, e com objetivos nítidos de causar terror.

Assim, determinadas condutas que afetam o mesmo bem jurídico, com razões ou elementos subjetivos distintos e graus de gravidade diversos, poderão ter tratamento idêntico, na medida em que há ausência de previsibilidade objetiva pela norma penal, fragilizando o caráter preventivo do Direito Penal.

Por outro lado, condutas de caráter terrorista, que em tese demandariam tratamento Processual Penal diferenciado de crimes comuns, especialmente no plano investigatório e das garantias, resultarão até certo ponto protegidas contra a ação da polícia criminal.

Isso pode ser inferido do contido no artigo 12 da Lei 13.260/16, a partir das medidas assecuratórias que poderão ser tomadas no curso da investigação criminal ou ação penal em relação a bens, direitos ou valores do investigado ou acusado, e mesmo de terceiros, que sejam instrumento do crime de terrorismo. Idêntico efeito poderá ser identificado na fixação da competência para investigação criminal, cooperação internacional e processamento da ação penal (artigo 11 da Lei 13.260/16).

Outro aspecto de omissão legislativa relaciona-se ao inciso V do § 1º, ao prever apenas a vida e a integridade física da pessoa como bens jurídicos tutelados, deixando de antever a liberdade individual e a dignidade sexual das pessoas. Ora, é sabido que muitas ações terroristas cometidas em outros países consistem em sequestrar pessoas, com o fim de obtenção de resgates ou escambo de reféns. Por outro lado, mulheres comumente são sequestradas e aprisionadas como objeto de valor e uso por terroristas, de forma a sustentar suas ações e aterrorizar.[58]

O legislador, contudo, em termos de impropriedades, foi além das simples omissões, quando passa a tipificar a preparação no crime de terrorismo, conforme será abordado no item que segue.

---

58. Conforme o secretário-geral da ONU, "grupos armados como o ISIL, Boko Haram e outros estão usando da violência sexual como uma forma de atrair e reter integrantes, bem como uma maneira de gerar receita. "O sequestro, em 2014, de mais de 200 meninas em uma escola em Chibok, na Nigéria, e a tragédia contínua de mulheres e meninas submetidas a casamentos forçados ou à escravidão sexual por parte de grupos extremistas no Oriente Médio são exemplos terríveis do uso desse tipo de violência como uma tática do terrorismo". Organização das Nações Unidas no Brasil. Era da Impunidade para Violência Sexual em Conflitos Chegou ao Fim. Brasil: ONU, 2016. Disponível em: <https://nacoesunidas.org/onu-era-da-impunidade-para-violencia-sexual-conflitos-chegou-fim/>. Acesso em: 03 de ag. 2016.

4.2. Dos atos preparatórios

O pensamento ou a ideia de que a prática de um crime, totalmente desprovido de perigo ao bem jurídico tutelado, não é passível de punição,[59] deriva do princípio *cogitationes poenam nemo patitur,* donde se extrai que a função do Direito Penal é de proteção subsidiária de bens jurídicos, independente de valores morais da pessoa. O Direito Penal não tem por objeto modelar a moral do indivíduo, senão proteger a ordem social, cuja violação constituirá um ilícito.[60]

Da cogitação seguem-se os atos de preparação e os atos executórios, consumando-se o crime ao final. Entretanto, os atos preparatórios são puníveis quando constituem um tipo penal autônomo, tal como ocorre na aquisição de uma arma para a prática de um roubo. Destarte, se o crime de roubo cogitado sequer se inicia somente será punível a aquisição da arma, com base no Estatuto do Desarmamento. A presunção de inocência é o vértice que impede a punição de atos preparatórios, já que não se pode presumir que o agente irá praticar o núcleo do tipo.[61]

No plano do direito material os atos preparatórios são definidos levando em conta o bem jurídico protegido, ou seja, a violação que se pretende prevenir. Isso explica a existência de tipos penais que abrangem os atos preparatórios e a lesão ao bem jurídico, tais como os crimes de perigo abstrato que são tipificados como crimes autônomos.[62]

No caso da Lei Antiterrorismo pairam imprecisões que giram em torno de saber se há de fato um bem jurídico tutelado ou se trata a lei de um apanhado de preceitos de ordem preventiva ou de precaução penal.

Nesse compasso, o artigo 2º pretende definir o que seja terrorismo, especificando quais são os elementos subjetivos que impulsionam a conduta, tais como xenofobia, discriminação ou preconceito de raça, cor, etnia e religião conjugando e, ao mesmo, definindo especificadamente o que são atos de terrorismo no parágrafo 1º. Mas além de fragmentar o conceito, equivocou-se o legislador em não prever no artigo 2º a prática do terrorismo por razões políticas ou em face de determinado sistema de governo, fato já abordado no item 41.

---

59. MARTINELLI, João Paulo Orsilini; BEM, Leonardo Schmitt de. **Os Atos Preparatórios na Nova Lei "Antiterrorismo"**. Boletim IBCCRIM. São Paulo, ano 24, n. 284, p. 11, jul.2016.
60. DIAS, Jorge de Figueiredo. **Direito Penal.** Parte geral. Tomo I. Questões Fundamentais: A Doutrina Geral do Crime. Coimbra: Ed. Coimbra. 2ª ed., 2011, p. 681-82.
61. Cf. MARTINELLI, *Op. cit.*, p. 11.
62. DIAS, *Op. cit.*, p. 683.

Outro problema advém a partir da previsão no artigo 5º da Lei quanto à punição dos atos preparatórios. O primeiro ponto a ser observado é a expressão "propósito inequívoco", ou seja, explícito, manifesto de consumar o crime de terrorismo. Propósito está para o elemento subjetivo, o dolo do agente de querer praticar a conduta-crime ou assumir o risco. Disso exsurge a indagação se a norma ao se referir a propósito inequívoco pretende punir apenas o dolo direto, não faz tal distinção ou apenas disse menos do que queria.

Considerando-se a aplicação da lei geral, no caso o artigo 18, inciso I, do Código Penal, por certo ferir-se-á frontalmente o princípio da proporcionalidade ao punir-se a assumpção do risco no ato preparatório. Destaca-se que tal circunstância, a depender da corrente adotada, poderá ser indiferente quando iniciado algum ato de execução, mesmo que na forma tentada, se equiparados ambos os dolos. Seja como for era de bom alvitre que em se tratando de punição de ato preparatório, exceção à dogmática penal geral, o legislador tivesse afastado qualquer margem de dúvida a esse respeito, mitigando a possibilidade de subjetivismo na interpretação da norma.

Nesse ponto, o artigo 5º ao prever a punição do ato preparatório do terrorismo deixou apontado, ainda que de forma imprevidente, de que estará ao alvedrio do intérprete, diante de uma norma aberta, interpretar o limite e a extensão da definição dos atos de preparação no caso concreto. A toda evidência isso acarretará violação frontal ao princípio da proporcionalidade, na aplicação e cominação de penas.

Martinelli e De Bem[63] advertem que se para o crime de terrorismo consumado já existe, por si só, complexidade para sua definição, em face da combinação de elementares objetivas e subjetivas, muito o mais há para os atos preparatórios, onde então o nível de cautela deverá ser em proporção significativamente maior. Em tal contexto, incidir-se-á no perigo de que qualquer conduta possa, na cabeça do intérprete, ser considerada preparatória ao terrorismo, antecipando-se a punição de um ato que, talvez, sequer seria praticado.[64]

Em tal compasso, chama-se atenção para que o número significativo de elementares ao crime de terrorismo pode afetar frontalmente o princípio da legalidade, na medida em que a complexidade da prova de todos ele-

---

63. MARTINELLI, p. 2016, p. 11.
64. Os autores citam exemplos do que pode ser considerado ato preparatório, como: o indivíduo que viaja a um país onde se concentram grupos extremistas; estudantes que participam de fóruns de discussão na internet acerca da opressão do Ocidente contra o Oriente; uma conversa interceptada, onde de forma jocosa os interlocutores dizem que gostariam de explodir o Congresso Nacional. *Ibid.*, p. 11.

mentos típicos será dificultosa. Com isso corre-se o risco de o intérprete, a partir de uma análise superficial, considerar qualquer ato terrorista ou simplesmente considerar improvadas condutas que de fato são terroristas e mereceriam punição.[65]

No que tange à cominação de penas aos atos preparatórios será a correspondente ao crime consumado com a redução de ¼ (um quarto) até a ½ (metade) (art. 5º), pois não há no texto, para eles, a previsão da forma tentada. Ou seja, ao crime de terrorismo, previsto no artigo 2º, *caput*, e § primeiro da Lei, aplica-se a regra do artigo 12 do Código Penal, por se tratar de lei especial, podendo a redução, caso não consumado, ser de até 2/3 (dois terços) por aplicação do artigo 14 do Código Penal. Em suma, ao crime de terrorismo tentado – mais grave – será possível aplicar-se uma redução maior do que ao ato preparatório, verdadeira afronta ao princípio da proporcionalidade.[66]

Figueiredo Dias[67] adverte, com propriedade, que a punição de atos preparatórios não como crimes autônomos só é politicamente aceitável se deles é possível se extrair um alto grau de probabilidade de realização do tipo penal, e que se justifique uma intervenção penal em precoce estágio do *iter criminis*. Não se pode punir a tentativa de ato preparatório.[68]

Portanto, o artigo 5º da Lei nº 13.260/16 como redigido deixa sem sombra de dúvidas larga margem de insegurança jurídica, ora por afetar a legalidade, ora a proporcionalidade. Em verdade, a melhor técnica a ser adotada pelo legislador seria prever o ato preparatório ao terrorismo como delito autônomo, com aplicação de penas proporcionais próprias, cuja redução teria por base frações idênticas às previstas à tentativa, em simetria ao parágrafo único do artigo 14 do Código Penal.

5. DA PRISÃO CAUTELAR NO CRIME DE TERRORISMO

5.1. Breves considerações normativas

Em 1967, durante a ditadura militar, foi promulgado o Decreto-Lei n. 314/06, o qual previa os crimes contra a segurança nacional. Em seu

---

65. MARTINELLI, 2016, p. 11.
66. Em sentido análogo: MARTINELLE (2016, p. 11).
67. DIAS, 2011, p. 683.
68. PITASKE (2012, p. 137) refere que no Direito Penal alemão há a punição dos "preparativos para a preparação", em cujos atos há perigo abstrato ao bem jurídico tutelado. (PINTASKE, 2012, p. 137).

texto havia os termos segurança interna, que abrangia manifestações político-sociais, e segurança externa, que abrangia as ameaças internacionais. Além disso, previa expressamente punição a atos de sabotagem ou terrorismo, sem qualquer definição quanto ao que consistiam tais condutas.[69]

O Decreto-Lei nº 898/69, por sua vez, ao mesmo tempo em que previa o crime de terrorismo nos artigos 28 e 46, restou indefinido quanto às condutas que compunham o respectivo tipo. A Lei 6.620/78 (revogada) e a Lei 7.170/83 (em vigor), ainda que prevendo o crime de terrorismo como crime político, deixaram de fixar suas respectivas elementares.[70]

Com o aumento da criminalidade organizada, o legislador aprovou a Lei 9.034/95 incrementando a prevenção e repressão às organizações criminosas, definindo meios operacionais de prova e investigação. Entretanto, a mesma foi revogada expressamente pela Lei nº 12.850/13. Esta, além de prever sua aplicabilidade às organizações terroristas internacionais (art. 1º, § 2º), também introduziu alterações na Lei nº 12.694/12 que, por sua vez, trata do processo e julgamento dos crimes praticados por organizações criminosas.

5.2. Da prisão temporária e da prisão preventiva no crime de terrorismo

A Lei nº 13.260/16 alterou em parte a Lei nº 7.960/89, que passou a prever expressamente em seu artigo 1º, "p", a admissão da prisão temporária ao crime de terrorismo, muito embora já houvesse tal possibilidade em face do que era contido no artigo 2º, § 3º, da Lei 8.072/90, alterado pela Lei nº 11.464/07, cujo prazo passou a ser de 30 (trinta) dias, prorrogáveis por idêntico período, em caso de extrema e comprovada necessidade.

Segundo a Lei nº 7.960/89 é cabível a prisão temporária do indiciado quando a constrição for imprescindível para a investigação criminal, a pedido da autoridade policial competente ou do Ministério Público (art. 1º, inc. I), mediante decisão devidamente fundamentada pela autoridade judicial (art. 2º, § 2º).

A aplicabilidade das Leis nº 7.960/89, 8.072/90 e 12.850/13 aos crimes previstos na Lei Antiterror não passa de um módulo simplista de so-

---

69. MALUF, Elisa Leonesi. **Terrorismo e Prisão Cautela**: Eficiência e Garantismo. São Paulo: LiberArs, 2016, p. 158.
70. *Ibid.*, p. 158.

lução a um crime cuja definição ou conceituação não está bem definida. Os riscos do uso indevido da prisão temporária e preventiva aos crimes de terrorismo são latentes.

A natureza complexa do crime de terrorismo, cuja causa pode estar ligada a fatores políticos, num contexto de cooperação internacional, policial e judicial, de caráter preventivo e punitivo, é capaz de conduzir os operadores do Direito a restrições desproporcionais à liberdade de indivíduos meramente suspeitos, especialmente quando há interferência midiática maciça. Logo, a importância da precisão e da clareza dos elementos do tipo terrorismo é de extrema relevância.

Nessa linha de raciocínio, pode-se destacar o aponte de Maluf[71] de que no plano da cooperação jurídica internacional de combate ao terrorismo, o STF tem se posicionado, desde o processo de Extradição nº 855/2004 (República do Chile), de que o terrorismo não é crime político, mas sim crime hediondo, possibilitando a extradição.

A imprecisão quanto à natureza política ou não do crime de terrorismo na Lei nº 13.260/16, para os processos de extradição, poderá ser um fator de prolongamento desnecessário à prisão preventiva. O Ministro Celso de Mello, relator no processo de Extradição nº 855/04,[72] destacou que a cláusula de proteção do artigo 5º, LII, da Constituição da República Brasileira, que veda a extradição de estrangeiros por crime político ou de opinião não se estende aos crimes de terrorismo.

Pois bem, já se destacou que uma das omissões da Lei é justamente a ausência da causa política na definição dos crimes de terrorismo. Logo, em tese, atos de terrorismo praticados em território estrangeiro, que sejam conceituados como crime político ou foi motivado por uma causa política, poderão ser considerados, ao alvedrio da subjetividade do intérprete, não passíveis de extradição, ou prolongar a prisão preventiva diante de um empasse jurídico conceitual, o que poderia ter sido dizimado de vez pelo legislador.

A Lei nº 13.260/16 deixa claro que o legislar não envidou esforços para identificar as nuances do crime de terrorismo, jogando-o na vala comum dos crimes graves, deixando de tratar a cautelaridade da prisão, provisória ou preventiva, de forma especial. Em tal cenário não há previsão normati-

---

71. MALUF, 2016, p. 170.
72. BRASIL. Supremo Tribunal Federal. **Extradição 855/2004**. Relator Ministro Celso de Mello, Tribunal Pleno, julgado em 26.08.2004. Disponível em: < http://redir.stf.jus.br/paginadorpub/paginador.jsp?docTP=AC&docID=325004>. Acesso em: 27 de ag. 2016.

va de estabelecimentos prisionais específicos ou especiais para presos por terrorismo, cujo contato com outros perfis carcerários poderá colocar em risco, além de sua integridade física, a investigação no descobrimento de teias ou ramificações terroristas.

Isso se denota da prisão por mera suspeita por atos preparatórios, por exemplo, cuja gravidade é reconhecidamente menor, tanto quanto no fato de a lei apresentar indefinição conceitual da extensão e significado da preparação, relegando ao subjetivismo do juiz uma perigosa integração normativa.

6. DA INVESTIGAÇÃO, PROCESSO E JULGAMENTO

Da aplicação da lei nº 12.850/13 à investigação, processo e julgamento dos crimes de terrorismo (art. 16, Lei Antiterror) destaca-se a não regulação específica da utilização da prova produzida no estrangeiro no âmbito do Processo Penal interno. As características do crime de terror, já delineadas até então, cujos organismos solidificam-se em células e ramificações de matizes internacionais, impõem como condição de sucesso no combate desta tipologia de crime a troca de informações.

Nesse compasso, variados dados ou registros possibilitam, em muitas situações, ações preventivas que sequer chegam ao conhecimento do público, evitando atos de terror ou danos de extensões significativas. Essas informações constituem-se, por vezes, importantes elementos de prova quando já produzidas na seara de outro processo criminal. Logo, a possibilidade de sua internalização e valoração no processo pátrio poderá representar um instrumento relevante na formação ou na livre apreciação de outras provas relacionadas a crimes praticados no país.

O fato de o terrorismo ser um crime de altíssimo grau de lesividade a vários bens jurídicos seduz naturalmente agentes de investigação (nacionais ou estrangeiros) a romperem os limites da proibição de afetação às garantias do cidadão, contaminando a prova.[73]

---

73. No mesmo diapasão, destaca-se que o Direito brasileiro carece de uma regulação ampla e segura quanto à obtenção e produção da prova obtida por meios eletrônicos, especialmente no que diz respeito ao acesso, recolhimento, armazenamento, transferência e troca de informações para fins de cooperação internacional entre as polícias no combate aos crimes de terrorismo. Em Portugal essa preocupação é uma realidade que não vem de hoje. Segundo Rodrigues, somente com a documentação de todas as fases de obtenção da prova digital é que será possível a fiscalização da "cadeia de controle" e dos investigadores que tomam contato com a prova. RODRIGUES, Benjamin Silva. **Da Prova Penal**: Da Prova Electrônico-Digital e da Criminalidade Informático-Digital. Carcavelos: Rei Livros, 2011, t. 4, p. 45-6.

Disso resulta que havia a necessidade de o legislador pátrio regular de forma específica o traslado e aproveitamento de provas produzidas em processos estrangeiros, que mantenham conexão com fatos apurados no Brasil, através de uma dinâmica processual ao mesmo tempo célere e segura à livre apreciação da prova pelo julgador.[74] Um procedimento dessa envergadura evitaria embates tumultuários, desnecessários ou procrastinatórios, típicos do confronto de forças entre defesa e acusação no processo de apuração de crimes de terrorismo.

Em tal contexto, diante do contraditório e da ampla defesa, corolários diretos na busca da verdade material ou daquilo que mais se aproxime dela, não é dado ao julgador valorar uma prova que tenha sido obtida de forma *ilícita* (afetando um direito material) ou *ilegítima* (afetando um direito processual),[75] consoante previsão do artigo 5º, LVI, da Constituição Federal Brasileira.

Assim, a prova emprestada, obtida em um processo e trasladada documentalmente para outro com o fim de produzir efeitos – testemunhais, documentais, periciais, entre outros,[76] ganha especial relevo nos crimes de terrorismo especialmente por conta de seu caráter transnacional.[77]

Logo, a apreciação pelo julgador quanto às fontes e os meios de sua obtenção no país de origem traz uma tal complexidade que exigiria do legislador pátrio a fixação de regras especiais que obstassem o encontro valorativo de uma prova acusatória cujas garantias constitucionais típicas do Estado Democrático de Direito ou de Direito humanitário não foram observadas por vício de origem, na formação ou por derivação.

---

74. Cf. leciona Germano Marques, "o sistema de livre apreciação da prova não deve definir-se negativamente, isto é, como desaparecimento das regras legais de apreciação das provas, pois não consiste na afirmação do arbítrio, sendo antes a apreciação da prova também vinculada aos princípios em que se consubstancia o direito probatório". SILVA, Germano Marques da Silva. **Curso de Processo Penal**. 5. ed. Lisboa: Verbo, 2011, v. 2, p.185.

75. Cf. Deu, em Portugal, a prova ilícita, obtida por meios ilícitos, está enquadrada na categoria de prova proibida, não compreendendo, no caso, a prova obtida que viola as formalidades exigidas. Já a prova proibida é aquela que infringe normas ou princípios reconhecidos pela Constituição para a proteção dos direitos da personalidade, intimidade ou à inviolabilidade das comunicações. A Constituição portuguesa de 1976 traz um catálogo de provas proibidas no artigo 32, prescrevendo nulas aquelas obtidas mediante "tortura, coação, ofensa à integridade física ou moral da pessoa, intromissão abusiva na vida privada, no domicílio, na correspondência ou telecomunicações." DEU, Teresa Armenta. **A Prova Ilícita**: Um Estudo Comparado. São Paulo: Marcial Pons, p. 38-9, 2014.

76. RANGEL, Paulo. **Direito Processual Penal**. 20ª ed. São Paulo: Atlas, p. 473, 2012.

77. Caráter transnacional aqui é empregado no sentido da internacionalidade das ramificações terroristas. Tatiana de Almeida (2014, p. 140) faz referência a "terrorismo transnacional", ou seja, aquele "associado às atividades de grupos e organizações privadas que se inspiram na religião para cometer seus atos terroristas".

Nesse ponto, cabe referir que a jurisprudência do Tribunal Espanhol não exerce nenhum controle ou análise sobre as fontes das provas obtidas em países estrangeiros ou provas obtidas a partir de solicitação por rogatória, por exemplo. Aquele que alega violação de um direito fundamental tem o ônus de prová-lo.[78]

No Brasil, na esfera penal, os pedidos de cooperação jurídica internacional são direcionados ao sistema judiciário, seja para fins de comunicação processual, citações, intimações e notificações, seja para investigação e instrução processual penal. A lei processual do Estado requerente ao Brasil é a que regula a execução do pedido de cooperação jurídica, é a chamada *lex diligentiae*. Nos pedidos de rogatória brasileiros não é incomum a solicitação de que os acusados possam exercer o direito de permanecerem em silêncio.[79]

Crimes de alta complexidade como o terrorismo e de matizes transnacionais exigem procedimentos processuais penais de ordem internacional não burocratizados, possibilitando-se que os organismos estatais satisfaçam a instrução com a celeridade exigida,[80] para que o Estado dê uma resposta penal efetiva, destinada à prevenção, punição ou absolvição. Somente assim estarão garantidos o devido processo legal e da duração razoável do processo.

Destarte, a ausência de normas específicas acerca do aproveitamento da prova emprestada do Processo Penal exterior, bem como da prova requerida pelo Estado brasileiro a outros países, signatários ou não de acordos internacionais, em face de crimes de terrorismo, representa diluição das garantias de defesa no direito interno, na medida em que entrega ao subjetivismo do intérprete sua análise, afetando o princípio da legalidade.

7. CONCLUSÃO

O crime de terrorismo é um fenômeno de ordem mundial que demanda um conjunto de ações políticas e jurídicas que ultrapassam as fronteiras de cada território num mundo cada vez mais globalizado. No plano políti-

---

78. DEU, p. 75, 2014.
79. BRASIL. **Cartilha de Cooperação Jurídica Interacional em Matéria Penal**. DRCI. Brasília: Governo Federal, p. 20, 2012. Disponível em:< http://www.mpf.mp.br/atuacao-tematica/sci/pedido-de-cooperacao-1/manuais-de-atuacao-1/cartilha-de-cooperacao-juridica-internacional-em-materia-penal-drci-mj/cartilha-de-cooperacao-juridica-internacional-em-materia-penal-drci-mj>. Acesso em: 03 de set. 2016.
80. Cf. Kai Ambos, o crescente número de processos no Tribunal Europeu de Direitos do Homem tem por fundamento a violação ao direito de um processo em prazo razoável. AMBOS, Kai. **Derecho y Processo Penal Internacional**. México: Fontamara, 2006, p. 229.

co-internacional demanda ações planejadas que mapeiem suas causas e origens, sem olvidar da necessidade de ações preventivas e punitivas, amparadas em ordenamentos jurídicos aptos a garantir que os Direitos Humanos conquistados até então não sejam recrudescidos.

Nessa linha, não há como deixar de acolher na órbita jurídica interna que a luta contra o terror com os instrumentos do Direito Penal (material e processual) de um Estado de Direito Democrático passa efetivamente por uma inevitável restrição ao rol de garantias com base na ponderação de interesses.[81] Isso não representa uma contradição à ideia de não recrudescimento das garantias de Direito Penal e Processual Penal, já que é justamente na delimitação das ponderações que será possível coibir abusos por parte do Estado, que comumente afetam os menos favorecidos e estigmatizados.[82]

No que tange à Lei nº 13.260/16, concebida sem a percepção da extensão do significado do crime de terror, cabe ao legislador pátrio uma profunda reflexão por meio de sua revisão, senão sua completa revogação.

O conceito de crime de terrorismo apresenta-se fragmentado, além de não antever fatores políticos como causa.

Relativamente à punição dos atos preparatórios, o legislador deixa ao alvedrio do intérprete a definição da extensão dos atos de preparação, o que viola flagrantemente o princípio da legalidade. Além disso, quanto à aplicação e cominação de penas, ao estabelecer para o crime de terrorismo tentado redução maior daquela prevista ao ato preparatório, afronta impiedosamente o princípio da proporcionalidade.

As prisões cautelares, por sua vez, diante da imprecisão do conceito de terrorismo trazida pela lei, poderão acarretar segregações desproporcionais, seja porque a Lei é omissiva quanto à causa política, o que poderá trazer efeitos na órbita da extradição por conta de embates interpretativos,

---

81. Waldron (2012, p. 39-44) destaca que ao aumentar-se o poder do Estado no combate aos crimes de terror, existe o risco de que esse poder correspondente seja utilizado para provocar outros danos ou diminuições às liberdades de outras maneiras. Por outro lado, não se deve confundir os meios com os fins do combate ao terrorismo. Uma maior capacidade de combater o terrorismo, diante de uma restrição de direitos civis ou de liberdade, não acarreta necessariamente uma diminuição dos riscos de ameaças terroristas. Essa ideia está em consonância com a que foi esposada até então no decorrer deste trabalho: as restrições são inevitáveis, o que é evitável são os abusos do Estado por meio de um conjunto de regras aptas para tanto.

82. Mizrahi (2013, p. 399), destaca que as populações menos favorecidas são aquelas que estão expostas às mais variadas formas de crimes, sendo mais suscetíveis ao recrutamento pelo tráfico de drogas e terrorismo, mas são elas que justamente incentivam e apoiam com mais fervor partidos políticos que lutam por introdução de legislações de prevenção e punição mais rígidas.

seja porque trata os atos preparatórios com simetria ao crime de terror propriamente dito.

Por derradeiro, a imprevisão normativa quanto à prova emprestada aos processos por crimes de terrorismo, bem como àquela produzida no exterior por solicitação do Estado brasileiro, dispensa não apenas instrumentos processuais próprios aptos ao esclarecimento da verdade material, mas também à celeridade processual exigida em ações penais por crimes dessa natureza.

8. REFERÊNCIAS

ALEXY, Robert. **Teoria dos Direitos Fundamentais.** 2. ed. São Paulo: Malheiros, 2011.

AMBOS, Kai. **Derecho y Processo Penal Internacional.** México: Fontamara, 2006.

_____.; LIMA, Polastri Marcellus. **O Processo Acusatório e a Vedação Probatória perante as Realidades Alemã e Brasileira.** Porto Alegre: 2009

CALLEGARI, André Luís; LIRA, Cláudio Rogério Sousa; REGHELIN, Elisângela Melo; MELIÁ, Manuel Cancio; LINHARES, Raul Marques. **O crime de Terrorismo**: Reflexões críticas e comentários à lei de Terrorismo. Porto Alegre: Livraria do Advogado, 2016.

CARDOSO, Tatiana de Almeida Freitas R. A Mundialização do Terrorismo: A (Re)Definição do Fenômeno Após o 11 de Setembro. *In*: BORGES, Rosa Maria Zaia; AMARAL, Augusto Jobim do; PEREIRA, Gustavo Oliveira de Lima. **Direitos Humanos e Terrorismo.** Porto Alegre: ediPUCRS, 2014

CONDE, Francisco Muñoz. **Direito Penal do Inimigo.** Tradução de Karyna Batista Sposato. Curitiba: Juruá, 2012.

D'AVILA, Fábio Roberto. **Ofensividade em Direito Penal**: escritos sobre a teoria do crime como ofensa a bens jurídicos. Porto Alegre: Livraria do Advogado, 2009

DEU, Teresa Armenta. **A Prova Ilícita**: um estudo comparado. São Paulo: Marcial Pons, 2014.

DIAS, Jorge de Figueiredo. **Direito Penal.** Parte geral. Tomo I. Questões Fundamentais: A Doutrina Geral do Crime. Coimbra: Ed. Coimbra. 2ª ed., 2011

FREUD, Sigmund. **O Mal-Estar na Civilização, Novas Conferências Introdutórias à Psicanálise e Outros Textos (1930-1936).** Tradução: Paulo César de Souza. São Paulo: Companhia das Letras, 2010.

JESUS, Francisco Marcolino. **Os Meios de Obtenção de Prova em Processo Penal.** Coimbra: Almedina, 2011.

LUCAS, Doglas César. Em Busca da Definição que o Mundo Hesita em Elaborar: Terrorismo Internacional. *In*: BEDIN, Antônio Gilmar (organizador). **Estado de Direito, Jurisdição Universal e Terrorismo.** Ed. Unijuí, 2009, p. 39.

PAWLIK, Michael. **Teoria da Ciência do Direito Penal, Filosofia e Terrorismo.** São Paulo: Leberars, 2012.

JAKOBS, Günther; MELIÁ, Manuel Cancio. **Direito Penal do Inimigo**: Noções e Críticas. Organização e tradução: André Luís Callegari, Nereu José Giacomolli. Porto Alegre: Livraria do Advogado, 2015.

KANT, Immanuel. **A Metafísica dos Costumes**. Tradução: José Lamego. Lisboa: Fundação Calouste Gulbenkian. 2ª Ed. 2011, p. 232.

MALUF, Elisa Leonesi. **Terrorismo e Prisão Cautelar**: Eficiência e Garantismo. São Paulo: LiberArs, 2016

NETO, José Cretella. Em Busca da Definição que o Mundo Hesita em Elaborar: Terrorismo Internacional. *In*: BEDIN, Antônio Gilmar (organizador). **Estado de Direito, Jurisdição Universal e Terrorismo**. Ijuí: Ed. Unijuí, 2009, p. 127.

RODRIGUES, Benjamin Silva. **Da Prova Penal**: Da Prova Electrônico-Digital e da Criminalidade Informático-Digital. Carcavelos: Rei Livros, 2011, t. 4.

SCHMITT, Carl. **The Theory of the Partisan**: A Commentary/Remark on the Concept of the Political. *In:* Michigan State University Press, 2004. Disponível em: http://users.clas.ufl.edu/burt/spaceshotsairheads/carlschmitttheoryofthepartisan.pdf Acesso em: 12 set. 2016.

SILVA, Germano Marques da Silva. **Curso de Processo Penal**. 5. ed. Lisboa: Verbo, 2011, v. 2.

VALENTE, Manuel Monteiro Guedes. **O Direito Penal do Inimigo e o Terrorismo**: O "Progresso ao retrocesso". Coimbra: Almedina, 2010.

WALDRON, Jeremy. **Torture, Terror and Trade Offs: Philosophy for the White House**. New York: Oxford University Press, 2010.

ZAFFARINI, Eugenio Raúl. **Em Busca das Penas Perdidas**: A perda da Legitimidade do Sistema Penal. Tradução: Vânia Romano Pedrosa e Amir Lopes da Conceição. Rio de Janeiro: Revan, 2001.

Artigos da Internet

BASSO, Maristela. **Reflexões sobre Terrorismo e Direitos Humanos**: Práticas e Perspectivas. **Revista da Faculdade de Direito,** Universidade de São Paulo, São Paulo, v. 97, p. 435-441, jan. 2002. Disponível em: <http://www.revistas.usp.br/rfdusp/article/view/67556>. Acesso em: 07 de jul. 2016.

GUNTHER, Klaus. **Os Cidadãos Mundiais entre a Liberdade e a Segurança**. Novos estud. – CEBRAP, São Paulo, n. 83, p. 11-25, mar. 2009. Disponível em: <http://www.scielo.br/scielo.php?script=sci_arttext&pid=S0101-33002009000100002&lng=en&nrm=iso>. Acesso em: 12 de jul. 2016.

Organização das Nações Unidas no Brasil. Escritório de Direitos Humanos da ONU Critica Aprovação de Lei Antiterrorismo. Brasil: ONU, 2016. Disponível em: <https://nacoesunidas.org/brasil-escritorio-direitos-humanos-da-onu-critica-aprovacao-lei-antiterrorismo/>. Acesso em: 02 de ag. 2016.

Organização das Nações Unidas no Brasil. **Era da Impunidade para Violência Sexual em Conflitos Chegou ao Fim.** Brasil: ONU, 2016. Disponível em: <https://nacoesunidas.org/onu-era-da-impunidade-para-violencia-sexual-conflitos-chegou-fim/>. Acesso em: 03 de ag. 2016.

MIZRAHI, Esteban. La Reación Penal do Estado Frente Al Terrorismo Transnacional. Veritas, **Revista Quadrimestral de Filosofia da PUCRS**, Porto Alegre, v. 58, n. 2, maio/ago. 2013. Disponível em: <http://primo-pmtna01.hosted.exlibrisgroup.com/PUC01:Acervo da Biblioteca:puc01000457026> Acesso em: 18 de set. 2016.

PINTASKE, Patrick M. Substantive Provisions of German Law Criminalizing Forms of Terrorismo in the Global Era. Sistema Penal & Violência. **Revista Eletrônica da Faculdade de Direito,** Programa de Pós-Graduação em Ciências Criminais, Pontifícia Universidade Católicas do RS, Porto Alegre, v. 4, n. 1, p. 133-41, jan./jun. 2012. Disponível em: <http://revistaseletronicas.pucrs.br/ojs/index.php/sistemapenaleviolencia/article/view/11377/8098> Acesso em: 18 de set. 2016.

8

ORGANIZAÇÕES TERRORISTAS: INTERSECÇÕES E DIÁLOGOS ENTRE AS LEIS 12.850/2013 E 13.260/2016

MARCELO RODRIGUES DA SILVA[1]

SUMÁRIO • Introdução – 1. Breve contextualização da Lei "Antiterrorismo" (Lei 13.260/2016) E reflexões críticas – 2. O conceito de terrorismo e sua tipificação – 3. Análise panorâmica dos crimes dos artigos 5º, *caput* (e incisos I e II) e 6º da Lei 13.260/2016: 3.1. A criminalização dos atos preparatórios de terrorismo e do recrutamento, transporte, municiamento e treinamento de pessoas internacional ou não (artigo 5º, *caput* e incisos I e II); 3.2. Criminalização do financiamento do planejamento, da preparação ou da execução de atos de terrorismo e outros equiparados (artigo 6º da Lei 13.260/2016) – 4. Organizações terroristas: intersecções e diálogos entre as Leis 13.260/2016 e 12.850/2013: 4.1. O crime de participação em organização terrorista (artigo 3º da Lei 13.260/2016); 4.2. A aplicação da Lei 12.850/2013 às organizações terroristas: qual a extensão do artigo 1º, § 2º, inciso II?; 4.3. Investigação, processo e julgamento dos crimes previstos na Lei Antiterrorismo (artigo 16 da Lei 13.260/2016): 4.3.1. Meios excepcionais de produção de provas; 4.3.2. Processo e julgamento – 5. Considerações finais – 6. Referências bibliográficas.

INTRODUÇÃO

O presente trabalho tem por objetivo geral analisar de forma panorâmica alguns dos dispositivos da 13.260/2016 (Lei Antiterrorismo brasi-

---

1. *Master of Laws* (LLM) em Direito Civil pela Universidade de São Paulo (USP) – 2015-2017. Especialista em Ciências Criminais pela Universidade Estácio de Sá (UNESA). Especialista em Direito Contratual pela Pontifícia Universidade Católica de São Paulo (PUCSP). Especialista em Direito Público pela Escola Paulista da Magistratura (EPM). Especialista em Direito Público pelo Damásio de Jesus em convênio com a Universidade Potiguar. Autor do livro "Organizações Criminosas e Técnicas Especiais de Investigação" (Juspodivm) em coautoria com Luiz Flávio Gomes. Professor convidado na Pós-graduação em Ciências Criminais na Rede de Ensino LFG/Universidade Anhanguera-Uniderp. Professor em direito penal e processo penal na TV Justiça (Coordenada pelo Supremo Tribunal Federal). Professor do Portal Atualidades do Direito. Advogado. Representante do Instituto Brasileiro de Direito e Política de Segurança Pública nos anos 2012-2013. Membro associado do IBCCRIm, CONPEDI e do BRASILCON.

leira), bem como compreender como o medo provocado pelo terrorismo (potencializado pela mídia e pela internet) influenciou negativamente a atual legislação. Para tanto, buscamos contextualizar a Lei Antiterrorismo no cenário nacional e ao mesmo tempo passamos a implementar um raciocínio crítico, realizando-se uma filtragem do novo diploma de acordo com os valores constitucionais.

Já o escopo específico é analisar Organizações Terroristas, em especial a fim de se estabelecer um diálogo entre a Lei 13.260/2016 e a Lei 12.850/2016 (Lei de Organizações Criminosas), haja vista que estas leis possuem entre si pontos de contato, quais sejam:

a) o conceito de Organização Terrorista e;

b) a determinação pelo artigo 16 da Lei 13.260/2016 de aplicação das disposições da Lei nº 12.850, de 2 agosto de 2013 para a investigação, processo e julgamento dos crimes previstos na Lei Antiterrorismo.

1. BREVE CONTEXTUALIZAÇÃO DA LEI "ANTITERRORISMO" (LEI 13.260/2016) E REFLEXÕES CRÍTICAS

Após os ataques aos Estados Unidos orquestrados pela *Al-Qaeda* em 11 de setembro de 2001 o terrorismo, conquanto já acompanhasse a humanidade no decorrer da história, tornou-se uma preocupação do governo americano[2] e um problema global a ser enfrentado, inclusive mais recentemente pelo Brasil, maior país da América-latina, que ainda não vivenciou um terrorismo autêntico[3] e que não possui uma demografia que facilite a operacionalização do terrorismo[4].

---

2. "Antes dos ataques terroristas de 2001, o governo americano não tinha uma política voltada à priorização do combate ao terrorismo e, por isso, poucas normas havia nesse sentido. Em 1996, a situação legislativa teve uma alteração, com a edição do *Anti-terrorism and Effective Death Penalty Act (ATEDPA)*, durante o governo de Bill Clinton" [lei que só teve a sua aprovação após os atentados terroristas ocorridos na cidade de Oklahoma em 1995]. "Em decorrência dos ataques de 2001, nos Estados Unidos, [...] editou[-se], em 26 de outubro de 2001, apenas seis semanas após os atentados, o *USA Patriot* Act, sigla para a denominação *Uniting and Strengthening America by Providing Appropriate Tools Required to Intercept and Obstruct Terrorism Act*, [...] que "tornou-se uma legislação símbolo na luta contra o terrorismo e permitiu a criação de várias restrições processuais em direitos fundamentais". (MALUF, Elisa Leonesi. **Terrorismo e prisão cautelar: eficiência e garantismo**. São Paulo: LiberArs. 2016. p. 61-62).

3. NUCCI, Guilherme de Souza. **Direitos Humanos versus Segurança Pública – questões controvertidas penais, processuais penais, de execução penal e da infância e da juventude**. Rio de Janeiro: Forense. 2016. p. 113.

4. Para o especialista em terrorismo Graeme Wood o Brasil não tem uma demografia que torne fácil para o terrorismo operar (Folha de São Paulo. 31 de julho de 2016. A18 – mundo).

Em razão do crescente número de ataques terroristas em outros países, do Brasil ser o país-sede das Olimpíadas e das Paralimpíadas de 2016[5] – lembrando atentado terrorista ocorrido durante os Jogos Olímpicos de 1972, Munique, Alemanha – e da recente onda migratória que vem recebendo o nosso país, aumentou-se em território brasileiro a pressão doméstica e internacional pela aprovação de uma lei "Antiterrorismo", o que acabou por culminar no dia 16 de março de 2016 na aprovação e sanção (com vários vetos presidenciais) da Lei "Antiterror" Brasileira (Lei 13.260/2016).

Em síntese, a Lei 13.260/2016 passou a:

a) conceituar terrorismo e atos de terrorismo (art. 2º)[6]

b) tipificar o crime de terrorismo, com penas de 12 a 30 anos (art. 2º, §1º)

c) criar causa de excludente de ilicitude relacionado ao direito de protesto e reivindicação (art. 2º, §2º)

d) tipificar o crime de participação em organização terrorista (art. 3º)

e) punir atos preparatórios de conduta terrorista (art. 5º)

f) tipificar o recrutamento de terroristas e o treinamento de terroristas (art. 5º, §1º)

g) tipificar o crime de financiamento do terrorismo (art. 6º)

h) instituir causas especiais de aumento de pena (arts. 7º e 8º)

i) prever a competência federal (art. 11)

j) prever medidas cautelares sobre ativos vinculados a atividades terroristas e a possibilidade de alienação antecipada de bens bloqueados e de nomeação de administrador provisório (arts. 12 a 14)

k) admitir a cooperação internacional com base em tratados e em promessa de reciprocidade e estipula regra geral de partilha de ativos (*asset sharing*) (art. 15)

---

5. Graeme Wood, especialista em terrorismo, alertou a pouca probabilidade de ataques terroristas no Brasil nas Olimpíadas, pois é difícil atacar onde reservatórios de apoio ao terrorismo não existem (Folha de São Paulo. 31 de julho de 2016. A18 – mundo).

6. Até o advento da Lei 13.260/2013, o terrorismo não era tipificado como crime pela legislação brasileira, não sendo válido o art. 20 da Lei 7.170/83 (conhecida como Lei de Segurança Nacional) para criminalizar essa conduta. (Neste sentido: STF. 2a Turma. PPE 730/DF, Rel. Min. Celso de Mello, julgado em 16/12/2014 – Info 772).

l) determinar a aplicação das regras da Lei 12.850/2013 para a investigação e processo de crimes previstos na Lei Antiterror e alterar o conceito de organização terrorista daquela lei (art. 16)

m) determinar a aplicação da Lei 8.072/1990 aos crimes previstos na Lei Antiterror (art. 17)

n) alterar a Lei 7.960/1989 para admitir a prisão temporária nos crimes da Lei Antiterror (art. 18)

Verifica-se, portanto, que a Lei 13.260/2016, com lastro no princípio da proibição de proteção insuficiente (garantismo penal positivo)[7], cumpriu formalmente os mandados expressos de criminalização previstos nos artigos 4º, inciso VIII[8] e 5º, inciso XLIII[9], ambos da Constituição da República Federativa do Brasil de 1988.

A Lei 13.260/2016 é fruto de um mundo negativamente globalizado em que, nas lições de Milan Kundera, "não há lugar para onde se possa fugir"[10]. Aliás, na era do terrorismo internacional o terror é global e onipresente[11].

Segundo Zygmunt Bauman, os perigos e os medos tornaram-se líquidos ou até mesmo gasosos, afinal "eles flutuam, exsudam, vazam, evaporam...

---

7. Nas lições de Francisco Dirceu Barros: "O princípio da proibição da proteção penal deficiente aos bens jurídicos relevantes, revela-se uma nova vertente do princípio da proporcionalidade, pois se não é lícito o Estado agir com excessos, também não é razoável a criação de normas penais que são deficientes em relação à tutela dos bens jurídicos relevantes. Embora não conste na maioria absoluta dos manuais de Direito Penal, o princípio em comento, já foi reconhecido pelo STF (RE n. 418.376) em que destacou o Ministro Gilmar Mendes: 'Quanto à proibição de proteção deficiente, a doutrina vem apontando para uma espécie de garantismo positivo, ao contrário do garantismo negativo (que se consubstancia na proteção contra os excessos do Estado) já consagrado pelo princípio da proporcionalidade. A proibição da proteção deficiente adquire importância na aplicação dos direitos fundamentais de proteção, ou seja, na perspectiva do dever de proteção, que se consubstancia naqueles casos em que o Estado não pode abrir mão da proteção do direito penal para garantir a proteção de um direito fundamental'"(BARROS, Francisco Dirceu de. **Direito Penal – parte geral**. Rio de Janeiro: Elsevier. 2014. p. 18).

8. Constituição Federal de 1988, Art. 4º A República Federativa do Brasil rege-se nas suas relações internacionais pelos seguintes princípios: [...] VIII – repúdio ao terrorismo e ao racismo.

9. Constituição Federal de 1988, Art. 5º, XLIII – a lei considerará crimes inafiançáveis e insuscetíveis de graça ou anistia a prática da tortura , o tráfico ilícito de entorpecentes e drogas afins, o terrorismo e os definidos como crimes hediondos, por eles respondendo os mandantes, os executores e os que, podendo evitá-los, se omitirem;

10. KUNDERA, Milan. **L'Art du roman**. Gallimard. 1986. *Apud in* BAUMAN, Zygmunt; tradução: MEDEIROS, Carlos Alberto. **Medo Líquido**. 2008. . p. 128.

11. PAWLIK, Michael. **Teoria da ciência do direito penal, filosofia e terrorismo**. Org. e tradução SAAD-DINIZ, Eduardo. São Paulo: LiberArs. 2012. P. 114.

Ainda não se inventaram paredes capazes de detê-los, embora muitos tentem construí-las"[12].

Espetáculos midiáticos provocam ainda que ingenuamente a multiplicação da força das experiências traumáticas geradas pelo terrorismo, conforme análise do filósofo franco-magrebino Jacques Derrida[13]. Não por outra razão, Mark Danner, citado por Zygmunt Bauman, aponta o aparelho de TV ("criação tecnológica mais norte-americana") como sendo a "arma mais poderosa" dos terroristas[14].

O trauma é potencializado pela internet, que é utilizada por terroristas como instrumento de difusão do terror (elemento finalístico do terrorismo).

Expõe-se em nível global na rede mundial de computadores vídeos de ameaças e violência explícita praticada por terroristas contra suas vítimas; imagens de reféns; utiliza-se a internet para facilitar a "propagação de informações relativas a redes terroristas e ensinamentos de fabricação de bombas caseiras e outros fatos ilícitos"[15], bem como para recrutar novos integrantes a grupos terroristas etc.

Existe, portanto, uma "indissolúvel conexão entre o terrorismo, o que o cientista norte-americano Bruce Hoffman caracteriza como uma 'forma pervertida de espetáculo (*Showgechäft*)', e os meios de comunicação de massa"[16].

Desta feita, atos terroristas praticados ainda que em uma pequena cidade em território brasileiro afetam a paz pública em escala nacional e, muitas vezes, mundial (como analisado acima). Não por outra razão trata-se de indubitável interesse da União a proteção da paz pública nestas proporções.

Exatamente por isso o artigo Art. 11 da Lei Antiterrorismo define atribuição investigativa criminal à Polícia Federal e a competência para processamento e julgamento destes crimes como sendo da Justiça Federal, nos termos do artigo 109, inciso IV da Constituição Federal de 1988.

---

12. BAUMAN, Zygmunt; tradução: MEDEIROS, Carlos Alberto. *Op. cit.* p. 128.
13. BORRADORI, Giovanna. **Filosofia em tempo de terror: diálogos com Habermas e Derrida**. (trad. Roberto Muggiati). Rio de Janeiro: Jorge Zahar Editor. 2004. p. 10.
14. BAUMAN, Zygmunt; tradução: MEDEIROS, Carlos Alberto. *Op. cit.* p. 139.
15. AZEVEDO, Paulo Bueno de. *Terrorismo*, **Direito Penal do Inimigo e Retórica da Prevaricação. Revista Magister de Direitos Humanos** n. 11. Out/Dez. 2014. p. 14. Disponível em: <http://www.magisteronline.com.br/mgstrnet/lpext.dll?f=templates&fn=mainhitj.htm&2.0>. Acesso em 17 de agosto de 2016.
16. PAWLIK, Michael. *Op. cit.* p. 114.

Portanto, não assiste razão a tese da inconstitucionalidade do artigo 11 sustentada por Henrique Hoffmann Monteiro de Castro e Valter Foleto Santin no seguinte sentido:

> Esse dispositivo é de duvidosa constitucionalidade. Isso porque a Constituição Federal é a norma que fornece os parâmetros básicos para divisão de atribuições e competências.[...]
>
> O que a Lei de Terrorismo pretendeu foi encaixar o crime de terrorismo art. 109, IV e art. 144, I da Constituição Federal, criando uma presunção legal absoluta incompatível com a diretriz traçada pelo constituinte originário.
>
> Ora, nem todo ato de terrorismo afeta interesses da União. Basta imaginar o crime praticado pelo terrorista que, movido por discriminação contra uma religião local, praticada apenas num determinado estado-membro, atenta contra a vida de um integrante de tal Igreja.
>
> A Carta Política delimitou o âmbito de atuação da Polícia Federal e da Justiça Federal. Não pode qualquer dispositivo legal se sobrepor ao comando da Lei Fundamental.
>
> Nessa esteira, há que se realizar uma interpretação do comando legal conforme à Constituição, afastando a natureza absoluta da presunção de atingimento de interesse da União. Isso significa que, para se definir a competência da Justiça Federal, e a atribuição da Polícia Federal, é preciso perquirir as circunstâncias do caso concreto. Apenas se a União realmente tiver algum interesse atingido devem a Justiça Federal e a Polícia Federal atuar. Caso contrário, a missão incumbe à Justiça Estadual e à Polícia Civil[17].

O exemplo do "terrorista" movido por discriminação contra uma religião local dado por Castro e Santin não tem enquadramento no tipo penal de terrorismo (mas tão somente no crime de homicídio), afinal o crime de terrorismo autêntico é aquele que, na dicção do artigo 2º da Lei 13.260/2016, tem o condão de "provocar terror social ou generalizado". Caso não presente este elemento finalístico não há que se falar em crime de terrorismo. Nas lições de André Luíz Callegari [et. alii]: "Mesmo que o âmbito de atuação direta do grupo terrorista se limite a atos cometidos em um espaço territorial específico, é decorrência da natureza terrorista a sua capacidade de gerar efeitos psicológicos (estratégia do discurso do terror) muito mais amplos"[18].

---

17. CASTRO, Henrique Hoffmann Monteiro de Castro; SANTIN, Valter Foleto. **Terrorismo e a busca da paz.** In: COSTA, Ilton Garcia; CACHICHI, Rogério Cangussu Dantas; LEÃO JÚNIOR, Teófilo Marcelo de Arêa. (Org.) **Paz & Teorias da Justiça.** Curitiba: Instituto Memória. Centro de Estudos da Contemporaneidade. 2016. p. 148-150.

18. CALLEGARI, André Luís; LIRA, Cláudio Rogério Sousa; REGHELIN, Elisangela Melo [et. alii]. **O Crime de Terrorismo – reflexões críticas e comentários à Lei do Terrorismo – de acordo com a Lei n. 13.260/2016.** São Paulo: Porto Alegre. 2016. p. 41.

Elisa Leonesi Maluf destaca que "a competência para o julgamento de causas relativas a direitos humanos, previstas no artigo 5º (incluídos delitos de terroristas), é da justiça federal, conforme consta do artigo 109, V-A, incluído pela Emenda Constitucional 45 de 2014"[19].

Terroristas escolhem suas vítimas muitas vezes aleatoriamente para a disseminação do terror – instrumentalização das vítimas.

Vale dizer, os atos de violência praticados por terroristas buscam no mais das vezes atingir diretamente a integridade física ou a vida de uma ou mais pessoas[20] (instrumentalização em primeiro grau) com a finalidade de que todos os demais sejam atingidos pelo efeito psicológico do ato (instrumentalização em segundo grau)[21].

Os atos terroristas, com auxílio – muitas vezes inocente – da mídia e da internet, conseguem impor medo generalizado e intranquilidade social.

Neste contexto, surgem discursos de combate ("com toda a carga semântica implícita na ideia bélica que a palavra 'combate' remete, algo constantemente denunciado pelo Prof. Nilo Batista"[22]) ao terrorismo para que seja retomada a paz (direito fundamental de 5ª dimensão, um supremo direito da humanidade, de acordo com Paulo Bonavides[23]), servindo inadequadamente o direito penal e o processo penal como instrumentos bélicos do Estado.

De acordo com Cornélius Prittwitz, o processo penal "torna-se cada vez mais difícil e cada vez menos distinguível da guerra civil e da guerra em si"[24].

Ocorre que uma guerra contra o terrorismo é uma guerra contra um substantivo (um "inimigo sem rosto" nas palavras de José Cretella Neto[25]), o que induz a uma guerra em si mesma. Assim, trata-se de uma

---

19. MALUF, Elisa Leonesi. **Terrorismo e prisão cautelar: eficiência e garantismo.** São Paulo: Liber Ars. 2016. p. 159.
20. De acordo com a Lei antiterror brasileira, artigo 2º, § 1º, atentar contra a vida ou a integridade física de pessoa pode ser considerado ato de terrorismo.
21. CALLEGARI, André Luís et. alii. Op. cit. p.37-38.
22. PRADO, Geraldo. **Debate Mãos Limpas e Lava Jato: a democracia brasileira à deriva.** 12 de junho de 2016. Disponível em: < http://emporiododireito.com.br/debate-maos-limpas-e-lava--jato-a-democracia-brasileira-a-deriva-por-geraldo-prado/>. Acesso em 12 de julho de 2016.
23. BONAVIDES, Paulo. **Curso de Direito Constitucional.** 25 ed. São Paulo: Malheiros. 2010. p. 593.
24. PRITTWITZ, Cornélius. **O direito penal entre direito penal do risco e direito penal do inimigo: tendências atuais em direito penal e política criminal.** In: Revista Brasileira de Ciências Criminais. A 12. n. 47. São Paulo. 2004. p. 33.
25. CRETELLA NETO, José. **Terrorismo Internacional: Inimigo sem rosto – combatente sem pátria.** Campinas: Millennium. 2008.

guerra que não tem vencedores, pois é uma guerra do Estado contra um inimigo imaginário, que acaba relativizando *ad eternum* direitos e garantias dos cidadãos, especialmente de sujeitos estigmatizados, *v.g.*: comunidade árabe e muçulmana.

Friedrich Nietzsche, em "Humano, Demasiado Humano"[26], já dizia: "As pessoas que não podemos suportar procuramos tornar suspeitas"

Ainda que de maneira reflexa, as estratégias de prevenção e enfrentamento ao terrorismo desrespeitam o princípio da igualdade e da não discriminação. As agências de prevenção e repressão atuam, por vezes inconscientemente, de forma discriminatória, racista e xenofóbica, desrespeitando direitos à diversidade e à identidade, pautada pela nacionalidade, etnia, raça ou religião.

Como bem adverte Flávia Piovesan:

> [...] ao longo da história, as mais graves violações aos direitos humanos tiveram como fundamento a dicotomia do 'eu *versus* o outro', em que a diversidade era captada como elemento para aniquilar direitos. Vale dizer, a diferença era viabilizada para conceber o 'outro' como um ser menor em dignidade e direitos, ou, em situações limites, um ser esvaziado mesmo de qualquer dignidade [...][27].

Adota-se um "Direito Penal do autor" por questões de prevenção de delitos futuros[28], voltando-se o direito penal não para fato praticado, mas para o status do sujeito.

A ameaça de inimigos passou a motivar métodos gerenciais de poder alimentados pela irracionalidade do medo provocado pelo terrorismo. Diante deste esquema retórico, o Estado abandonou o ordenamento como limite, passando a enxergá-lo como exceção, autorizando práticas investigativas e punitivas em detrimento dos direitos fundamentais, contrariando a própria base axiológica democrática[29] brasileira mediante certo consenso social.

O Brasil foi "longe demais" em vários aspectos da Lei 13.260/2013, ou seja, violou o garantismo penal negativo (*Übermassvebot*), nas palavras de

---

26. NIETZSCHE, Friedrich. **Humano, Demasiado Humano**. São Paulo: Companhia de Bolso. 2007. p. 248. Aforisma 557.
27. PIOVESAN, Flávia. In: CANOTILHO, J. J. Gomes; MENDES, Gilmar Ferreira; SARLET, Ingo Wolfgang [*et. alii*]. **Comentários à Constituição do Brasil**. São Paulo: Saraiva / Almedina. 2013. p. 175-176.
28. ROXIN, Claus. Derecho Penal. Parte General. Tomo I. Fundamentos. La Estructura de la Teoría Del Delito. Traducción y notas Diego-Manuel Luzón Pena, Miguel Diaz y Garcia Conlledo e Javier de Vicente Remesal. Madrid: Civitas, 1997. p. 177.
29. DIETER, Maurício Stegemann. **Terrorismo: Reflexões a partir da criminologia crítica**. Revista Brasileira de Ciências Criminais | vol. 75/2008 | p. 295 – 338 | Nov – Dez / 2008 DTR\2008\666

Dieter Grimm[30]. Faltou equilíbrio, ou seja, a Lei 13.260/2013 careceu de um meio termo entre a tese do Direito Penal Máximo, refletido nos movimentos de Lei e Ordem (*Law and Order*), e a tese abolicionista, capitaneada por Louck Hulsman, como diria Rogério Greco em uma visão minimalista do direito penal[31] [e do processo penal].

Nas lições de Ana Cláudia Bastos de Pinho e Michelle Barbosa de Brito:

> O discurso declarado do Direito Penal, com suas teorias legitimadoras da pena (principalmente as de prevenção geral negativa e prevenção especial positiva), não se sustenta frente a um crivo constitucional, deixando claro, ao fim e ao cabo, que sua verdadeira função (escamoteada, porém real) é servir de instrumento de exclusão de grupos vulneráveis, sempre eleitos pela seletividade inerente ao sistema de repressão[32].

A pretexto de se neutralizar os inimigos, autorizou-se a antecipação do direito penal e processo penal com relação a suspeitos. Veja-se, por exemplo, o artigo 5º da Lei 13.260/2016, que de maneira inédita no Brasil passou a criminalizar atos meramente preparatórios de terrorismo com o propósito inequívoco de consumar tal delito.

A ameaça de aplicações de sanções pelo direito penal à pretensos terroristas não serve como fator de intimidação e prevenção ao terrorismo, afinal, como já assinalava Samuel Pufendorf: "aquele que não teme a morte, nada teme"[33]. Vale dizer, terroristas geralmente dão a própria vida a fim de concretizar o terror (*v.g*: homens bombas), o que demonstra que a ameaça de prisão não seria medida preventiva eficaz.

Por este motivo a futurologia passa a ditar os rumos da persecução penal (direito penal prospectivo[34]). O Estado policial busca detectar o crime

---

30. FERREIRA, Gecivaldo Vasconcelos. **Princípio da proibição da proteção deficiente**. 4 de outubro de 2009. Disponível em: <http://www.ambito-juridico.com.br/site/index.php?n_link=revista_artigos_leitura&%20artigo_id=9051>. Acesso em 26 de agosto de 2016.
31. GRECO, Rogério. **Direito Penal do Equilíbrio**. 7ª ed. Rio de Janeiro: Impetus. 2014. p. 2.
32. BRITO, Michelle Barbosa; PINHO, Ana Cláudia Bastos de. Capítulo I- Crimes Contra a vida. *In*: QUEIROZ, Paulo (Coord.) **Direito Penal – parte especial. Volume 2**. 3ª ed. Salvador: Juspodivm. 2016. p. 67.
33. PUFENDORF, Samuel. *Über die Pflicht des Menschen und des Bürgers nach dem Gesetz der Natur*. Frankfurt: Leipzig. 1994. P. 56. *Apud in* PAWLIK, Michael. **Teoria da Ciência do Direito Penal, Filosofia e Terrorismo**. São Paulo: Liber Ars. 2012. p. 114.
34. Nas lições de Cleber Masson: "Trata-se de um Direito Penal prospectivo, com visão para o futuro, encontrando amparo no positivismo criminológico de Cesare Lombroso, Enrico Ferri e Rafael Garofalo, que clamava por um sistema penal em consonância com a real necessidade de defesa social, mormente quando estava assombrado por criminosos revestidos de indissociáveis aspectos endógenos". (MASSON, Cleber. **Direito Penal. vol.1 – Parte Geral**. 10ª ed. Rio de Janeiro: Forense. 2016. p. 113).

de terrorismo antes de ele ser cometido, antecipando a prisão (algo parecido com o filme de ficção *Minority Report*[35]).

Mesmo que a norma penal incriminadora dos atos preparatórios[36] de terrorismo exija a demonstração do propósito inequívoco de consumar tal delito (artigo 5º, Lei 13.260/2016), é cediço que para a fase investigativa e persecutória bastarão indícios de tal propósito, ocasião em que o Estado, impregnado pela governabilidade inquisitiva, utilizará de prisões temporárias[37] e prisões cautelares para o afastamento do suposto terrorista investigado do convívio social, justificando a segregação cautelar na vaga e abstrata garantia da ordem pública, cláusula aberta que serve como válvula de escape para o exercício arbitrário das prisões, em total desrespeito às garantias fundamentais do acusado[38].

O cenário identifica-se com o que o juiz Sérgio Ramírez, da Corte Interamericana de Direitos Humanos, denominou de "guantanamização do processo penal" (em memória à horripilante prisão de Guantánamo) em seu voto proferido no caso Tibi vs. Equador:

---

35. O filme passa-se em Washington no ano de 2054. A divisão pré-crime conseguiu acabar com os assassinatos, nesse setor da polícia o futuro é visualizado antecipadamente por paranormais, os precogs, e o culpado é punido antes que o crime seja cometido.

36. A antecipação da esfera de proteção da norma jurídica, adiantando a tutela penal para atingir inclusive atos preparatórios é característica do direito penal do inimigo (neste sentido: MASSON, Cleber. *Op. cit.* p. 113).

37. Entendemos que a prisão temporária é inconstitucional por duas razões:

    1ª) Foi criada por meio da Medida Provisória n. 111, de 24/11/1989, vale dizer, foi o Poder Executivo que legislou sobre Processo Penal e Direito Penal, matérias que são da competência privativa da União (conforme artigo 22, inciso I da CF/88). Por derradeiro, há uma nítida inconstitucionalidade por vício de iniciativa (ou inconstitucionalidade orgânica), que não poderia ter sido sanada pela conversão da medida em lei.

    2ª) Em um Estado Democrático de Direito é inadmissível que Estado utilize-se de prisão para investigar, vale dizer, primeiro realiza a prisão para depois investigar se o indiciado, efetivamente, é autor do delito. Na realidade, trata-se de medida constritiva da liberdade do suspeito que, não havendo elementos suficientes de sua conduta nos autos do inquérito policial, é preso para que esses elementos sejam encontrados. Denotem que, se houvesse elementos de convicção suficientes, o inquérito estaria concluído e o Ministério Público poderia oferecer denúncia, iniciando a ação penal e, se necessário fosse, requereria a prisão preventiva. Contudo, como não há, o Estado prende, por sua incompetência, para investigar se o indiciado é ou não o autor do fato. Faz-nos lembrar a famigerada prisão para averiguação da época da ditadura. A prisão não pode ser uma satisfação à sociedade por mais grave que seja o crime, mas sim uma necessidade de assegurar o curso do processo. No caso da temporária, é para assegurar que se realize uma investigação sobre o fato, dizem, praticando pelo apontado suspeito, o que, por si só, é inadmissível. Prender um suspeito para investigar se é ele, é barbárie. Só na ditadura e, portanto, no Estado de exceção (RANGEL, Paulo. **Direito Processual Penal**. 22a ed. São Paulo: Atlas. 2014. p. 844).

38. KATO, Maria Ignez Lanzellotti Baldez. **A (des)razão da prisão provisória**. Rio de Janeiro: Lumen Juris. 2005. p. 117.

> *Habíamos ganado ese terreno, dije, aunque ahora es preciso observar, de nueva cuenta, que ningún progreso es definitivo –la lucha por el derecho, en más de un sentido, es la única divisa posible en este campo– y que se ha iniciado una erosión inquietante de los derechos humanos en el ámbito del proceso. La persistencia de antiguas formas de criminalidad, la aparición de nuevas expresiones de la delincuencia, el asedio del crimen organizado, la extraordinaria virulencia de ciertos delitos de suma gravedad –así, el terrorismo y el narcotráfico–, han determinado una suerte de "exasperación o desesperación" que es mala consejera: sugiere abandonar los progresos y retornar a sistemas o medidas que ya mostraron sus enormes deficiencias éticas y prácticas. En una de sus versiones extremas, este abandono ha generado fenómenos como la "guantanamización" del proceso penal, últimamente cuestionada por la jurisprudencia de la propia Suprema Corte de Justicia de los Estados Unidos[39].*

O exercício de futurologia e de antecipação do direito penal, com a consequente decretação prisões cautelares ou temporárias indevidas, retira o véu da "utópica objetividade isenta"[40] do julgador que, diante de uma análise superficial das circunstâncias fáticas, ao lado do Ministério Público, das Autoridades Policiais e com apoio da mídia e da população, tem maximizada a sua carga de juízos valorativos negativos em torno dos fatos e supostos terroristas.

Assim, o julgador é impulsionado a jogar (ao invés de somente julgar)[41], introduzindo no seu (in)consciente inquisitivo um quadro mental paranoico denominado de "síndrome de Dom Casmurro" – quadro mental paranoico decorrente da busca pela prova que confirme a hipótese psicológica inicial[42] (mesmo que equivocada). O protagonismo do Judiciário ganha

---

39. Disponível em: <www.corteidh.or.cr/docs/casos/articulos/seriec_114_esp.pdf>. Acesso em 24 de agosto de 2016.
40. BARBOSA, Amanda; COSTA, Fábio Natali. **Magistratura e formação humanística**. 2ª ed. São Paulo: LTr. 2014. p. 181.
41. PRADO, Geraldo. **Debate Mãos Limpas e Lava Jato: a democracia brasileira à deriva**. 12 de junho de 2016. Disponível em: < http://emporiododireito.com.br/debate-maos-limpas-e-lava--jato-a-democracia-brasileira-a-deriva-por-geraldo-prado/>. Acesso em 12 de julho de 2016.
42. "Em 1900, a literatura de Machado de Assis já nos contava um romance que talvez seja um dos mais ilustrativos exemplos de que se pode valer do Processo Penal para pensar o chamado quadro mental paranoico decorrente da busca pela prova que confirme a hipótese psicológica inicial. Com a licença do desejo da mediação transdisciplinar e, portanto, da insegurança decorrente de todo esforço complexo que problematize o ser humano, será tomada a história de Dom Casmurro como ponto de partida à reflexão. O exemplo é ótimo, afinal, a história de Bentinho é a história de um bacharel em direito, mergulhado numa trama psicológica em que cada fato observado serve para contaminar a sua subjetividade e confirmar uma hipótese previamente inscrita em si: a traição de Capitu. Atordoado por várias circunstâncias, Bentinho era uma criança fechada em si mesma, razão pela qual foi apelidado de Dom Casmurro. Com o passar dos anos, desistiu da vida interna no seminário para se entregar ao amor que sentia por Capitu, filha de seus vizinhos. Dedicou-se ao estudo, se formou em direito, casou com a mulher que se apaixonara e teve um filho chamado Ezequiel. Cúmplice de sua felicidade, esteve sem

corpo, ainda mais diante de um cenário de personificação do "combate" à criminalidade ao terrorismo.

Outro problema ligado a este exercício de futurologia a ser desenvolvido pelo Estado encontra-se no fato que para se chegar aos indícios dos atos preparatórios do terrorismo a atuação investigativa do Estado tenderá a ser prematura (antecipada), até mesmo anterior aos próprios atos preparatórios, ou seja, antes de uma potencial lesão a um bem jurídico tutelado penalmente. Para tanto valer-se-á o Estado de vigilância constante de seus cidadãos, fulminando direitos fundamentais, como o direito à privacidade.

Listas de suspeitos de terrorismo passam a ser criadas pelo governo a fim de que tais suspeitos sejam submetidos à vigilância ou até mesmo a medidas restritivas. Para se ter noção acerca dos riscos de abusos, os Estados Unidos da América do Norte conteriam cerca de 420 mil nomes de pessoas suspeitas[43], e já o governo federal brasileiro reuniu dados de 500 mil pessoas de todas as partes do mundo suspeitas de associação com terrorismo em um cadastro unificado durante a Olimpíada do Rio de Janeiro[44].

---

ao seu lado um grande amigo, de nome Escobar, companheiro desde a época de seminário. Foi no enterro de Escobar, recém-falecido, que o sentimento de Bentinho ganhou força. A contemplação de Capitu ao cadáver lhe pareceu estranha, intensa demais. O ciúme aumento e com ele o quadro mental paranoico. Ao que lhe parece, seu filho, Ezequiel estava tomando a feição de Escobar. Pensa em matar mulher e filho, mas não tem coragem. Agora anda importa, a ideia tomou parte de sua estrutura psicológica, a hipótese passou a ter primazia sobre os fatos. Provas evidentes, não há, ainda. Mas há o desejo de descobrir o mistério. Aquele que deve se convencer é o mesmo que sai atrás deste convencimento. Não sabe que provas serão achadas, ou se achará mesmo alguma coisa. Sabe apenas que tem uma hipótese: a traição de Capitu, ou então, para o que olharia? Que caminho tomaria como fundamento ao seu pensamento? Um dos mais finos romances da literatura brasileira traduz a busca pela prova que confirmasse a hipótese central. Mas afinal, houve, ou não, traição? Eis aqui a inapreensão do conceito material de verdade e toda a angústia da finalidade retrospectiva do processo [...]. Nunca chegaremos próximo ao fato histórico imputado à Capitu. Esta sentença não foi escrita por Machado de Assis e, portanto, não foi proferida pelo seu julgador: Dom Casmurro. Mas nem precisava. Saber se houve, ou não, a traição de Capitu não importa em nada, absolutamente. A hipótese já foi tomada como decisão por Bentinho, desde o início do livro. Este é o ponto do livro: a verdade construída por Bentinho. Dom Casmurro é a histórica literária da lógica dedutiva, que nas palavras de Jacinto Nelson de Miranda Coutinho: deixa ao inquisidor a escolha da premissa maior, razão pela qual pode decidir antes e, depois, buscar, quiçá obsessivamente, a prova necessária para justificar a decisão" (MELCHIOR, Antônio Pedro. **O Juiz e a Prova – o "sinthoma" político do processo penal: Uma Análise Transdisciplinar da Gestão da Prova pelo Julgador à Luz do Direito, da Psicanálise e da História.** Curitiba: Juruá. 2013. p. 169-171).

43. SARAJE. **Lista de suspeitos do FBI ignora normas jurídicas.** O Estado de São Paulo. A12 *apud in* FERNANDES, Antonio Scarance. **Terrorismo – eficiência e garantismo.** In: FERNANDES, Antonio Scarance; ZILLI, Marcos (Coord.). **Terrorismo e Justiça Penal: reflexões sobre a eficiência e o garantismo.** Belo Horizonte: Forum. 2014. p.412.

44. RODRIGUES, Mateus. **Governo reúne dados de 500 mil suspeitos de ligação com terrorismo: Mapeamento tem informações de países com Estados Unidos e França. Segurança na Olim-

Para lidar com o medo derivado do terrorismo (e outros medos), Zygmunt Bauman e David Lyon dizem que "os cidadãos comuns são estimulados a fazer duas coisas. Primeiro, sustentar a carga estocando mantimentos, instalando alarmes ou pagando um seguro; segundo, endossando medidas extremas, incluindo a tortura e a espionagem doméstica"[45].

Nesta senda, medidas excepcionais – extremas, na concepção de Bauman – de obtenção da prova foram endossadas pela Lei 13.260/2016 em seu artigo 16 a fim de se implementar o Estado de vigilância.

Autorizou a aludida lei o emprego de técnicas especiais de investigação extremamente invasivas da Lei 12.850/2013 (Lei de Organizações Criminosas)– *v.g.:* infiltração de agentes[46], ação controlada, interceptação de comunicações telefônicas e telemáticas, captação ambiental de sinais eletromagnéticos, ópticos ou acústicos etc. – para investigação de crimes ligados a práticas terroristas, inclusive condutas criminosas praticadas por agente desvinculado de uma Organização Terrorista, como é o caso do lobo solitário[47], haja vista que o artigo 16 da Lei 13.260/2016 reza que se aplicam as disposições da Lei nº 12.850/2013 para a investigação, processo e julgamento dos crimes previstos na Lei 13.260/2013, não se limitando, portanto, às Organizações Terroristas.

---

píada terá até 10 mil agentes à paisana, disse ministro.15 de julho de 2016. Disponível em: <http://g1.globo.com/rio-de-janeiro/olimpiadas/rio2016/noticia/2016/07/governo-reune-dados-de-500-mil-suspeitos-de-ligacao-com-terrorismo.html>. Acesso em: 29 de setembro de 2016.

45. BAUMAN, Zygmunt; LYON, David. Tradução por Carlos Alberto Medeiros. **Vigilância Líquida**. Rio de Janeiro: Zahar. 2013 p. 97.

46. *La actuación del infiltrado provoca violaciones al derecho a la intimidad de aquellas personas investigadas.* (PEREIRA, Flávio Cardoso. **El agente infiltrado desde el punto de vista del garantismo procesal penal.** Curitiba: Juruá. 2013. p . 666).

47. A lei 13.260/2016 admite em seu artigo 2º o terrorismo praticado por uma única pessoa (denominado de lobo solitário), ao rezar que "o terrorismo consiste na prática por um ou mais indivíduos". Incumbe salientar que o reconhecimento de um ato individual como sendo um ato terrorista não é pacífico na doutrina. Mariona Llobet Anglí entende possível a existência do terrorismo individual, desde que haja verificação de extrema gravidade e intensidade da mensagem implícita para a constituição do terrorismo. Ademais, entende a mesma autora, que diante do armamento moderno e dos meios atuais de atuação para se alcançar o terror é possível que um único agente responda pelo crime de terrorismo (LLOBET ANGLÍ, Mariona. ***Derecho penal del terrorismo: limites de su punición en un Estado democrático***. Madrid: La Ley. 2010. p.88). Já Manuel Cancio Miliá sustenta ser impossível que haja terrorismo praticado por uma única pessoa, haja vista que haveria uma incapacidade de o agente isolado atingir toda a extensão consideravelmente ampla do terrorismo (CANCIO MELIÁ, Mariona. ***Los delitos de terrorismo: estructura típica e injusto***. Madrid: Reus. 2010. p. 136). Entendemos possível que o lobo solitário incorra no crime de terrorismo, desde que alcance os elementos finalístico do delito, qual seja: o terror social ou generalizado.

Muito embora a Lei 13.260/2016 elenque um rol taxativo de crimes em que se permite o uso das técnicas especiais investigação[48] (meios excepcionais de obtenção de provas[49]) previstas na Lei 12.850/2013, é cediço que, em razão da multiplicidade de elementares do crime de terrorismo da Lei 13.260/2016 e da análise superficial do fato pelas agências repressivas (com a agravante de se permitir a investigação e repressão de atos preparatórios), haverá a banalização da utilização destes meios probatórios, fazendo-se perecer o caráter de excepcionalidade que lhes é inerente.

Exemplificativamente: o artigo 2º, § 1º, inciso I da Lei 13.260/2016 elenca como ato de terrorismo "outros meios capazes de causar danos ou promover destruição em massa", ou seja, a abertura semântica desta expressão autorizaria a utilização das técnicas especiais de investigação com relação a um indivíduo que é proprietário ou possuidor de um caminhão, pois este veículo, embora lícito, poderia ser utilizado como instrumento para a prática de atos terroristas – seria afinal um meio capaz de causar danos ou promover destruição em massa, recordando-se do triste ataque terrorista com um caminhão ocorrido em Nice, sul da França, que deixou dezenas de mortos e feridos no dia 14 de julho de 2016.

Diante da justificativa de se evitar a ocorrência de atos terroristas, todos nós passamos a ser potenciais alvos de investigação e vigilância constante.

Nas palavras de João Paulo Martinelli e Leonardo Schimitte de Bem, "qualquer coisa poderá ser terrorismo, pois os obstáculos para provar as elementares [levarão] o intérprete a uma análise superficial do fato. Logo, independentemente da opção eleita"[50].

Vários dos textos incriminadores da Lei 13.260/2016 são imprecisos e abertos, com verbos obscuros e condutas sem detalhamentos mínimos. No mesmo sentido é o entendimento de Luiz Flávio Gomes: "a redação da lei brasileira foi imprecisa, uma vez que utilizou termos muito vagos que

---

48. *Los estándares mínimos para la utilización de técnicas especiales de investigación: la reserva de ley*: El primero de los requisitos determina que solo una ley en sentido formal puede permitir una intromisión en la intimidad de los ciudadanos. (ADRIASOLA, Gabriel. **Las técnicas especiales de investigación en la represión del blanqueo de capitales.** In: ALFARO, Luis Miguel Reyna; CORIA, Dino Carlos Caro. **Compliance y prevención del lavado de activos y del financiamiento del terrorismo.** Lima: CEDPE. 2013. p. 217.

49. Paulo César Busato denomina de "meios excepcionais de obtenção de provas" (BUSATO, Paulo César. *As inovações da lei 12.850/13 e a atividade policial*. In: AMBOS, Kai; MALARINO, Ezequiel; VASCONCELOS, Eneas Romerro (Coord.). **Polícia e investigação no Brasil**. Brasília: Gazeta Jurídica. 2016. p. 214).

50. MARTINELLI, João Paulo Orsini; SCHMITT DE BEM, Leonardo. **Os atos preparatórios da nova Lei "Antiterrorismo".** Boletim IBCCRIM. Ano 24. Número 284 – Julho/2016. p. 11.

exigem interpretação. Em outras palavras, isso significa que o enquadramento na lei dependerá de ponto de vista"[51].

Com escólio em Túlio Vianna que:

> O fundamento do Direito Penal do Inimigo não é a lesão, mas o medo. O direito centrado na análise probatória de fatos, não oferece respostas para o medo que só pode ser analisado em termos de perigo. A sociedade cria então um 'periculômetro digital', que por meio da monitoração, do registro e do reconhecimento procura garantir a vida do chamado 'cidadão de bem', afastando-o de todo perigo gerado por seus inimigos[52].

Constata-se então uma forte tendência de policialização da investigação, haja vista a dilatação e a hipertrofia dos poderes da polícia judiciária, inclusive viabilizando-se que particulares desempenhem conjuntamente tarefas investigativas (*longa manus* da autoridade policial), a exemplo do que ocorre nas interceptações telefônicas (*v.g.:* concessionária de serviço público de telefonia) [53].

A Lei 13.260/2016 permitiu ao intérprete a extrapolação dos patamares de razoabilidade do mandado de criminalização, pois, adotando-se um discurso de legitimação, autorizou normativamente condutas Estatais com potencialidade antidemocrática, contrários aos direitos humanos, tal como ocorreu, por exemplo, com o *USA Patriot Act*, em que torturas são reguladas por normas.

O direito penal do inimigo (de Günther Jakobs) restou viabilizado no Brasil pela lei antiterror brasileira, haja vista a ampla antecipação da punibilidade, ocasião em que se desloca a atenção do fato passado para um futuro de incertezas, criando-se, por exemplo, tipos de formação de organização terrorista e a punição de atos preparatórios; em que há a transição da legislação penal para a legislação de combate; e em que há o retorno ao Estado de Polícia e a relativização de garantias e princípios penais e processuais penais[54].

---

51. GOMES, Luiz Flávio. **Lei Antiterrorismo sancionada por Dilma sofre críticas de juristas e movimentos sociais.** 18 de março de 2016. Disponível em: <http://justificando.com/2016/03/18/lei-antiterrorismo-sancionada-por-dilma-sofre-criticas-de-juristas-e-movimentos-sociais/>. Acesso em 13 de setembro de 2016.

52. VIANNA, Túlio. **Transparência Pública, Opacidade Privada: O Direito como Instrumento de Limitação do Poder na Sociedade de Controle.** Rio de Janeiro: Revan. 200 COSTA, Fernanda Otero. **Aquém da paz e além da guerra.** In: BADARÓ, Gustavo Henrique (Org.) **Doutrinas Essenciais de Direito Penal e Processo Penal. Volume I. Teoria Geral do Direito Penal.** São Paulo: RT. 2007. p. 158-159.

53. MALAN, Diogo. **Notas sobre a investigação e a prova da criminalidade econômico-financeira organizada.** Revista Brasileira de Direito Processual Penal. V. 2. 2016. p. 220.

54. COSTA, Fernanda Otero. **Aquém da paz e além da guerra.** In: BADARÓ, Gustavo Henrique (Org.) **Doutrinas Essenciais de Direito Penal e Processo Penal. Volume I. Teoria Geral do Direito Penal.** São Paulo: RT. 2015. p. 1331

Debruçando-se sobre o Direito Penal do Inimigo, Francisco Muñoz Conde abre importante questionamento, em crítica da tendente normalização do Estado de exceção e o risco que isso nutra novas práticas excepcionais do Direito Penal[55]:

> ¿Qué pasaría si después de convertirse este Derecho penal del enemigo en realidad habitual y corriente en nuestras democracias, siguen cometiéndose o incluso se incrementan las acciones terroristas y las respuestas también terroristas del Estado e las mismas? ¿Se reintroducirá la tortura como médio de investigación?; ¿se abirán campos de concentración para los enemigos? ¿se admitirá la detención policial, sin intervención judicial? ¿se generalizará la aplicación de la pena de muerte y se encargarán de ello Tribunales militares de excepción?[56]

Arremata Cachapuz de Medeiros que:

> a imperiosa luta contra o terrorismo não pode ser conduzida às expensas do devido processo legal, do respeito aos direitos humanos e às liberdades civis, sendo certo que qualquer sacrifício das liberdades fundamentais no combate ao terrorismo, ao dar margem a atos arbitrários ou discricionários, representaria um retrocesso que viria ao encontro dos interesses de grupos terroristas[57].

Diante desta contextualização crítica da Lei 13.260/2016, questiona-se: O que fazer com o terrorismo?

Para Eugenio Raul Zaffaroni:

> A resposta é bastante óbvia: se ninguém faz nada, o direito penal nada pode fazer; se delitos são cometidos, seus responsáveis devem ser individualizados, detidos, processado, julgados, condenados e levados a cumprir pena. É isso que o direito penal pode fazer. Se os delitos tiverem a gravidade e as características de crimes de lesa-humanidade, deverão receber o tratamento reservado para esses delitos; se não as tiveram, deverão ser apenados conforme os tipos que a posse de explosivos pode acarretar, i.e., o homicídio como meio capaz de provocar grandes estragos, os estragos seguidos de morte, o assalto a mão armada, o sequestro, a falsificação e o uso de documentos falsos, a ocultação qualificada, a associação ilícita etc., todos ampliados e cada caso, conforme as regras da participação, da tentativa e dos princípios que regulam o concurso material ou formal.
>
> As penas para estes ilícitos não são benignas em nenhum código penal do mundo, e por isso supõe-se que, em caso de condenação, estão previstas penas bastante prolongadas.

---

55. CALLEGARI, André Luís et. alii. **O Crime de Terrorismo – reflexões críticas e comentários à Lei do Terrorismo – de acordo com a Lei n. 13.260/2016**. São Paulo: Porto Alegre. 2016. p. 121.
56. MUÑOZ CONDE, Francisco. *La generalización del derecho penal de excepción: tendências legislativas y doctrinales: entre la tolerância cero y el derecho penal del enemigo.* Revista Ciencia Juridica. Chile, n.1, ano 1, 2011. p. 139.
57. .MEDEIROS, Antônio Paulo Cachapuz de. *O direito internacional e o terrorismo, in* Novas perspectivas do direito internacional contemporâneo: *estudo em homenagem ao Professor Celso D. Albuquerque Mello.* MENEZES DIREITO, Carlos Alberto.; TRINDADE, Antônio Augusto Cançado; PEREIRA, Antônio Celso Alves (COORDS.). Rio de Janeiro: Renovar. 2008. p. 25-42.

Tipos penais de terrorismo pode dar origem à impunidade. Antes de mais nada, porque é comum que firam o princípio de legalidade estrita, e com isso podem ser declarados inconstitucionais. Em segundo lugar porque todos pretendem incorporar elementos subjetivos.

Parece que ninguém é capaz de se perguntar que efeito prático podem acarretar esses tipos penais com elementos subjetivos, uma vez que no tipo tradicional do homicídio qualificado, sem requisito subjetivo algum prevê-se a pena máxima do Código Penal[58].

2. O CONCEITO DE TERRORISMO E SUA TIPIFICAÇÃO

Na Constituição Federal de 1988 o terrorismo é contemplado tão somente em duas normas, quais sejam: artigo 4º, inciso VIII (que impõe o repudio ao terrorismo como princípio nas relações internacionais que o Brasil mantenha com outro Estado ou com organismos internacionais) e artigo 5º, inciso XLIII (o terrorismo é inafiançável e insuscetível de graça e anistia).

Restou à legislação infraconstitucional, portanto, a regulamentação destas normas, principalmente, no que tange à definição de terrorismo.

É cediço que nunca houve um conceito universal do que vem a ser terrorismo, isso em razão da complexidade deste delito.

Malcolm Shaw ressalta dois problemas com relação ao terrorismo: "o primeiro grande problema diz respeito à definição. Em segundo lugar vem a abrangência da definição e delitos"[59].

Até mesmo a comunidade internacional foi incapaz de chegar a uma conclusão acerca da definição jurídica do crime de terrorismo, sendo relevante observar que, até o presente momento, já foram elaborados, no âmbito da Organização das Nações Unidas, pelo menos, 13 (treze) instrumentos internacionais sobre a matéria[60], sem que se chegasse, contudo, a

---

58. ZAFFARONI, Eugenio Raul. **O inimigo no Direito Penal**. 2. ed. Trad. Sérgio Lamarão. Rio de. Janeiro: Revan, 2007. pp. 184-186.
59. . SHAW, Malcolm N. **Direito Internacional**. São Paulo: Martins Fontes. 2010. p. 86.
60. . Conforme leciona VALERIO DE OLIVEIRA MAZZUOLI:: "O Brasil é parte em quase todas as convenções específicas sobre a repressão ao terrorismo e temas conexos, das quais podem ser citadas a Convenção relativa às Infrações e a Certos Outros Atos Cometidos a Bordo de Aeronaves (de 1963); a Convenção para a a Repressão ao Apoderamento Ilícito de Aeronaves (de 1970); a Convenção para Prevenir e Punir os Atos de Terrorismo Configurados em Delitos Contra as Pessoas e a Extorsão Conexa, Quando Tiveram eles Transcendência Internacional (de 1971); a Convenção para a Repressão de Atos Ilícitos Contra a Segurança da Aviação Civil (de 1971); a Convenção sobre a Prevenção e Punição de Crimes contra Pessoas que Gozam de Proteção Internacional, Inclusive Agentes Diplomáticos (de 1973); A Convenção Internacional contra a Tomada de Reféns (de 1979; com reserva ao art. 16, 2); a Convenção sobre a Proteção Física de Materiais

um consenso universal sobre quais elementos essenciais deveriam compor a definição típica do crime de terrorismo ou, então, sobre quais requisitos deveriam considerar-se necessários à configuração dogmática da prática delituosa de atos terroristas[61].

Portanto, não encontraremos uniformidade com relação ao conceito de terrorismo e às condutas que o terrorismo abrange.

Diante desta dificuldade conceitual, o Brasil optou por trazer elementos cuja soma identifica e tipifica o terrorismo, mas longe de defini-lo.

Para que reste caracterizado o crime de terrorismo a lei exige a satisfação cumulativa de 5 elementos (elemento objetivo, elemento subjetivo, elemento causal; elemento finalístico; elemento de atuação ou instrumental). Vejamos cada um deles:

a) elemento subjetivo: a prática do terrorismo pode ser realizada por um ou mais indivíduos (o Brasil prevê o terrorismo praticado individualmente – lobo solitário – artigo 2º, *caput*, trecho inicial) ;

b) elemento objetivo: o terrorismo deve expor a perigo pessoa, patrimônio, paz pública ou incolumidade pública, sendo que no mínimo deve haver exposição a perigo (artigo 2º, *caput, in fine*);

c) elemento causal (motivação do agente): são as causas do próprio terrorismo, que podem ser: razões de xenofobia, discriminação ou

---

Nucelares (de 1980); o Protocolo para a Repressão de Atos Ilícitos de Violência em Aeroportos que Prestem Serviço à Aviação Civil Internacional (de 1988); A Convenção para a Marcação de Explosivos Plásticos para Fins de Detecção (de 1991); a Convenção Interamericana Contra a Fabricação e o Tráfico Ilícito de Armas de Fogo, Munições, Explosivos e Outros Materiais Correlatos (de 1997); a Convenção Internacional sobre a Supressão de Atentados Terroristas com Bombas (de 1997, com reserva o parágrafo 1 do art. 20); a Convenção Internacional para a Supressão e Financiamento do Terrorismo (de 1999); e a Convenção Interamericana contra o Terrorismo (de 2002). Este último instrumento assinado em Barbados, prevê medidas para prevenir, combater e erradicar o financiamento do terrorismo (art. 4º); dispõe sobre o embargo e confisco de fundos ou outros bens (art. 5º); sobre delitos prévios de lavagem de dinheiro (art. 6º); cooperação no âmbito fronteiriço (art. 7º); cooperação entre autoridades competentes para aplicação da lei (art. 8º); assistência jurídica mútua (art. 9º), entre outros temas. Finalmente, em abril de 2005, celebrou-se na Assembleia-Geral da ONU a Convenção Internacional para a Repressão de Atos de Terrorismo Nuclear. Nesse mesmo mês e ano, o Conselho de Segurança, por meio da Resolução 1.540, criou uma *Comissão* destinada a tratar de assuntos relativos aos "agentes não estatais e armas de destruição em massa", a qual se uniu a outras comissões já anteriormente existentes (*v.g.*, a *Comissão de Sanções contra a Al Qaeda e o Talibã*, criada pela Reolução 1.267/1999, e a *Comissão Antiterrorismo*, criada pela Resolução 1.373/2001) (MAZZUOLI, Valerio de Oliveira. **Curso de Direito Internacional Público**. 6ª ed. São Paulo: Revista dos Tribunais. 2012. p 1113-1114).

61. Neste sentido: STF. 2ª Turma. PPE 730/DF, Rel. Min. Celso de Mello, julgado em 16/12/2014 (Info 772).

preconceito de raça, cor, etnia ou religião – a causa é discriminação (artigo 2º, *caput*). Observação: pecou o legislador em não incluir a motivação política.

d) elemento finalístico: há um propósito a ser realizado pelo ato: finalidade de provocar terror social ou geral (artigo 2º, *caput*);

e) elemento de atuação ou instrumental: deve o agente praticar ao menos um dos atos de terrorismo listados no § 1º do artigo 2º da lei antiterrorismo[62], quais sejam:

> I – usar ou ameaçar usar, transportar, guardar, portar ou trazer consigo explosivos, gases tóxicos, venenos, conteúdos biológicos, químicos, nucleares ou outros meios capazes de causar danos ou promover destruição em massa;
>
> III – sabotar o funcionamento ou apoderar-se, com violência, grave ameaça a pessoa ou servindo-se de mecanismos cibernéticos, do controle total ou parcial, ainda que de modo temporário, de meio de comunicação ou de transporte, de portos, aeroportos, estações ferroviárias ou rodoviárias, hospitais, casas de saúde, escolas, estádios esportivos, instalações públicas ou locais onde funcionem serviços públicos essenciais, instalações de geração ou transmissão de energia, instalações militares, instalações de exploração, refino e processamento de petróleo e gás e instituições bancárias e sua rede de atendimento;
>
> IV – atentar contra a vida ou a integridade física de pessoa[63].

Atos que atentem contra a liberdade sexual (*v.g.*: estupros coletivos) ou contra à liberdade de locomoção (*v.g.*: reféns)[64], embora sejam crimes ins-

---

62. No Brasil, uma aproximação conceitual foi estabelecida pela Lei 10.744/2003, que regula a responsabilidade civil perante terceiros no caso de atentados terroristas, atos de guerra ou eventos correlatos contra aeronaves de matrícula brasileira operadas por empresas brasileiras de transporte aéreo público, excluídos os táxis aéreos. Comentando esta lei, Cretella aduz que ela: "[...] estabelece, no artigo 1º, § 4º: entende-se por ato terrorista qualquer ato de uma ou mais pessoas, sendo ou não agentes de um poder soberano, com fins políticos ou terroristas, seja a perda ou dano dele resultante acidental ou internacional. Assim, a lei brasileira não define 'terrorismo', e sim 'atos terroristas', o que [...] é fórmula muito habitual empregada em muitas convenções e na legislação interna da maioria dos países"(CRETELLA NETO, José. Op cit. p. 699).

63. BRASIL. Lei 13.260, de 16 de março de 2016. **Regulamenta o disposto no inciso XLIII do art. 5o da Constituição Federal, disciplinando o terrorismo, tratando de disposições investigatórias e processuais e reformulando o conceito de organização terrorista; e altera as Leis nos 7.960, de 21 de dezembro de 1989, e 12.850, de 2 de agosto de 2013**. Disponível em: < http://www.planalto.gov.br/ccivil_03/_Ato2015-2018/2016/Lei/L13260.htm>. Acesso em: 29 de setembro de 2016.

64. "Tutela-se a vida, a integridade física, a igualdade e o pluralismo da sociedade. Equivocadamente, a nosso sentir, o tipo penal não protegeu a liberdade, ignorando que vários grupos terroristas se valem do sequestro e do cárcere privado como modus operandi para incutir terror na população" (CASTRO, Henrique Hoffmann Monteiro de Castro; SANTIN, Valter Foleto. **Terrorismo e a busca da paz**. *In:* COSTA, Ilton Garcia; CACHICHI, Rogério Cangussu Dantas; LEÃO JÚNIOR, Teófilo Marcelo de Arêa. (Org.) **Paz & Teorias da Justiça**. Curitiba: Instituto Memória. Centro de Estudos da Contemporaneidade. 2016. p. 148-150).

trumentais bastante utilizados para a difusão do terror em muitas regiões do planeta, a Lei 13.260/2016 não os contemplou como atos terroristas[65].

Em que pese a nossa lei 13.260/2013 tenha sido deficitária com relação ao rol de atos terroristas, já teve a oportunidade de decidir o Supremo Tribunal Federal (em momento anterior à aludida lei) que nada impedirá que o nosso país conceda ao Estado requerente a extradição de cidadão não brasileiro morando no Brasil e que esteja sendo processado no seu país de origem pela prática de atos terroristas só reconhecidos pelo país postulante que se amoldem em outros tipos penais brasileiros (a exemplo do homicídio, incêndio etc.), isso porque a dupla tipicidade não é analisada sob o ponto de vista do "nomen juris", ou seja, do "nome do crime". Segundo o Supremo Tribunal Federal, o que importa é que aquela conduta seja punida no país de origem e aqui, sendo irrelevantes diferenças terminológicas (STF. 2ª Turma. PPE 730/DF, Rel. Min. Celso de Mello, julgado em 16/12/2014 – Info 772)[66]. Recorde-se que um dos requisitos para que o Brasil conceda a extradição é a chamada "dupla tipicidade", ou seja, que o fato seja considerado crime no Estado estrangeiro de origem e também aqui no Brasil (esse requisito está previsto no art. 77 do Estatuto do Estrangeiro).

Importante salientar que a ausência de qualquer destes cinco elementos acima elencados[67] culminará na não tipificação da conduta do agente como terrorista.

A pena para o crime de terrorismo (previsto no artigo 2º c.c § 1º e incisos da Lei 13.260/2016) é de reclusão, de doze a trinta anos, além das sanções correspondentes à ameaça ou à violência.

Frente a enorme gama de aberturas interpretativas que a lei antiterrorismo proporciona, preferiu o legislador no seu artigo 2º, § 2º – reconhecendo implicitamente que se trata de uma lei de enquadramentos típicos penais que dependem "de ponto de vista" – excluir a incidência da referida lei sobre a conduta individual ou coletiva de pessoas em manifestações políticas, movimentos sociais, sindicais, religiosos, de classe ou de categoria profissional, direcionados por propósitos sociais ou reivindicatórios, vi-

---

65. ARAS, Vladimir. **O projeto de lei de criminalização do terrorismo.** 16 de agosto de 2015. Disponível em:< https://blogdovladimir.wordpress.com/2015/08/16/o-projeto-de-lei-de-criminalizacao-do-terrorismo/>. Acesso em 27 de setembro de 2016.
66. GOMES, Luiz Flávio; SILVA, Marcelo Rodrigues da Silva. **Organizações Criminosas e Técnicas Especiais de Investigação: questões controvertidas, aspectos teóricos e práticos e análise da Lei 12.850/2013.** Salvador: Juspodivm. 2015. p. 81.
67. elemento objetivo, elemento subjetivo, elemento causal; elemento finalístico; elemento de atuação ou instrumental.

sando a contestar, criticar, protestar ou apoiar, com o objetivo de defender direitos, garantias e liberdades constitucionais, sem prejuízo da tipificação penal contida em lei.

Entendem Marcos Zilli, Fabíola Monteconrado e Maria Thereza Moura (em comentários realizados quando a lei estava em fase de projeto) que tal previsão legal é uma hipótese de exclusão de crime desnecessária e possivelmente criminógena[68].

Não vislumbramos que haja aumento da criminalidade em razão desta previsão, pois o artigo 2º, § 2º da Lei 13.260/2016 não concede carta branca que pessoas neste contexto de manifestações pratiquem delitos. Ou seja, outras condutas delituosas praticadas por manifestantes deverão ser objeto de responsabilização em outros tipos penais (que não o terrorismo). Portanto, incorreto o posicionamento de Geovane Moraes no sentido que nestas circunstâncias "não haverá em se falar em crime, por expressa excepcionalidade trazida pela lei"[69]. Aliás, o que se admite em um Estado democrático de Direito é a reunião e a associação para fins lícitos (artigo 5º, incisos XVI ao XXI do artigo 5º da Constituição Federal de 1988).

Diante desta análise inicial, podemos inferir que o terrorismo autêntico está explicitado no artigo 2º, *caput* c.c. seu § 1º da Lei 13.260/2016.

Lecionam Fábio Roque, Nestor Távora e Rosmar Rodrigues Alencar que: "para se definir terrorismo, deve o intérprete recorrer ao conceito de ato terrorista, inferido *ex vi legis*. Adotou-se, portanto, o critério legal estrito para se definir terrorismo, a partir do conceito de ato terrorista"[70].

Cleber Masson e Vinicius Marçal entendem que os atos terroristas são aqueles "legalmente definidos nos arts. 2º, § 1º; 3; 5º; e 6º da Lei 13.260/2013[71]".

Contudo, em que pese o posicionamento acima, o § 1º do artigo 2º da Lei 13.260/2016 elenca um rol taxativo dos atos considerados terroristas.

---

68. MONTECONRADO, Fabíola; MOURA, Maria Thereza; ZILLI, Marcos. **Terrorismo e o direito brasileiro.** in: AMBOS, Kai; MALARINO; STEINER, Christian. **Terrorismo y derecho penal.** Berlin:Konrad-Adenauer-Stiftung. 2015. p. 548.
69. MORAES, Geovane. **Lei 13.260/16, que define terrorismo, tratando de disposições investigatórias e processuais e reformulando o conceito de organização terrorista.** Editora Armador. 23 de março de 2016. Disponível em: <http://www.armador.com.br/wp-posts/lei-13-26016-que-define-terrorismo-tratando-de-disposicoes-investigatorias-e-processuais-e-reformulando-o-conceito-de-organizacao-terrorista>. Acesso em 29 de setembro de 2016.
70. ALENCAR, Rosmar Rodrigues; ROQUE, Fábio; TÁVORA, Nestor. **Legislação Criminal para concursos: doutrina, jurisprudência e questões de concursos.** Salvador: Juspodivm. 2016. p. 806.
71. MARÇAL, Vinicius; MASSON, Cleber. **Crime Organizado. 2ª ed.** Rio de Janeiro: Forense. 2016. p. 35.

Na realidade os crimes relacionados nos artigos 3º, 5º e incisos I e II e 6º da Lei 13.260/2016 não são atos terroristas (não se trata de terrorismo autêntico), mas sim atos que antecedem, fomentam ou organizam condutas terroristas.

3. ANÁLISE PANORÂMICA DOS CRIMES DOS ARTIGOS 5º, *CAPUT* (E INCISOS I E II) E 6º DA LEI 13.260/2016

Passemos a analisar os crimes dos artigos 5º e incisos I e II e 6º da Lei 13.260/2016, mas sem pretensões de esgotar o assunto, pois não é objetivo deste trabalho a análise pormenorizada dos aludidos tipos penais.

3.1. A criminalização dos atos preparatórios de terrorismo e do recrutamento, transporte, municiamento e treinamento de pessoas internacional ou não (artigo 5º, *caput* e incisos I e II)

Nos termos do artigo 5º da Lei Antiterrorismo, aqueles que realizarem atos preparatórios de terrorismo com o propósito inequívoco de consumar tal delito serão punidos com a pena correspondente ao delito consumado, diminuída de um quarto até a metade[72].

Reza o artigo 10 da Lei 13.260/2016 que com relação aos atos preparatórios de terrorismo com o propósito inequívoco de consumar tal delito (artigo 5º da Lei 13.260/2016) há possibilidade de aplicação dos institutos da desistência voluntária e do arrependimento eficaz com previsão no artigo 15 do Código Penal.

Há incongruência nesta previsão, pois o artigo 5º da lei antiterror trata de atos preparatórios de terrorismo, e, portanto, não haveria como incidir

---

[72]. "O curioso da lei é a possibilidade expressa de punição dos atos preparatórios, quando houver o intuito de atingir a consumação do crime de terrorismo (artigo 5º). Nesse caso, a pena corresponde ao do delito consumado, diminuída de um quarto até a metade. Portanto, excepcionalmente, admite-se a punição dos atos preparatórios por si, sem que configurem tipos penais autônomos. Essa previsão legal, entretanto, parece-nos perigosa, na medida em que a interpretação do que possa ser ato preparatório é bastante ampla. Assim, por exemplo, a mera reunião de pessoas ou a aquisição de uma passagem aérea podem ser interpretadas como "atos preparatórios" de possíveis atos terroristas. Poderá o intérprete alegar que as pessoas reunidas tinham um propósito definido de promover um ataque ou que a aquisição ode uma passagem aérea poderia ser indício de fuga. Abre-se a possibilidade de punir alguém que não tenha praticado sequer um comportamento perigoso ou penalmente relevante". (MARTINELLI, João Paulo Orsini; SCHMITT DE BEM, Leonardo. Lições fundamentais de direito penal – parte geral. São Paulo: Saraiva. 2016. P. 514-515). Entendemos que não deveriam ser criminalizados atos preparatórios, pois conforme leciona William César Pinto de Olivera: "apesar de exteriorizados, são sempre equívocos e não constituem ofensa a um bem jurídico determinado" (OLIVEIRA, William César Pinto de. **Iter crimins: o caminho do crime**. Revista Jus Navigandi, Teresina, ano 16, n. 3104, 31 dez. 2011. Disponível em: <https://jus.com.br/artigos/20752>. Acesso em: 28 set. 2016).

a desistência voluntária e o arrependimento eficaz, pois são institutos que pressuporiam início da execução. Esta previsão é de impossível implementação, pois a antecipação do direito penal é tão brusca neste caso do artigo 5º da Lei Antiterror que a simples preparação[73] arvora-se indevidamente ao papel de consumação. Na escala do *iter criminis* é a cogitação que precede os atos preparatórios, e como a cogitação é impunível (princípio *cogitationis poenam nemo patitur* – ninguém pode sofrer pena pelo pensamento) não haveria como incidir o regramento em discussão.

Ademais, nas lições de João Paulo Orsini Martinelli e Leonardo Schmitt de Bem: "se o ato preparatório, por si, representar um perigo a um bem jurídico, a própria legislação o reconhece como um tipo penal autônomo"[74].

Talvez, em claro desvirtuamento teórico, pela via da argumentação de política criminal (em benefício do réu) seja possível a incidência da "ponte de ouro"[75] pela via antecipada.

Com relação ao delito de cooptação de membros e de apoiadores (§1º do artigo 5º da Lei Antiterrorismo) verifica-se que a lei incrimina aquele que com o propósito de praticar atos de terrorismo:

I – realiza a cooptação de membros e apoiadores, recrutando, organizando, transportando ou municiando indivíduos que viajem para país distinto daquele de sua residência ou nacionalidade;

II – fornece e que recebe treinamento em país distinto de sua residência ou nacionalidade.

A pena com relação a este crime correspondente ao delito consumado, diminuída de um quarto até a metade.

---

73. Conforme destaca Antolisei, citado por Becker, um dos temas mais debatidos no Direito Penal é a fronteira que separa os atos preparatórios do início de execução (BECKER, Marina. **Tentativa criminosa: doutrina e jurisprudência**. São Paulo: Siciliano Jurídico, 2004. p 129 apud in OLIVEIRA, William César Pinto de. **Iter crimins: o caminho do crime**. Revista Jus Navigandi, Teresina, ano 16, n. 3104, 31 dez. 2011. Disponível em: <https://jus.com.br/artigos/20752>. Acesso em: 28 set. 2016).

74. MARTINELLI, João Paulo Orsini; SCHMITT DE BEM, Leonardo. **Os atos preparatórios da nova Lei "Antiterrorismo"**. Boletim IBCCRIM. Ano 24. Número 284 – Julho/2016. p. 11

75. Pontes de ouro (de acordo com clássica lição de Von Liszt, que tem a paternidade do direito penal moderno) são institutos penais que, após o início da execução de um crime visam a eliminar a responsabilidade penal do agente, estimulando-o a evitar a consumação. São dessa natureza tanto a desistência voluntária (o agente inicia a execução do crime, pode prosseguir, mas resolve desistir) como o arrependimento eficaz (o agente esgota os atos executivos, se arrepende e pratica uma conduta voluntária de salvamento do bem jurídico). Ambos estão previstos no art. 15 do CP. O agente, nesse caso, se iniciou a execução de um crime de homicídio, não responde pela tentativa deste crime, sim, apenas pelo que objetivamente praticou (lesão corporal).

Se a conduta não envolver viagem ou treinamento para país distinto daquele de sua residência ou nacionalidade, a pena será a correspondente ao delito consumado, diminuída de metade a dois terços (artigo 5º, § 2º da Lei 13.260/2016).

Pretende o referido parágrafo e seus incisos evitar a prática de atos de terrorismo e a transnacionalidade delitiva (a "importação" de candidatos à causas terroristas), o que não retira a indevida carga de direito penal do autor, pois leva em conta a residência ou nacionalidade do agente no rigor sancionatório -lembrando que se a conduta não envolver viagem ou treinamento para país distinto daquele de sua residência ou nacionalidade, a pena correspondente terá uma redução maior.

Salienta-se que não é necessária a prática dos atos terroristas para que haja a consumação do delito previsto no §1º do artigo 5º da Lei Antiterrorismo. Por isso é incorreta a conclusão de André Luís Callegari [et. alii] no sentido que o referido parágrafo estabelece um requisito de continuidade do agente na prática do terrorismo, pois determinaria como elemento típico o propósito de atos de terrorismo, no plural[76].

O §1º do artigo 5º da Lei Antiterrorismo trata-se de delito de exteriorização pessoal, de modo que é requisito típico que o meio de cooptação revele, com clareza, que o agente abraça a causa e que é dele mesmo a promoção à filiação[77].

3.2. Criminalização do financiamento do planejamento, da preparação ou da execução de atos de terrorismo e outros equiparados (artigo 6º da Lei 13.260/2016)

O Brasil, antes do advento da Lei 13.260/2016, havia sofrido sucessivas advertências internacionais, no mecanismo de *peer review*, de vir a ser inserido em lista suja (técnica de *naming and shaming*) em outubro de 2015, durante a sessão plenária do Grupo de Ação Financeira Internacional (GAFI) ou *Finantial Action Task Force* (FATF), como forma de determinar o cumprimento pelo Brasil na Recomendação n. 5 do GAFI[78], que reza:

> Crime de financiamento do terrorismo. Os países deveriam criminalizar o financiamento do terrorismo com base na Convenção Internacional para a Supressão

---

76. CALLEGARI, André Luís; LIRA, Cláudio Rogério Sousa; REGHELIN, Elisangela Melo [et. alii]. **O Crime de Terrorismo – reflexões críticas e comentários à Lei do Terrorismo – de acordo com a Lei n. 13.260/2016**. São Paulo: Porto Alegre. 2016. p. 101.
77. ZÖLLER, Mark A. *Terrorismusstrafrecht*. Ein Handbuch, Heidelberg: C.F. Verlag. 2009. p. 536.
78. ARAS, Vladimir. **O projeto de lei de criminalização do terrorismo**. 16 de agosto de 2015. Disponível em:< https://blogdovladimir.wordpress.com/2015/08/16/o-projeto-de-lei-de-criminalizacao-do-terrorismo/>. Acesso em 27 de setembro de 2016.

do Financiamento do Terrorismo, e criminalizar não apenas o financiamento de atos terroristas, mas também o financiamento de organizações terroristas e terroristas individuais, mesmo na ausência de relação com um ato ou atos terroristas específicos. Os países deveriam garantir que tais crimes sejam considerados crimes antecedentes da lavagem de dinheiro.

Atendendo aos reclamos internacionais, a Lei 13.260/2016 criminalizou o fomento financeiro e logístico de condutas ligadas ao terrorismo em seu artigo 6º, *caput* e parágrafo único.

> O art. 6º Receber, prover, oferecer, obter, guardar, manter em depósito, solicitar, investir, de qualquer modo, direta ou indiretamente, recursos, ativos, bens, direitos, valores ou serviços de qualquer natureza, para o planejamento, a preparação ou a execução dos crimes previstos nesta Lei:
> Pena – reclusão, de quinze a trinta anos.
> Parágrafo único. Incorre na mesma pena quem oferecer ou receber, obtiver, guardar, mantiver em depósito, solicitar, investir ou de qualquer modo contribuir para a obtenção de ativo, bem ou recurso financeiro, com a finalidade de financiar, total ou parcialmente, pessoa, grupo de pessoas, associação, entidade, organização criminosa que tenha como atividade principal ou secundária, mesmo em caráter eventual, a prática dos crimes previstos nesta Lei.

Ponto problemático diz respeito à abertura semântica contida na expressão "de qualquer modo" previstas no artigo 6º, *caput* e seu parágrafo único da Lei 13.260/2016, pois abre a "possibilidade de que qualquer conduta de colaboração configure o delito a título de autoria, o que significa o desparecimento dos limites entre autoria e participação, e, consequentemente, violação do princípio da culpabilidade"[79].

4. ORGANIZAÇÕES TERRORISTAS: INTERSECÇÕES E DIÁLOGOS ENTRE AS LEIS 13.260/2016 E 12.850/2013

Traçada uma visão panorâmica de alguns aspectos da Lei Antiterrorismo, estamos aptos a ingressar no tema central proposto no presente trabalho: o estudo das Organizações terroristas e as intersecções e diálogos entre as Leis 13.260/2016 e a 12.850/2013.

4.1. O crime de participação em organização terrorista (artigo 3º da Lei 13.260/2016)

A análise da origem da expressão "Crime Organizado" e o propósito inicial do seu conceito na literatura jurídico-penal demanda necessariamente uma breve análise histórica.

---

[79]. MONTECONRADO, Fabíola; MOURA, Maria Thereza; ZILLI, Marcos. **Terrorismo e o direito brasileiro**. in: AMBOS, Kai; MALARINO; STEINER, Christian. Terrorismo y derecho penal. Berlin:Konrad-Adenauer-Stiftung. 2015. p. 548.

A expressão "Organização Criminosa" foi encontrada inicialmente nos movimentos de resistência política do passado, mais propriamente a partir da Lei Seca (*Volstead Act*) de 1920 pela 18ª Emenda, em que foi proibido o uso de álcool pelos cidadãos.

A criminalização do álcool está, portanto, diretamente vinculada a esta origem histórica do discurso contemporâneo do crime organizado, pois foi a partir da criação deste mercado altamente lucrativo que as comunidades segregadas dos Estados Unidos começaram a ocupar nichos de mercado que o mercado lícito não poderia explorar em razão da criminalização.

É preciso perceber como é atraente para pessoas e grupos sociais marginalizados a criação de um mercado ilícito com alta margem de lucro que envolve na verdade um grande risco, mas que tem uma demanda estável. O consumo de álcool (seja no Brasil ou nos Estados Unidos) tem raízes culturais, a busca pelo álcool é algo que integra as relações sociais.

Ou seja, havia uma grande demanda, e com o mercado globalizado os lucros subiram exponencialmente, mas também aumentaram-se os riscos. Esse é o mercado perfeito para grupos marginalizados que não têm chances de acesso ao mercado de trabalho, ou se têm, não possuem capacidade de lucrar tanto nessas relações de exploração pela sua condição de segregados sociais.

Neste sentido, a comunidade na época segregada era a Italiana, por serem estigmatizados pelas suas raízes éticas. A ideia é que esses grupos e indivíduos estrangeiros em um ambiente social hostil migraram para essa atividade ilegal e começaram a vender álcool de forma clandestina.

Evidentemente que esses grupos estruturam-se de forma quase que empresarial, haja vista que vendiam um produto como qualquer outro, sendo que a diferença residia no fato do produto ser ilícito. Havia necessidade de gerenciamento deste negócio, de disputa por pontos de venda, de disputa no mercado, e da garantia de recebimento por meio da cobrança de seus clientes – isso demanda certa organização. A ideia era que estes grupos viviam e se estruturavam de forma hierárquica em torno destas atividades ilícitas, mas com componentes de maneira bastante similares a uma empresa lícita.

O discurso político estadunidense denominou esta atividade organizada de *Organized Crime* (Crime Organizado).

O discurso do crime organizado teve um claro viés político, na medida em que se justificou ainda mais a repressão e o isolamento destas comunidades marginalizadas, demonstrando que o crime não era uma característica estadunidense (peregrino que veio pelo *Mayflower*), mas sim uma característica do sujeito estrangeiro, deste elemento patológico que estava fora da sociedade saudável dos EUA.

Então, a identificação do Italiano com o criminoso favoreceu a criação deste núcleo de consenso em relação às políticas públicas nos EUA, servindo, portanto, para justificar a criação deste *way of life* nos EUA, que é divinizado, que é transformado em sonho para classe média, que precisava cumprir este papel de estabilização ética da sociedade norte americana.

Este discurso do *Organized Crime* vinculava a comunidade italiana nos EUA é transplantado na Itália. Ou seja, graças ao enriquecimento de algumas famílias, especialmente, no sul da Itália, pelo comércio de uma droga ilícita, como era o álcool nos EUA, que esse discurso volta para a Itália. E esse discurso do *Organized Crime* encontra realidade social na Itália, que é a máfia. Da conjugação entre crime organizado e máfia constrói-se o que se denomina de paradigma mafioso na estrutura do crime organizado, servindo de suporte para condenações[80].

Neste diapasão, segundo Juarez Cirino dos Santos, a expressão *Organized crime* surgiu para designar:

> um feixe de fenômenos delituosos mais ou menos indefinidos, atribuídos a empresas do mercado ilícito da economia capitalista criado pela "lei seca" do *Volstead Act*, de 1920– portanto, uma categoria ligada ao aparecimento de crimes definidos como *mala quia prohibita*, por oposição aos crimes definidos como *mala in se*.[81]

Alguns autores (como Gamil Foppel El Hireche[82]) têm defendido que o interesse do discurso da criminalização de Organizações de caráter criminoso no Brasil seria puramente ideológico, servindo como forma de justificação de políticas penais especialmente punitivas e relativizadoras de garantias constitucionais dos cidadãos, ou seja, procurar-se-ia com isso legitimar regime de exceção das garantias de certas pessoas classificadas como inimigos públicos (direito penal do inimigo), fulminando o Estado Democrático de Direito.

---

80. Sobre o surgimento do conceito de crime organizado recomenda-se assistir a apresentação do professor Maurício Stegemann Dieter no programa Academia da TV Justiça (STF)- utilizado como base desta peseuisa.Disponível em: < https://www.youtube.com/watch?v=eY3wTIsWS-Q > . Acesso em 30 de setembro de 2016.

81. . SANTOS, Juarez Cirino dos. **Crime Organizado.** Disponível em <http://www.cirino.com.br/artigos/jcs/crime_organizado.pdf> Acesso em 31 de janeiro de 2015.

82. HIRECHE, Gamil Foppel El. **Análise Criminológica das Organizações Criminosas: da inexistência à impossibilidade de conceituação e suas repercussões no ordenamento jurídico pátrio.** Manifestação do Direito Penal do Inimigo. Rio de Janeiro: Editora Lumen Juris, 2005. P. 25

Seria para estes autores o Crime Organizado em si um conceito inexistente, não havendo um conceito preciso. Assim, a imprecisão de eventual conceito de Organização Criminosa atentaria ao princípio da legalidade e possibilitaria aos detentores do Poder que se utilizassem do discurso do crime Organizado para fins escusos, que não os fins socialmente almejados.

Nesta esteira, não haveria para estes autores como conceituar com precisão o que seria o crime organizado, o que seria uma afronta ao mandado de certeza exigido no âmbito penal (*lex certa*).

Eugênio Raul Zaffaroni já defendeu certa vez que não existem organizações criminosas, sendo o conceito uma criação ou categoria forjada a partir da história[83]. Para ele o Crime Organizado não era uma categoria clara, e entendia que mesmo supondo que fosse, a maior fonte dele seria o Estado, através do terrorismo do Estado, do controle da máquina estatal por parte de corruptos, da proibição ou repressão a determinados produtos e, principalmente, pelo uso do fantasma do Crime Organizado para debilitar o Estado de Direito[84].

Em palestra proferida por Eugenio Raul Zaffaroni no dia 11.01.13, na Universidade de Mar del Plata, o professor argentino mudou de posição, explicando que o crime organizado existe, sendo um crime de mercado, que oferece produtos ou serviços ilícitos – drogas, exploração sexual dos seres humanos etc.

Em que pesem as críticas de alguns autores quanto à criminalização das Organizações Criminosas, a Lei 12.850/2013 passou a conceituar Organização Criminosa pela primeira vez em seu artigo Art. 1º e §1º e a criar o crime de participação em Organização Criminosa em seu artigo 2º. Veja-se:

> Artigo 1º, § 1º – Considera-se organização criminosa a associação de 4 (quatro) ou mais pessoas estruturalmente ordenada e caracterizada pela divisão de tarefas, ainda que informalmente, com objetivo de obter, direta ou indiretamente, vantagem de qualquer natureza, mediante a prática de infrações penais cujas penas máximas sejam superiores a 4 (quatro) anos, ou que sejam de caráter transnacional.
>
> Art. 2º – Promover, constituir, financiar ou integrar, pessoalmente ou por interposta pessoa, organização criminosa:
>
> Pena – reclusão, de 3 (três) a 8 (oito) anos, e multa, sem prejuízo das penas correspondentes às demais infrações penais praticadas.

---

83. ZAFFARONI, Eugenio Raúl. **Crime Organizado: Uma categorização frustrada. Discursos Sediciosos**. Rio de Janeiro, n. 1, p. 46, 1º semestre 1996.
84. ZAFFARONI, Eugenio Raúl apud in FABRETTI, Humberto Barrionuevo. **Fenomenologia das associações ilícitas**. In: MESSA, Ana Flávia; CARNEIRO, José Reinaldo Guimarães (Coord.). **Crime Organizado**. São Paulo: Saraiva. 2012. p. 76.

Ademais, a Lei 12.850/2013, no § 2º, inciso II do artigo 1º, em sua redação original, previu que os seus dispositivos legais aplicam-se às organizações terroristas internacionais, reconhecidas segundo as normas de direito internacional, por foro do qual o Brasil faça parte, cujos atos de suporte ao terrorismo, bem como os atos preparatórios ou de execução de atos terroristas, ocorram ou possam ocorrer em território nacional.

Em comentários[85] a este dispositivo legal em sua redação original, tivemos a oportunidade de apontar que o legislador agiu com desacerto ao deixar novamente um instituto em desamparo conceitual, decidindo "delegar" o conceito aos Tratados Internacionais, pois estes (com já decidiu o Supremo Tribunal Federal[86]) não podem criar crimes para o âmbito interno, aliás, se isso fosse possível violaria o princípio da legalidade em sua virtude *lex populi*[87].

A Lei 13.260/2016, corrigindo o desacerto pretérito, deu nova redação ao § 2º, inciso II do artigo 1º da Lei 12.850/2013 com o seguinte teor: "§ 2º Esta Lei se aplica também: [...] II – às organizações terroristas, entendidas como aquelas voltadas para a prática dos atos de terrorismo legalmente definidos. (Redação dada pela lei nº 13.260, de 2016)".

Ruchester Marreiros Barbosa problematiza a questão das Organizações Terroristas, afirmando que:

> O legislador, não conceituou o que significa "organização terrorista", nem a tipificou como crime autônomo, como o fez para a "associação criminosa" (art. 288, CP), "constituição de milícia privada" (art. 288-A, CP), "associação para o tráfico"

---

85. GOMES, Luiz Flávio; SILVA, Marcelo Rodrigues da Silva. **Organizações Criminosas e Técnicas Especiais de Investigação: questões controvertidas**, aspectos teóricos e práticos e análise da Lei 12.850/2013. Salvador: Juspodivm. 2015.p.
86. STF, 1a Turma, HC n° 96.007/SP, Rel. Min. Marco Aurélio, j. 12/06/12, com entendimento semelhante: STF, Pleno, ADI 4.414/AL, Rel. Min. Luiz Fux, j. 31/05/2012. "Os tratados e convenções configuram fontes diretas (imediatas) do direito internacional penal (relações do indivíduo com o *ius puniendi* internacional, que pertence a organismos internacionais – TPI, v.g), mas jamais podem servir de base normativa para o direito penal interno (que cuida das relações do indivíduo com o ius puniendi do Estado brasileiro), cuja única fonte direta só pode ser a lei (ordinária ou complementar). A única manifestação legislativa que atende ao princípio da reserva legal (O conceito de "crime organizado" é matéria reservada à competência legislativa da União, tema interditado à lei estadual, à luz da repartição constitucional é a lei formal redigida, discutida, votada e aprovada pelos Parlamentares (art. 22, I, CRFB – ADI N. 4.414-AL –Rel. Min. Luiz Fux – Informativo 667.).
87. Em sentido contrário: Guilherme de Souza Nucci dizia que "O conceito de organização terrorista internacional pode ser buscado no próprio direito internacional, pois serve a autorizar mecanismos de combate ao terrorismo – e não se cria um tipo penal de organização terrorista internacional. Pode-se valer o Estado brasileiro dos institutos de investigação e obtenção de provas – colaboração premiada, ação controlada, infiltração de agentes – que constituem cenário de processo penal, não vinculando ao princípio da taxatividade" (NUCCI, Guilherme de Souza. **Organização criminosa – comentários à lei 12.850, de 02 de agosto de 2013**. São Paulo: Revista dos Tribunais. 2013. p. 19-20).

(art. 35, lei 11.343/06), "organização criminosa" (art. 2º, Lei 12.850/13), todos crimes de concurso necessário, como deveria ser a "organização terrorista."[88]

Os argumentos do referido autor são equivocados.

Embora fosse aconselhável a conceituação de Organização Terrorista para se evitar celeumas, é cediço que o § 1º do artigo 1º da Lei 12.850/2013 (Lei de Organizações Criminosas) traz um conceito de Organização Criminosa que acaba abrangendo a Organização Terrorista, haja vista que o aludido dispositivo refere-se a quaisquer infrações penais cujas penas máximas suplantem 4 (quatro) anos ou que sejam de caráter transnacional (o que termina por abranger crimes ligados ao terrorismo praticado num contexto de Organização).

Ou seja, como os atos de terrorismo (com previsão no artigo 2º, § 1º, incisos I, IV e V da Lei 13.260/2016) têm pena de reclusão de 12 a 30 anos, além das sanções correspondentes à ameaça ou violência (pena superior a 4 anos), ou/e podem ter caráter transnacional, é possível o enquadramento da "Organização Criminosa que pratique atos terroristas" (leia-se: Organização Terrorista) no conceito trazido pelo § 1º do artigo 1º da Lei 12.850/2013.

Ademais, a Lei 13.260/2016 ao modificar a redação do inciso II, do § 2º do artigo 1º da Lei 12.850/2013, passando a prever que se aplica esta última lei às organizações terroristas voltadas para prática de atos de terrorismo legalmente definidos (artigo 2º, § 1º da Lei 13.260/2016), reforçou a possibilidade de extensão do conceito de Organizações Criminosas da Lei 12.850/2013 às Organizações Terroristas, até porque não haveria sentido ter mais de um conceito de crime organizado em nosso sistema.

Assim, para imputar o caráter organizado a determinado grupo de terroristas é necessário que a trama criminosa amolde-se com perfeição ao conceito de crime organizado do Artigo 1º, § 1º da Lei 12.850/2013. Vale dizer, deverão estar presentes concomitantemente os seguintes requisitos: a) associação de 4 (quatro) ou mais pessoas; b) estruturalmente ordenada; c) divisão de tarefas, ainda que informalmente; d) objetivo de obter, direta ou indiretamente, vantagem de qualquer natureza; e) mediante a prática de infrações penais cujas penas máximas sejam superiores a 4 (quatro) anos, ou que sejam de caráter transnacional.

---

88. BARBOSA, Ruchester Marreiros. **Lei antiterrorismo e o terror da insegurança jurídica.** 30 de maço de 2016. Disponível em: <https://canalcienciascriminais.com.br/lei-antiterrorismo-e-o-terror-da-inseguranca-juridica/>. Acesso em 30 de setembro de 2016.

Por isso incorreto é o posicionamento de Rogério Sanches Cunha e de Ronaldo Batista Pinto no sentido que com relação à Organização Terrorista dispensar-se-ia a característica de delinquência estruturada[89].

De acordo com Rodrigo Carneiro Gomes:

> A legislação poderia avançar e ter aplicado, por analogia, artigo 1º, parágrafo 1º da Lei 12.850/2013 para inserir como característica da organização terrorista a divisão de tarefas, a cadeia de comando (estruturalmente ordenada) e a pluralidade de agentes. Não se sabe se a omissão foi proposital, em razão da atuação de células terroristas que agem isoladamente, ou pelo recurso a "pessoas-bomba", empecilhos à percepção e identificação da ORT envolvida. De qualquer sorte, parecem ser inerentes à conceituação de "organização" elementos normativos mínimos como pluralidade de agentes, divisão de tarefas e estruturação do grupo[90].

O legislador ao se utilizar da locução "qualquer vantagem" (elementar do crime de participação em Organização Criminosa) pretendeu afastar a natureza exclusivamente econômica desta vantagem, viabilizando a imputação do caráter organizacional a grupos terroristas, que em geral não têm como objetivo específico o lucro.

Inconcebível falar-se em Organização Terrorista unipessoal, haja vista que a própria expressão "Organização" traz implícita a ideia de associação, de pluralidade de integrantes.

Assim, podemos dizer que o crime de participação em Organização Terrorista é crime plurissubjetivo, plurilateral ou de concurso necessário, exigindo-se pelo menos 4 (quatro) pessoas como um dos requisitos cumulativos a serem considerados para caracterização da Organização.

Prevalece na doutrina que se computa adolescente ou criança no número mínimo de integrantes para satisfazer o quórum exigido para a caracterização da Organização Criminosa ou Terrorista, desde que exista pelo menos um maior penalmente imputável neste cômputo, pois do contrário não se falaria em crime de participação em Organização Criminosa ou Terrorista, mas sim em ato infracional equiparado a este crime, caso só menores de 18 (dezoito) anos compusessem a estrutura organizacional criminosa[91].

---

89. CUNHA, Rogério Sanches; PINTO, Ronaldo Batista. **Crime Organizado: comentários à Lei 12.850/2013.** 4ª ed. Salvador: Juspodivm. 2016. p. 15.
90. GOMES, Rodrigo Carneiro. **Capítulo 31. A Nova Lei de Enfrentamento ao Terrorismo – Lei 13.260/2016.** In: ANSELMO, Márcio Adriano; BARBOSA, Ruchester Marreiros; GOMES, Rodrigo Carneiro [et. alii]. **Investigação Criminal pela Polícia Judiciária.** Rio de Janeiro: Lumen Juris. 2016. p. 232.
91. Observação: Luiz Flávio Gomes, em específico, entende que crianças ou adolescentes não são computados no número mínimo de quatro pessoas como sujeitos ativos, quando utilizados como

É praticamente pacífico na doutrina e na jurisprudência que no número mínimo de quatro integrantes exigido para fins de enquadramento no conceito de organização criminosa computa-se o agente não identificado, desde que exista prova segura da sua existência (exemplo: testemunhas, interceptação telefônica, documentos etc.).

No mesmo sentido é o entendimento de Rogério Greco, que diz ser possível o cômputo do agente não identificado:

> [...] desde que se tenha certeza da existência dos demais membros que integravam o grupo, mas que se mantiveram no anonimato, ou seja, não foram devidamente identificados e qualificados pela autoridade policial.
>
> O fundamental nessa hipótese, frise-se, é a convicção, a certeza cabal de que outras pessoas faziam parte do grupo criminoso, perfazendo o total mínimo exigido pelo tipo penal em estudo [...][92].

O entendimento do Superior Tribunal de Justiça caminha no mesmo sentido:

> Consoante a jurisprudência desta Corte, para a caracterização do crime de quadrilha ou bando não é imprescindível que todos os coautores sejam identificados, bastando elementos que demonstrem a estabilidade da associação para a prática de crimes[93].

Não se computa o agente infiltrado com relação ao número mínimo de 4 (quatro) pessoas para a caracterização de uma Organização terrorista, haja vista que não há *animus* associativo do agente infiltrado, mas sim *animus* investigativo.

Com relação ao segundo problema lançado por Ruchester Marreiros Barbosa, salienta-se que houve sim a tipificação do crime de participação em Organização Terrorista no artigo 3º da Lei 13.260/2016. Veja-se:

> Art. 3º Promover, constituir, integrar ou prestar auxílio, pessoalmente ou por interposta pessoa, a organização terrorista:
>
> Pena – reclusão, de cinco a oito anos, e multa.

Com efeito, para a tipificação do crime de participação em Organização Terrorista exige-se uma análise conjunta do artigo 3º da Lei 13.260/2016

---

meros instrumentos do crime (Veja-se: GOMES, Luiz Flávio. **Comentários aos artigos 1º e 2a da Lei 12.850/13 – Criminalidade Organizada**. Disponível em: < http://professorlfg.jusbrasil.com.br/artigos/121932382/comentarios-aos-artigos-1-e-2-da-lei-12850-13-criminalidade-organizada> . Acesso em 05.02.2015.

92. GRECO, Rogério. **Curso de Direito Penal – parte especial – volume IV**. 11a ed. Rio de Janeiro: Impetus. 2015. p. 213.
93. STJ, 6a T., HC 145765/RJ, j. 10/11/2009.

e artigo 1º, §§ 1º e 2º, inciso II da Lei 12.850/2013 (há diálogos e intersecções entre os dispositivos).

Trata-se de norma penal em branco imprópria heterovitelina, cujo conceito é fornecido por diploma legislativo diverso (artigo 1º, § 1º, Lei 12.850/13).

Em razão do princípio da especialidade, quando há participação de agente em Organização Terrorista, incide o tipo penal do artigo 3º da Lei 13.260/2016 em detrimento do tipo penal do artigo 2º da Lei 12.850/2013.

São 4 (quatro) os núcleos do tipo: a) promover; b) constituir; c) integrar; ou d) prestar auxílio.

Vejamos o significado de cada um dos verbos constitutivos do crime de participação em organização criminosa.

Promover: estimular, impulsionar, dar força, facilitar, autorizar, favorecer o progresso; trabalhar a favor; colocar em evidência, exaltando seus próprios feitos, qualidades e atributos; dar publicidade, realizar divulgação.

Constituir: formar, criar, abrir, reunir elementos para formar um todo, compor, estabelecer, dar vida à Organização Terrorista.

Integrar: ingressar no grupo, preencher, estabelecer conexão, fazer parte, associar-se, agregar-se, juntar-se à Organização Terrorista.

Com relação aos verbos constituir e integrar, trata-se de crime formal ou de consumação antecipada, que se consuma com a mera associação de pessoas, independentemente da execução dos crimes que motivaram a organização. Aliás, como o tipo penal já pune um ato preparatório *de per si* (havendo uma antecipação do direito penal), não há como falar em punição da tentativa de constituir ou integrar Organização Criminosa, pois daí se estaria punindo um ato preparatório do ato preparatório. Assim, entendemos que só deve haver punição com a efetiva constituição ou integração de/a uma Organização Terrorista.

Prestar auxílio: o verbo é muito amplo, afrontando o mandado de certeza exigido no âmbito penal (*lex certa*), pois permitiria que qualquer conduta, por mais insignificante que seja, ser tipificada no crime de participação em Organização Terrorista. De qualquer forma, caso o agente tenha unicamente prestado auxílio com o objetivo de financiar Organização Terrorista, haverá enquadramento típico no crime previsto no artigo 6º, parágrafo único da Lei 13.260/2016, e não no crime de participação em Organização Terrorista (artigo 3º da Lei 13.260/2016).

Trata-se o artigo 3º da Lei 13.260/2016 de tipo misto alternativo, em que a prática de duas ou mais condutas descritas no tipo não gera concurso de crimes, respondendo o agente por apenas um delito.

Importante destacar que para o agente incidir na conduta típica do artigo 3º não basta o mero simpatizar com a Organização Terrorista. Ou seja, se alguém pratica um determinado ato terrorista por mera idolatria a determinada Organização Terrorista sem promovê-la, não satisfaz os verbos núcleo do tipo integrar ou prestar auxílio. De acordo com Mark A. Zöller, para que o agente seja considerado participante de uma Organização Terrorista, "o auxílio [do agente] deve ser efetivo e proveitoso à organização, assim entendido como aquele auxílio que fortaleça a disponibilidade dos membros a desempenhar suas atividades"[94].

4.2. A aplicação da Lei 12.850/2013 às organizações terroristas: qual a extensão do artigo 1º, § 2º, inciso II?

O artigo 1º§ 2º da Lei 12.850/2013 (Lei de Organizações Criminosas) reza que esta lei se aplica também:

I – às infrações penais previstas em tratado ou convenção internacional quando, iniciada a execução no País, o resultado tenha ou devesse ter ocorrido no estrangeiro, ou reciprocamente;

II – às organizações terroristas, entendidas como aquelas voltadas para a prática dos atos de terrorismo legalmente definidos. (Redação dada pela lei nº 13.260, de 2016).

Com relação ao inciso I é um equívoco tratar tal caso como sendo Organização Criminosa "por equiparação", como o faz Guilherme Madeira Dezem[95], afinal em momento algum a Lei 12.850/2013 afirmou tratar-se de Organização Criminosa.

Com relação ao inciso II do artigo 1º§ 2º da Lei 12.850/2013 temos uma Organização Criminosa por equiparação, que é a Organização Terrorista, pois a definição desta é retirada do § 1º do artigo 1º da Lei 12.850/2013 (Lei de Organizações Criminosas).

Em que pese a Lei 12.850/2013 diga que se aplica esta Lei às Organizações Terroristas, entendidas como aquelas voltadas para a prática dos atos de terrorismo legalmente definidos, não vislumbramos ser possível

---

94. ZÖLLER, Mark A. *Terrorismusstrafrecht.* Ein Handbuch, Heidelberg: C.F. Verlag. 2009. p. 331.
95. MADEIRA, Guilherme. **Leis Penais Especiais**. 2a ed. São Paulo: RT. 2013. p. 203.

aplicar àqueles que embaracem investigação de Organização Terrorista ou participem de Organizações Terroristas os §§ 1º ao 7º do artigo 2º da referida Lei 12.850/2013, pois a Lei 13.260/2013 optou por trazer crime de participação em Organização Terrorista de forma específica em seu artigo 3º, não tendo reproduzido o teor dos parágrafos do artigo 2º da Lei 12.850/2013.

Ademais, o artigo Art. 16 da Lei 13.260/2013 é de claridade solar em dizer que se aplicam as disposições da Lei nº 12.850, de 2 agosto de 2013, tão somente para a investigação, processo e julgamento dos crimes previstos na Lei 13.260/2013. Ou seja, a Lei 12.850/2013, por exemplo, não tem qualquer serventia para efeito de agravamento de pena daquele que exerce posição de comando de uma Organização Terrorista ou de aumento de pena se houver participação de criança ou adolescente; concurso de funcionário público, valendo-se a Organização Terrorista dessa condição para a prática da infração penal; se a Organização Terrorista mantém conexão com outras Organizações Terroristas independentes; ou se as circunstâncias do fato evidenciarem a transnacionalidade da Organização Terrorista.

4.3. Investigação, processo e julgamento dos crimes previstos na Lei Antiterrorismo (artigo 16 da Lei 13.260/2016)

Em que pese a Lei 12.850/2013 (Lei de Organizações Criminosas) seja uma lei voltada para a criminalidade organizada, por determinação do artigo 16 da Lei Antiterrorismo, aplicam-se, como já vimos, as disposições da Lei de Organizações Criminosa para a investigação, processo e julgamento qualquer dos crimes previstos na Lei Antiterrorismo (com previsão nos artigos 2º, § 1º; 3º; 5º, *caput* e incisos I e I; e 6º).

4.3.1. Meios excepcionais de produção de provas

Todos os meios excepcionais de obtenção de provas[96] previstos no artigo 3º da Lei 12.850/2013 podem ser utilizados em qualquer fase da persecução penal para apuração de crimes ligados ao terrorismo, quais sejam:

I – colaboração premiada;

II – captação ambiental de sinais eletromagnéticos, ópticos ou acústicos;

---

96. Paulo César Busato denomina de "meios excepcionais de obtenção de provas" (BUSATO, Paulo César. *As inovações da lei 12.850/13 e a atividade policial*. In: AMBOS, Kai; MALARINO, Ezequiel; VASCONCELOS, Eneas Romero (Coord.). **Polícia e investigação no Brasil**. Brasília: Gazeta Jurídica. 2016. p. 214).

III – ação controlada;

IV – acesso a registros de ligações telefônicas e telemáticas, a dados cadastrais constantes de bancos de dados públicos ou privados e a informações eleitorais ou comerciais;

V – interceptação de comunicações telefônicas e telemáticas, nos termos da legislação específica;

VI – afastamento dos sigilos financeiro, bancário e fiscal, nos termos da legislação específica;

VII – infiltração, por policiais, em atividade de investigação, na forma do art. 11;

VIII – cooperação entre instituições e órgãos federais, distritais, estaduais e municipais na busca de provas e informações de interesse da investigação ou da instrução criminal.

Anteriormente à Lei 13.260/2016 comungávamos do entendimento que a infiltração de policiais era o único meio de obtenção de prova que não poderia ser utilizado com relação às Organizações Terroristas, haja vista que o § 2º do artigo 10 da Lei 12.850/2013 reza que só "será admitida a infiltração se houver indícios de infração penal de que trata o art. 1º, § 1º (Organização Criminosa propriamente dita, e não a Organização Criminosa por extensão, que é o caso da Organização Terrorista)[97].

Nesse quadrante, sustentávamos as premissas do raciocínio anterior em Paulo César Busato que assevera:

> as medidas probatórias excepcionais só podem ser empregadas para apuração de outros crimes cometidos pela organização criminosa, além deste próprio. É que a legalidade das provas é condição *sine qua non* de sua validade processual e, ainda que a enumeração processual dos meios de produção de provas não seja taxativa, quando apontado um rol limitado ao emprego a respeito de determinado delito, resulta imprescindível que a ele se limite[98].

Confira-se também Gabriel Adriasola a respeito da reserva de lei com relação às técnicas especiais de investigação:

---

97. GOMES, Luiz Flávio; SILVA, Marcelo Rodrigues da Silva. Organizações Criminosas e Técnicas Especiais de Investigação: questões controvertidas, aspectos teóricos e práticos e análise da Lei 12.850/2013. Salvador: Juspodivm. 2015.

98. Paulo César Busato denomina de "meios excepcionais de obtenção de provas" (BUSATO, Paulo César. *As inovações da lei 12.850/13 e a atividade policial*. In: AMBOS, Kai; MALARINO, Ezequiel; VASCONCELOS, Eneas Romero (Coord.). **Polícia e investigação no Brasil**. Brasília: Gazeta Jurídica. 2016. p. 215).

Los estándares mínimos para la utilización de técnicas especiales de investigación: la reserva de ley: El primero de los requisitos determina que solo una ley en sentido formal puede permitir una intromisión en la intimidad de los ciudadanos[99]..

A reserva de lei no uso destes meios excepcionais de obtenção de prova só reforça o caráter de excepcionalidade, evitando-se banalizações e consequentes devassas à intimidade dos cidadãos.

A infiltração de agentes policiais é uma técnica de investigação extremamente invasiva, haja vista que coloca o investigado em intenso estado de vigilância, por isso deve ser vista como excepcional.

De toda forma, com o advento da Lei 13.260/2016, houve permissão para o uso da infiltração de agentes com relação às Organizações Terroristas e os demais crimes da Lei 13.260/2016, como se extrai do artigo 16 da Lei Antiterrorismo.

Portanto, a crítica ao nosso posicionamento anterior formulado antes do advento da Lei 13.260/2016 lançada por Cleber Masson e Vinícus Marçal após o advento da aludida lei resta esvaziada de sentido, pois entendemos atualmente que é possível a infiltração de agentes. Assim, a crítica formulada pelos referidos autores resta anacrônica e descontextualizada[100].

4.3.2. Processo e julgamento

Os crimes previstos na Lei 12.850/2013 e as infrações penais conexas (independentemente do *quantum* de pena) serão apurados mediante procedimento ordinário previsto no Decreto-Lei nº 3.689, de 3 de outubro de 1941 (Código de Processo Penal) (Art. 22, LOC).

---

99. (ADRIASOLA, Gabriel. Las técnicas especiales de investigación en la represión del blanqueo de capitales. In: ALFARO, Luis Miguel Reyna; CORIA, Dino Carlos Caro. Compliance y prevención del lavado de activos y del financiamiento del terrorismo. Lima: CEDPE. 2013. p. 217

100. Veja-se crítica lançada por Cleber Masson e Vinícius Marçal: "Observa-se que, para respeitável setor doutrinário (1ª corrente), 'a única técnica de investigação que não poderá ser implementada aos casos previstos nos incisos I e II do § 2º do artigo 1º é a infiltração de agentes, pois por expressa previsão no § 2º do artigo 10 da Lei 12.850/13 só será admitida a infiltração se houver indícios de infração penal que trata o art. 1º, § 1º (que é a organização criminosa propriamente dita). *Data vênia*, esse não é nosso ponto de vista (2ª corrente). Em nossa ótica, a infiltração policial poderá ser implementada nas duas hipóteses de aplicação extensiva da Lei do Crime Organizado, pelas seguintes razões: a) a LCO não faz nenhuma ressalva nesse particular; b) a infiltração é uma técnica especial de investigação que também encontra previsão na Convenção das Nações Unidas contra o Crime Organizado Transnacional (Convenção de Palermo), em seus arts. 20, item 1; e 20, item 1, alínea g; c) especificamente quanto às organizações terroristas, o art. 16 da Lei 13.260/2016 determinou de forma expressa a aplicação das disposições da Lei 12.850/2013, para a investigação, o processo e o julgamento dos crimes de terrorismo" (MARÇAL, Vinícius; MASSON, Cleber. **Crime Organizado.** 2ª ed. São Paulo: Método. 2016. p. 35).

O processo e julgamento dos crimes da Lei Antiterrorismo, por determinação expressa do seu artigo 16, seguirá o mesmo rito, qual seja: ordinário.

Por se tratar a Organização Terrorista de uma espécie de Organização Criminosa, entendemos possível o julgamento colegiado em primeiro grau de jurisdição, nos termos da Lei 12.694/2012.

Por força do princípio da publicidade dos atos processuais e pelos ideais democráticos, todos os atos processuais, via de regra, serão públicos. Este princípio tem guarida Constitucional (artigo 5º, incisos XXXIII e LX, e 93, IX) e previsão na Convenção Americana sobre Direitos Humanos (Decreto 678/1992, artigo 8, § 5º).

A importância de um processo plenamente público reside no fato de permitir a todo cidadão a sua fiscalização, de modo a afastar a desconfiança da população na Administração da Justiça.

O sigilo da investigação poderá ser decretado pela autoridade judicial competente, para garantia da celeridade e da eficácia das diligências investigatórias, assegurando-se ao defensor, no interesse do representado, amplo acesso aos elementos de prova que digam respeito ao exercício do direito de defesa, devidamente precedido de autorização judicial, ressalvados os referentes às diligências em andamento (artigo 23, LOC).

Determinado o depoimento do investigado, seu defensor terá assegurada a prévia vista dos autos, ainda que classificados como sigilosos, no prazo mínimo de 3 (três) dias que antecedem ao ato, podendo ser ampliado, a critério da autoridade responsável pela investigação (artigo 23, Parágrafo único, LOC).

Este sigilo do inquérito determinado pelo juiz competente não se confunde com os sigilos específicos relativos à colaboração premiada e à infiltração de agentes.

Sabemos que o inquérito policial é naturalmente sigiloso (artigo 20 do CPP), devendo a autoridade policial assegurar o sigilo do inquérito.

Esse sigilo, contudo, não pode ser oponível à defesa, pois se isso fosse possível faria letra morta o artigo 5º, LXIII (direito à assistência de um advogado) da CF/88, o artigo 7º, inciso XIV da lei 8906/94 (Estatuto da OAB) e a súmula vinculante 14 do STF.

O defensor (do indiciado, do suspeito ou do potencial indiciado) tem acesso a tudo aquilo que está documentado, exatamente para se permitir a defesa do indiciado. Contudo, o defensor não tem acesso ao que está sendo ainda apurado, pois se isto fosse possível contrariaria a inquisitoriedade do Inquérito Policial, e de um procedimento inquisitório passaríamos a ter um procedimento em contraditório.

Em uma leitura muito afobada poderíamos dizer que o artigo 23 da lei 12.850 seria inconstitucional, pois estaríamos bloqueando ou dificultado o acesso da defesa aos autos do inquérito. Só que essa é uma leitura precipitada. A presunção que nós temos em hermenêutica constitucional é a presunção da constitucionalidade da norma.

Não há nenhuma irregularidade com o artigo 23 da Lei 12.850/2013. O sigilo será determinado pelo juiz, cumprindo papel cautelar apenas, ou seja, tem somente um papel instrumental. Não é um sigilo realizado pelo delegado, mas sim pelo juiz competente. O acesso pelo advogado continua existindo.

O artigo 23 da Lei 12.850/2013 fala em acesso do defensor "no interesse do representado". Isso significaria a exigência de procuração? Não se pode fazer interpretação restritiva de um direito fundamental estampado no artigo 5º, LXIII da Carta Magna. Assim, entendemos que esta menção ao defensor do representado abrange o advogado ou defensor do indiciado ou suspeito, mesmo que sem procuração. Aliás, o advogado antes de patrocinar a causa e para estipular o valor dos seus honorários deve verificar primeiramente os autos do inquérito policial.

O acesso deverá ser dado pelo juiz. E o juiz tem o dever de conceder a autorização judicial, sendo, portanto, um direito líquido e certo do defensor o acesso ao inquérito. Mas então por que o juiz tem que decidir pela autorização se ele tem o dever de conceder o acesso? Resposta: A autorização do juiz tem por finalidade garantir que não sejam os autos do inquérito policial acessados por eventuais "laranjas", vale dizer, para garantir que realmente seja um defensor em nome do indiciado ou em nome dos potenciais suspeitos.

5. CONSIDERAÇÕES FINAIS

O Brasil, a pretexto de concretizar o mandado constitucional de criminalização expresso nos artigos 4º, inciso VIII[101] e 5º, inciso XLIII[102], por

---

101. Constituição Federal de 1988, Art. 4º A República Federativa do Brasil rege-se nas suas relações internacionais pelos seguintes princípios: [...] VIII – repúdio ao terrorismo e ao racismo.
102. Constituição Federal de 1988, Art. 5º, XLIII – a lei considerará crimes inafiançáveis e insuscetíveis de graça ou anistia a prática da tortura , o tráfico ilícito de entorpecentes e drogas afins, o terrorismo e os definidos como crimes hediondos, por eles respondendo os mandantes, os executores e os que, podendo evitá-los, se omitirem;

meio da Lei 13.260/2016 incriminou condutas ligadas ao terrorismo, implementou um Estado seletivo e de intensa vigilância, viabilizando-se o direito penal do inimigo no Brasil.

Compreende-se a alta carga simbólica de uma Lei Antiterrorista no país em razão da pressão internacional por uma lei antiterrorismo e dos jogos Olímpicos (e Paralímpicos) terem sido realizados no Brasil. Contudo, não se pode negar que o Brasil efetivamente extrapolou os patamares de razoabilidade com a referida lei, mormente por tratar-se de um país que não possui uma demografia que facilite a operacionalização do terrorismo[103].

A enorme abertura semântica (vagueza de expressões) dos tipos penais da lei 13.260/2016 geram enormes riscos aos direitos fundamentais dos cidadãos, em especial quanto à criminalização dos atos preparatórios do terrorismo, que passou a autorizar uma antecipação precoce do Estado a fim de se evitar a concretização de atos terroristas.

Os tipos penais da Lei 13.260/2016 foram analisados nos limites de nossa proposta de trabalho, sem pretensões de esgotar o assunto.

Estabelecemos no desenvolvimento deste trabalho os pontos de contato entre a Lei 13.260/2016 e a Lei 12.850/2016 (Lei de Organizações Criminosas), ocasião em que, por meio de diálogo sistemático entre os diplomas, obtivemos resultados interpretativos pautados por um processo penal mais democrático e menos violador dos direitos humanos, evitando-se que as agências de repressão utilizem a Lei Antiterrorismo de forma enviesada.

6. REFERÊNCIAS BIBLIOGRÁFICAS

ALFARO, Luis Miguel Reyna; CORIA, Dino Carlos Caro. **Compliance y prevención del lavado de activos y del financiamiento del terrorismo.** Lima: CEDPE. 2013.

AMBOS, Kai; MALARINO, Ezequiel; VASCONCELOS, Eneas Romero (Coord.). **Polícia e investigação no Brasil.** Brasília: Gazeta Jurídica. 2016.

_____; MALARINO; STEINER, Christian (Editores). **Terrorismo y derecho penal.** Berlin:Konrad-Adenauer-Stiftung. 2015. p. 548.

ANSELMO, Márcio Adriano; BARBOSA, Ruchester Marreiros; GOMES, Rodrigo Carneiro [et. alii]. **Investigação Criminal pela Polícia Judiciária.** Rio de Janeiro: Lumen Juris. 2016

AZEVEDO, Paulo Bueno de. *Terrorismo*, **Direito Penal do Inimigo e Retórica da Prevaricação.** Revista Magister de Direitos Humanos n. 11. Out/Dez. 2014.

BARBOSA, Amanda; COSTA, Fábio Natali. **Magistratura e formação humanística.** 2ª ed. São Paulo: LTr. 2014.

---

103. Para o especialista em terrorismo Graeme Wood o Brasil não tem uma demografia que torne fácil para o terrorismo operar (Folha de São Paulo. 31 de julho de 2016. A18 – mundo).

BARBOSA, Ruchester Marreiros. **Lei antiterrorismo e o terror da insegurança jurídica.** 30 de maço de 2016. Disponível em: <https://canalcienciascriminais.com.br/lei-antiterrorismo-e-o-terror-da-seguranca-juridica/>. Acesso em 30 de setembro de 2016.

BARROS, Francisco Dirceu de. **Direito Penal – parte geral.** Rio de Janeiro: Elsevier. 2014.

BONAVIDES, Paulo. **Curso de Direito Constitucional.** 25 ed. São Paulo: Malheiros. 2010.

BAUMAN, Zygmunt; tradução: MEDEIROS, Carlos Alberto. **Medo Líquido.** Rio de Janeiro: Zahar. 2008.

_____; LYON, David. Tradução por Carlos Alberto Medeiros. **Vigilância Líquida.** Rio de Janeiro: Zahar. 2013

BORRADORI, Giovanna. **Filosofia em tempo de terror: diálogos com Habermas e Derrida.** (trad. Roberto Muggiati). Rio de Janeiro: Jorge Zahar Editor. 2004.

CALLEGARI, André Luís; LIRA, Cláudio Rogério Sousa; REGHELIN, Elisangela Melo [*et. alii*]. **O Crime de Terrorismo – reflexões críticas e comentários à Lei do Terrorismo – de acordo com a Lei n. 13.260/2016.** São Paulo: Porto Alegre. 2016

(CANCIO MELIÁ, Mariona. *Los delitos de terrorismo: estructura típica e injusto.* Madrid: Reus. 2010.

CANOTILHO, J. J. Gomes; MENDES, Gilmar Ferreira; SARLET, Ingo Wolfgang [*et. alii*]. **Comentários à Constituição do Brasil.** São Paulo: Saraiva / Almedina. 2013.

COSTA, Ilton Garcia; CACHICHI, Rogério Cangussu Dantas; LEÃO JÚNIOR, Teófilo Marcelo de Arêa. (Org.) **Paz & Teorias da Justiça.** Curitiba: Instituto Memória. Centro de Estudos da Contemporaneidade. 2016.

COSTA, Fernanda Otero. **Aquém da paz e além da guerra.** In: BADARÓ, Gustavo Henrique (Org.) **Doutrinas Essenciais de Direito Penal e Processo Penal. Volume I. Teoria Geral do Direito Penal.** São Paulo: RT. 2015

CRETELLA NETO, José. **Terrorismo Internacional: Inimigo sem rosto – combatente sem pátria.** Campinas: Millennium. 2008.

DIETER, Maurício Stegemann. **Terrorismo: Reflexões a partir da criminologia crítica.** Revista Brasileira de Ciências Criminais | vol. 75/2008 | p. 295 – 338 | Nov – Dez / 2008 DTR\2008\666

CUNHA, Rogério Sanches; PINTO, Ronaldo Batista. **Crime Organizado: comentários à Lei 12.850/2013.** 4ª ed. Salvador: Juspodivm. 2016.

FERNANDES, Antonio Scarance; ZILLI, Marcos (Coord.). **Terrorismo e Justiça Penal: reflexões sobre a eficiência e o garantismo.** Belo Horizonte: Forum. 2014.

FERREIRA, Gecivaldo Vasconcelos. **Princípio da proibição da proteção deficiente.** 4 de outubro de 2009. Disponível em: <http://www.ambito-juridico.com.br/site/index.php?n_link=revista_artigos_leitura&%20artigo_id=9051>. Acesso em 26 de agosto de 2016.

GOMES, Luiz Flávio; SILVA, Marcelo Rodrigues da Silva. **Organizações Criminosas e Técnicas Especiais de Investigação: questões controvertidas, aspectos teóricos e práticos e análise da Lei 12.850/2013.** Salvador: Juspodivm. 2015.

GRECO, Rogério. **Direito Penal do Equilíbrio.** 7ª ed. Rio de Janeiro: Impetus. 2014.

_____. **Curso de Direito Penal – parte especial – volume IV.** 11a ed. Rio de Janeiro: Impetus. 2015.

KATO, Maria Ignez Lanzellotti Baldez. **A (des)razão da prisão provisória.** Rio de Janeiro: Lumen Juris. 2005.

LLOBET ANGLÍ, Mariona. *Derecho penal del terrorismo: limites de su punición en un Estado democrático*. Madrid: La Ley. 2010.

MALAN, Diogo. **Notas sobre a investigação e a prova da criminalidade econômico-financeira organizada**. Revista Brasileira de Direito Processual Penal. V. 2. 2016

MALUF, Elisa Leonesi. **Terrorismo e prisão cautelar: eficiência e garantismo**. São Paulo: LiberArs. 2016.

MARÇAL, Vinícius; MASSON, Cleber. **Crime Organizado. 2ª ed.** São Paulo: Método. 2016. p. 35

MASSON, Cleber. **Direito Penal. vol.1 – Parte Geral**. 10ª ed. Rio de Janeiro: Forense. 2016.

MAZZUOLI, Valerio de Oliveira. **Curso de Direito Internacional Público**. 6a ed. São Paulo: Revista dos Tribunais. 2012. p 1113-1114

MELCHIOR, Antônio Pedro. **O Juiz e a Prova – o "sinthoma" político do processo penal: Uma Análise Transdisciplinar da Gestão da Prova pelo Julgador à Luz do Direito, da Psicanálise e da História**. Curitiba: Juruá. 2013.

MORAES, Geovane. **Lei 13.260/16, que define terrorismo, tratando de disposições investigatórias e processuais e reformulando o conceito de organização terrorista**. Editora Armador. 23 de março de 2016. Disponível em: <http://www.armador.com.br/wp-posts/lei-13-26016-que-define-terrorismo-tratando-de-disposicoes-investigatorias-e-processuais-e-reformulando-o-conceito-de-organizacao-terrorista>. Acesso em 29 de setembro de 2016.

NIETZSCHE, Friedrich. **Humano, Demasiado Humano**. São Paulo: Companhia de Bolso. 2007

NUCCI, Guilherme de Souza. **Direitos Humanos versus Segurança Pública – questões controvertidas penais, processuais penais, de execução penal e da infância e da juventude**. Rio de Janeiro: Forense. 2016.

_____. **Organização criminosa – comentários à lei 12.850, de 02 de agosto de 2013**. São Paulo: Revista dos Tribunais. 2013.

OLIVEIRA, William César Pinto de. ***Iter crimins:* o caminho do crime**. Revista Jus Navigandi, Teresina, ano 16, n. 3104, 31 dez. 2011. Disponível em: <https://jus.com.br/artigos/20752>. Acesso em: 28 set. 2016

PAWLIK, Michael. **Teoria da Ciência do Direito Penal, Filosofia e Terrorismo**. São Paulo: Liber Ars. 2012

PEREIRA, Flávio Cardoso. **El agente infiltrado desde el punto de vista del garantismo procesal penal**. Curitiba: Juruá. 2013

PRADO, Geraldo. **Debate Mãos Limpas e Lava Jato: a democracia brasileira à deriva**. 12 de junho de 2016. Disponível em: < http://emporiododireito.com.br/debate-maos-limpas-e-lava-jato-a-democracia-brasileira-a-deriva-por-geraldo-prado/>.

PRITTWITZ, Cornélius. **O direito penal entre direito penal do risco e direito penal do inimigo: tendências atuais em direito penal e política criminal**. *In:* Revista Brasileira de Ciências Criminais. A 12. n. 47. São Paulo. 2004.

PUFENDOR, Samuel. **Über die Pflicht des Menschen und des Bürgers nach dem Gesetz der Natur**. Frankfurt: Leipzig. 1994.

QUEIROZ, Paulo (Coord.) **Direito Penal – parte especial. Volume 2**. 3ª ed. Salvador: Juspodivm. 2016.

RODRIGUES, Mateus. **Governo reúne dados de 500 mil suspeitos de ligação com terrorismo: Mapeamento tem informações de países com Estados Unidos e França**.

Segurança na Olimpíada terá até 10 mil agentes à paisana, disse ministro.15 de julho de 2016. Disponível em: < http://g1.globo.com/rio-de-janeiro/olimpiadas/rio2016/noticia/2016/07/governo-reune-dados-de-500-mil-suspeitos-de-ligacao-com-terrorismo.html>. Acesso em: 29 de setembro de 2016.

RANGEL, Paulo. **Direito Processual Penal**. 22a ed. São Paulo: Atlas. 2014.

ROXIN, Claus. **Derecho Penal. Parte General. Tomo I. Fundamentos. La Estructura de la Teoría Del Delito**. Traducción y notas Diego-Manuel Luzón Pena, Miguel Diaz y Garcia Conlledo e Javier de Vicente Remesal. Madrid: Civitas, 1997.

SHAW, Malcolm N. **Direito Internacional**. São Paulo: Martins Fontes. 2010. p. 86.

VIANNA, Túlio. **Transparência Pública, Opacidade Privada: O Direito como Instrumento de Limitação do Poder na Sociedade de Controle**. Rio de Janeiro: Revan. 2007.

ZAFFARONI, Eugenio Raul. **O inimigo no Direito Penal**. 2. ed. Trad. Sérgio Lamarão. Rio de. Janeiro: Revan, 2007.

_____. **Crime Organizado: Uma categorização frustrada. Discursos Sediciosos**. Rio de Janeiro, n. 1, p. 46, 1º semestre 1996.

ZÖLLER, Mark A. *Terrorismusstrafrecht.* Ein Handbuch, Heidelberg: C.F. Verlag. 2009.

9

CRIME DE TERRORISMO: ASPECTOS PROBATÓRIOS

MÁRCIO SCHLEE GOMES[1]

SUMÁRIO • Introdução – 1. O crime de terrorismo e a Lei 13.260/2016 – 2. Direito penal simbólico e a questão do terrorismo: reflexos na prova penal – 3. Problemática probatória para caracterização do "terrorista": 3.1. Indícios e a comprovação dos atos de terrorismo; 3.2. *Standard* de prova: prova acima de dúvida razoável – 4. Conclusões – 5. Referências bibliográficas.

INTRODUÇÃO

A questão do terrorismo é extremamente complexa. A sua caracterização envolve uma gama de delitos que estão interligados com a motivação de causar pânico, medo, pavor na população por conotações políticas, religiosas, com total desrespeito aos mais basilares direitos dos cidadãos.

Os atos terroristas ou mesmo organizações terroristas já causaram grandes danos em diversos cantos do mundo, porém, desde o ataque às torres gêmeas no dia 11 de setembro de 2001 nos Estados Unidos, o problema tomou uma nova dimensão, gerando uma verdadeira cruzada dos países continentais para conter as investidas terroristas. Diversos Estados, diante do clima de insegurança instalado pelas ameaças constantes de novas investidas por grupos terroristas, traçaram planos de defesa, definindo uma política criminal dura e rigorosa, a partir de atos normativos ou legislação específica.

---

1. Promotor de Justiça do Ministério Público/RS. Mestre em Ciências Jurídico-Criminais na Faculdade de Direito da Universidade de Lisboa (Portugal). Especialista em Direito Constitucional pela Fundação Escola Superior do Ministério Público/RS. Professor de Direito Penal e Processual Penal na Faculdade Anhanguera do Rio Grande/RS. Autor dos livros: "Júri: limites constitucionais da pronúncia" (Ed. Sérgio Fabris, 2010) e "A prova indiciária no crime de homicídio: lógica, probabilidade e inferência na construção da sentença penal" (Ed. Livraria do Advogado, 2016).

No contexto brasileiro, no qual o fenômeno do terrorismo nunca foi objeto de maior preocupação, a discussão não foi alçada a um maior protagonismo, pois o Brasil não teve em sua história a constatação de atos dessa espécie. Porém, diante de um quadro de globalização, sendo o país de dimensões continentais, com uma fronteira gigantesca, com selva, mar e terra, que viabiliza o trânsito de possíveis terroristas pelo território nacional, e que pode germinar uma ameaça dentro do próprio país ou mesmo com finalidade de ataques a outros países, a necessidade surgiu, merecendo uma análise específica sobre tal situação.

Nesse contexto, o legislador brasileiro sensibilizou-se com essa questão e, diante da cobrança dos organismos internacionais, que buscam envolver todos os países na luta contra o terrorismo, foi debatida, aprovada e publicada a Lei n.º 13.260/2016. Neste diploma legal, em suma, foi definido o que, efetivamente, constitui crime de terrorismo, com a previsão de condutas e penas.

Inúmeras condutas que constituem atos preparatórios para outras figuras típicas ou que estão inseridas em outros tipos penais podem vir a caracterizar a prática de terrorismo, desde que cometida com a finalidade precípua de "causar terror".

Ocorre, entretanto, que para a sua configuração é necessário que haja um contexto probatório bem delimitado. Por ser um crime gravíssimo, seja na sua forma celular, seja nas formas consumadas mais graves, é essencial que existam provas claras e seguras da prática de terrorismo. Essa prova deve ser unicamente direta ou pode ser também uma prova indiciária? Qual a análise cabível sobre um *standard* de prova nos casos de terrorismo que seja importante para a justa caracterização dessa conduta típica, sem violar direitos e garantias individuais, evitando meras presunções?

Assim, no presente trabalho caberá a discussão acerca da problemática probatória nos casos de terrorismo, buscando-se delimitar alguns parâmetros para que se possa identificar, no processo criminal, um acervo probatório robusto, de modo que se tenha a garantia de punição ao terrorista, mas dentro dos limites de um processo penal democrático, sem que se recorra apenas a um caráter simbólico, punitivista, mas, por justiça, com uma condenação lastreada em provas, as quais efetivam um juízo de certeza.

1. O CRIME DE TERRORISMO E A LEI 13.260/2016

O terrorismo é um fenômeno de extrema complexidade[2]. Se de um lado há organizações que atuam diretamente com o intuito de gerar pânico

---

2. Como lembra Albrecht, "O conceito de terrorismo é difuso. Suas variantes são quase tão numerosas quanto as diferentes formas de aparição do próprio terrorismo. o perigoso potencial da definição

na sociedade na "luta por determinada causa", muitos atos podem ser isolados ou sem qualquer atuação estratégica, porém, sempre representando grande perigo à comunidade.

A legislação brasileira, nesse contexto, buscou definir "terrorismo", no art. 2º da Lei n.º 13.260/2016, assim como enumerou o que se entende por "ato de terrorismo", além de tipificar diversas condutas como criminosas.

De acordo com a lei, "terrorismo consiste na prática por um ou mais indivíduos dos atos previstos neste artigo, por razões de xenofobia, discriminação ou preconceito de raça, cor, etnia e religião, quando cometidos com a finalidade de provocar terror social ou generalizado, expondo a perigo pessoa, patrimônio, a paz pública ou a incolumidade pública".

Os atos caracterizadores do terrorismo estão elencados no § 1º do art. 2º, além das condutas criminosas dos arts. 3º a 6º, que punem desde atos preparatórios até consumados, com penas que variam de 05 a 08 anos ou de 15 a 30 anos de reclusão.

A lei tipifica várias condutas já abarcadas por crimes previstos no Código Penal[3], porém contextualizada com a finalidade específica de causar terror social ou generalizado. Assim, usar ou tentar usar, transportar, guardar, portar ou trazer consigo gases tóxicos, venenos, conteúdos biológicos ou outros meios capazes de causar danos ou destruição em massa; ações em aeroportos, estações ferroviárias ou rodoviárias, estádios esportivos, instalações públicas, seja por sabotagem, violência ou grave ameaça; atentar contra a vida ou integridade física de pessoa, tais condutas são punidas com pena de 12 a 30 anos de reclusão.

Igualmente, a colaboração com organização terrorista é tipificada e punida com pena de 05 a 08 anos de reclusão, assim como a própria realização de atos preparatórios de terrorismo já possui enquadramento legal, estando tais condutas sancionadas no art. 5º. O financiamento do terrorismo, do mesmo modo, em suas mais diversas formas, vem tipificado e punido com reclusão de 15 a 30 anos.

---

de terrorismo resulta, sobretudo, do extraordinariamente extenso catálogo de fatos puníveis e, na verdade, internacional, em todos os ordenamentos jurídicos" (ALBRECHT, Peter-Alexis. **Criminologia**: uma fundamentação para o direito penal. Rio de Janeiro: ICPC e Lumen Juris, 2010, p. 568). Ver também: ZÖLLER, Mark Alexander. **Terrorismusstrafrecht**. Heildelberg: C.F. Müller Verlag, 2009.

3. Segundo observa Callegari: "Salienta-se que o terrorismo possui uma identidade inicial com os crimes comuns. Isto é, ele se utiliza, em regra, do cometimento de atos já tipificados na lei penal. A sua distinção dos crimes comuns se apresenta em um momento posterior, referente ao seu impacto social, que o torna mais grave do que o utilizado como meio. Essa circunstância mais grave é representada pela disseminação do sentimento de terror na população" (CALLEGARI, André Luís. et al. **O crime de terrorismo**: reflexões críticas e comentários à Lei de Terrorismo. Porto Alegre: Livraria do Advogado, 2016, p. 28).

Como se pode ver, a legislação específica sobre terrorismo abrange diversas formas de conduta, prevendo penas severas, com majoração em casos de lesão grave ou morte (art. 7º), indo desde a prática de meros atos preparatórios ou colaboração até a consumação de resultados danosos, de extrema gravidade, tudo abrangido pela finalidade específica exigida na lei.[4]

Desde que presente o dolo específico de causar terror social ou generalizado, dirigindo-se a conduta por questões de xenofobia, discriminação ou preconceito de raça, cor, etnia e religião, mesmo os atos de guardar explosivos ou mesmo praticar atos preparatórios que denotem a finalidade terrorista já estarão abrangidos pela "Lei de Terrorismo". Há, assim, uma ampla gama de condutas que poderão ser abarcadas pela Lei 13.260/2016, tratando-se, algumas das figuras típicas, de crimes de mera conduta, em que o resultado naturalístico não é exigido para a configuração do crime.

Em razão disso, a legislação buscou abranger atos preparatórios, atos de colaboração, atos de financiamento, indo além da exigência de produção do resultado para a configuração dos crimes. Nessa mesma linha, outra questão refere-se à previsão de aplicação da lei específica de terrorismo conjugada com o crime comum cometido. Tal situação, claramente, fere o princípio do "ne bis in idem", pois cabível a aplicação do princípio da consunção.[5]

A importância de criminalização específica de atos de terrorismo segue a linha de tratados internacionais de combate ao terror, sendo um instrumento de política criminal que insere o país no contexto das organizações internacionais e denota a relevância da discussão e necessidade de tratamento do tema no cenário nacional.

Então, é importante ressaltar que mesmo que se possa lançar algumas críticas à legislação, não se perde de vista a relevância da incriminação de determinadas condutas quando cometidas com a finalidade de gerar pânico ou terror generalizado, pois mesmo que muitas delas sejam idênticas a crimes comuns já inseridos na legislação penal em geral, certo que tais delitos, se praticados num contexto de terrorismo, possuem um grau de gravidade muito maior e que merecem uma repressão estatal firme e eficaz.

---

4. Nesse aspecto, cabe observar que o próprio artigo 2º, § 1º, afasta a incidência da lei para casos de manifestações individuais ou coletivas que envolvam críticas, protestos, reivindicações de cunho social, sindical, religioso ou político, com objetivo de garantir liberdade e garantias individuais, sem possuir, portanto, a finalidade de causar terror. Buscou-se, assim, evitar que atos de protesto popular fossem direcionados, de forma arbitrária, coibindo a liberdade de expressão, à equiparação de ação terrorista, algo que seria muito perigoso e de caráter antidemocrático.

5. Nesse sentido: CALLEGARI, André Luís. et al. **O crime de terrorismo**: reflexões críticas e comentários à Lei de Terrorismo. Porto Alegre: Livraria do Advogado, 2016, p. 92.

Sem dúvida, a questão de abranger atos preparatórios e, por outro lado, com apenamentos severos em casos de consumação de resultados lesivos, demonstra a intenção de maior rigor no tratamento de tais condutas, observando que se adota uma política contra o terrorismo apostando no caráter preventivo da repressão penal.

Evidentemente, a caracterização dos atos de terrorismo deve estar muito bem delineada na investigação policial e posterior processo criminal, não se admitindo meras presunções ou adoção de uma concepção simbólica da pena, escapando das circunstâncias efetivas e concretas do caso[6]. O fato de haver um determinado delito que tenha gerado comoção social ou pânico na população não poderá, *ab initio*, ser considerado um ato de terrorismo, sob pena de total desvirtuamento do conceito em debate. A essência dos tipos penais diz respeito a um duplo viés: a finalidade terrorista e a prática das condutas tipificadas na lei como crime.

Nesse diapasão, não resta campo para interpretações extensivas ou ampliar a constatação de atos geradores de perigo comum, que constituem crimes autônomos, como explosão, incêndio, inundação, mas, sim, a efetiva comprovação dos atos cometidos com intuito de provocar terror.

Essa ampliação interpretativa seria totalmente arbitrária, direcionada por uma concepção simbólica do Direito Penal, porém o único caminho é análise aprofundada dos elementos de prova, com a necessária demonstração da finalidade terrorista da ação e delimitação do ato praticado no caso concreto.

2. DIREITO PENAL SIMBÓLICO E A QUESTÃO DO TERRORISMO: REFLEXOS NA PROVA PENAL

Como se pode ver, a tipificação de várias condutas criminosas como "terrorismo", além das questões de fundo relativas à política criminal, as-

---

6. Veja-se a crítica de Zilli, Monteconrado e Moura: "o enunciado da conduta proibida está construído a partir de caráter subjetivo que, apesar de ser considerado um dos pilares do conceito de terrorismo por alguns autores como Cassese, representa, ao mesmo tempo, um problema no que diz respeito à produção da prova, pois somente existe no ânimo interno do sujeito. O risco existente é de que se presuma o efeito de pânico gerado na população toda vez que forem cometidas uma das condutas descritas nos parágrafos que se seguem nos incisos que tratam dos fins e motivos do autor. Isto é: o tipo descrito desta forma é que poderá levar à presunção de culpa do autor porque a prova deste elemento subjetivo conduz a uma grande probabilidade de ser impossível ou arbitrário se provar" (ZILLI, Marcos; MONTECONRADO, Fabíola Girão; MOURA, Maria Thereza Rocha de Assis. Terrorismo e o direito brasileiro: um problema de legalidade penal. In: AMBOS, Kai; STEINER, Christian; MALARINO, Ezequiel (org.). **Terrorismo y derecho penal**. Berlin: Konrad Adenauer Stifung, 2015, p. 546).

sim como dos elementos objetivos e subjetivos dos tipos penais, há a situação referente à matéria probatória que desafia a demonstração da finalidade específica de causar terror generalizado, aliada a caracterização detalhada da conduta delituosa.

Nesse compasso, a questão probatória é de fundamental importância nesse debate e isso diz respeito diretamente a um ponto às vezes pouco debatido na doutrina brasileira: qual o limite da análise da prova indiciária e qual a modelação do *standard* de prova?

Se observada uma linha simbólica de Direito Penal[7], de uma retórica "luta contra o terror", sem haver o cuidado da demonstração clara e objetiva dos elementos do tipo, com a ideia única de "apontar culpados", a questão seria colocada em total descompasso com uma justiça alicerçada em princípios democráticos.

Assim, a necessidade de provas concretas, seguras e contundentes da prática de atos de terrorismo não pode ser contaminada por uma simples ideia política de "guerra contra o terror". São os perigos que decorrem de uma concepção deturpada do chamado "Direito Penal do Inimigo" (*Feindstrafrecht*)[8] defendido pelo jurista alemão Günther Jakobs.

Evidentemente, o Estado não pode desproteger seus cidadãos frente a ameaça de grupos terroristas que agem de modo organizado para disseminar o medo, o pânico, a desgraça generalizada atingindo uma comunidade inteira. O grande desafio é buscar um equilíbrio que permita uma forte ação estatal contra esse tipo de ação criminosa extremamente danosa e perigosa para todo corpo social, mas, de outro lado, sem haver a anulação dos direitos e garantias e direitos individuais dos cidadãos.

Neste ponto específico, Günther Jakobs faz a diferenciação entre "cidadãos" e "inimigos", ressaltando:

> quem por princípio se conduz de modo desviado, não oferece garantia de um comportamento pessoal. Por isso, não pode ser tratado como cidadão, mas deve ser combatido como inimigo. Esta guerra tem lugar com um legítimo direito dos

---

7. Sobre o tema: HASSEMER, Winfried. Derecho penal simbólico y protección de bienes jurídicos. In: BUSTOS RAMÍREZ, Juan (coord.). **Pena y Estado: función simbólica de la pena**. Santiago: Conosur Ltda., 1995, págs. 23-36.
8. Como lembra Callegari, "Terroristas e delinquentes sexuais são, assim, rotulados por Günther Jakobs como inimigos. Segundo Jesús-María Silva Sánchez, o Direito Penal, neste caso, seria definido como de Terceira Velocidade, ou seja, um Direito Penal sem garantias, sem as mesmas formalidades, com penas mais drásticas, ultrapassando-se os limites do Direito Penal tradicional" (CALLEGARI, André Luís. et al. **O crime de terrorismo**: reflexões críticas e comentários à Lei de Terrorismo. Porto Alegre: Livraria do Advogado, 2016, p. 84).

cidadãos, em seu direito à segurança; mas diferentemente da pena, não é Direito também a respeito daquele que é apenado; ao contrário, o inimigo é excluído[9].

O tema é de alta complexidade, pois se a teoria de Jakobs recebe muitas críticas por essa visão que coloca o Direito Penal em mais de uma dimensão, fazendo uma distinção entre "cidadãos" e "inimigos"[10], veja-se que as organizações terroristas se propõem a agir de modo que desvirtua quaisquer princípios mais comezinhos de vida em sociedade[11], com conduta organizada para "eliminar pessoas inocentes", "exterminar inimigos da causa", o que leva à equiparação, por muitos autores, de "estado de guerra", fator que autorizaria, então, uma intervenção estatal com total rigor e sem as mesmas garantias vividas em tempos de paz.

Assim, a incriminação de condutas, a previsão de penas severas, as restrições às garantias processuais são formas de o Estado traçar uma política criminal mais aguda e firme contra o terrorismo. Seria o próprio tratamento proposto pela concepção de "inimigo", o que autorizaria essa ação estatal mais contundente e sem as garantias em situação de similaridade com aquele processo penal constitucional orientado pelo respeito aos direitos fundamentais do cidadão.

Porém, como lembra SCHÜNEMANN, o Direito Penal deve buscar alternativas para a repressão do terrorismo, sem, contudo, abrir mão das garantias individuais:

> "El Derecho Penal del siglo XXI no debe capitular frente a las provocaciones del terrorismo y del poder policial. A la inversa, su tarea consistirá en desarrollar instrumentos para lucha contra el terrorismo que sean contundentes, pero controlados desde la perspectiva de un Estado de Derecho, y ampliar el control tradicional de la persecución penal a la actividad preventiva de la policía[12]".

---

9. JAKOBS, Günther; CANCIO MELIÁ, Manuel. **Direito Penal do Inimigo**: noções e críticas. Tradução André Luís Callegari e Nereu José Giacomolli. 3. ed. Porto Alegre: Livraria do Advogado, 2008, p. 49.

10. GRECO, Luís. Acerca del llamado derecho penal del enemigo. In: CANCIÓ MELIÁ, Manuel; GOMÉZ-JARA DÍEZ, Carlos (coord.). **Derecho Penal del enemigo: el discurso penal de la exclusión**. Buenos Aires: B de f, p. 1081-1111.

11. Nesse sentido, refere Silva Sánchez: "é provável que o âmbito dos 'inimigos', caracterizado até agora pela ausência da 'segurança cognitiva mínima' das condutas, mostre ainda em alguns casos uma dimensão adicional, complementar, de negação frontal dos princípios políticos ou socioeconômicos básicos de nosso modelo de convivência. Da mesma forma, em casos dessa natureza (criminalidade de Estado, terrorismo, criminalidade organizada) surgem dificuldades adicionais de persecução e prova. Daí por qe, nesses âmbitos, em que a conduta delitiva não somente desestabiliza uma norma em concreto, senão todo o Direito como tal, se possa discutir a questão do incremento das penas de prisão concomitantemente a da relativização das garantias substantivas e processuais" (SILVA SÁNCHEZ, Jesús-María. **A expansão do direito penal**: aspectos da política criminal das sociedades pós-industriais. São Paulo: RT, 2011, p. 195-196).

12. SCHÜNEMANN, Bernd. **Derecho Penal contemporâneo**: sistema y desarrollo, peligro y limites. Buenos Aires: Hammurabi, 2010, p. 153.

Esse é o ponto de grande discussão sobre o tema do terrorismo. Há toda uma movimentação dos Estados de enfrentarem o terrorismo com medidas de polícia e persecução penal que invistam em prevenção e repressão total. A questão é a medida, o limite para essa ação que pode acabar por violar os direitos individuais dos cidadãos, abrangendo uma margem de erro muito grave.

Nessa linha, há o reflexo no processo penal, em termos de garantias, mas, também, dentro do assunto debatido no presente texto, relativo à interpretação da prova, a qualidade e quantidade de prova para formação de um juízo que afirme prova suficiente para o deferimento de medidas restritivas ou mesmo condenação de réus. Tal aspecto, com toda certeza, também diz respeito às garantias individuais e exige cautela para que não se cometam erros e injustiças.

A preocupação centra-se na possibilidade de adoção de uma concepção de "inimigo" na investigação e processo criminal, o que poderia flexibilizar as garantias individuais.

Nesse sentido, Kai AMBOS observa que:

> "O direito a um devido processo que é aplicável à detenção e ao posterior processamento de possíveis terroristas originam-se de diferentes fontes. Em primeiro lugar, no plano internacional são garantidos pelas Convenções de Genebra (CG) e em tratados de direitos humanos. Em segundo lugar, concede-se ao direito a um devido processo normalmente nas Constituições nacionais, como a Constituição dos EUA (em particular, as Emendas V e XIV). O direito ao devido processo representa um termo genérico que compreende várias espécies de direitos processuais concretizados de maneira diferenciada, em particular: direito à igualdade de representação ante um tribunal que deve ser competente, independente e imparcial e estabelecido por força de lei; o direito a um julgamento público e declaração pública da sentença; o direito a se defender e provar sua inocência enquanto não se demonstre a culpabilidade de acordo com a lei e o direito a não ser obrigado a se autoincriminar (nemo tenetur se ipsum accusare); o direito a ser informado da acusação e a dispor de tempo e meios adequados para preparar a defesa (...); o direito de ser julgado sem dilações indevidas em um prazo razoável (...)"[13].

Dessa forma, há uma grande zona de tensão quando se trata de terrorismo, entre a extensão da política repressiva estatal com o respeito às garantias mínimas individuais, sobretudo os princípios do devido processo legal, ampla defesa e contraditório. Nesta seara, insere-se a valoração da prova e os riscos de presunções. Quando se fala de não se poder abrir mão

---

13. AMBOS, Kai. Terroristas e o devido processo legal. O direito possui um devido processo para os supostos terroristas detidos na Baía de Guantánamo. In: AMBOS, Kai. **Ensaios de Direito Penal e Processual Penal**. Tradução de Orlindo Borges Júnior. São Paulo: Marcial Pons, 2016, págs. 137-138).

de garantias, obviamente, em sendo casos complexos, de difícil comprovação – imagine-se a rede formada por uma organização terrorista – há também a necessidade de uma firme e segura ação estatal para atacar essa prática criminosa hedionda, inexistindo espaços para meras presunções, mas, por outro lado, para ingenuidade no tratamento da questão.

A matéria de prova é de fundamental importância para a constatação, no caso concreto, da configuração de todos os elementos dos tipos penais inseridos na Lei de Terrorismo, e nesse aspecto não se pode deixar de ressaltar que a interpretação e valoração da prova penal não pode receber contaminação de uma concepção que inverta a lógica do processo penal.

Assim, deve haver o cuidado dos reflexos da política criminal antiterror na profunda e delicada questão da valoração da prova, em que os perigos da adoção de concepções radicais poderão levar a injustiças ou à insuficiência de proteção da sociedade.

Novamente, ressalta-se a observação de SCHÜNEMANN ao sustentar que, mesmo afastada uma posição radical do Direito Penal do Inimigo, há a necessidade de um espaço para uma repressão estatal mais firme, com respeito ao princípio da proporcionalidade:

> Esto no excluye, en general, que se pueden graduar las reacciones del Estado también ya en la fase del procedimiento penal, de forma proporcionada en relación al peligro mayor temido, prácticamente según el peso de la sospecha del hecho. Por eso, la sospecha de un delito más grave justifica medida más intensas de investigación, del mismo modo que su prueba legitima una pena más grave.[14]

3. PROBLEMÁTICA PROBATÓRIA PARA CARACTERIZAÇÃO DO "TERRORISTA"

3.1. Indícios e a comprovação dos atos de terrorismo

Muito além dos próprios atos executórios ou mesmo preparatórios que constituem elementos objetivos dos tipos penais previstos na Lei n.º 13.260/16, os quais requerem prova para a caracterização do delito, um dos grandes desafios refere-se à comprovação de que a conduta foi cometida com a finalidade de causar terror. Será o desafio da comprovação de que o ato não era isolado e com a conotação terrorista, fator que pode ser de difícil demonstração no caso concreto[15].

---

14. SCHÜNEMANN, Bernd. **Derecho Penal contemporâneo**: sistema y desarrollo, peligro y limites. Buenos Aires: Hammurabi, 2010, p. 165-166.
15. Como afirma Dallagnol: "é extremamente difícil de produzir prova em relação a alguns delitos, como aqueles que envolvem estreita cumplicidade, de que é exemplo a corrupção, ou extremamen-

Insere-se a questão no debate sobre a valoração da prova e sua flexibilização no processo penal.

Não há como adentrar no íntimo do agente para a verificação de que sua intenção era praticar atos de terrorismo. Apenas com a análise de fatores externos, com a exteriorização da conduta seria possível deduzir se o autor possuía ou não vinculação com grupo terrorista[16].

Assim, a apreensão de documentos, de mídias digitais, produtos ou materiais que possam ser usados para explosivos, veneno, a verificação de circunstâncias que vinculam o agente à preparação ou consumação de atos terroristas poderá, então, ser fundamental para a determinação daquela conduta como ligada ao terrorismo ou não.

Nesse aspecto, muitas vezes a prova direta pode ser difícil de ser colhida, sendo a prova totalmente circunstancial.

Veja-se que certos crimes são de comprovação extremamente complexa, sem a presença de testemunhas, crimes técnicos, premeditados e organizados. Essa, por sinal, é a tônica dos crimes de terrorismo, que não são delitos de ímpeto, mas, sim, milimetricamente planejados.

A prova, então, na maioria dos casos, requer uma análise aprofundada das circunstâncias, com a montagem de verdadeiro "quebra-cabeça", para mapeamento das ações/omissões, nexo causal, resultados e conclusões, de modo a que seja verificada a existências de elementos suficientes para medidas extremas de restrição de liberdade ou mesmo uma condenação.

Em muitos casos, dificilmente haverá uma confissão ou testemunhas presenciais da preparação e organização do grupo terrorista ou mesmo de suas ações planejadas em detalhes. Nesse ponto, importante a discussão sobre a valoração da prova indireta, chamada prova "circunstancial ou indireta".

Muitos ainda receiam na sua utilização como prova suficiente para efeitos de juízo de certeza, com ideia de ser uma prova "menor", inconsis-

---

te complexos, de que são exemplos as refinadas técnicas de lavagem de dinheiro, ou ainda aqueles praticados por perigosas e poderosas organizações criminosas em que vige impenetrável silêncio cujo rompimento é punido com morte" (DALLAGNOL, Deltan Martinazzo. **As lógicas das provas no processo**: prova direta, indícios e presunções. Porto Alegre: Livraria do Advogado, 2015, p. 280).

16. Nessa linha, refere Costa: "A definição do dolo no âmbito do direito material influi na questão da prova de seus elementos empíricos, em um duplo sentido: devem ser provados os elementos que se indiquem, eventualmente já na legislação, como componentes do dolo, e só deve se indicar por tais o que for passível de prova válida em juízo (...) A análise histórica mostra que o problema do conceito do dolo sempre envolveu o da prova de seus componentes empíricos" (COSTA, Pedro Jorge. **Dolo penal e sua prova**. São Paulo: Atlas, 2015, p. 295).

tente, com valor inferior à prova indireta. Entretanto, tal interpretação é totalmente equivocada.

Como lembra GREENSTEIN, "o mito da prova direta" não subsiste, tendo em conta que a prova direta necessita da efetivação de inferências sobre seus detalhes, sua credibilidade, sua fiabilidade, de maneira a ensejar uma construção lógica, o que também ocorre com a prova indireta[17].

Sem dúvida, esta, caso esteja devidamente delineada, fechando uma série de inferências baseadas em fatos provados e argumentos seguros, poderá levar a um grau de probabilidade que torne aquela determinada versão a "vencedora da causa". Será a hipótese considerada "verdadeira", atingindo um quadro de suficiência probatória que será admitido como "certeza", fator que nada tem a ver com ser uma prova direta (a qual pode ser falsa, mentirosa).

Nesse sentido, PASTOR ALCOY, ao referir inúmeros acórdãos do Tribunal Supremo espanhol, elenca os requisitos que são exigidos para que a prova indiciária assuma eficácia condenatória, ultrapassando os limites da presunção de inocência do acusado, a evitar qualquer espécie de arbitrariedade na sentença judicial baseada em indícios[18]:

1) pluralidade de indícios, com a existência de dois ou mais, sendo insuficiente apenas um;

2) confluência ou coincidência destes, que devem apontar em uma mesma direção;

3) não devem ser desvirtuados ou desmentidos por outros em sentido contrário, pois seriam anulados e perderiam seu valor;

4) os fatos-base geradores da inferência devem estar suficientemente provados e acreditados, por prova direta, lícita e legalmente obtida;

5) as inferências devem ser racionais e responder aos ditados do bom sentido e da lógica, não podendo ser absurdas ou desatinadas, o que caracterizaria uma arbitrariedade;

6) entre o fato-base e o fato-consequência deve haver um enlace preciso segundo as regras do critério humano (regras de experiência);

---

17. GREENSTEIN, Richard K. **Determining facts**: the myth of direct evidence. Disponível em <http://papers.ssrn.com/sol3/papers.cfm?abstract_id=1116644>. Acesso em: 15 jun. 2013.
18. PASTOR ALCOY, Francisco. **Prueba indiciaria e presunción de inocência**: analisis jurisprudencial, requisitos y casuística. Valencia: Práctica de Derecho, 2002, p. 52.

7) deve existir uma conexão mental entre os indícios, afastando qualquer outra hipótese razoável a que se possa creditar o delito;

8) se existem várias possibilidades entre os indícios e suas consequências, deverão ser demonstradas e delimitadas na sentença, por que se escolhe uma, rechaçando outras;

9) a sentença que utiliza prova indiciária deve demonstrar concretamente quais fatos são considerados como indiciários;

10) a sentença deve expressar os critérios mentais que levaram à inferência lógica utilizada, geradora da conclusão.

De forma geral, esses são os pressupostos apontados pela doutrina espanhola, seguindo a linha jurisprudencial, necessários para a plena valoração e consideração da prova indiciária para efeito condenatório.

Como destaca o jurista português CASTANHEIRA NEVES:

> "no que toca à apreciação da suficiência da prova ou dos indícios, deve observar-se que não se trata de aceitar um grau menor de comprovação, uma mera presunção ou uma probabilidade insegura (...) antes se impõe também aqui uma comprovação acabada e objectiva, i.e. a mesma exigência de prova e de convicção probatória, a mesma exigência de "verdade" requerida pelo julgamento final – só que a instrução preparatória (e até a contraditória) não mobiliza os mesmos elementos probatórios e de esclarecimento, e portanto de convicção, que estarão ao dispor do juiz na fase de julgamento, e por isso, mas só por isso, o que seria insuficiente para a sentença, pode ser bastante ou suficiente para a acusação (desde logo porque não concorrem nesse elemento elementos que anulem ou contrabalancem a força convincente dos elementos incriminadores obtidos"[19]

A aferição do dolo específico da conduta, da finalidade terrorista, não ocorre, assim, por mera presunção, mas pode ser constatada por indícios colhidos a partir de provas diretas[20] que, somadas e debatidas, levam à conclusão e certeza de vinculação daquela determinada conduta a uma organização terrorista.

Respeitada a presunção de inocência, em que o ônus da prova, de modo geral, é exclusivo da acusação estatal, não se pode deixar de gizar que tais

---

19. NEVES, A. Castanheira. **Sumários de processo criminal (1967-1968)**. Coimbra, 1968, p. 38-39.
20. De acordo com Hassemer, "El dolo es decision a favor del injusto. Esta determinacion es valida para todas las formas de dolo . El dolo es, como tambien la imprudencia, una disposition (de caracter subjetivo) un hecho interno no observable. Por consiguiente, só se puede investigar con ayuda de elementos externos de caracterización. Estos son los indicadores, que se deducen de la ratio de la penalidad del dolo y se encuentran en tres niveles, los cuales derivan uno del otro: la situación peligrosa, la representation del peligro y la decisión a favor de la action peligrosa" (HASSEMER, Winfried. Los elementos característicos del dolo. **Anuario de Derecho Penal y Ciencias Penales**, Madrid, tomo 43, fascículo III, p. 909-931, set./dez., 1990).

fatores em nada afastam a possibilidade e, até mesmo, a necessidade de que a prova, nesses casos, seja totalmente indiciária.

Reitera-se: sem confissões, sem testemunhas, há necessidade de provas de circunstâncias que envolvam a conduta praticada e supostamente criminosa, em que a partir de um trabalho de lógica, raciocínio indutivo, possa haver a conclusão sobre o envolvimento de um investigado ou réu naquelas práticas terroristas.

Crime premeditado, planejado em minúcias, muitas vezes com aspectos técnicos muito bem elaborados, de extrema gravidade, dificilmente terá provas diretas acerca da organização e conduta de cada um dos autores[21]. Mas, com respeito à presunção de inocência, impõe-se a demonstração da ação específica de cada investigado/réu o que, com toda certeza, poderá ser feito a partir de um somatório de indícios.

Diante desse quadro, em que pese a ideia inicial de maior valor da prova direta, vê-se que a prova indireta, a prova indiciária, não está em patamar inferior, pois, dependendo do caso, pode ter maior eficácia para demonstração de uma fato do que uma prova direta baseada em falsidades ou mentiras, risco que está ligado a qualquer espécie de prova.

A única diferença substancial entre prova direta e indireta reside em que nesta última há um passo inferencial a mais, porém, que, baseado em inferências lógicas, poderá ser muito mais importante e relevante em termos probatórios[22].

---

21. Dallagnol, ao defender o valor da prova indireta, ressalta que: "Crimes complexos e de difícil comprovação são evidenciados precipuamente por prova indireta, sendo relevante, para uma adequada valoração da prova, o reconhecimento da equivalência da força probatória, em abstrato, entre indício e prova direta. O valor da prova, propriamente, como vimos, só pode ser atribuído em concreto, e em concreto a prova indireta, ainda que por si só, pode conduzir a uma condenação criminal" (DALLAGNOL, Deltan Martinazzo. **As lógicas das provas no processo**: prova direta, indícios e presunções. Porto Alegre: Livraria do Advogado, 2015, p.290).

22. Nesse sentido, Mesquita chama à atenção que "no direito alemão, onde está expressamente fixado o princípio da livre apreciação (§ 261 da StPO), existe uma tradição de empenho doutrinário na vinculação da liberdade do juízo à fundamentação identificadora dos passos inferenciais, que se repercute na respectiva jurisprudência, centrada na possibilidade de escrúnio dos motivos, em particular se fundados em indícios (Indizienbeweis), embora não sejam sujeitos a uma graduação probatória que os classifique como inferiores aos factos que permitem uma inferência directa (*Hauptsachen*), podendo a condenação estribar-se em indícios, está convencionada uma exigência específica do processo inferencial, com discriminação na sentença dos passos mentais e das regras de experiência (*vermittelnder Erfahrungssätze*) empregues. Desenvolve-se, desta forma, uma pretendida objectivação do julgamento do facto por força da exigência de as inferências sucessivas se deverem estribar em regras de experiência fundadas objectivamente" (MESQUITA, Paulo Dá. **A prova do crime e o que se disse antes do julgamento**: estudo sobre a prova no proceso penal portugués, à luz do sistema norte-americano. Coimbra: Coimbra, 2011, p. 360).

COELHO, em razão disso, evidencia que o valor da prova indiciária dá-se pelos seguintes fatores:

> a força e a relevância da prova circunstancial está em função de quatro fatores fundamentais: 1) a espécie e valor de cada indício em particular; 2) a maior ou menor concordância e convergência desses indícios; 3) a avaliação dos contramotivos e contra-indícios, objetivos e subjetivos; 4) o ajuste ou adequação final da prova indiciária às demais provas coligidas.[23]

Em razão disso, concluímos pelo pleno valor da prova indiciária sem qualquer hierarquização quanto à prova direta, pois, como já defendemos sobre o assunto:

> Presentes todos os requisitos que demonstram a suficiência da prova indiciária, em um quadro que se conclua pela caracterização de um alto grau de probabilidade quanto à veracidade da hipótese acusatória, que rechaça totalmente a existência de qualquer outra versão contrária, poder-se-á falar, então, na legitimidade de um veredicto condenatório com suporte exclusivo em indícios, sem se falar em critérios puramente matemáticos, mas que, em um modelo probatório híbrido, tenha um juízo formado por todos os dados disponíveis ao julgador, de acordo com as narrativas e, por vezes, a ajuda de estatísticas. Portanto, nesse sentido, a condenação com base em indícios é plenamente possível, podendo-se atingir esse grau de "certeza", que espelhará a "verdade" (forense), a qual, por uma questão de legitimidade, é uma inegável finalidade que se busca no processo.[24]

Portanto, nos casos de crimes de terrorismo, mesmo que não haja provas diretas, o manejo da prova formada por indícios pode ser suficiente para amparar medidas cautelares (buscas e apreensões, prisão preventiva) ou mesmo um veredicto condenatório.

3.2. *Standard* de prova: prova acima de dúvida razoável

Os crimes de terrorismo são de extrema gravidade e possuem a previsão de penas severas. São delitos que vão desde meros atos preparatórios que já tenham sido cometidos com a finalidade terrorista ou fatos de grande proporção, que podem ter consequências nefastas, como explosões em local público ou atiradores que executam inúmeras vítimas. Tais fatos, por denotarem um esquema criminoso gravíssimo, que pode ser uma célula de organização terrorista, necessitam de uma investigação detalhada e segura, pois o processo criminal não pode perder o foco de não admitir o erro judiciário.

---

23. COELHO, Walter. **Prova indiciária em matéria criminal**. Porto Alegre: Sérgio Fabris Editor, 1996, p. 52.
24. GOMES, Márcio Schlee. **A prova indiciária no crime de homicídio**: lógica, probabilidade e inferência na construção da sentença penal. Porto Alegre: Livraria do Advogado, 2016, p. 231.

Isso torna necessária a discussão sobre o *standard* de prova nesses casos, que, por possuírem uma pena severa, mas, de outro lado, com extrema periculosidade social, exigem um cuidado ainda maior.

A controvérsia dá-se entre a necessidade punição severa de quem comete crimes tão graves e o temor de enquadrar alguém como "terrorista", sujeito à punição elevada, além do estigma de ser terrorista. Nesse quadro, a investigação policial e as provas debatidas no processo criminal devem ser contundentes para efeito de medidas cautelares restritivas ou ensejar uma condenação.

Esse é o ponto então: o crime é muito grave, merecendo a pronta ação estatal. Trata-se de um dos delitos de maior repulsa social, pois cometidos com intenção de gerar pânico, medo, comoção generalizada. Agora, por óbvio, isso não justifica que se busque culpados a qualquer custo, ferindo-se princípios e garantias individuais efetivadas na Constituição.

As garantias processuais penais devem ser respeitadas e a prova colhida no processo penal deve ser firme e segura, como em qualquer processo[25], para ensejar um juízo condenatório.

Assim, a necessidade de que haja "*proof beyond reasonable doubt*" é um critério estabelecido para que se tenha legitimidade na condenação. É a verificação de prova suficiente que afasta qualquer possibilidade de "dúvida" sobre a adequação de um juízo condenatório.

Nessa esteira, se na doutrina continental fale-se na "certeza moral" ou "juízo de certeza" para a condenação, tendo como orientador o princípio *in dubio pro reo* (caso não atingida essa "certeza"), na doutrina anglo-americana a ideia central está no *standard* "prova ou culpa acima de dúvida razoável"[26]. Seja uma concepção ou outra, na realidade, ambas traduzem

---

25. Albrecht assinala que "é de se lembrar: o ônus da prova no processo penal pertence ao Estado. Não é o acusado que é considerado como culpado desde o início, não compete a ele provar sua inocência, mas o estado precisa provar ao acusado a sua possível culpa. Se existem dúvidas sobre a culpabilidade do acusado antes da proclamação da sentença, então este deve ser absolvido (...) a presunção de inocência somente pode ser superada pela sentença, como conclusão do processo, desse modo, quaisquer penas ou medidas semelhantes à pena, antes da sentença transitada em julgado, são proibidas" (ALBRECHT, Peter-Alexis. **Criminologia**: uma fundamentação para o direito penal. Rio de Janeiro: ICPC e Lumen Juris, 2010, p. 203).

26. Segundo explica May, citando julgados das cortes norte-americanas, "Thus, in Re H (Minors), Lord Nicholls said: 'The law looks for probability, not certainty. Certainty is seldom attainable. But probability is an unsatisfactorily vague criterion because there are degrees of probability. In establishing priciples regarding the standard of proof, therefore, the law seeks to define the degree of probability appropriate for different types of proceedings. In Miller v. Minister of Pensions, Denning J. said of the degree of proof required in a criminal case (...) If the evidence is so

a exigência de um grau efetivo de "certeza", única possibilidade de aceitar-se uma condenação, sendo que tanto no sistema continental como anglo-americano acaba-se por falar no clássico "in dubio pro reo" e na *proof beyond a reasonable doubt*.

Todavia, o caráter subjetivo desse *standard* é uma constatação inequívoca, pois o grau de "suficiência de prova" para efetivar um conceito de superação de uma "dúvida razoável" é tarefa complicada para efeitos de delimitação e quantificação, ocupando grandes discussões para melhor identificação de critérios para sua aplicação.

FERRER BELTRÁN, exatamente neste ponto, questiona de que maneira seria possível objetivar parâmetros para um *standard* de prova no processo penal? Sua proposta é a seguinte, para a sentença final do processo, mediante duas condições: a) a hipótese deve ser capaz de explicar os dados disponíveis, integrando-os de forma coerente e as previsões de novos dados que a hipótese permite formular devem ter resultado confirmados; b) deve haver-se refutado todas as demais hipóteses plausíveis, explicativas dos mesmos dados que sejam compatíveis com a inocência do acusado, excluídas as meras hipóteses *ad hoc*[27].

Em relação a essa questão, também, LAUDAN adverte que um *standard* de prova totalmente subjetivo não seria um "verdadeiro" *standard*, pois deixaria totalmente livre o julgador para tomar o caminho que quisesse, o que, na essência, permitiria abusos e violações contra o acusado. Então, ressalta a concepção de que o *standard* de "prova além de dúvida razoável", deve ser conjugada, objetivamente, com o princípio da presunção de inocência, o ônus da prova a cargo da acusação e o princípio *in dubio pro reo*[28].

Desse modo, muitas vezes importará não a quantidade de provas colhidas no processo, mas, sim, a "qualidade" desta prova, que pode ser prova direta ou indireta (indiciária)[29].

---

strong against a man as to leave only a remote possibility in his favour which can be dismissed with the sentence, 'of course it is possible but not in the least probable' the case is proved beyond reasonable doubt, but nothing short of that will suffice" (MAY, Richard. **Criminal evidence**. 5. ed. London: Sweet & Maxwell, 2004, p. 73-74).

27. FERRER BELTRÁN, Jordi. **La valoración racional de la prueba**. Madrid: Marcial Pons, 2007, p. 147.
28. LAUDAN, Larry. **Por qué un estándar de prueba subjetivo y ambíguo no es un estándar**. Disponível em <http://rua.ua.es/dspace/handle/10045/10003>. Acesso em: 30 abr. 2013. p. 111-113.
29. Conforme Schlee Gomes, "O alto de grau de exigência de um *standard* de prova nesse nível é uma necessidade que, mesmo que não consiga eliminar totalmente a possibilidade de erros na esfera de julgamento, busca limitá-la ao máximo, tratando-se de uma concepção política sobre a matéria, que visa primar pelas garantias individuais afirmadas na Constituição e essenciais em um Estado democrático. A prova indiciária, assim, caso adquira essa força, terá a capacidade de

Na doutrina anglo-americana fala-se em 90% ou 95% como patamar de suficiência probatória para efeito de condenação, com adoção de critérios probabilísticos, aplicando-se o Teorema de Bayes (modelo probabilístico). Já no sistema continental, a doutrina assume um modelo narrativo, em que importa a prevalência das versões. A acusação consiste em uma hipótese, a qual, se vier corroborada por elementos de prova seguros e contundentes, sobrepondo-se às versões alternativas, poderá possuir força probante condenatória. Na realidade, a versão do réu não chegando a minar a versão acusatória, que prevaleça forte e segura, poder-se-á falar em prova suficiente para condenação.

Esses fatores são fundamentais e devem ser considerados mesmo em caso de terrorismo. Uma condenação deve estar lastreada em prova legalmente produzida e um acervo firme e seguro, sem estar firmado em meras presunções. Isso não se confunde, de modo algum, com o afastamento da prova indiciária.

Muito pelo contrário, como já vimos, não há hierarquia de provas, sendo que, em diversos casos, será praticamente impossível haver prova direta (confissão, testemunhais presenciais), cabendo a demonstração da autoria/materialidade do crime por prova indireta (indícios).

Por óbvio, para efeitos de condenação, a prova deve traduzir um "juízo de certeza", em que a hipótese narrada pela acusação esteja firme nos autos do processo, restando afastada qualquer força probatória de versão alternativa, a qual fica excluída no contexto da análise racional do processo[30].

---

justificar a condenação, com plena segurança, sem qualquer equiparação à prova direta, pois, como vimos, os indícios, dependendo do caso, poderão constituir uma prova ainda mais segura do que uma prova direta. O cerne da questão estará não na espécie de prova que consta no processo, se direta ou indireta, mas, sim, no seu peso por estar baseada em elementos seguros e firmes, que levem à conclusão inafastável pela confirmação da hipótese acusatória e refutação de quaisquer outras possibilidades" (GOMES, Márcio Schlee. **A prova indiciária no crime de homicídio:** lógica, probabilidade e inferência na construção da sentença penal. Porto Alegre: Livraria do Advogado, 2016, p. 227).

30. Sobre a questão da certeza no processo penal, interessante lembrar a análise de Gascón Abellán, ao sustentar, nesse aspecto, que "El esquema valorativo basado en el grado de confirmación entiende que la probabilidad (lógica o inductiva) de uma hipótesis depende del apoyo que Le prestan las pruebas con las que está conectada a través de reglas causales. La probabilidad se mide aquí, no en términos de frecuencia relativa, sino de "grado de creencia", "apoyo inductivo" o "grado de confirmación" de una hipótesis respecto de una información. El esquema valorativo del grado de confirmación es el que mejor se adecua a la estructura de los problemas probatorios con que el juez se encuentra: la existencia de una o varias hipótesis sobre los hechos de la causa y la necesidad de establecer, sobre la base de las pruebas disponibles, cuál de ellas resulta más aceptable o atendible. Es cierto que las situaciones con que puede encontrarse el juez pueden ser muy distintas, por lo que hablar de "esquema de valoración", sin más, seguramente constituya una simplificación excesiva. No obstante, esta simplificación permite aquí mostrar más

No terrorismo, por tratar-se de crime ligado a uma organização criminosa, em que na maioria dos casos não se estará perante um ato isolado, a prova poderá ser produzida por indícios, que, em inúmeros casos, será determinante.

Assim, se essa prova tiver força de demonstração e convencimento, mesmo prova indiciária, a condenação será legítima, respeitando os direitos e garantias individuais do cidadão.

Não é pelo fato de ser a acusação de terrorismo que serão ilimitados os poderes do Estado na apuração da autoria na investigação e no processo penal e valoração das provas numa sentença. Por certo, a ação estatal deve ser firme, porém, não sem observar as mínimas garantias dos cidadãos, pois uma ação criminosa não pode justificar o arbítrio e abuso.

Obviamente, diante do poder de uma organização terrorista, as questões devem ser analisadas em detalhes e observando o princípio da proporcionalidade. Isso porque algumas medidas restritivas para coleta de prova, com base numa ideia de razoabilidade, podem tensionar as garantias fundamentais elencadas na Constituição e processo penal. Esse ponto é exatamente em que se coloca a concepção do Direito Penal do Inimigo de Jakobs, que busca essa restrição maior por tratar de criminosos totalmente diferenciados.

Porém, no campo probatório é necessário frisar que não se pode diminuir a intensidade que se requer para um juízo condenatório que não seja um efetivo juízo de certeza, com "prova acima de dúvida razoável"[31].

A ação terrorista deve, portanto, estar devidamente provada e presente a certeza necessária para a justa e legítima condenação, sem, nesse aspecto, haver qualquer concessão ou diferença em relação a qualquer processo inspirado em princípios constitucionais e democráticos.

---

claramente los criterios centrales de aceptabilidad de las hipótesis; es decir, las condiciones que autorizan a considerar verdadera la versión de los hechos que representan" (GASCÓN ABELLÁN, Marina. **La prueba judicial**: valoración racional y motivación. Disponível em http://www.uclm.es/postgrado.derecho/_02/web/materiales/filosofia/Prueba.pdf>Acesso em: 13 nov. 2013).

31. Nieva Fenoll destaca, nesse sentido: "Sin embargo, en un proceso penal la exigência del estándar de prueba es, al menos en teoria, mucho más alta, puesto que se exige que la culpabilidad del reo esté demostrada 'más allá de toda duda razonable', lo que es una expresión que trata de decirle al jurado que la probabilidad de que el acuado sea responsable de los hechos debe valorarla como muy alta para declararle culpable, asumiendo que no sea possible llegar prácticamente nunca a la completa certeza. Pero, al tiempo, sin exigir esa complete certeza que lo único que provocaría sería un aumento irracional del número de absoluciones. Es la forma anglosajona de concebir el princípio de presunción de inocencia, y en ocasiones hasta rivalizar con él. Como se ve, las definiciones adolecen de uma gran imprecisión, especialmente las del 'beyond any reasonable doubt'" (NIEVA FENOLL, Jordi. **La valoración de la prueba**. Madrid: Marcial Pons, 2010, p. 85-88).

4. CONCLUSÕES

Por tudo que foi acima tratado, observa-se que o terrorismo é um fenômeno complexo e que vem merecendo forte atenção dos países continentais, com a preocupação da propagação dessas ações totalmente desumanas, agressivas e violentas, geradoras de grande tensão social. Crimes em aeroportos, rodoviárias, praças esportivas, locais públicos, são cometidos com um grande número de vítimas fatais causando pânico, medo, terror.

O Estado de Direito não pode desproteger seus cidadãos. A preocupação é legítima e a previsão expressa de tipos penais abarcando a questão é salutar e importante, inclusive, por haver previsão constitucional que trata o terrorismo como conduta hedionda que merece tratamento penal rigoroso.

A tipificação de determinadas condutas, nesse contexto, como realizado pela Lei n.º 13.260/16, foi medida necessária, colocando o Brasil no patamar de inúmeros países que já há mais tempo desbravam uma luta contra o terror.

Isso, porém, não representa a adoção de uma política criminal desarrazoada, arbitrária ou abusiva. O terrorismo merece total repúdio e pronta resposta estatal. Entretanto, tal fator não representa uma carta branca para o Estado buscar um culpado a qualquer preço.

As garantias processuais devem ser respeitadas, mesmo que, em alguns casos concretos, medidas cautelares possam ser deferidas com a aplicação do princípio da proporcionalidade[32]. O respeito aos direitos fundamentais dos cidadãos, em particular dos acusados, é dever constitucional, não se podendo admitir um "Direito Penal do autor", no caso específico, "Direito Penal do Terrorista".

Nesse sentido, no campo probatório, não se pode permitir quaisquer interpretações extensivas ou que fujam na normalidade de qualquer valoração racional que ocorra em um processo penal comum.

---

32. Antunes discute que as novas formalidades de criminalidade que surgem em um mundo globalizado e com novas características, possivelmente, necessite que no campo do Processo Penal haja uma mudança de tratamento e mentalidade, ao pontuar que "Reiteradas as exigências apontadas no já longínquo ano de 1974, emergem agora interrogações sobre as respostas que a lei, a doutrina e a jurisprudência vão dar aos problemas colocados pelo terrorismo e pela criminalidade violenta ou altamente organizada. Saber como é que um sistema de coordenadas definido por um eixo horizontal, que distingue a criminalidade grave da pequena criminalidade, se vai inscrever um universo processual que, actualmente, também reclama um tratamento diferenciado ao nível da criminalidade grave" (ANTUNES, Maria João. Direito processual penal: direito constitucional aplicado. In: MONTE, Mário Ferreira, et al. **Que futuro para o direito penal?** Simpósio em homenagem a Jorge de Figueiredo Dias. Coimbra: Coimbra, 2009, p. 745-754).

Tal questão, porém, não afasta a normal consideração e valoração da prova indiciária, que não possui valor inferior à prova direta e, em muitos casos, será a única espécie de prova para a demonstração da ligação do autor com a atividade criminosa terrorista.

A criminalidade organizada, como, em muitas situações, ocorre com os grupos terroristas, tende a fazer amplo planejamento de suas ações, com detalhado estudo para execução de suas ações criminosas, o que torna a prova muito mais difícil e complexa, exigindo uma adequada compreensão da prova indiciária.

Os indícios, assim, poderão ser valorados e, desde que fortes, convergentes e precisos, terão capacidade demonstrativa e de convencimento, suficientes para ensejar uma condenação legítima, formando uma "prova acima de dúvida razoável"[33].

O que se pondera, então, é que não basta a suspeita ou presunção de que o agente seja terrorista, impondo-se a investigação séria e comprometida, a demonstração de elementos de prova contundentes para essa caracterização e, assim, a comprovação dos crimes previstos na Lei do Terrorismo.

Como observa AMBOS, as garantias constitucionais e o devido processo legal devem ser respeitados:

> O direito a um devido processo é plenamente aplicável em relação a presumidos terroristas no marco da "guerra contra o terror". Constitui um direito humano fundamental consagrado em vários regimes que criam um âmbito de proteção às garantias judiciais básicas. Nunca pode ser derrogado e deve ser respeitado tanto em tempo de paz, como em tempos de conflito armado.[34]

É a mesma posição de ALBRECHT, ao observar que, mesmo o terrorismo ensejando uma forte reação estatal na defesa do interesse comum, isso não significa abrir mão das garantias deferidas a todos os acusados:

---

33. De acordo com Schlee Gomes, "A prova indiciária, assim, pode levar à certeza necessária para uma condenação, desde que esses pressupostos e requisitos estejam devidamente delineados no processo, garantindo: solidez, coerência e conclusividade. A racionalidade de sua valoração é também pressuposto essencial, pois em se tratando de uma prova indireta, que depende de conclusões que se extraem de fatos conhecidos para se chegar a outro fato, é fundamental que possa haver o acompanhamento do raciocínio lógico da hipótese, o enfrentamento do grau de probabilidade de adequação daquela tese, a correção das inferências realizadas. O manejo dos indícios, sobretudo em casos graves como no contexto dos crimes de homicídio doloso, deve ser uma atividade de extrema cautela e sem dar margem a juízos afoitos ou impulsivos" (GOMES, Márcio Schlee. **A prova indiciária no crime de homicídio:** lógica, probabilidade e inferência na construção da sentença penal. Porto Alegre: Livraria do Advogado, 2016, p. 227).

34. AMBOS, Kai. Terroristas e o devido processo legal. O direito possui um devido processo para os supostos terroristas detidos na Baía de Guantánamo. In: AMBOS, Kai. **Ensaios de Direito Penal e Processual Penal**. Tradução de Orlindo Borges Júnior. São Paulo: Marcial Pons, 2016, p. 173.

O Estado de Direito precisa defender-se contra agressões massivas à autonomia e aos bens jurídicos de suas cidadãs e seus cidadãos, com toda força e todos os instrumentos e possibilidades policiais e judiciais penais, que estão à disposição do Estado de Direito. Em sua defesa, contudo, permanece inabdicável o critério da proporcionalidade. De outro modo, é destruído aquilo que se pretende proteger. Ameaça o autoabandono dos fundamentos daquilo que é digno de proteção. Neste sentido, manifestam-se também juízes, no jornal dos juízes alemães: 'A luta contra o crime e o terror não justifica o abandono de princípios jurídicos fundamentais, pois integra, também, o núcleo do Estado de Direito, que este proteja aquele (núcleo), tenazmente, com seus métodos, e não com de seus adversários.[35]

No aspecto da valoração da prova, a exigência de racionalidade da decisão judicial, publicizada pela fundamentação, é medida essencial para um processo democrático. Mesmo que o Estado tenha a total necessidade de socorrer-se de diversas medidas de coação para prevenção e repressão do terrorismo, tal fator não o autoriza a abandonar as garantias e direitos fundamentais, pois haveria risco concreto de um ciclo vicioso de violência, em clara situação de insegurança jurídica.

Portanto, mesmo em um processo criminal que envolva a suspeita de ações de terrorismo, devem ser respeitadas as garantias individuais do acusado, com observância dos princípios do devido processo legal, contraditório e ampla defesa (mesmo que com menos restrições, a depender da situação, baseadas no princípio da proporcionalidade), sendo a condenação amparada em juízo de certeza que traduza a existência nos autos do processo de prova "acima de dúvida razoável".

Essa prova, com plena certeza, não precisaria ser apenas uma "prova direta", mas, também, a prova indiciária deve ser admitida e, em muitos casos, será a única capaz de demonstrar os elementos necessários para a formação de uma convicção condenatória.

A racionalidade da decisão judicial em um trabalho lógico-cognitivo perfeito, a existência de provas diretas ou indiretas (indiciárias), a fundamentação com plena demonstração desses elementos, são exigências para um processo democrático, sério e comprometido com os mandamentos constitucionais, aplicando-se, assim, mesmo ao processo de terroristas, não se podendo abdicar das garantias gerais reconhecidas a todos os cidadãos.

O essencial é que haja a verificação de um *standard* de prova em alto grau de exigência, para consideração de prova acima de dúvida razoável, restando ultrapassado os limites da presunção de inocência com a existên-

---

35. ALBRECHT, Peter-Alexis. **Criminologia**: uma fundamentação para o direito penal. Rio de Janeiro: ICPC e Lumen Juris, 2010, p. 578.

cia de provas seguras e suficientes acerca da hipótese acusatória. Presente este quadro, a condenação é adequada, justa e legítima, o que é da essência de um Estado de Direito democrático.

5. REFERÊNCIAS BIBLIOGRÁFICAS

ALBRECHT, Peter-Alexis. **Criminologia**: uma fundamentação para o direito penal. Rio de Janeiro: ICPC e Lumen Juris, 2010.

AMBOS, Kai. Terroristas e o devido processo legal. O direito possui um devido processo para os supostos terroristas detidos na Baía de Guantánamo. In: AMBOS, Kai. **Ensaios de Direito Penal e Processual Penal**. Tradução de Orlindo Borges Júnior. São Paulo: Marcial Pons, 2016.

AMBOS, Kai; STEINER, Christian; MALARINO, Ezequiel (org.). **Terrorismo y derecho penal**. Berlin: Konrad Adenauer Stifung, 2015.

ANTUNES, Maria João. Direito processual penal: direito constitucional aplicado. In: MONTE, Mário Ferreira, et al. **Que futuro para o direito penal?** Simpósio em homenagem a Jorge de Figueiredo Dias. Coimbra: Coimbra, 2009, p. 745-754.

CALLEGARI, André Luís. et al. **O crime de terrorismo**: reflexões críticas e comentários à Lei de Terrorismo. Porto Alegre: Livraria do Advogado, 2016.

COELHO, Walter. **Prova indiciária em matéria criminal**. Porto Alegre: Sérgio Fabris Editor, 1996.

COSTA, Pedro Jorge. **Dolo penal e sua prova**. São Paulo: Atlas, 2015.

DALLAGNOL, Deltan Martinazzo. **As lógicas das provas no processo**: prova direta, indícios e presunções. Porto Alegre: Livraria do Advogado, 2015.

FERRER BELTRÁN, Jordi. **La valoración racional de la prueba**. Madrid: Marcial Pons, 2007.

GASCÓN ABELLÁN, Marina. **La prueba judicial**: valoración racional y motivación. Disponível em <http://www.uclm.es/postgrado.derecho/_02/web/materiales/filosofia/Prueba.pdf>Acesso em: 13 nov. 2013.

GOMES, Márcio Schlee. **A prova indiciária no crime de homicídio**: lógica, probabilidade e inferência na construção da sentença penal. Porto Alegre: Livraria do Advogado, 2016.

GRECO, Luís. Acerca del llamado derecho penal del enemigo. In: CANCIÓ MELIÁ, Manuel; GOMÉZ-JARA DÍEZ, Carlos (coord.). **Derecho Penal del enemigo: el discurso penal de la exclusión**. Buenos Aires: B de f, p. 1081-1111.

GREENSTEIN, Richard K. **Determining facts**: the myth of direct evidence. Disponível em <http://papers.ssrn.com/sol3/papers.cfm?abstract_id=1116644>. Acesso em: 15 jun. 2013.

HASSEMER, Winfried. Los elementos característicos del dolo. **Anuario de Derecho Penal y Ciencias Penales**, Madrid, tomo 43, fascículo III, p. 909-931, set./dez., 1990.

HASSEMER, Winfried. Derecho penal simbólico y protección de bienes jurídicos. In: BUSTOS RAMÍREZ, Juan (coord.). **Pena y Estado: función simbólica de la pena**. Santiago: Conosur Ltda., 1995, págs. 23-36.

JAKOBS, Günther; CANCIO MELIÁ, Manuel. **Direito Penal do Inimigo**: noções e críticas. Tradução André Luís Callegari e Nereu José Giacomolli. 3. ed. Porto Alegre: Livraria do Advogado, 2008.

LAUDAN, Larry. **Por qué un estándard de prueba subjetivo y ambíguo no es un estándard**. Disponível em <http://rua.ua.es/dspace/handle/10045/10003>. Acesso em: 30 abr. 2013. p. 111-113.

MAY, Richard. **Criminal evidence**. 5. ed. London: Sweet & Maxwell, 2004.

MESQUITA, Paulo Dá. **A prova do crime e o que se disse antes do julgamento**: estudo sobre a prova no proceso penal portugués, à luz do sistema norte-americano. Coimbra: Coimbra, 2011.

NEVES, A. Castanheira. **Sumários de processo criminal (1967-1968)**. Coimbra, 1968, p. 38-39.

NIEVA FENOLL, Jordi. **La valoración de la prueba**. Madrid: Marcial Pons, 2010.

PASTOR ALCOY, Francisco. **Prueba indiciaria e presunción de inocência**: analisis jurisprudencial, requisitos y casuística. Valencia: Práctica de Derecho, 2002.

SCHÜNEMANN, Bernd. **Derecho Penal contemporâneo**: sistema y desarrollo, peligro y limites. Buenos Aires: Hammurabi, 2010.

SILVA SÁNCHEZ, Jesús-María. **A expansão do direito penal**: aspectos da política criminal das sociedades pós-industriais. São Paulo: RT, 2011.

ZILLI, Marcos; MONTECONRADO, Fabíola Girão; MOURA, Maria Thereza Rocha de Assis. Terrorismo e o direito brasileiro: um problema de legalidade penal. In: AMBOS, Kai; STEINER, Christian; MALARINO, Ezequiel (org.). **Terrorismo y derecho penal**. Berlin: Konrad Adenauer Stifung, 2015, págs. 521-550.

ZÖLLER, Mark Alexander. **Terrorismusstrafrecht**. Heildelberg: C.F. Müller Verlag, 2009.

10

CRIMINALIDADE ECONÔMICA E TERRORISMO

MAURICIO SCHAUN JALIL[1]
LEONARDO HENRIQUES DA SILVA[2]

SUMÁRIO • 1. Criminalidade econômica: conceituação, principais características e peculiaridades – 2. Normatização do tema no Brasil: breve síntese legislativa da criminalização na esfera econômica – 3. A prática do terrorismo e suas repercussões econômicas: as incriminações do art. 6º da Lei 13.260/16 – 4. Considerações finais – 5. Bibliografia.

1. CRIMINALIDADE ECONÔMICA: CONCEITUAÇÃO, PRINCIPAIS CARACTERÍSTICAS E PECULIARIDADES

Na concepção de Miguel Bajo Fernández a criminalidade econômica *"es el conjunto de normas juridico-penales que protegen el orden económico entendido como regulación jurídica del intervencionismo estatal en la Economia"*[3].

Para Klaus Tiedmann, por sua vez, *"é a infração que lesiona ou põe em perigo interesses privados, ou, ainda, a infração que afeta a regulamentação jurídica da produção, distribuição ou consumo de bens e serviços"*.[4]

Em sentido amplo, para nós, trata-se de *toda infração penal que viola o preceito proibitivo contido em norma que dispõe sobre toda e qualquer área de*

---

1. Advogado. Mestre em Direito Penal pela Faculdade de Direito da Universidade de São Paulo. Pós-graduado em Direito Penal Econômico e Europeu pela Universidade de Coimbra/Portugal. Pós-graduado em Direito Penal pela Escola Paulista da Magistratura. Professor Universitário e Palestrante.
2. Advogado. Mestre e Doutorando em Direito Penal pela Faculdade de Direito da Universidade de São Paulo. Pós-graduado em Direito Penal Econômico e Europeu e em Direitos Fundamentais pela Universidade de Coimbra/Portugal. Pós-graduado em Direito Penal e em Direito Público pela Escola Superior do Ministério Público de São Paulo. Professor Universitário.
3. Derecho Penal Económico. Madrid: Civitas, 1978.
4. Lecciones de Derecho Penal Económico. Barcelona: PPU, 1993.

interesse econômico devidamente tutelada como bem jurídico-penal[5]. Assim, a criminalidade econômica engloba diversas subáreas como a *fiscal/aduaneira*; a *comercial/societária*, a *previdenciária*, a *industrial*, a *ambiental*, a *consumerista*, a *trabalhista*; além de delitos envolvendo o caráter *patrimonial*.

A criminalidade econômica se destaca pelo seu **dinamismo**, pela constante e reiterada forma de se apresentar, materializar-se.

Outra característica interessante é a **aparência externa de licitude** ou de **respeitabilidade**. Em regra, os agentes desenvolvem alguma atividade econômica regular, de caráter lícito, encobrindo, na maioria dos casos, pelos seus atos, atividades delituosas, gerando, com isso, a **ausência de efetividade na maneira em que o resultado é propalado para a coletividade** (o que diferencia das figuras clássicas como o roubo, o homicídio), contribuindo, inclusive, para a famosa "cifra negra" dessa espécie de ilícito.

Outro interessante aspecto é o **perfil do criminoso econômico** (*aquele cidadão insuspeito, muitas vezes até consciente de suas condutas ilícitas, mas, que não se considera delinquente, chegando, até mesmo de convencer-se da "normalidade" de tais atos criminosos, ocasionando, assim, uma ausência coletiva do sentimento de reprovação de determinadas condutas típicas*), **o que o identifica com considerável parcela da comunidade**, essa criminalidade apresenta-se ao público, pois, com aparência de atividades lícitas, assim, a moral pública é alargada quanto a esses crimes, contribuindo-se para a sensação de "impunidade".

Quanto à **"personalidade do autor como explicação causal" da delinquência econômica**, inúmeras teorias foram elaboradas, dentre elas destacamos àquelas de inspiração inicial sociológica[6] e depois enveredaram-se para formulados criminológicos, como a *teoria da associação diferencial de Sutherland*[7],

---

5. JALIL, Mauricio Schaun. Criminalidade econômica e as novas perspectivas de repressão penal. São Paulo: Quartier Latin, 2009, p. 32.
6. Tais teorias se inspiram, sobretudo, nos estudos sociológicos de Emile Durkheim, os quais descontroem fatores e explicações causais psíquicas, biológicas e naturais acerca do crime para entendê-lo como uma fenômeno social, derivado não de desvios individuais, mas das próprias estruturas, agrupamentos, decorre, pois, do regular e normal funcionamento da sociedade.
7. Ao americano Edwin Hardin Sutherland desenvolveu esse formulado na década de trinta do século passado em sua obra "Criminology", cuja primeira edição remota o ano de 1924. Apesar de se inspirar-se em concepções sociológicas, rejeita a idéia da pobreza como fato preponderante à criminalidade, sobretudo, se considerarmos a criminalidade econômica, também estudada por aquele jurista americano, como se observa em sua obra "The white colar crime" (1949). Para Sutherland o crime não é inato ou herdado, mas sim aprendido, é fruto de treinamento, decorre da interação entre as pessoas em um processo de comunicação. A "associação diferencial" ocorre, pois, em razão desse aprendizado, dessa convivência entre as pessoas, dessas diferentes con-

a *teoria da Anomia de Merton*[8] e a *teoria do "labeling-approach"*- *teoria da estigmatização*[9], mas, talvez o **Psicograma de Mergen**[10], desenvolvida pelo

---

cepções favoráveis ou não à violação das leis e, cada indivíduo, terá um comportamento diverso, individualizado, decidirá sobre o respeito ou desrespeito à norma jurídica.

8. Robert Merton, também norte-americano, reelaborou o conceito "anomia" desenvolvido por Durkheim, para concebê-la sob o ponto de vista criminológico. Para Merton a anomia não é proveniente do "descontentamento" ou "crise" de alguns valores ou normas em razão de determinadas circunstância sociais, ao contrário se refere a um "sintoma" ou expressão" em resposta ao vazio existente internamente, no indivíduo delinquente, produzido em decorrência de sua discordância entres as expectativas culturais existentes e os caminhos, instrumentos oferecidos pela própria sociedade para fins de atingir aquelas. Aquelas pessoas oriundas das classes menos favorecidas, se sentem mais pressionadas para alcançar os "níveis de bem-estar" admitidos pelas classes dominantes, o acúmulo de riquezas, o consumo de determinados bens, se torna quase que "obrigação", assim, aquele indivíduo é forçado a adotar entre as cinco vias existentes, segundo Merton, face a esses "objetivos": conformidade, inovação, ritualismo, fuga do mundo e rebelião, todas elas, exceto a primeira, correspondem a um desvio de conduta o qual irá representar um comportamento criminal, tido como "reação normal" para aquele estudioso. Portanto essa teoria, resumindo-se, revela a verdadeira dissonância existente na cultura norte-americana ao considerarmos a valorização do sucesso e da riqueza material e os meios legítimos disponíveis para alcançá-los. Referências bibliográficas: MERTON, Robert. *Estructura Social y anomia: revisión e ampliación*. Em Fromm, E., Horkheimer, M., Parsons T., e outros: *La Família*. Barcelona: Editora Península. 1972, pgs. 67-107 Apud. GARCÍA PABLOS DE MOLINA, Antonio e GOMES, Luiz Flávio. Op. cit. p.351.

9. Surgida nos Estados Unidos na década de setenta, a teoria do *labelling aproach* explicita bem o menosprezo e a estigmatização, por meio de estereótipos (etiquetamentos) da opinião pública, no que se refere à delinquência econômica, apresentando-se, muitas vezes, a comunidade em geral, benevolente com esses criminosos, tornando o sistema repressivo ineficaz, elevando, pois, os altos índices da famosa "cifra negra". O controle social é, pois, altamente seletivo e discriminatório. Para essa corrente criminológica, a sociedade "etiqueta", naturalmente, como delinquentes determinados indivíduos oriundos das camadas sócios econômicas menos favorecidas. Não importa muito assim, o ato criminoso em si praticado, mas seu agente, dificilmente uma pessoa que habita o topo da pirâmide social, possuidora de fama, poder, enfim que desfrute de prestígio, *status*, será rotulado como criminoso. Seus principais representantes são GARFINKEL, GOFFMAN, ERICKSON, BECKER, SACK. Referências Bibliográficas- GARCÍA-PABLOS DE MOLINA, Antonio. *Tratado de Criminologia: Introdución – modelos teóricos explicativos de la criminalidad; prevención del delito; sistemas de respuesta al crimen*. 2ª ed. Valencia: Tirant lo Blanch. 1999. RÜTTER, W. *La ciminalidad – el delicuente através de las definiciones sociales – o etiquetamiento*. In Cuadernos de Política Criminal. n. 8. 1979, p. 51-53. ERICKSON, K.T. *Notes on the Sociology of Deviance*. In Social Problems. n.9. 1962, p. 311 e ss. BECKER, H. S. *Outsiders. Studies in the Sociology Deviance*. New York: Free Press of Glencoe. 1963, p. 34-35.

10. MERGEN.*Tat und Täter. Das Verbrechen in der Gesellschaft*. pp. 45 à 56; e *Die Personalität dês Verbrechers im weißen Kragen*. pp. 27 à 34, ambas referências em BAJO, Miguel e BACIGALUPO, Silvina. Derecho Penal Econômico. Madrid: Editorial Centro de Estudios Ramón Areas S.A. 2001 p. 34.

23 Mais recentemente, surgiram algumas teorias *estruturais-funcionalistas*, da moderna sociologia alemã, inspiradas em uma visão sistêmica da sociedade, seu funcionamento, suas instituições, estabelecendo à pena uma finalidade de prevenção integradora. Ver JACKOBS, G., AMELUNG, K., OTTO, como referências bibliográficas também BARATTA, A. *Integración e prevención: uma nueva fundamentación de la pena dentro de la teoria sistêmica*. In Cuadernos de Política Criminal. n. 24. 1984, pp. 533-553 GARCÍA-PABLOS DE MOLINA. *Tratado de Criminologia: Introdución – modelos teóricos explicativos de la criminalidad; prevención del delito; sistemas de respuesta al crimen*. 2ª ed. Valencia: Tirant lo Blanch. 1999.

alemão cujo nome a intitulava, tenha sido a mais aceita[11]. Essa última formulação teórica entendia que a *personalidade do autor do crime econômico, o qual revelaria o apego deste a valores exclusivamente materiais, seu egocentrismo e narcisismo, seu dinamismo e audácia, sua inteligência privilegiada, sua rara perigosidade e indisfarçável hipocrisia, além de total indiferença pelos princípios éticos, mesmo porque tem conhecimento da ilicitude perpetrada, portanto, presente a culpabilidade.*

A criminalidade econômica é considerada, em sua esmagadora maioria, sobretudo dos poderosos, como uma delinquência de **sub-adaptação**, ou seja, o criminoso de colarinho branco se utiliza do seu *status quo*, da sua influência, do seu dinheiro, para cometer crimes que lhe tragam lucros ainda maiores.

Os tribunais, por sua vez, para muitos estudiosos, **são mais** "benevolentes" **com esses criminosos** (seja pela complexidade desses crimes, seja pelo poder e influência de tais pessoas), disparando sua fúria punitiva aos menos favorecidos socialmente[12]. Merece destaque, no entanto, **o aumento de persecuções criminais** (inquéritos policiais e ações penais) **no Brasil** envolvendo essa espécie de criminalidade **nos últimos anos** e, inclusive, após a deflagração da notória "**Operação lava-jato**", resultando em **inúmeras condenações** de abalando as estruturas de nosso República.

A **tipificação** dos delitos econômicos, por outro lado, é tarefa árdua para o legislador, desde o ponto de vista técnico, traduzindo para a linguagem penal aspectos e conceitos peculiares à Economia, como também os rápidos avanços tecnológicos que influenciam essa mesma economia. Vale lembrar, no mais, a própria *heterogeneidade/complexidade* do tema, que engloba assuntos dos mais diversos, infrações específicas, que não tem conexão, alguma (motivo pelo qual, inclusive, reluta-se pela codificação dessa matéria). O fenômeno econômico é de extrema complexidade, afeta interesses de distintas naturezas, entre os quais existe uma relação dialética que oscila entre a convergência e o antagonismo, interesses individuais e coletivos (em sua maioria), o que gera, em diversos casos, os tão criticados **tipos aberto** ou, **normas penais em branco**.

---

11. Mais recentemente, surgiram algumas teorias *estruturais-funcionalistas*, da moderna sociologia alemã, inspiradas em uma visão sistêmica da sociedade, seu funcionamento, suas instituições, estabelecendo à pena uma finalidade de prevenção integradora. Ver JACKOBS, G., AMELUNG, K., OTTO, como referências bibliográficas também BARATTA, A. *Integración e prevención: una nueva fundamentación de la pena dentro de la teoria sistémica*. In Cuadernos de Política Criminal. n. 24. 1984, pp. 533-553.

12. Sobre esse tratamento privilegiado dos delinquentes de colarinho branco, pelos tribunais, ver a obra *Delincuencia y Economia* de FERNÁNDEZ ALBOR, Austin e MARTÍNEZ PÉREZ, Carlos, publicada pela Universidade de Santiago de Compostela (Espanha), no ano de 1983.

Os **danos** característicos da delinquência econômica são de ordem *material*, tratam-se, sobretudo, de prejuízos **financeiros** de grande monta[13].

Existem, também, muitas vezes, danos *imateriais*, causando desorganização generalizada, envolvendo a perda da confiança no mercado, nas relações de consumo, na credibilidade do sistema fiscal, afetados, por exemplo, com a prática de monopólio, práticas irregulares no mercado financeiro, entre outros, que provocam efeitos devastadores na economia como a *"reação em cadeia"*, *"efeito espiral"* e *"efeito de ressaca"*[14].

Outra questão que merece destaque envolvendo à criminalidade econômica é o **poder corruptor** que essa delinquência exerce sobre a Administração Pública, numa espécie de simbiose negativa com funcionários e autoridades públicas, gerando, muitas vezes a "impunidade". Isso se dá, tendo em vista à "identificação" ou "cumplicidade" entre o legislador e os potenciais delinquentes, cujo poder econômico, em geral, suscita muito mais admiração do que terror. Muitos tipos legais não são suficientes para responder essa espécie de criminalidade, haja vista que protegem "interesses individuais", ao invés de difusos. Aliás, é de fácil constatação o números de investigações e ações penais cujo objeto revela crimes de corrupção e lavagem de dinheiro.

Destacamos, ainda, **a problemática da administrativização do direito penal** em ilícitos dessa seara, o que para alguns, afasta o caráter subsidiário, fragmentário e de última *ratio* da ciência repressiva penal, sobretudo nessa esfera, posicionamento, aliás, externado desde a Reunião da

---

13. Contudo, vale ressaltar, ainda, a existência de outras espécies de danos, os quais aparecem em menor proporção, sem possuir, contudo, menor relevância, como àqueles contra a *vida*, a *integridade física* e *saúde* (danos ambientais, resultantes de inobservância de normas trabalhistas, fraudes nos alimentos, remédios e cosméticos em geral etc.).

14. *Reação em cadeia* – a criminalidade econômica atinge interesses supra-individuais (na maioria dos casos), o que gera a multiplicidade de vítimas, os prejuízos são transferidos de uma pessoa (jurídica ou física) a outras, ocasionando séries consequências, por exemplo, no mercado financeira e na própria iniciativa privada, como a falência de empresas, a dispensa do emprego de milhares de pessoas, crise econômica generalizada, entre outros.

    Efeito ressaca e efeito espiral – No mercado em que reina a livre concorrência, a disputa por novos clientes e obtenção de lucros cada vez maiores gera uma competitividade acirrada. Muitas vezes determinadas empresas ou pessoas físicas optam por práticas ilegais, desleais, para atingir seus objetivos. Assim, as demais empresas ou pessoas que disputam o mesmo nicho de mercado ou atuam no mesmo setor se sentem forçadas a agirem também de forma ilícita, caso contrário perderam a agressiva disputa comercial, industrial, financeira (efeito ressaca), cada vez que determinado agente incide nessas atitudes delituosas gera um estímulo para que outros façam o mesmo e assim sucessivamente (efeito espiral).

Associação Internacional de Direito Penal, ocorrida em setembro de 1982, e presidida por Klaus Tiedemann[15].

2. NORMATIZAÇÃO DO TEMA NO BRASIL: BREVE SÍNTESE LEGISLATIVA DA CRIMINALIZAÇÃO NA ESFERA ECONÔMICA

Desde a década de sessenta do século passado que penalistas nacionais da estirpe de José Frederico Marques, Nelson Hungria, Heleno Cláudio Fragoso e Manoel Pedro Pimentel criticavam a ausência de sistematização das normas, princípios e tipos penais envolvendo a criminalidade econômica.

Em 1984, quando foi promulgada a Reforma da Parte Geral do Nosso Código Penal atual, na Exposição de Motivos daquela lei (7.209/84), o então Ministro da Justiça Ibrahim Abi Ackel, esclareceu: *"Deliberamos remeter à fase posterior a reforma da Parte Especial do Código, quando serão debatidas questões polêmicas... Por outro lado, o avanço científico e tecnológico impõe a inserção, na esfera punitiva, de condutas lesivas ao interesse social, como versões novas da atividade econômica e financeira ..."*[16].

O esboço final da Parte Especial daquela codificação foi concluído ainda naquele ano, sendo que o Título XII daquele Anteprojeto versava exatamente sobre "Os Crimes contra a Ordem Econômica, Financeira e Tributária". Assim, pela primeira vez na história brasileira a matéria estava sendo tratada de forma sistemática, organizada.

Todavia, por questões das mais diversas, referido Anteprojeto foi esquecido. Somente em 1994, agora sob o crivo de nova Comissão, os trabalhos foram retomados, sendo que, praticamente mantivera-se a mesma redação, subdividindo o Título destinado a matéria nos seguintes seções: *Dos crimes contra a dignidade, a liberdade, a segurança e a higiene do trabalho; Dos crimes de abuso do poder econômico e contra a livre concorrência, a economia popular e as relações de consumo; Dos crimes contra a economia popular; Dos crimes contra as relações de consumo; Dos crimes falimentares;*

---

15. Uma das "Resoluções" daquele colóquio reafirmava o papel *subsidiário* do Direito na *luta contra a criminalidade econômica*, mesmo porque, *em certos domínios, a aplicação do direito penal é menos inibitória da atividade econômica do que a regulamentação administrativa e civil*. Winifred Hassemer (*Perspectivas de uma moderna política criminal*. In Revista Brasileira de Ciências Criminais, nº 8, out/dez, 1994), Miguel Reale Jr. (*Despenalização no direito penal econômico: uma terceira via entre o crime e a infração administrativa?* In Revista Brasileira de Ciência Criminais. São Paulo. ano 7. nº 8, out/dez de 1999), Cezar Roberto Bittencourt (*Princípios garantistas e a delinqüência do colarinho branco*. Revista Brasileira de Direito Criminal, op. cit. p. 118), entre outros destacam-se nessa linha de raciocínio.

16. GOMES, Luiz Flávio (org.). Constituição Federal. Código Penal. Código de Processo Penal. 6ª ed. São Paulo: RT. 2004, p. 263.

Dos crimes contra o ordenamento urbano; Dos crimes contra o sistema de tratamento automático de dados; Dos crimes contra o sistema financeiro; Dos crimes contra a organização do sistema financeiro; Dos crimes contra a regularidade dos instrumentos financeiros; Dos crimes contra a confiança no sistema financeiro; Dos crimes contra a segurança dos negócios financeiros; Dos crimes contra o sistema tributário e Dos crimes cambiais e aduaneiros.

O esboço aludido, relembra João Marcello de ARAÚJO JÚNIOR, integrante daquela Comissão, *".estava atualizado em relação à ciência penal do seu tempo e inspirado no que de mais moderno existia em termos de legislação comparada, ajustada, obviamente, à realidade brasileira. Todos os especialistas da Associação Internacional de Direito Penal (AIDP), em 64 países, por nosso intermédio, colaboraram, de alguma maneira, para sua elaboração"*[17]. Aliás, como mencionou aquele penalista, tal projeto mereceu de Klaus TIEDMANN, um dos maiores especialistas mundiais em se tratando Direito Penal Econômico, muitos elogios.

A situação se repetiu. Este último Anteprojeto teve sorte semelhante ao anterior. Em 1997, o então Ministro da Justiça Renan Calheiros, mediante portaria, instaurou nova Comissão (mais uma!), presidida pelo Ministro do Superior Tribunal de Justiça, naquela oportunidade, o Dr. Luiz Vicente Cernicchiaro. Os trabalhos daquele grupo terminaram no final do mês de setembro daquele ano, criando-se uma Comissão Revisora, constituída por aquele Ministro, além do Desembargador Dirceu de Melo; Dr. Luiz Alberto Machado, Dr. Antonio Nabor Bulhões, Desembargador João de Deus Menna Barreto, Prof. Ney Moura Teles, Subprocuradora Geral da República Ela Wiecko Volkmer de Castilho, Dr. Licínio Leal Barbosa, Dr. Damásio Evangelista de Jesus e o Procurador de Justiça Sérgio de Oliveira Médici.

Esse grupo de estudos decidiu, a despeito de algumas críticas da doutrina nacional, remeter à legislação penal extravagante, a regulação, disciplina e tratamento da criminalidade econômica, eis o motivo pelo qual, portanto, esses delitos não ganharam, até hoje, ares de codificação encontrando-se dispersos em inúmeros diplomas legais, a seguir expostos[18]:

---

17. *O Direito Penal Econômico*. In Revista Brasileira de Ciências Criminais, ano 7, n. 25, p. 146, jan/março de 1999.

18. É importante esclarecer que o Brasil, desde os tempos em que figurava como colônia portuguesa, foi vulnerável a saques de seus recursos naturais e a sabotagens de seus meio de produção, contrabandeava-se, por exemplo, o *pau-brasil* e *cana-de-açúcar*, nossas principais matérias primas exportadoras durante séculos. As ordenações do Reino, principalmente as Afonsinas, tendo em vista que as anteriores praticamente eram pouco aplicadas em nossas terras, dispunha de proibições, em forma de crime, a condutas assemelhadas ao contrabando e ao descaminho, estabelecendo que certos bens não poderiam ser retirados do reino, *exceto* com a autorização de *El Rey*,

Decreto-lei nº 6.259 de 10 de fevereiro de **1944**, o qual *dispõe sobre os serviços de loterias e outras providências* (definindo como contravenções as condutas delituosas previstas entre seus arts. 45 a 56); **Lei nº 1.521**, de 26 de dezembro de **1951** *(definindo entre os arts. 2º ao 4º, crimes contra a economia popular)*; **Lei Delegada nº 4**, de setembro de **1962** (*dispõe sobre a intervenção no domínio econômico para assegurar a livre distribuição de produtos necessários ao consumo da população)*; **Lei nº 4.511**, de 1º de dezembro de **1964** (*dispõe sobre o meio circulante)*; **Lei nº 4.591**, de 15 de dezembro de **1964** *(dispõe sobre o condomínio em edificações imobiliárias, estipulando alguns crimes em seu artigo 65 e, contravenções, no artigo 66)*; **Lei 4.595**, de 31 de dezembro de **1964** *(dispõe sobre a política e as instituições monetárias, bancárias e creditícias – art. 34º)*; **Lei nº 4.728**, de 14 de julho de **1965** *(dispõe sobre o mercado de capitais)*; **Lei nº 4.729**, de 14 de julho de **1965** *(crimes de sonegação fiscal e outras providências – art. 1º)*; **Decreto-lei nº 15** de **1966** *(dispõe sobre a produção, o comércio e o transporte clandestino de açúcar e de álcool)*; **Decreto-lei nº 70** de **1966** *(autoriza o financiamento de associações, de poupanças e empréstimos)*; **Lei nº 4.947**, de 6 de abril de **1966** *(fixa normas de Direito Agrário, definindo crimes nos arts. 19º e 20º)*; **Decreto-lei nº 73**, de 21 de novembro de **1966** *(dispõe sobre o Sistema Nacional de Seguros Privados, sendo que seu art. 110º define uma modalidade delituosa contra a economia popular)*; **Decreto-lei nº 157** de 14 de fevereiro de **1967** *(dispõe sobre títulos de crédito rural)*; **Lei nº 5.741**, de 1 de dezembro de **1971** *(dispõe sobre a proteção do financiamento de bens imóveis vinculados ao Sistema Financeiro de Habitação)*; **Lei nº 6.435**, de 15 de julho de **1977** *(dispõe sobre as entidades de previdência privada, sendo que seu art. 77º define como crime contra a economia popular conduta específica aos administradores, diretores, membros de conselhos deliberativos, consultivos, fiscais e assemelhados)*; **Lei**

---

sob pena de perdimento dos mesmo, na proporção de metade para o reino e, a outra, destinada para aquele que noticiava a infração.

Em 03 de dezembro de 1740, editou-se um "Alvará" impedindo a saída de *ouro* para fora do distrito, sem que tivesse acompanhada das devidas guias e, obviamente, recolhido o devido imposto, sob pena de confisco do metal em favor daquele que denunciasse ou apreendesse. Em 1809, cria-se a *Divisão Militar da Guarda Real da Polícia*, a qual tinha como objetivo reprimir o contrabando e o descaminho, existindo, inclusive, naquela época, um "Juízo" criminal específico para tratar destes assuntos, originado, por meio de Alvará no dia 14 de agosto daquele ano. O Código Criminal do Império, de 1830, no Sexto Título, tratava dos *Crimes contra o Tesouro Público e Propriedade Pública*, dispondo sobre o contrabando (art. 177) e, cominando, o que é muito interessante, *sanções meramente administrativas*. O Código republicano de 1890, estabelecia em seu Título VII, do capítulo próprio sobre o *Crimes contra a Fazenda Pública*, no art. 265, os delitos de descaminho e contrabando, tipificados com o mesmo *nomen juris*, inovou, cominando penas privativas de liberdade e pecuniárias, tornando, inclusive, crime inafiançável, art. 406. Posteriormente diplomas esparsos como o art. 4º, da Lei nº 123/1892, art. 1º do Decreto nº 1.425-B/1905 e o art. 56 da Lei nº 4.440/1921 dispunha sobre a matéria, sendo que todos esses dispositivos foram englobados no art. 265 da Consolidação das Leis Penais de Vicente Piragibe (1932), no art. 265.

nº **6.766**, de 19 de dezembro de **1979** (*dispõe sobre o parcelamento do solo urbano – art. 50º*); **Lei nº 6.938**, de 31 de agosto de **1981** (*dispõe sobre a Política Nacional do Meio ambiente, seus fins e mecanismos de formulação e aplicação*); **Lei nº 7.802** de 11 de julho de **1989** (*dispõe sobre a pesquisa, a experimentação, a produção, a embalagem e rotulagem, o transporte, o armazenamento, a comercialização, a propaganda comercial, a utilização, a importação, a exportação, o destino final dos resíduos e embalagens, o registro, a classificação, o controle, a inspeção e a fiscalização de agrotóxicos, seus componentes e afins – arts. 15º e 16º*); **Decreto nº 98.815**, de 11 de janeiro de **1990** (*regulamenta a Lei 7.802, de 11 de junho de 1989 – arts. 74º e 75º*); **Lei nº 8.666**, de 21 de junho de **1993** (*institui normas para licitações e contratos da Administração Pública – arts. 89º à 98º*); **Decreto-lei nº 73** de **1996**; **Lei nº 7.134**, de 26 de outubro de **1983** (*trata da obrigatoriedade de aplicação dos créditos e financiamentos de organismos governamentais e daqueles provenientes de incentivos fiscais*); **Lei nº 7.492**, de 15 de junho de **1986** (*crimes contra o sistema financeiro nacional – arts. 2º ao 23º*); **Lei nº 8.078**, de 11 de setembro de **1990** (*Código de Defesa do Consumidor – 63º ao 74º*); **Lei 8.137**, 27 de dezembro de **1990** (*crimes contra a ordem tributária – arts. 1º ao 7º*); **Lei nº 8.176**, de 8 de fevereiro de **1991** (*define alguns crimes contra a ordem econômica – arts. 1º ao 3º*); **Lei nº 8.212**, de 24 de julho de **1991** (*crimes contra a previdência social* – todas as condutas delituosas aqui dispostas foram revogadas pela Lei nº 9.983/2000, restando, apenas, algumas disposições penais); **Lei nº 8.245**, de 18 de outubro de **1991** (*dispõe sobre as locações de imóveis urbanos, dispondo como contravenção penal uma conduta prevista em seu art. 43º e crime, art. 44º*_ Lei **nº 8.666**, de 21 de junho de **1993** (*dispõe sobre normas de licitação e contratos da Administração Pública*); **Lei nº 8.884**, de 11 de junho de **1994** (*dispõe sobre prevenção e repressão às infrações contra a ordem econômica*); **Lei 9.279**, de 14 de maio de **1996** (*institui o Código de Propriedade Industrial*); **Lei 9.605/98** (*Lei dos crimes ambientais*); **Lei nº 9.613/98** (*crimes de lavagem de dinheiro*); **Lei 9.615**, de 24 de março de **1998** (*institui normas gerais sobre os desportos e outras providências, entre as quais, estão previstos nos artigos 75 a 81 delitos relacionados às atividades de exploração de bingos*); **Decreto nº 3.179** de **setembro** de **1999** (*especificação das sanções aplicáveis às condutas e atividades lesivas ao meio ambiente, elencando um enorme rol de sanções administrativas*) e **Lei nº 9.983/2000** (*revogando quase todos os dispositivos penais da Lei 8.137/90 e, aprimorando as condutas delituosas ali estabelecidas*).

Nota-se que boa parte da legislação surgiu exatamente na época da "Ditadura Militar" que governou o Brasil entre meados da década de 60 (sessenta) à meados da década de 80 (oitenta), período em que houve um forte intervencionismo estatal na ordem econômica.

Mas mesmo após a redemocratização a atividade legislativa nessa área experimentou notável incremento.

3. A PRÁTICA DO TERRORISMO E SUAS REPERCUSSÕES ECONÔMICAS: AS INCRIMINAÇÕES DO ART. 6º DA LEI 13.260/16

Dentro do contexto apresentado havia uma severa lacuna na legislação penal brasileira em relação **a atividades econômicas correlatas a atos de terrorismo**, na esteira da ausência de lei específica nessa seara. Mesmo a Lei 7.170/83, tradicionalmente apontada pela doutrina como tipificadora de atos de terrorismo, silenciava no tocante ao financiamento dos mesmos.

Essa demora do legislador brasileiro em tratar dos aspectos econômicos do terrorismo se mostra ainda mais inexplicável diante da relevância que o tema assumiu na pauta internacional desde o final do século passado.

Vale ressaltar que na década de 90 o Grupo de Ação Financeira contra a Lavagem de Dinheiro e o Financiamento do Terrorismo (GAFI/FATF), orientado a desenvolver e promover políticas nacionais e internacionais de combate à lavagem de dinheiro e ao financiamento ao terrorismo, já aconselhava diversos Estados a adotarem medidas administrativas e legislativas para reprimir a lavagem de dinheiro orientada ao patrocínio de atos terroristas.

Mais recentemente se observa no âmbito da União Europeia, na qual diversos Estados-membros inclusive chegaram a sofrer atos terroristas dentro de suas fronteiras, um reforço no enfrentamento dos aspectos econômicos do terrorismo pela edição da Diretiva UE 2015/849, a qual foi criada com a função de prevenir a utilização do sistema financeiro para efeitos de lavagem de capitais e do financiamento do terrorismo[19].

Diante da escalada de atos de terrorismo nas últimas duas décadas, notadamente em países do Hemisfério Norte, ainda que o Brasil seja classificado como um país com baixo risco de sofrer atividades terroristas em especial por seu posicionamento tradicionalmente pacífico na política internacional é certo que a sua relativa posição de destaque em termos econômicos e o dinamismo de seu setor financeiro colocam-no em uma situação atraente

---

19. Dentre as medidas previstas na Diretiva UE 2015/849 se destacam: (a) a identificação de todas as pessoas naturais que detenham a propriedade ou o controle de uma pessoa coletiva (item 12); (b) o alargamento do dever de identificação e verificação dos beneficiários efetivos, se aplicável, em face de pessoas coletivas que detenham outras pessoas coletivas, bem como a necessidade de se determinar a pessoa ou as pessoas singulares que de fato exerçam o controle, através da propriedade ou através de outros meios, de uma pessoa coletiva (item 13), e (c) a necessidade de dispor de informações exatas e atualizadas sobre o beneficiário efetivo, a fim de evitar a dissimulação de identidade de pessoas naturais dentro de uma organização societária (item 14).

para a prática de atos orientados à ocultação de origem ilícita de ativos e sua posterior utilização para o custeio de atividades terroristas. Sensível a isso, ao criar a Lei 13.260/16 o legislador brasileiro tomou o cuidado de incluir disposições penais referentes ao financiamento do terrorismo.

As atividades de financiamento do terrorismo atualmente estão contempladas no art. 6º da Lei 13.260/16, a saber:

> "Art. 6º Receber, prover, oferecer, obter, guardar, manter em depósito, solicitar, investir, de qualquer modo, direta ou indiretamente, recursos, ativos, bens, direitos, valores ou serviços de qualquer natureza, para o planejamento, a preparação ou a execução dos crimes previstos nesta Lei:
>
> Pena – reclusão, de quinze a trinta anos.
>
> Parágrafo único. Incorre na mesma pena quem oferecer ou receber, obtiver, guardar, mantiver em depósito, solicitar, investir ou de qualquer modo contribuir para a obtenção de ativo, bem ou recurso financeiro, com a finalidade de financiar, total ou parcialmente, pessoa, grupo de pessoas, associação, entidade, organização criminosa que tenha como atividade principal ou secundária, mesmo em caráter eventual, a prática dos crimes previstos nesta Lei."

A primeira observação a ser feita reside no fato de coexistirem duas modalidades criminosas de financiamento ao terrorismo: **(a)** o **financiamento direto** previsto no *caput*, no qual o agente tem plena disponibilidade de bens e ativos como etapa necessária para suas ações de planejamento, preparação ou execução de atos de terrorismo, e **(b)** o **financiamento indireto** previsto no parágrafo único, no qual o agente administra ou faz a captação de bens e ativos de terceiros para o fim de custear as atividades de pessoas ou grupos de pessoas com envolvimento em atos de terrorismo.

O *caput* do artigo 6º possui conteúdo variado, o que se justifca pelo dinamismo que é característico das atividades econômico-financeiras de sociedades cada vez mais inseridas num mercado global. São criminalizadas as seguintes condutas, desde que relacionadas a recursos, ativos, bens, direitos, valores ou serviços de qualquer natureza que sejam orientados ao financiamento de atos de terrorismo:

(a) **receber** (aceitar aquilo que é entregue ou prestado ao agente por ato livre e consciente de terceiro);

(b) **prover** (fornecer de qualquer forma a terceiro, para que este tenha a livre disponibilidade sobre o bem provido);

(c) **oferecer** (apresentar ou propor a entrega em favor de terceiro);

(d) **obter** (buscar de forma proativa, ainda que lícita, a incorporação de bens a seu patrimônio ou ao menos a disponibilidade sobre os mesmos);

- (e) **guardar** (exercer a custódia e a vigilância por prazo indeterminado);

- (f) **manter em depósito** (armazenar bens móveis de forma transitória com a finalidade de utilização futura na prática delitiva);

- (g) **solicitar** (propor a terceiro a entrega de bens ao proponente, ou a pessoa por este indicada);

- (h) **investir** (submeter bens a atividades de capitalização, em especial por meio de instrumentos financeiros).

Ainda que essas condutas venham a ser praticadas por meio de ações aparentemente lícitas, em especial por intermédio de pessoas jurídicas, é importante frisar que a finalidade efetiva por trás de tais ações deve ser sempre o financiamento de atos terroristas.

Tais condutas, como se vê, são incriminadas a fim de se tutelar a confiança e o regular funcionamento do sistema financeiro, buscando proteger os investidores comuns diante da possibilidade de seus ativos lícitos se imiscuirem com ativos que, ainda que eventualmente lícitos na origem, não o sejam quanto à sua destinação final.

Por sua vez, o parágrafo único se diferencia de modo crucial da figura prevista no *caput* na medida em que aqui o financiador não participa do planejamento, preparação ou execução dos atos terroristas, mas tão somente assegura as condições materiais para que terceiros os pratiquem. Daí a ideia de se ter aqui um **heterofinanciamento** do terrorismo, feito por terceiro que sem assumir a condição de agente quanto aos atos de terrorismo presta auxílio material a quem os pratica, ainda que sem dispor do próprio patrimônio para tal finalidade.

Dessa forma o que se tem aqui por parte do legislador é a criação de nova exceção à teoria monista do concurso de pessoas, adotada pelo art. 29 do Código Penal, para que se possa punir de forma autônoma o agente que não pratica diretamente a execução de atos terroristas, limitando-se a fornecer subsídios financeiros para a prática dos delitos previstos na Lei 13.260/2016.

Em regra as condutas do parágrafo único caracterizariam auxilio, isto é, a participação material na conduta principal do terrorista, mas o legislador optou pela sua incriminação autônoma – a qual se afigura mais rigorosa até mesmo em comparação com as penas do art. 2º da Lei 13.260/16, a título de exemplo. Esse maior rigor se justifica, ao menos em tese, diante do perigo que as práticas de financiamento indireto ao terrorismo podem trazer para a integridade do sistema financeiro.

Ao analisarmos as modalidades de condutas previstas no parágrafo único para os verbos **receber, prover, oferecer, obter, guardar, manter em depósito, solicitar** e **investir,** valem as mesmas considerações feitas anteriormente para a interpretação do *caput* do art. 6º. A distinção mais importante reside na conduta **contribuir de qualquer modo**, uma vez que a teoria da equivalência das condições prevista no art. 13, *caput*, do Código Penal torna possível cogitar uma extensão demasiado ampla da incriminação em tela, de modo a atingir um grande número de pessoas dentro de uma determinada estrutura empresarial usualmente lícita no tocante à administração de recursos financeiros de terceiros (uma instituição bancária ou uma corretora de valores mobiliários, por exemplo).

Prosseguindo esse raciocínio, a incriminação do financiamento indireto deve ser afastada diante de condutas de caráter neutro, que são praticadas pelo agente sem qualquer vinculação subjetiva com o resultado previsto no parágrafo único (financiamento total ou parcial de atividades terroristas desenvolvidas por terceiros) e que encontram fungibilidade dentro de estruturas empresariais.

No âmbito de uma instituição financeira, por exemplo, é possível imaginar que se estão presentes, ainda que aparentemente, as condições definidas pela regulação financeira vigente para que um determinado valor seja submetido a atividades de capitalização pouco importa se a contratação de serviços dessa natureza é validada pelo funcionário A ou B, considerando que dentro da estrutura empresarial ambos tenham iguais atribuições para validar a aplicação de recursos de terceiros nos investimentos administrados pela instituição.

Para limitar de forma ainda mais rígida a indevida expansão da causalidade diante de ações neutras no âmbito do setor financeiro o dispositivo estipula um especial fim de agir por parte do autor, na medida em que sua conduta deve ser praticada "com a finalidade de financiar, total ou parcialmente, pessoa, grupo de pessoas, associação, entidade, organização criminosa que tenha como atividade principal ou secundária, mesmo em caráter eventual, a prática dos crimes previstos nesta Lei".

Portanto, uma conduta que contribua de qualquer modo para a obtenção de ativo, bem ou recurso financeiro sem que a finalidade específica esteja previamente caracterizada deverá ser tida como neutra e, portanto, atípica em relação ao parágrafo único. Na mesma esteira sequer há de se cogitar a incriminação das condutas previstas no parágrafo único a título de dolo eventual, uma vez que a previsão do especial fim de agir torna imperativa a presença (e a prova) do dolo direto.

261

4. CONSIDERAÇÕES FINAIS

Observa-se que em relação ao art. 6º da Lei 13.260/16 o legislador levou em conta a necessidade de se tutelar, ainda que indiretamente, o regular funcionamento das atividades econômicas e financeiras diante das consequências negativas decorrentes do uso indevido de estruturas empresariais por pessoas físicas e organizações envolvidas em atividades terroristas. Com a Lei 13.260/16 há uma nítida intenção de se reforçar os mecanismos tradicionais de intervenção penal em desfavor do fluxo ilícito de capitais, tais como as Leis 7.492/86 e 9.613/98.

Dessa forma é de se considerar que a tutela da criminalidade econômica não pode mais ignorar o impacto negativo que as atividades terroristas podem trazer para a economia, uma vez que além dos danos que atos de terrorismo podem trazer a atividades produtivas é certo que as facilidades trazidas pela globalização econômica em relação ao fluxo internacional de capitais podem ser deturpadas de modo a reforçar o poder econômico de organizações terroristas, e com isso potencializar a lesividade de suas ações.

De toda sorte, só o futuro dirá se essa relação entre criminalidade econômica e terrorismo irá repercutir de modo consistente no processo de estruturação do Direito Penal Econômico brasileiro ou se a iniciativa da Lei 13.260/16 restará isolada.

5. BIBLIOGRAFIA

ARAUJO JUNIOR, João Marcello. *O Direito Penal Econômico*. In Revista Brasileira de Ciências Criminais, ano 7, n. 25, p. 146, jan/março de 1999.

BAJO FERNÁNDEZ, Miguel. *Derecho Penal Económico*. Madrid: Civitas, 1978.

_____ e BACIGALUPO, Silvina. *Derecho Penal Econômico*. Madrid: Editorial Centro de Estudios Ramón Areas S.A. 2001.

BARATTA, Alessandro. *Integración e prevención: uma nueva fundamentación de la pena dentro de la teoria sistêmica*. In Cuadernos de Política Criminal. n. 24. 1984.

BECKER, H. S. *Outsiders. Studies in the Sociology Deviance*. New York: Free Press of Glencoe. 1963.

ERICKSON, K.T. *Notes on the Sociology of Deviance*. In Social Problems. n.9. 1962.

FERNÁNDEZ ALBOR, Austin e MARTÍNEZ PÉREZ. *Delincuencia y Economia*, Carlos, publicada pela Universidade de Santiago de Compostela (Espanha), 1983.

GARCÍA PABLOS DE MOLINA, Antonio. *Tratado de Criminologia: Introdución – modelos teóricos explicativos de la criminalidad; prevención del delito; sistemas de respuesta al crimen*. 2ª ed. Valencia: Tirant lo Blanch. 1999.

GOMES, Luiz Flávio (org.). *Constituição Federal. Código Penal. Código de Processo Penal*. 6ª ed. São Paulo: RT. 2004.

HASSEMER, Winfired. *Perspectivas de uma moderna política criminal.* In Revista Brasileira de Ciências Criminais, nº 8, out/dez, 1994.

JALIL, Mauricio Schaun. *Criminalidade econômica e as novas perspectivas de repressão penal.* São Paulo: Quartier Latin, 2009.

REALE JR., Miguel. *Despenalização no direito penal econômico: uma terceira via entre o crime e a infração administrativa?* In Revista Brasileira de Ciência Criminais. São Paulo. ano 7. nº 8, out/dez de 1999.

RÜTTER, W. *La ciminalidad – el delicuente através de las definiciones sociales – o etiquetamiento.* In Cuadernos de Política Criminal. n. 8. 1979.

TIEDMANN. Klaus. *Lecciones de Derecho Penal Económico.* Barcelona: PPU, 1993.

11

A TORTURA DO TERRORISTA COMO EXPRESSÃO DE UMA CRÍTICA À METODOLOGIA DA PONDERAÇÃO

ORLANDO FACCINI NETO[1]

SUMÁRIO • 1. Introdução – 2. A estrutura da ponderação – 3. Ponderando a possibilidade de torturar – 4. Dimensão axiológica dos princípios – 5. Dignidade – 6. Legítima defesa – 7. Estado de necessidade – 8. Desculpa – 9. Conclusão – 10. Referências.

1. INTRODUÇÃO

Em situações extremas, mormente aquelas relacionadas com o terrorismo, haveria idoneidade em praticar-se a tortura para o efeito de prevenirem-se danos relevantes a terceiros?

Tal discussão não é despicienda, diante da evolução normativa de alguns sistemas jurídicos, e, não obstante, a sua realização se tem feito pela metade. É que, entre aqueles que aludem à impossibilidade de torturar, poucos são os que completam a análise, no sentido de examinar se as causas de justificação ou de exclusão da culpabilidade, quando se tortura alguém, far-se-iam cogitáveis.

---

1. Doutor em Ciências Jurídico-Criminais, pela Universidade de Lisboa – Portugal. Mestre em Direito Público pela UNISINOS – Universidade do Vale do Rio dos Sinos – RS. Especialista em Direito Constitucional pela ULBRA – Universidade Luterana do Brasil. Professor de Direito Constitucional, Direito Penal e Processo Penal. Leciona na Escola Superior da Magistratura/RS. Professor do Curso de Pós Graduação no IDC – Porto Alegre. Representante da AMB – Associação dos Magistrados Brasileiros – junto à ENCCLA – Estratégia Nacional de Combate à Corrupção e à Lavagem de Dinheiro. Delegado Brasileiro em Direito Penal junto à UIM – União Internacional dos Magistrados – nos Encontros da Cidade do México (2016), Barcelona (2015) e Foz do Iguaçu (2014). Autor dos livros: (i) Elementos de Uma Teoria da Decisão Judicial – Constituição, Hermenêutica e Respostas Corretas em Direito e (ii) O Bem Jurídico Penal: duas visões sobre a legitimação do Direito Penal a partir da teoria do bem jurídico. Organizador e coautor do livro: Temas Criminais: a Ciência do Direito Penal em Discussão. Juiz de Direito no Estado do Rio Grande do Sul. Durante o ano de 2016 atuou junto ao Gabinete do Ministro Felix Fischer, no Superior Tribunal de Justiça, em Brasília – DF.

Nossa pretensão, portanto, é trazer a questão constitucional que encerra a tortura para o âmbito da dogmática penal, porque, sem isso, a mera recusa de admissibilidade do comportamento infame não ultrapassará as raias da retórica.

Antes, contudo, a partir da radicalidade da tortura, intentaremos demonstrar as falhas e vicissitudes de uma metodologia jurídica calcada na ponderação.

2. A ESTRUTURA DA PONDERAÇÃO

A ascendência normativa dos *princípios* é um dos traços notáveis do Direito na atualidade; e isso se afirma não obstante o fato de que a doutrina penal, particularmente, ainda faz-se infensa a um desenvolvimento principiológico mais profícuo[2].

Num passado olvidado, decerto seria pertinente parafrasear WELZEL, no sentido de que o Direito Penal afigurar-se-ia como uma porta de ingresso à filosofia, o que deveria ensejar algum estímulo, na doutrina, para uma fundamentação filosófica dos conceitos penais básicos[3]. A atualidade *eficientista* renegou o alvitre. E é bom dizer, de todo modo, que a conteudística dos *princípios* não está submetida a algo como uma vocação subjetiva do intérprete. Aqui, ao contrário de um *ready made* artístico, a inserção formal parece insuficiente ao atendimento de uma ordem jurídica fundamentada em princípios. Move-a uma ideia de *valor*[4].

ALEXY, é certo, pretendeu encetar essa aproximação, ao acentuar a íntima relação que se pode estabelecer entre a teoria dos princípios e a teoria dos valores[5]. Fê-lo acatando – e atenuando – a distinção de VON WRIGHT, entre os conceitos *deontológicos*, redutíveis à ideia de *dever*, e os conceitos *axiológicos*, ligados ao que seria *bom*[6], em ordem a assentar que aquilo que, no modelo de valores, é *prima facie,* ou melhor, no modelo de princípios é,

---

2. O que não deixa de facilitar seja tido como técnica, e mera técnica de subsunção. Neste sentido, Cf. SCHÖNE, Wolfgang. *Técnica jurídica en materia penal*. Buenos Aires: Abeledo-Perrot, 1999, p. 31-50.
3. WELZEL, Hans. *Vom Bleibenden und vom Vergänglicher in der Strafrechtswissenschaft*. Marburg: N.G. Elwert Verlag, 1964, p. 27-30.
4. Que, aliás, apresenta-se nos dois grande momentos da dinâmica jurídica, segundo GUILLERMO PORTELA, ou seja, na criação e na aplicação do Direito. GUILLERMO PORTELA, Jorge. *Una introducción a los valores jurídicos*. Buenos Aires: Rubinzal-Culzoni Editores, 2008, p. 14.
5. ALEXY, Robert. *Theorie der Grundrechte*. Frankfurt am Main: Suhrkamp, 1996, p. 125-134.
6. VON WRIGHT, Georg Henrik. *La diversidad de lo bueno*. Tradução de Daniel González Lagier e Victoria Roca. Madrid: Marcial Pons, 2010, p. 30-2.

prima facie, o devido. Como, portanto, residiria no caráter axiológico dos valores, e no caráter deontológico dos princípios, a diferença entre eles tida como relevante, no Direito far-se-ia mais adequada a adoção de um modelo de princípios, até porque os direitos fundamentais apenas poderiam desenvolver-se a pleno vigor se garantidos por meio de normas do direito positivo[7], como o são os princípios.

Isso posto, entretanto, ALEXY cede passo às críticas formuladas contra uma potencial objetividade dos valores[8], livrando, como diz, a sua abordagem, de suposições ontológicas e epistemológicas questionáveis. Disso resultará o seu ponto de vista, calcado em que apenas a *ponderação* é que permitiria apontar a preponderância, em dado caso, de determinado princípio, ou, o que seria nesta perspectiva dizer o mesmo, de determinado valor[9].

Apontemos um exemplo, a partir do enfrentamento que ALEXY faz daquilo que denomina como objeções dogmáticas[10]. Nesta parte, o autor assevera que a liberdade jurídica consiste na faculdade de fazer e deixar de fazer aquilo que se deseja, e que essa mesma liberdade é restringida por normas proibitivas ou mandatórias. Assim, como parece curial, quanto mais se ordena ou proíbe, tanto menor será a liberdade jurídica, cuja realização máxima, em sua perspectiva, é uma situação em que tudo é juridicamente permitido – o que, claro, não seria desejável, conforme expõe ALEXY. Como, destarte, ALEXY expunge do conceito de valor uma espécie de *hierarquia*, acaba por cobrar, para a generalidade dos casos, a necessidade de sopesamento.

Isto leva a um equívoco comum, como o de BÖSE[11], que alude estarem as normas penais incriminadoras sempre sob o crivo de uma espécie de concordância prática, tendente à verificação de sua adequação constitucional. Sob a premissa de que o Direito Penal consiste na forma mais intensa de limitação da liberdade dos indivíduos, BÖSE extrai uma falsa conclusão, que é a de que todo tipo penal, toda norma incriminadora, supõe uma ingerência na liberdade de seu destinatário, no sentido de comportar-se de

---

7. ALEXY, Robert. *Teoría del discurso y Derechos humanos*. Tradução de Luis Villar Borda. Bogotá: Universidad Externado de Colombia, 2009, p. 93-6.
8. ALEXY, *Theorie*..., p. 135-7.
9. Sobre questões gerais dessa concepção de Alexy, Cf. HECK, Luís Afonso. *O conceito de Direito ampliado*. Prefácio. In: A norma de direito fundamental associada. Direito, moral, política e razão em Robert Alexy. Roberto José Ludwig (Autor). Porto Alegre: Sérgio Antonio Fabris Editor, 2014, p. 18-23.
10. ALEXY, *Theorie*..., p. 154-6.
11. BÖSE, Martin. *Derechos fundamentales y derecho penal como 'derecho coactivo'*. In: La Teoria del bien juridico: fundamento de legitimación del Derecho penal o juego de abalorios dogmático?. Roland Hefendehl (ed.). Madrid: Marcial Pons, 2007, p. 137-8.

outra maneira, como se fosse concebível que, digamos sem mais, a incriminação do homicídio representasse uma limitação à uma suposta liberdade precedente, que englobasse em si a *possibilidade de matar*. A incriminação do estupro seria, indagamos, a imposição de cerceio a uma liberdade fundamental de violar sexualmente um semelhante?

Parafraseando DWORKIN, um governo legítimo não compromete a liberdade quando age para proteger alguns cidadãos da violência de outros[12].

Isto, aliás, é possível dizer, a partir da compreensão da liberdade como um conceito interpretativo, cujo sentido somente é melhor entendido quando o associamos ao valor mais profundo da *dignidade*. Essa chave nos abrirá portas mais à frente, e, por agora, basta-nos concordar com DWORKIN, quando acentua que: *"government does not compromise its citzen's dignity when it forbids them to kill one another"*; pelo contrário, a dignidade de uma pessoa enquanto cidadã exige que o governo a proteja deste modo[13].

Sem contar que, e partamos da primeira asserção de ALEXY, sobre estarem ambos, princípios e valores, sujeitos à ideia de ponderação[14], que fica sempre por responder quem, e como, haverá de realizá-la.

Não é por outro motivo que autores há sustentando que, de tal perspectiva, exsurge claro o elemento *discricionário* no ato de julgar, porquanto os princípios funcionariam como cláusulas de abertura para o julgador, no momento da decisão[15].

Isto é, os problemas da ponderação se caracterizam essencialmente pela razão de que não existem critérios definidos para a sua realização, o que a limita, no âmbito da decisão, a aspectos cognitivos, como os de consistência lógica e correção empírica; a decisão se deixa, no fim, ao juízo do ponderador[16]. Numa palavra, todavia, e consoante RESWEBER, o sujeito dos valores não é o do solipsismo[17].

---

12. DWORKIN, Ronald. *Justice for Hedgehogs*. Cambridge-London: The Belknap Press of Harvard University Press, 2011, p. 345.
13. DWORKIN, *Justice*..., p. 367.
14. ALEXY, *Theorie*..., p. 125.
15. OLIVEIRA, Rafael Tomaz de. *Decisão Judicial e o Conceito de Princípio: a hermenêutica e a (in)determinação do Direito*. Porto Alegre: Livraria do Advogado, 2008, p. 91.
16. SIECKMANN, Jan-R. *Probleme der Prinzipientheorie der Grundrechte*. In: Grundrechte, Prinzipien und Argumentation: Studien zur Rechtstheorie Robert Alexys. Jan Sieckmann und Laura Clérico (org.). Baden-Baden: Nomos, 2009, p. 55-66.
17. RESWEBER, Jean-Paul. *A filosofia dos valores*. Tradução de Marina Ramos Themudo. Lisboa: Almedina, 2002, p. 37.

Cap. 11 • A TORTURA DO TERRORISTA COMO EXPRESSÃO DE UMA CRÍTICA À METODOLOGIA DA PONDERAÇÃO

Devemos sublinhar que na raiz dessa incondicionalidade ponderativa situa-se a percepção *relativista*, e induvidosamente uma exaltação sem freios da liberdade, de maneira a lançar numa situação de conflito, a ser resolvido pela ponderação, toda espécie de limite de que se venha cogitar[18].

Estaríamos, contudo, desde logo afinados à ideia de CASTANHEIRA NEVES, quando atribui ao Direito, e diríamos nós aqui ao Direito Penal, o papel de assegurar a cada um de nós a possibilidade de realizar a sua vida sem correr o risco de ser sacrificado ao arbítrio ou à prepotência de terceiros, sendo certo que se consegue este resultado limitando a ação "dos outros nos mesmos termos em que limita a ação de cada um de nós"; e é justamente por se tratar de uma limitação universal do que seria a liberdade natural de cada um, que acaba por, o Direito, a garantir a liberdade de todos, no sentido de uma "liberdade de cada um que possa conciliar-se com a liberdade de todos"[19].

Ao tratar dessa questão, assinala DWORKIN que se fosse assim correto este entendimento sobre a liberdade, tornar-se-ia evidente que *a liberdade do lobo é a morte do cordeiro*. Uma liberdade assim compreendida entrará em conflito inevitável com outros compromissos, inclusive aqueles de caráter minimamente igualitário (*including even minimal egalitarian ones*)[20].

Assim entendida, a liberdade não inclui a liberdade de se apropriar dos recursos alheios e nem de prejudicar alguém com métodos indevidos; menos ainda potencializar-se-ia uma possibilidade primitiva de matar, a cuja limitação pelo Direito ligar-se-ia uma convocação da ponderação, de fins meramente retóricos.

Se o modo de compreensão da liberdade é tal que, sigamos o exemplo de DWORKIN, ao me ser vedada a pretensão de assassinar os meus críticos, esteja-se a aludir, nessa vedação, a um comprometimento de minha liberdade, então essa compreensão diz muito pouco, pois parece inequívoco que um tal desiderato deve ser contido. Buscar na ponderação a razão argumentativa para uma tal vedação pressupõe que se esteja a dizer que a liberdade do assassino foi violada[21].

---

18. NEVES identifica uma "'compulsão ponderadora'", a qual "faz parte de um lugar comum na nova paisagem constitucional brasileira". Para este autor, uma "ponderação sem limites" tem efeitos devastadores para a relação de autonomia e condicionamento recíproco entre política e Direito no Estado constitucional. Cf. NEVES, Marcelo. *Entre Hidra e Hércules: princípios e regras constitucionais*. São Paulo: Martins Fontes, 2014, p. 194.
19. CASTANHEIRA NEVES, António. *Lições de introdução ao estudo do Direito*. Proferidas ao curso do 1º ano jurídico de 1968-69. Coimbra: policopiado, 1968-69, p. 253.
20. DWORKIN, Ronald. *Justice in Robes*. Cambridge-London: Harvard University Press, 2006, p. 112.
21. DWORKIN, *Justice*..., p. 115.

269

Vem na mesma linha o exemplo de COUTINHO, consistente na asserção de que, ao se aludir à atividade de pintar um quadro, como expressão da liberdade artística, não se a pode inserir numa potencialidade de ponderação, quando, e se, um determinado indivíduo a pretenda empreender, ou seja, pintar um quadro, utilizando-se para tal desiderato de sangue humano. Se uma perspectiva, tal qual a de Böse, para este efeito fosse considerada, muito provavelmente estaríamos em estimar que a liberdade artística surge num vácuo de contração valorativa e, portanto, para a sua restrição diante da ignóbil possibilidade de se a exercer com o material sanguíneo, haveríamos de realizar procedimento de sopesamento ou ponderação. Ora, como diz COUTINHO, o "participante moral que se representa na ´igualdade fundamental de todos na humanidade comum´ não é versado em semelhantes ´racionalidades´", e, deste modo, há de se ter claro que à norma que propende à proteção da liberdade de criação artística "liminarmente não correspondem significados permissivos (por exemplo, é admitido pintar um quadro com sangue humano) que quebrem o reconhecimento de todos como fundamentalmente iguais que o Direito enquanto Direito exprime"[22].

Por isso que ÁVILA, ao discutir o paradigma da ponderação, acentua que não pode ser aceito como critério geral de aplicação do ordenamento jurídico, porque leva, inexoravelmente, a um "antiescalonamento" da ordem jurídica, na medida em que os vários níveis de concretização normativa, a rigor relacionados numa complexa rede de relações hierárquicas e cada qual exercendo uma função específica, cedem lugar a um só nível, onde estariam previstas as normas que irão orientar a decisão. Assim, se aceita a tese de que os princípios constitucionais devem ser ponderados sempre que puderem servir de fundamento para uma tomada de decisão, e feita a constatação banal de que dada a sua abrangência eles sempre poderiam cumprir esse desiderato, perder-se-ia, consequentemente, parte substancial da normatividade do Direito, porquanto os princípios acabarão por ter o seu peso atribuído pelo intérprete, e este poderia, ao final da ponderação, culminar por atribuir a determinado princípio peso igual a nada[23].

3. PONDERANDO A POSSIBILIDADE DE TORTURAR

Tracemos um quadro.

---

22. COUTINHO, Luís Pedro Pereira. *Autoridade moral da Constituição: da fundamentação da validade do Direito Constitucional*. Coimbra: Coimbra Editora, 2009, p. 705.
23. ÁVILA, Humberto. *"Neoconstitucionalismo": entre a "Ciência do Direito e o "Direito da Ciência"*. In: Revista Eletrônica de Direito do Estado, n. 17. Salvador: Instituto Brasileiro de Direito Público, 2009, p. 07-12. Disponível em www.direitodoestado.com.br/rede.asp. Acesso em 05 de Junho de 2016.

Cap. 11 • A TORTURA DO TERRORISTA COMO EXPRESSÃO DE UMA CRÍTICA À METODOLOGIA DA PONDERAÇÃO

Ainda que com modos diversos, (i) a Constituição Brasileira, em seu artigo 1º, III, dispõe que é um dos fundamentos da República brasileira a dignidade da pessoa humana, (ii) a Constituição Portuguesa, em seu artigo 1º, alude estar a República baseada na pessoa humana e (iii) a Constituição Alemã, igualmente em seu primeiro artigo, assevera que a dignidade das pessoas é inviolável – (*die Würde des Menschen ist unantastbar*).

Cada uma dessas ordens constitucionais pormenoriza algumas das expressões por que se dará cobertura a esses preceitos, de modo que, (i) no Brasil, o artigo 5º, inciso XLIII da Constituição prevê que a lei considerará a tortura crime inafiançável e insuscetível de graça ou anistia, (ii) em Portugal, o artigo 25, n. 2, da Constituição determina que ninguém pode ser submetido a tortura e (iii) na Alemanha, o artigo 104, n. 1, da Constituição prevê que a vedação de maus tratos em desfavor de quem esteja sob a tutela do Estado – (*Festgehaltene personen dürfen weden seelisch noch körperlich misshandelt werden*).

E se, entrementes, um terrorista tem em seu poder reféns, e os ameaça explodir com uma bomba programada; apanhado que fosse, que solução daríamos acaso fosse torturado para dizer onde esconde o artefato criminoso?

O conhecido caso *Daschner* pode ajudar a elucidarmos a hipótese, ainda que aluda a outro tipo de situação: o diretor adjunto da polícia de Frankfurt, nomeadamente Wolfgang Daschner, ameaçou de submeter à tortura o sequestrador de uma criança, com o escopo de que fosse revelado seu paradeiro[24].

Vamos supor que, para o efeito de realizar atos de tortura, tivesse Daschner, ou um policial como ele, postulado algo como uma autorização judicial. Perguntaríamos: em que implicaria uma orientação para *ponderar*?

A posição de LUHMANN, a este respeito, não interessaria – e seja dito tratar-se de alvitre anterior ao caso real brevemente apontado -, pois, quando assinala a inexistência de normas irrenunciáveis, admitindo a tortura, discrepa da evidência textual das disposições constitucionais que apontamos, e não o faz, bem se diga, aludindo a qualquer tipo de ponderação[25].

Numa palavra, assim, a desconsideração ao que estatuído constitucionalmente seria total e sequer remanesceria um conteúdo mínimo que, de

---

24. Ao fim, Daschner foi condenado a uma pena pecuniária de cerca de dez mil e oitocentos euros e a criança, ao ser encontrada, já estava morta. Para um relato do caso, Cf. WAGENLÄNDER, Georg. *Zur strafrechtlichen Beurteilung der Rettungsfolter*. Berlin: Duncker & Humblot, 2006, p. 19-24.
25. LUHMANN, Niklas. *Gibt es in unserer Gesellschaft noch unverzichtbare Normen?* In: Heidelberger Universitätsreden IV. Heildeberg: C.F. Müller, 1993, p. 1-25, *passim*.

alguma maneira, a ponderação pretendesse referir ao âmbito do princípio. Mas a ponderação, não obstante, num caso desses, se alcançasse a possibilidade da realização da tortura, em verdade não produziria o mesmo efeito?

GRECO considera que em uma argumentação moral ou jurídica, inexistem aspectos que só valem excepcionalmente. Segundo diz, todo aspecto relevante, isto é, todo aspecto ao qual se atribui relevância moral diante de algum problema, conserva essa relevância frente a qualquer outro problema equivalente. Dito com outras palavras, na argumentação moral e jurídica, não existem exceções, entendidas estas como aspectos que somente têm relevância setorial ou *ad hoc*[26].

Para que a legitimidade do Estado se converta em algo mais do que uma simples afirmação, conforme expõe GRECO, deve-se levar realmente a sério aqueles em cujo nome pretende falar. Isto não significa apenas que o Estado deve ter consideração por aquilo que os cidadãos querem, mas, ainda mais fundamentalmente, que o Estado tem de levar a sério o fato de que os cidadãos são capazes de querer, de que são seres capazes de vontade. O título de legitimidade estatal pressupõe que existam seres humanos que tenham uma vontade, de modo que o Estado que se valha deste título se vê vinculado a respeitar esse primeiro dado básico. Uma representação que desconhece por completo o representado, porque este sequer é tido como portador de uma vontade, não é uma verdadeira representação[27].

Assim, para GRECO, a inadmissibilidade da tortura derivaria do fato de que nega que o ser humano tenha uma vontade[28], o que é pressuposto de qualquer exercício de poder legítimo, por isso que o ponto de vista fundado numa relação de custos, em que se daria solução favorável à tortura nos casos de bombas relógio, redunda numa aceitação implícita de uma regra pela qual a dignidade é algo que apenas se tem de respeitar na medida em que os custos desse respeito não ultrapassem um determinado limite. Assim, todavia, não se reconheceria qualquer núcleo da personalidade absolutamente protegido contra intervenções de terceiros[29] [30].

---

26. GRECO, Luís. *As regras por trás da exceção: reflexões sobre a tortura nos chamados "casos de bomba-relógio"*. In: Revista Jurídica, n. 23, Temática n. 07. Curitiba: Unicuritiba, p. 243-4.
27. GRECO, *As regras...*, p. 248.
28. Por isso que não serão os argumentos contingentes os mais adequados para a refutação da tortura. Na síntese de GRECO: "o mal da tortura não está em que ela não descubra a verdade ou que ela seja incontrolável, e sim na negação do torturado como ser dotado de vontade". GRECO, Luís. *Conveniência e respeito: sobre o hipotético e o categórico na fundamentação do Direito Penal*. In: Revista Brasileira de Ciência Criminais, Março-Abri de 2012, volume 95. São Paulo: Revista dos Tribunais, 2012, p. 70.
29. GRECO, *As regras...*, p. 245.
30. No essencial, concordamos com Greco. O problema é que lhe falta dar resposta aos casos em que a tortura é realizada, e assim se desmonta a bomba ou salva-se a criança sequestrada, à luz da

Quando, pois, entrega-se à ponderação o modo de aplicação dos princípios, fica por dizer em que medida algo afigurar-se-ia insuscetível de ponderar. Se, porém, a normatividade dos princípios não se confunde com uma potencial linearidade entre eles, ou seja, admitida que seja uma hierarquia fundada axiologicamente, não se está a tratar de ponderar; como, igualmente, não se está a cogitar de uma postura relativista, que, no limite, sob o escopo de garantir uma maior eficácia dos princípios, incide no risco de nulificá-los em determinadas circunstâncias.

Como diz COUTINHO, ao tratar da participação dos juízes na concretização da normatividade constitucional, e dando como certo que os homens se representam na imprescritível dignidade de todos, o bem correspondente a essa norma, no exemplo dado de isenção de coação física ou psicológica com vistas à obtenção de informações, não pode ser comprometido "em nenhuma circunstância", não sendo admissível que se lhe sobreponha o bem correspondente a outra norma. Estar-se-ia perante um "absoluto insusceptível de relativização", que constitui critério normativo já formado, que o juiz se limita a aplicar incondicionalmente[31][32].

Noutras palavras, a verdade é que a representação dos princípios como comandos de otimização "pode induzir-nos em erro e conduzir-nos aos mais graves resultados", e a razão é que, se pensarmos na norma que assevera ser proibida a tortura, e a adscrevermos à norma que garante a intangibilidade da vida, fixando-lhes uma relação conflitual em certos casos, no fim "somos muito bem capazes de acabar a admitir a tortura", sem nos darmos conta, entretanto, de que não perguntamos, à partida, se é pensável que uma norma em cujos termos é admitida a tortura possa ser considerada uma norma jurídica[33].

Quando abordou a temática concernente aos *valores* no Direito, elegeu ATIENZA, efetivamente, como campo de análise, as normas penais, e o fez para dizer que os princípios supõem a assunção de valores que se consideram como razões categóricas frente a quaisquer interesses; por isso que as normas que compõem o ordenamento jurídico não estão restringidas a um aspecto

---

dogmática penal e das causas de exclusão da ilicitude e da culpa. Disso procuraremos dar conta adiante.

31. COUTINHO, Luís Pedro Pereira. *Autoridade moral da Constituição: da fundamentação da validade do Direito Constitucional*. Coimbra: Coimbra Editora, 2009, p. 626-7.
32. No sentido da vedação à tortura assinalar-se como um absoluto jurídico, igualmente, Cf. WALDRON, Jeremy. *Torture, Terror, and Trade-Offs. Philosophy for the White House*. Oxford: Oxford University Press, 2010, p. 232.
33. COUTINHO, *Autoridade moral*..., p. 702.

puramente diretivo, senão também valorativo[34]. ATIENZA assinala que há algo como uma prioridade do aspecto axiológico, frente ao diretivo, e isto faria sentido na medida em que dizemos que não se deve matar porque a vida é um valor, porém "no que la vida es un valor porque no se debe matar"[35]. Como quer que seja, contudo, alçados à potencialidade da ponderação, e como vimos no exemplo brevemente trazido, correm, os princípios, o risco de fenecerem.

Do que precisamos, pois, é conferir aos princípios uma outra abordagem. E isto nos leva a outro tipo de argumento.

4. DIMENSÃO AXIOLÓGICA DOS PRINCÍPIOS

Para superar essas dificuldades talvez seja, finalmente, necessário tratar da *independência* do valor[36].

E apenas podemos fazê-lo porque temos como inequívoca a necessidade de superação do dogma positivista que alheava, do Direito, a moral. Poderíamos dizer, com MARTÍNEZ, que o que se considera Direito não poderá ser *torto* ou disforme; e dificilmente se entenderá que o justo possa ser mau, oposto ao bem. Semelhante desajustamento, em suas palavras, somente encontra lugar próprio na separação positivista entre a moral e o Direito[37]. Por isso que KAUFMANN aduz que a validade material do Direito não pode residir, em último termo, exclusivamente na vontade do legislador, o que equivale a dizer que, sob uma premissa majoritária configurar-se-ia a potencialidade de o *injusto* afigurar-se como Direito vinculante e isto, em suas palavras, não se há de conceber depois que o positivismo perdeu a sua inocência[38].

Tanto como DWORKIN, então, acreditamos na existência de verdades objetivas sobre o valor[39].

Seja dito, porém, que a asserção não se confunde com a *captação* do valor. Estamos, com efeito, num plano da ontologia e não gnosiológico[40],

---

34. ATIENZA, Manuel; MANERO, Juan Ruiz. *Las piezas del Derecho.* Barcelona: Ariel, 2007, p. 145.
35. ATIENZA; MANERO, *Las piezas...*, p. 158.
36. Ao assinalar a independência metafísica do valor, não deixa DWORKIN de referir tratar-se da ideia mais radical que defende. Cf. DWORKIN, *Justice...*, p. 09. Amplamente, sobre isto e os demais aspectos dessa derradeira obra de Dworkin, Cf. GUEST, Stephen. *Ronald Dworkin*. Stanford: Stanford University Press, 2013, p. 159-181.
37. MARTÍNEZ, Pedro Soares. *Axiologia global do Direito*. In: Estudos em homenagem ao Professor Doutor Inocêncio Galvão Telles. Volume I – Direito Privado e Vária. Coimbra: Almedina, 2002, p. 789.
38. KAUFMANN, Arthur. *Derecho, Moral e Historicidad*. Tradução de Emilio Eiranova Encinas. Madrid: Marcial Pons, 2000, p. 60.
39. DWORKIN, *Justice...*, p. 07.
40. KAUFMANN, *Derecho, Moral...*, p. 76.

em que, não olvidamos, sugere-se que é de algum modo emocional ou intuitiva a relação que estabelecemos com os valores[41].

Segundo expõem MORENTE e BERGOECHEA, a não ser que nos lançássemos num ponto de *indiferença*, não se cogitam de coisas ou situações para as quais não adotemos uma posição de preferência, um juízo positivo ou negativo; esse juízo não retira ou acrescenta nada àquilo que designam como essência da coisa, de forma que, concluem, os valores não são elementos da coisa, não se afiguram um seu componente, mas antes consistem nas impressões que temos em relação a algo[42].

Sem dúvida no pensamento de SCHELER encontra-se a elaboração de um sistema próprio dos valores materiais, os quais se constituiriam no elemento fundamental das experiências emocionais humanas; deste modo, a experiência fenomenológica permitir-nos-ia captar o valor mesmo de maneira imediata e intuitiva, em ordem a proporcionar a asserção de um *a priori*, do valor, em relação ao caráter imediato da consciência[43]. Esse *a priori*, para mais, aludiria também a uma relação hierárquica entre os valores, por isso que alguns seriam superiores a outros[44].

Assim, embora aquilo que fosse portador do valor (*Träger*) esteja na suscetibilidade de mudanças, o valor não haveria de sofrer mudança alguma. De maneira que não seria o caso de falar-se em uma mutabilidade dos valores[45], não obstante nos defrontemos com mudanças efetivas do *ethos*, no sentido da disposição dos valores morais dentro do conteúdo da vida emocional da pessoa[46]. E é precisamente esta a razão por que, em virtude da conexão dos valores morais na experiência, com a estrutura hierárquica

---

41. GUILLERMO PORTELA, *Una introducción...*, p. 36. Estivéssemos apenas a cuidar da *estética*, ficaria simplificada a alusão de que captamos a beleza por via emocional, ou de que o mundo da arte é precisamente uma das zonas que mais se furtam a uma apreensão de tipo racional; sendo o domínio dos valores estéticos, mais interessam nele a sensibilidade e a identificação emotiva do que a correta aplicação dos princípios lógicos. A este respeito, Cf. FRONDIZI, Risieri. *Que són los valores? Introducción a la axiologia*. México-Buenos Aires: Fondo de Cultura Económica, 1958, p. 13; SOVERAL, Eduardo Abranches de. *Sobre os valores e pressupostos da vida política contemporânea e outros ensaios*. Lisboa: Imprensa Nacional Casa da Moeda, 2005, p. 230.
42. MORENTE, Manuel Garcia; BENGOECHEA, Juan Zaragüeta. *Fundamentos de filosofía e historia de los sistemas filosóficos*. Madrid: Espasa-Calpe, S.A, 1967, p. 268-9.
43. SCHELER, Max. *Der Formalismus in der Ethik und die materiale Wertethik. Neuer versuch der Grundlegung eines ethischen Personalismus*. Halle a.d.S.: Max Niemeyer, 1916, p. 43-78.
44. Neste sentido, Cf. FRONDIZI, Risieri. *Que són los valores? Introducción a la axiologia*. México-Buenos Aires: Fondo de Cultura Económica, 1958, p. 94-99.
45. SCHELER, *Der Formalismus...*, p. 318-320.
46. Sobre isso, Cf. WOJTYLA, Karol. *Max Scheler e a Ética Cristã*. Tradução de Diva Toledo Pisa. São Paulo: Editora Champagnat, 1993, p. 29. Igualmente, Cf. FRONDIZI, Risieri. *Que són los valores? Introducción a la axiologia*. México-Buenos Aires: Fondo de Cultura Económica, 1958, p. 83.

dos valores objetivos da experiência vivida, que, em Scheler, tal estrutura recebe o nome de *ethos*.

PALMER, com firmeza, critica as compreensões modernas, pelas quais se enaltecem as consequências da metafísica do subjetivismo; é que assim se compreendem os valores como conceitos que pretendem completar coisas, agora que o seu valor se fundamenta subjetivamente, tudo a indicar que o estatuto das coisas, destarte, reduziu-se à utilidade que têm para o homem. Ora, ressalta PALMER, quando o homem "atribui" valor aos objetos, há apenas uma pequena distância relativamente à visão dos próprios valores enquanto objetos –"*when man ´assigns´ values to objects, i tis only a short step, philosophically, to see values themselves as objects*"[47].

Disso deriva que a hierarquia dos valores, que já referimos ser um dos relevantes aspectos do ponto de vista de Scheler, revele-se como imutável[48]. A superioridade ou inferioridade do valor, portanto, já está inerente à sua essência objetiva, embora os critérios com os quais se captam as relações hierárquicas entre os valores sofram mudanças históricas[49]. Quer dizer: "los valores presentan el espectáculo de guardar entre sí relaciones de rango o jerarquía"[50].

A propositura de um sistema objetivo de valores é, outrossim, encontradiça na formulação de HARTMANN, segundo o qual os valores consistem em essencialidades, de maneira que não procedem nem das coisas e nem do sujeito; nenhum realismo e nenhum subjetivismo é inerente a seu modo de ser e, mais ainda, os valores se não podem conceber como configurações meramente formais, carentes de conteúdo, senão que são propriamente conteúdos, materiais, que conformam as coisas e as relações[51]. HARTMANN refuta o relativismo, porque se as determinações morais fossem obra do homem, caber-lhe-ia, por igual, o poder de derrogá-los e, assim, a ética não deixaria de ser apenas normativa – se os valores são relativos ao sujeito, seu modo de ser também será relativo, e assim quedariam concebidos como uma função de valoração do indivíduo[52].

Com isso, o valor que se expressa em um juízo de valor é independente do sujeito que julga; a universalidade do juízo de valor não significa, em

---

47. PALMER, Richard E. *Hermeneutics*. Evanston: Northwestern University Press, 1969, p. 145.
48. SCHELER, Max. *El saber y la cultura*. Tradução de J. Gómez de la Serna y Favre. Madrid: Revista de Occidente, 1934, p. 19-21.
49. SCHELER, *Der Formalismus...*, p. 84-98.
50. RECASÉNS SICHES, Luis. *Los temas de la Filosofía del Derecho en perspectiva histórica y visión de futuro*. Barcelona: Bosch, 1934, p. 102-3.
51. HARTMANN, Nicolai. *Ethik*. Berlin und Leipzig: Walter de Grunter & Co., 1935, p. 107-9.
52. HARTMANN, *Ethik...*, p. 124-6.

absoluto, que todo mundo seja capaz da evidência do valor em questão, mas significa que quem é capaz dela, quem alcança o seu sentido, necessariamente tem que julgar assim e não de outro modo[53]. Esse *tem*, contudo, deve ser bem compreendido.

Para a realização do valor é preciso uma força ativa, que se empenhe em sua efetivação e, assim, por via indireta, imponha-lhe ao objeto; e os princípios axiológicos encontram essa força ativa unicamente no sujeito real – qualquer efeito do valor é vinculado ao sujeito[54]. Quer dizer, para HARTMANN, os princípios axiológicos são, no fundo, também ontológicos, distinguindo-se destes apenas porque determinam algo não imediatamente, mas através da mediação do sujeito[55], o que significa que os valores, para transformarem-se em realidade, carecem de um mediador e, somente por via dele, os valores podem ser assumidos como escopo e realizados[56].

Tal mediador é o homem[57].

A designada *impotência* dos valores, que estão situados numa instância ideal, sem uma força real de determinação, é, para o homem, um momento profundamente significativo da essência dos valores, porque em um mundo em que os valores se realizassem efetivamente sem a sua livre intervenção, ele seria absolutamente supérfluo[58].

Retornando ao ponto de vista de ALEXY, lembramos que o autor, embora aluda a uma teoria do valor como relevante à sua elaboração a respeito dos princípios, fá-lo ao largo do reconhecimento de uma dimensão objetiva, entregando, assim, à ponderação, e portanto ao intérprete, a seleção de qual valor, *rectius*: princípio, haverá de sobressair numa situação concreta. Como é sabido, entre as possíveis construções a propósito dos direitos fundamentais, ou seja, a construção como regras e a construção como princípios, adota ALEXY essa última, não sem antes deixar de elaborar o quadro básico, e a essa altura cediço[59], segundo o qual as regras seriam normas que obrigam, permitem ou proíbem algo de forma definitiva

---

53. HARTMANN, *Ethik*..., p. 139-141.
54. HARTMANN, Nicolai. *Ontologia dei valori*. Tradução de Nadia Moro. Brescia: Morcelliana, 2011, p. 69.
55. HARTMANN, *Ontologia*..., p. 72.
56. A este respeito, Cf. DONISE, Anna. *Valore*. Napoli: Guida, 2008, p. 105-114.
57. HARTMANN, *Ontologia*..., p. 140-1.
58. HARTMANN, *Ontologia*..., p. 144-5.
59. Na doutrina portuguesa, a este respeito, Cf. CANOTILHO, José Joaquim Gomes. *Direito Constitucional e Teoria da Constituição*. 7. ed. Coimbra: Almedina, 2002, p. 1160-1162.

(*definitive Gebote*), com aplicação a partir da subsunção, de modo que se uma regra é válida, então é obrigatório fazer-se exatamente aquilo que ela exige; e, por seu turno, os princípios consistiriam em normas que ordenam que algo seja realizado na maior medida possível, em vista de possibilidades fáticas ou jurídicas, por isso que se tratariam de mandados de otimização (*Optimierungsgebote*), podendo-se cumprir gradualmente, de maneira que será a ponderação a forma específica de aplicação de um princípio[60].

É verdade, como diz ALEXY, que a construção dos direitos fundamentais à maneira de um modelo de regras enseja, como consequência, que esses mesmos direitos percam toda a força para vincular o legislador, o que, noutros termos, representaria que perdem materialmente o seu conteúdo[61]. Mas não se pode perder de vista, por outro lado, que a sua formulação ao modo de princípios, com ênfase na ponderação ou sopesamento[62] – que a ponderação se encontra "numa relação recíproca de necessidade com a teoria das normas de Alexy"[63] parece inequívoco -, não esconde o risco de que, como salienta HABERMAS, pela ausência de critérios racionais, possa a ponderação ou sopesamento realizarem-se de forma arbitrária ou irreflexiva, segundo alguma hierarquia pouco controlável[64].

Mais radicalmente, verá aí SCHLINK o risco do subjetivismo, com avantajando papel das instâncias decisoras, que não escapariam de uma atuação pautada no decisionismo[65], o que significa, para STRECK, que o calcanhar de Aquiles da ponderação reside no deslocamento da hierarquização "ponderativa" em favor da subjetividade assujeitadora do intérprete[66], daí

---

60. ALEXY, Robert. *Die Konstruktion der Grundrechten*. In: Grundrechte, Prinzipien und Argumentation: Studien zur Rechtstheorie Robert Alexys. Jan Sieckmann und Laura Clérico (org.). Baden-Baden: Nomos, 2009, p. 09-10. Do mesmo modo, Cf. ALEXY, Robert. *On the Structure of Legal Principles*. In: Ratio Juris, volume 13, nº 03, Setembro de 2000. Oxford: Blackwell Publishers, 2000, p. 299-301.
61. ALEXY, Robert. *Die Konstruktion...*, p. 12-5.
62. Sobre os complexos desenvolvimentos, inclusive sob o ponto de vista matemático, da fórmula de peso (*die Gewichtsformel*), Cf. ALEXY, Robert. *Die Gewichtsformel*. In: Gedächtnisschrift für Jurgen Sonneschein. Joachim Jickeli; Peter Kreutz (Hrsg.). Berlin: De Gruyter Rechtswissenschaften Verlags-GmbH, 2003, p. 771-792. Para a versão em castelhano desse texto, Cf. ALEXY, Robert. *La fórmula del peso*. Tradução de Carlos Bernal Pulido. In: El principio de proporcionalidad y protección de los derechos fundamentales. Miguel Carbonell (Coord.). México: CEDH, 2008, p. 11-37.
63. LUDWIG, Roberto José. *A norma de direito fundamental associada. Direito, moral, política e razão em Robert Alexy*. Porto Alegre: Sérgio Antonio Fabris Editor, 2014, p. 441.
64. HABERMAS, Jürgen. *Faktizität und Geltung. Beiträge zur Diskurstheorie des Rechts und des demokratischen Rechtsstaats*. Frankfurt am Main: Suhrkamp, 1992, p. 314-6.
65. SCHLINK, Bernhard. *Freiheit durch Eingriffsabwehr. Rekonstruktion der klassischen Grundrechtsfunktion*. EuGRZ (1984), p. 460-2.
66. STRECK, Lenio Luiz.. *Verdade e Consenso: Constituição, Hermenêutica e Teorias Discursivas: Da possibilidade à necessidade de respostas corretas em Direito*. Rio de Janeiro: Lumen Juris, 2008, p. 180.

a ter-se, como consectário, um aumento da fragmentação da aplicação do Direito, fragilizando-se a força normativa da Constituição[67].

Sirva isto para dizer que, a ponderação, embora "preveja a atribuição de pesos diversos aos fatores relevantes de uma determinada situação, não fornece referências materiais ou axiológicas para a valoração a ser feita", de modo que "no seu limite máximo, presta-se ao papel de oferecer um rótulo para voluntarismos e soluções *ad hoc*, tanto as bem-inspiradas como as nem tanto"[68].

Na síntese de VIVES ANTÓN, a ponderação "genera demasiada inseguridad y aboca el sistema a un inaceptable decisionismo"[69], e a essa afirmação parece convergir a admoestação de GRAU, para quem "a chamada *ponderação entre princípios* coloca-nos amiúde em situações de absoluta insegurança, incerteza"[70], convolando-se em "pura expressão de subjetivismo de quem a opera, optando por um outro deles"[71].

Ponderando, em suma, não seria difícil admitir a tortura do terrorista, e nem mesmo perceberíamos que, assim agindo, estaríamos por retirar toda a normatividade das normas constitucionais que vedam essa ignomínia.

5. DIGNIDADE

Quando DWORKIN propende à indicação de uma teoria substantiva sobre o valor, e postula a sua unidade[72], não esconde o peso que se deve de emprestar à ideia da *dignidade*. Antes, no sentido de que uma comunidade política coerciva deve tratar todos os que estão sujeitos ao seu domínio com preocupação e respeito iguais[73]; mas também, e fundamentalmente, a partir do que designa como princípios do *respeito próprio* e

---

67. STRECK, Lenio Luiz. *Neoconstitucionalismo, positivismo e pós-positivismo*. In: Garantismo, hermenêutica e (neo) constitucionalismo: um debate com Luigi Ferrajoli. Porto Alegre: Livraria do Advogado, 2012, p. 74-5.
68. BARROSO, Luís Roberto; BARCELLOS, Ana Paula de. *O começo da história: a nova interpretação constitucional e o papel dos princípios no Direito brasileiro*. In: Interpretação constitucional. Virgílio Afonso da Silva (Org.). São Paulo: Malheiros Editores, 2010, p. 290-1.
69. VIVES ANTÓN, Tomás S. *Derecho Penal. Parte Especial*. Valencia: Tirant lo Blanch, 1993, p. 673. Igualmente crítico ao argumento de Alexy a este respeito, Cf. ATIENZA, Manuel; MANERO, Juan Ruiz. *Las piezas del Derecho*. Barcelona: Ariel, 2007, p. 31-3.
70. GRAU, Eros Roberto. *Por que tenho medo dos juízes? A interpretação/aplicação do Direito e os princípios*. São Paulo: Malheiros Editores, 2013, p. 23
71. GRAU, *Por que tenho medo...*, p. 115.
72. DWORKIN, Ronald. *Do values conflict? A hedgehog's approach*. Arizona Law Review, vol. 43, 2001, p. 251-9.
73. DWORKIN, *Justice...*, p. 63-4.

da *autenticidade*, em que, (i) pelo primeiro, assinala-se que cada pessoa deve levar a sua vida a sério – no que estaria implicado que se deve assentir que é importante que a sua vida seja uma realização bem-sucedida e não uma oportunidade perdida –, e, (ii) pelo segundo, que cada pessoa tem a responsabilidade especial de atuar em sua vida por meio de um estilo coerente que ela própria aprova. Juntos, os dois princípios ofereceriam uma concepção de dignidade humana, que requer, então, respeito próprio e autenticidade.

É certo que DWORKIN reconhece ter havido uma certa distorção no manejo da ideia de dignidade, a qual, por vezes, acaba por mostrar-se suscetível a certos abusos e más utilizações[74]. Mas o seu projeto, que precisamos compreender, procura afastar-se deste equívoco.

Como é a interpretação que *une* os valores[75], trata-se de um projeto interpretativo que procura compreender cada parte e elemento de valor à luz de outros elementos e outras partes, o que enseja a afirmação de DWORKIN, reconhecidamente ambiciosa, de que não existem verdadeiros conflitos no valor que precisem ser resolvidos[76]. Segundo refere, levamos ou devemos levar as nossas vidas visando o valor, e não tentando inventá-lo, pela simples razão de que o valor existe independentemente da nossa vontade ou da nossa deliberação[77].

DWORKIN pretende, ademais, integrar a ética na moral[78], não sob uma perspectiva de pura incorporação, mas pela realização de uma integração mutuamente sustentadora das duas, na qual as nossas ideias sobre o que seja viver bem nos ajudem a perceber quais são as nossas responsabilidades morais. Daí que o primeiro princípio conformador da dignidade, qual seja o de que devemos ver o sucesso da nossa vida como uma questão de importância objetiva, haverá de implicar num respeito paralelo pelas vidas de todos os demais: é que, para me respeitar a mim próprio, como diz, tenho de considerar a vida dos outros como também possuindo importância objetiva[79].

---

74. DWORKIN, *Justice*..., p. 202-5.
75. DWORKIN, *Justice*..., p. 101.
76. DWORKIN, *Justice*..., p. 119.
77. DWORKIN, *Justice*..., p. 214.
78. A ética diz respeito ao modo como as pessoas gerem a sua responsabilidade de viver bem, ao passo que a moral pessoal concentra-se naquilo que cada indivíduo deve às outras pessoas – Dworkin se utiliza de uma metáfora já conhecida, sugerindo que pensemos numa piscina, dividida em raias, de maneira que aquilo que fazemos em nossa própria raia aludiria à ética e aquilo que nos coloca em contato com a raia de outros nadadores diria respeito à moral.
79. DWORKIN, *Justice*..., p. 255.

Vemos a importância objetiva de nossas vidas refletida na importância objetiva da vida dos outros[80].

Para além disso, o segundo princípio, da autenticidade, atribui-nos a responsabilidade pessoal de agir de forma consistente com o caráter e os projetos que identificamos para nós próprios; razão por que, disso resulta uma obrigação de respeito pelo desenvolvimento de projetos que, não sendo os nossos, tenham seus destinatários próprios e específicos. Assim, integra-se, também, a moral política na estrutura interpretativa geral.

Acrescentaríamos que os princípios constitucionais que informam as categorias dogmáticas do Direito Penal são sempre portadores desse influxo, pelo qual a dignidade haverá de expressar-se. Esses *princípios*, então, acabam por ser, nas palavras de LARENZ, o primeiro passo para a obtenção das *regras*. Isto quer dizer que os princípios contêm uma dimensão de valor, uma intencionalidade axiológica, que não se pode afastar no ensejo de aplicação da regra à qual subjaz. Para LARENZ, isso se expressaria numa dupla função dos princípios: (i) a positiva, que consiste no influxo que exercem no conteúdo das regulações mais específicas e no contexto das decisões que, com base nelas, são tomadas e (ii) a negativa, em ordem a que propendem a excluir os valores contrapostos e as regras que eventualmente a eles digam respeito. Por tal razão, não se pode supor que os princípios são obtidos mediante a generalização das regras. É mesmo o revés que sucede, no sentido de que os princípios estão subjacentes às regras e é por isso que essas regras aparecem como algo dotado de sentido, de uma intencionalidade valorativa[81], de tal modo que, segundo pensamos, se a sua aplicação a determinada hipótese fática destoar dessa intencionalidade que lhe subjaz, já aí será o caso de uma cogitação de se não a aplicar. Quase seria possível adiantarmos que, num tal caso, padecerá a regra de um problema de constitucionalidade.

A tortura, portanto, é inconstitucional, e não se admite seja situada em qualquer ponto de discussão que se refira a um cálculo de custos e benefícios; trata-se de um *absoluto*, sobre o qual não se pode ponderar, e que, assim, denuncia os riscos da irrefletida utilização dessa metodologia em nossa prática judiciária.

6. LEGÍTIMA DEFESA

Mas a discussão não cessa por aqui.

---

80. DWORKIN, *Justice...*, p. 260.
81. LARENZ, Karl. *Derecho Justo: fundamentos de ética jurídica*. Tradução de Luis Díez-Picazo. Madrid: Civitas, 2001, p. 33-5.

Se nada mais fosse dito, a parada da controvérsia em termos constitucionais não daria resposta a um problema concreto, que supomos necessário enfrentar. Temos, portanto, que imaginar a solução a dar-se quando efetivamente se torturou o terrorista e, em vista disso, obteve-se sucesso na localização da bomba, de resto desarmada. Ou ainda, temos que nos perguntar qual explicação daremos se o sequestrador da criança é torturado e, justo por isso, indica o seu paradeiro, permitindo que seja salva.

Cogitável a legítima defesa?

Desde logo impõe-se referir que, para TAVARES, as causas de justificação, para além de se apresentarem como autorizações contingentes, motivadas por circunstâncias acidentais ou particulares de determinados setores da ordem jurídica, devem ser vistas, também, como "derivadas dos direitos fundamentais, aos quais se devem subordinar". Segundo o autor, encaradas como condições de solução dos conflitos sociais, as causas de justificação não devem ser vistas simplesmente como exceções de comportamentos proibidos, senão como "instrumentos de convivência social, onde muitas vezes a justiça deve ceder lugar à conveniência", tudo a indicar que qualquer princípio que se pretenda inserir como sistematizador deve atinar tratar-se de "uma sociedade real e não de um sistema simbólico"[82].

Noutras palavras, parece absolutamente questionável que se possa reduzir a sistematização das causas de justificação a esquemas meramente organizativos, como "se o sujeito fosse puramente um indivíduo biológico, ou um subsistema social, ainda que compreendido no contexto das funções que possa desempenhar nesse sistema"[83].

De certo modo, esse é o sentido estabelecido por PALMA, quando afirma que a existência de um meio que possibilita a defesa particular contra agressões ilícitas exprime, sempre, um modo de resolução de conflitos entre os participantes num sistema social, através do qual é conferido aos indivíduos o poder de efetivar as regras do sistema sem recurso à autoridade das instituições[84]. Bem é de ver-se que vai na mesma direção a asserção de MALAMUD GOTI, ao assinalar que "la antijuridicidad es el lugar sistmático donde deben captarse los conflictos sociales desde una perspectiva dinámica", de sorte que não se deve procurar de antemão um "criterio fijo en virtud del cual pueda establecerse en abstracto qué es ilegítimo y qué no lo

---

82. TAVARES, Juarez. *Teoria do injusto penal*. Belo Horizonte: Del Rey, 2000, p. 257-8.
83. TAVARES, *Teoria*..., p. 261.
84. PALMA, Maria Fernanda. *Provas de Agregação de Professores*. Lisboa: não publicado, 1999, p. 02.

es", senão que se impõe a apreciação do contexto em que a ação de alguém afeta os interesses de um terceiro[85].

O reclamo, com efeito, não dispensa uma atenção em nível constitucional ao tema da ilicitude, particularmente considerada a sua exclusão por intermédio da legítima defesa.

Essa atenção, aliás, adquiriu especial relevância no estudo levado a efeito por PALMA, sob cujo pálio a autora desde logo indicou a constância com que haveria de se preocupar com a temática dos direitos fundamentais e com o "princípio da essencial dignidade da pessoa humana", tudo em ordem a concluir que a legítima defesa ostenta um duplo fundamento: (i) a insuportabilidade da agressão a um núcleo de bens essenciais em que se manifesta a dignidade da pessoa e (ii) a igualdade na proteção dos sujeitos jurídicos[86].

Não deixa, portanto, de ter relevo a asserção de que remanesceu *subjugado* na dogmática da legítima defesa o "espírito do estado de direito democrático e a dogmática dos direitos fundamentais"[87].

Não nos cumpre examinar as questões que levaram PALMA a criticar uma postulação de "ilimitação da defesa", cara a certa doutrina, máxime quando a defesa legítima esteja vocacionada à proteção de bens patrimoniais, mas, nem por isso, olvidaremos que, realmente, a relação entre o princípio da igualdade e a consideração como ilícita da agressão existe, na legítima defesa, porque a referida ilicitude é condição direta da licitude da própria defesa. Se isto é verdadeiro, o juízo sobre a ilicitude da agressão serve como "uma delimitação recíproca da licitude das condutas e não pode, por isso, desvincular-se da exigência de equidade nas suas consequências"[88].

Destarte, a atribuição ou denegação de um direito de defesa tem dignidade constitucional porque "dela depende, de modo óbvio, a restrição de direitos, liberdades e garantias – do agressor ou do defendente –, sujeitos a um regime de *intensa* protecção pelo legislador constituinte"[89]. O inverso disso reclamaria, em nível de fundamento, a necessidade de *defesa da ordem jurídica*, através da qual se justificará que se "sacrifiquem bens ju-

---

85. MALAMUD GOTI, Jaime E. *Legítima Defesa y Estado de Necesidad: problemas sistemáticos de las causas de justificación*. Buenos Aires: Cooperadora de Derecho y Ciencias Sociales, 1977, p. 33.
86. PALMA, Maria Fernanda. *A justificação por legítima defesa como problema de delimitação de direitos*. Volume I. Lisboa: Associação Académica da Faculdade de Direito de Lisboa, 1990, p. 13.
87. PALMA, *A justificação*..., p. 16.
88. PALMA, *A justificação*..., p. 131.
89. PALMA, *A justificação*..., p. 216.

rídicos de valor superior aos postos em causa pela agressão; se justificará que, numa palavra, a legítima defesa não esteja limitada por uma ideia de proporcionalidade"[90].

PALMA, deste modo, refuta o ponto de vista pelo qual estaria a legítima defesa fundamentada numa *defesa da ordem jurídica*, aduzindo que a gravidade da defesa somente não varia em função da gravidade da agressão se o valor resultante da defesa da ordem jurídica for inserido como elemento de "ponderação de valores", o qual, no fim, acaba por permitir a "degradação absoluta da conduta imputável subjectivamente"[91].

Se a lemos corretamente, para a autora, o bem ou o valor a que se reconduz a legítima defesa – "a legítima defesa vivifica uma ordem de valores hierarquizada"[92] – é a afirmação de uma *ordem material de valores*, a que subjaz uma certa hierarquia – por nós já aludida num outro momento -, e não apenas a autoridade da ordem. Isto, repetimos, permite-lhe explicar o porquê de carecer de justificação comportamentos que lesem bens importantíssimos, quando em causa bens de valor muito menos relevante. Para nós, permite explicar mais.

É que, se estamos de acordo com a afirmação de que a legítima defesa, pela gravidade das intervenções na esfera do agressor que permite, bem como pelo fim de proteção dos direitos fundamentais a que conduz, regula um aspecto essencial da intersubjetividade, organizando "as relações de subordinação ou de coordenação, entre os cidadãos, a propósito da defesa de bens essenciais", tudo a permitir que se diga que "a legítima defesa é, materialmente, direito constitucional"[93], se estamos com isso de acordo, não será invocável uma tal causa de justificação em favor do torturador, ainda que de seu ato se possam salvaguardar os interesses de terceiros.

Uma afirmação em linha convergente ao reconhecimento da legítima defesa para esse caso olvidaria a expressa disposição constitucional que veda a tortura, afastando o alvitre de que se devem tentar encontrar fontes e critérios "de definição universal do valor de um acto intersubjectivamente possível, de acordo com a igualdade entre os sujeitos jurídicos", exatamente porque a referência do sentido da justificação a princípios "corres-

---

90. FIGUEIREDO DIAS, Jorge de. *Direito Penal. Parte Geral*. Tomo I. Questões fundamentais. A doutrina geral do crime. Coimbra: Coimbra Editora, 2012, p. 405.
91. PALMA, *A justificação*..., p. 140.
92. PALMA, *A justificação*..., p. 213.
93. PALMA, *A justificação*..., p. 223, nota 54.

ponde a uma tentativa de adquirir os critérios gerais de definição do valor dos actos"[94].

Por isso que, consoante PALMA, a referência das causas de justificação à ordem jurídica, em sua globalidade, não dispensa que estejam conformadas a princípios, entendidos estes como "ideias jurídicas gerais que permitem considerar uma regulamentação normativa como conveniente ou bem fundada, por referência à ideia de Direito ou a valores jurídicos reconhecidos". O ponto de vista da autora, seja dito, vai no mesmo sentido de algo que anteriormente já assinalamos, e poderíamos sintetizar a partir da compreensão de que os princípios "subjazem racionalmente a uma regulamentação, por esta só poder ser compreendida através deles"[95].

É semelhante o alvitre de FLECTHER, segundo o qual: *"claims of justifications deny that conduct is wrong precisely in this sense of pre statutory, principled understanding of right and wrong"*[96].

FLETCHER, aliás, enfrenta a questão sobre a razão por que quem se defende, quando seus direitos são atacados, deveria preocupar-se com os interesses do agressor; e a resposta, diz FLETCHER, simplesmente está no fato de que o agressor é um ser humano, de maneira que mesmo que ele esteja engajado numa agressão ilícita, ninguém pode tratá-lo simplesmente como uma força intrusa que deve ser anulada a qualquer custo[97].

Noutros termos, mais incisivos, dir-se-ia que a incontornável proibição da tortura beneficia também ao terrorista e ao sequestrador.

Quem está a praticar tortura não pode invocar para si a legítima defesa.

7. ESTADO DE NECESSIDADE

No Brasil, sobre o estado de necessidade, parece escorreito dizer que se adotou a assim chamada teoria unitária, de sorte que "todo estado de necessidade é justificante, ou seja, tem a finalidade de eliminar a ilicitude do fato típico praticado pelo agente". Destarte, conforme aponta GRECO,

---

94. PALMA, *Justificação...*, p. 57.
95. PALMA, *Justificação...*, p. 65.
96. FLETCHER, George P. *The Nature of Justification*. In: Action and Value in Criminal Law. Stephen Shute; John Gardner; Jeremy Horder (Ed.). Oxford: Clarendon Press, 2003, p. 186.
97. FLETCHER, George P. *O justo e o razoável*. Tradução de Paulo César Busato e Mariana Cesto. In: Novos Estudos Jurídicos. Revista Quadrimestral do Programa de Pós-Graduação Stricto Sensu em Ciência Jurídica da Universidade do Vale do Itajaí, Volume 09, nº 02, maio-agosto de 2004. Itajaí: UNIVALI, 2004, p. 200.

não importaria se o bem protegido pelo agente é de valor superior ou igual àquele que está sofrendo a ofensa, uma vez que em ambas as situações o fato será tratado sob a ótica das causas excludentes da ilicitude. Numa palavra: "a teoria unitária não adota a distinção entre estado de necessidade justificante e estado de necessidade exculpante"[98].

BITENCOURT, na mesma linha, disso retira que a legislação brasileira não estabelece "a *ponderação de bens* como critério distintivo entre os casos que podem ser julgados como excludentes da antijuridicidade, e os que podem ser julgados como excludentes da culpabilidade", o que o leva a concluir que "nosso ordenamento jurídico adota, em outros termos, a chamada *teoria unitária* do estado de necessidade"[99].

Intuitivamente poder-se-ia pensar que estariam abertas as portas para a exclusão da ilicitude, no modo como se deu a formulação do estado de necessidade em terras brasileiras, porquanto, como se aponta, já nos lugares em que se adotou a teoria diferenciadora, dar-se-ia a justificação da conduta apenas quando o bem ou interesse sacrificado for de menor valor, sucedendo, por outro lado, o estado de necessidade exculpante na hipótese em que "o bem ou interesse sacrificado for de valor *igual* ou *superior* ao que se salva"[100].

Não é isso, contudo, o que ocorre. REALE JÚNIOR não deixou de criticar o sistema adotado pelo Código Penal brasileiro, asseverando que, neste caso do estado de necessidade, há, quando mais não seja, sérias contradições, tendo em vista que foram estabelecidos requisitos incompatíveis com o fundamento da "não exigibilidade compreendida como causa excludente da antijuridicidade, o que já de *per si* é inexato histórica e logicamente"[101], e não há de ser desconsiderado que BITENCOURT preconiza solução contrária ao texto normativo, quando alude, fundado num "princípio da razoabilidade", que quando o bem sacrificado for de valor superior ao preservado, será inadmissível o reconhecimento do estado de necessidade justificante[102].

Que tais contradições repitam-se na doutrina é o que se vê em Damásio de JESUS – na medida em que assenta a admissão da "excludente mesmo quando o fato necessário lesa um bem jurídico de valor maior que o

---

98. GRECO, Rogério. *Curso de Direito Penal. Parte Geral*. Niterói: Impetus, 2005, p. 362.
99. BITENCOURT, Cezar Roberto. *Tratado de Direito Penal. Parte Geral*. 17ª ed. São Paulo: Saraiva, 2012, p. 403.
100. BITENCOURT, *Tratado...*, p. 404.
101. REALE JÚNIOR, Miguel. *Instituições de Direito Penal*. Parte Geral. Volume I. Rio de Janeiro: Forense, 2002, p. 168.
102. BITENCOURT, *Tratado...*, p. 413.

protegido", razão pela qual não haveria "diferença entre bem jurídico pessoal e patrimonial", e, sem prejuízo, cobra "esteja presente o requisito da proporcionalidade"[103] -, e em GRECO, para o qual se afastaria o estado de necessidade "se o bem que o agente defende for de valor inferior ao daquele que agride", embora, neste caso, já se pudesse alvitrar de uma discussão em termos de culpabilidade[104]. Donde, todavia, a distinção entre a alcunhada teoria unitária e a diferenciadora mostrar-se-ia esmaecida.

Na base da formulação brasileira está o pensamento de HUNGRIA, o qual, desde sempre, preconizava que no estado de necessidade "não há crime, o que vale dizer: o fato necessitado é *objetivamente lícito*"[105]; HUNGRIA, cumpre dizer, recusava a asserção de que o estado de necessidade consistia num "*direito*, porque a êste deve corresponder necessariamente uma obrigação (*jus et obligatio sunt correlata*)", e, no caso do estado de necessidade, nenhum dos titulares dos bens ou interesses em colisão estaria "*obrigado* a suportar o sacrifício do seu". Cuidar-se-ia, então, o estado de necessidade de uma "*faculdade* da própria ação violenta para o salvamento de qualquer deles", a representar a assunção, pelo Direito, de uma "atitude de *neutralidade*", com a qual "declara sem crime o *vencedor* (seja êste o mais forte ou o mais feliz)"[106]. Corolário disso é que, para HUNGRIA, não estaria subordinada a legitimidade do fato necessitado à "relevância *hierárquica* do direito pôsto a salvo", de modo que "nenhum direito, por mais modesto, deve ficar incondicionalmente exposto a lesão, ainda que reparável"[107].

Se este entendimento potencializa, de um lado, o estado de necessidade – reconhecê-lo-ia HUNGRIA para o caso em que três irmãos acampavam na Sibéria oriental, vivendo com o produto da pesca, que, entretanto, veio a faltar depois de algum tempo, de modo que o mais velho deles matou a irmã, de onze anos, "comendo-lhe as carnes"[108] -, de outra parte, implica em sua paradoxal redução, porquanto o alvitre se direciona a que ao juiz incumba "apreciar os fatos *ex ante*, e não *ex post*, para decidir se havia possibilidade de outro recurso para debelar o perigo" e se ao seu emprego estava adstrito "em idênticas condições, o *homo medius*, o homem de tipo comum"[109].

---

103. JESUS, Damásio de. *Direito Penal. Parte Geral*. 31ª ed. São Paulo: Saraiva, 2010, p. 421-2.
104. GRECO, *Curso...*, p. 371.
105. HUNGRIA, Nelson. *Comentários ao Código Penal*. Volume I. Tomo II. 3ª ed. Rio de Janeiro: Forense, 1955, p. 267.
106. HUNGRIA, *Comentários...*, p. 268-9.
107. HUNGRIA, *Comentários...*, p. 271.
108. HUNGRIA, *Comentários...*, p. 273-4, nota 14.
109. HUNGRIA, *Comentários...*, p. 272.

De notar-se, com ROXIN, que se situaria numa concepção unitária tanto a postulação de o estado de necessidade ser, quando presente, sempre uma justificação, como a que o alude, em todos os casos, como causa de exculpação, ao passo que seguindo-se a teoria diferenciadora (*Differenzierungstheorie*) para algumas situações ter-se-ia a exclusão da ilicitude e para outras a exclusão da culpa[110]. Que desta compreensão, vigente por exemplo em Portugal e na Alemanha, se possa extrair desde já um corolário, é o que indica ZAFFARONI, ao tratar, porém, da situação argentina, onde também é a teoria diferenciadora a adotada em termos legislativos, na medida em que o estado de necessidade justificante apenas se verifica no caso "en que se provoca un *mal menor* para evitar un *mal mayor*". Cuida-se, sejamos aqui breves, de que "el homicidio nunca pueda justificarse por estado de necesidad, desde que no cabe jerarquizar vidas humanas"[111].

Isto que se acabou de dizer, entretanto, já se afiguraria diverso num quadro normativo como o brasileiro, no qual a consideração sobre se o interesse preservado é de maior ou menor quilate do que aquele que se lesionou não se afigura de relevo, para fins da justificação. Na carência, pois, de um limite a montante para o estado de necessidade, reside o risco de aviltamento dos interesses daquele sobre quem recai a ação.

Vejamos, nesta perspectiva, que no enquadramento normativo do artigo 24 do Código Penal brasileiro não será de afastar-se, desde logo, o exemplo sabido da extração de um rim, em desconformidade com a vontade da pessoa, para os fins de salvamento de outrem, sem cujo órgão haverá de perecer. Nos termos da teoria diferenciadora já não se poderia cogitar de justificação.

É que, como diz ROXIN, sem embargo de que a perda de uma vida pese mais do que a perda de um rim, a realização de uma operação de tal jaez seria induvidosamente uma grave ingerência no direito de personalidade e na integridade corporal do afetado, que o interesse na conservação da vida não se apresentaria como preponderante[112].

Quer dizer, mesmo que se trate de indivíduo "cheio de saúde e que poderá viver certamente só com o rim restante", mesmo que seja essa a única forma de, por via de transplante, salvar outra vida, opor-se-ia à justificação o fato de que a autonomia pessoal deve ser preservada[113].

---

110. ROXIN, Claus. *Strafrecht Allgemeiner Teil*. Band I. Grundlagen. Der Aufbau der Verbrechenslehre. 4. Auflage. München: Verlag C. H. Beck, 2006, p. 724.
111. ZAFFARONI, Eugenio Raúl; ALAGIA, Alejandro; SLOKAR, Alejandro. *Derecho Penal. Parte General*. Buenos Aires: Ediar, 2002, p. 631.
112. ROXIN, *Strafrecht...*, p. 745.
113. FIGUEIREDO DIAS, *Direito Penal...*, p. 450. Para uma discussão com a posição de Figueiredo Dias, sobre saber-se se a autonomia e a dignidade da pessoa são um "limite à justificação por direito

Autonomia pessoal, seja dito, em cujo âmbito reside o exercício de certas escolhas e definições sobre o modo como se há de viver e que inclui, necessariamente, a compreensão de que é o corpo (*corpus*) a sede em que se "instala e se materializa o ser-pessoa", de modo que "por isso alcança a dignidade de assumir a essencialidade do ser humano"[114].

Se a semântica da tortura alude mais do que à dor, propendendo à *anulação existencial* de quem a sofre, visto que implica na "falência, ainda que temporalmente limitada, da personalidade do torturado, ao converter o seu corpo e a sua alma em meros objectos a serviço da protecção de outros"[115], as barreiras que se lhe estabelecem, na proteção constitucional da dignidade da pessoa, não podem ser rompidas à guisa do estado de necessidade.

Essa é a razão pela qual FARIA COSTA afirma, sem hesitação, que, na dogmática das causas de justificação não cabe distinguir entre uma tortura "boa" e uma tortura "má", dado que o respeito à "integridade existencial do ser-pessoa não está subordinado a uma reserva de custo-benefício"; antes, pelo contrário, pois em tal caso as considerações de utilidade estão bloqueadas por uma reserva de incondicional respeito à dignidade humana[116].

8. DESCULPA

O que sobra, então, para o torturador?

Precisamos relembrar as duas hipóteses radicais aventadas noutro momento deste texto: tortura-se o terrorista, com o objetivo de que este indique o local onde colocou a bomba devastadora de multidões, ou se tortura o sequestrador da criança, e somente assim se alcança a sua libertação.

Razões constitucionais impedem que se cogite, num e noutro caso, de legítima defesa ou estado de necessidade. A admissão de causas de justificação, com efeito, implica sempre numa configuração de *licitude*, que a barreira irremovível da dignidade humana impede na tortura. Noutros termos, sendo a justificação uma causa de amplitude geral, que ressoa para o âmbito da ordem jurídica considerada como um todo, em seu seio jamais se poderá inserir o ato de torturar.

---

de necessidade" ou se versam elementos ou fatores a ter em conta na ponderação dos interesses, Cf. TAIPA DE CARVALHO, Américo. *Direito Penal. Parte Geral*. Questões fundamentais. Teoria geral do crime. Coimbra: Coimbra Editora, 2011, p. 404.

114. FARIA COSTA, José de. *A tortura preventiva: breve cogitatio à luz do pensamento de Beccaria*. In: Beccaria e o Direito Penal. Coimbra: Coimbra Editora, 2015, p. 60.
115. FARIA COSTA, *A tortura...*, p. 70.
116. FARIA COSTA, *A tortura...*, p. 73.

O apelo à principiologia constitucional, porém, precisa ficar bem entendido. Estamos a afirmar que "o acto de torturar é sempre juridicamente desvalioso, carrega sempre um desvalor de cuidado e por isso é sempre ilícito"; porém, isso não significa que o autor da tortura não possa, segundo as circunstâncias, ser desculpado. FARIA COSTA deixou em aberto essa questão[117]; tentaremos dar-lhe algum tratamento.

E parece, para o efeito, adequada a referência de PALMA, ao apontar que a dúvida que se coloca é a de saber se é possível autonomizar, de modo absoluto, o valor de um ato, do valor de seu autor, ao realizá-lo. Isto porque, tanto como a autora, cremos que exsurge como inevitável uma distinção natural entre uma justificação que corresponde ao exercício de um "direito inatacável e uma justificação que apenas liberta o agente do juízo de censura da norma, sem acarretar implicações na regulamentação do comportamento de outros agentes"[118].

Estamos, já agora, no terreno da culpa.

Com acerto, segundo pensamos, SILVA DIAS recusa a possibilidade de reconhecimento, em casos assim como os enunciados de tortura, de situação de legítima defesa ou de estado de necessidade, acentuando que a justificação de comportamentos típicos encontra um obstáculo insuperável na dignidade da pessoa; este princípio constitui, na verdade, um *limite à exclusão da ilicitude*, não só com um fundamento particular, mas com um fundamento público, conexo com o Estado de Direito Democrático. Sem prejuízo, SILVA DIAS não afasta, no plano da culpabilidade, a cogitação de uma certa indulgência, tendente a, dependendo de situações concretas, levar à desculpa ou à atenuação da pena, pois, se a tortura é sempre contrária ao Direito que radica na dignidade da pessoa, os motivos e as emoções que a ela determinaram podem não ser censuráveis, pois podem relevar da fragilidade humana perante situações trágicas[119].

É PALMA quem aborda, em obra específica, o assim chamado *princípio da desculpa*, cuja ideia jurídica, em suas palavras, é "normativa no sentido não de resultar automaticamente do direito positivo, constituindo um dever ser emanado de um fundamento aceitável ou de uma justificação sus-

---

117. FARIA COSTA, *A tortura...*, p. 73.
118. PALMA, Maria Fernanda. *Justificação em Direito Penal: conceito, princípios e limites*. In: Jornadas de Homenagem ao Professor Doutor Cavaleiro de Ferreira. Separata da Revista da Faculdade de Direito da Universidade de Lisboa. Lisboa: Tipografia Guerra, 1995, p. 53-5.
119. SILVA DIAS, Augusto. *Torturando o inimigo ou libertando da garrafa o génio do mal? Sobre a tortura em tempos de terror*. In: Revista do Ministério Público do Rio Grande do Sul, n. 71. Porto Alegre: MPRS, 2012, p. 269-275.

ceptível de ser aceite". Para a autora portuguesa, uma teoria da desculpa "é reclamada pelas condições individuais que não são susceptíveis de normativização em sentido próprio, isto é, de passar a prova de uma universalização definidora do permitido"[120].

As razões, entretanto, devem ser firmes, e a peculiar motivação do agente deve ser, com rigor, considerada, porquanto do contrário estar-se-á quebrantando a expressiva normativa constitucional que consagra a vedação da tortura.

Uma distinção, ademais, será de impor-se.

Se as razões oponíveis para o alcance de uma designada desculpa, ao ato de torturar, hão de estar ligadas à situação concreta e própria de quem pratica a infâmia, e diríamos mesmo que tais razões não dispensam a presença de uma proximidade afetiva relevante com aquilo que se almeja preservar, somente em favor do particular é que se pode invocar a desculpa.

Com a doutrina constitucional lembraríamos que, como é sabido, a *primeira geração* dos direitos fundamentais, que dominou o século XIX, apresentou-se mais propriamente relacionada com os designados direitos de liberdade, apontando como titular o indivíduo, sendo, isto é bom dizer, esses direitos preponderantemente oponíveis frente ao Estado.

É comum, portanto, sustentar-se que os direitos fundamentais de primeira dimensão impõem ao Estado uma espécie de dever de abstenção, no sentido de não afetar a órbita jurídica do particular, no que se os poderia qualificar como direitos de defesa. CANOTILHO, a este respeito, aduz que seu destinatário é o Estado, e que têm como objeto característico a obrigação de sua abstenção relativamente à esfera jurídico-subjetiva por eles definida e protegida[121].

Não estaria em causa, nesta medida, a exigência de atuações estatais, mas, sim, a não ingerência na esfera pertinente ao direito fundamental do particular; tanto assim que ALEXY assinala aos direitos de defesa, numa linha de interpretação que os concebe como uma espécie de *status* negativo, a perspectiva de serem direitos a ações *negativas*, a abstenções[122], em ordem a que sem os embaraços de uma indevida atividade estatal fosse permitido o livre desenvolvimento da pessoa.

---

120. PALMA, Maria Fernanda. *O princípio da desculpa em Direito Penal*. Coimbra: Almedina, 2005, p. 141-2.
121. CANOTILHO, *Direito Constitucional...*, p. 397.
122. ALEXY, *Theorie...*, p. 395.

O resgate a essa *tradição* aqui se mostra impositivo. Se bem que o desenvolvimento da teoria constitucional tenha culminado numa designada *eficácia objetiva dos direitos fundamentais*, segundo a qual sucedem variadas situações de perigo para os direitos fundamentais provenientes da conduta de um terceiro – tudo a requerer uma posição ativa do Estado, no sentido de garantir os direitos fundamentais contra agressões propiciadas pelos próprios indivíduos[123] -, a manutenção irrestrita da vedação da tortura, por agentes estatais, não se afasta do paradigma, e nem mesmo o faz a asserção de que, cometida embora pelo particular, será a sua realização sempre desvaliosa e, consequentemente ilícita.

A bem deste, entretanto, isto é, em favor do particular, ao qual razões muito peculiares e firmes movam ao cometimento da tortura, poder-se-á cogitar, na singularidade do caso, de uma desculpa, o que será o mesmo que dizer que situações concretas poderão sinalizar a desnecessidade de sua punição.

Que fique claro: já ao servidor público, à autoridade como tal considerada, ao policial, ao funcionário do Estado, nem mesmo a desculpa se poderá aventar. A proteção constitucional, aqui, ostenta maior densidade, porquanto em sua tradição sempre esteve, deveras, o estabelecimento de limites à atividade estatal, sendo certo, ainda, que as razões afetivo-emocionais que podem levar à desculpa do indivíduo particular se não aplicam àqueles entre cujas funções esteja também a incondicional adstrição aos termos da lei e da Constituição.

Em suma, em qualquer caso, a excepcionalidade da desculpa, na tortura, não beneficia aquele que não esteja intimamente vinculado à situação de fato que pretende salvaguardar.

9. CONCLUSÃO

A proibição da tortura não se afaz a um qualquer juízo de ponderação, e bem demonstra as falhas dessa superestimada metodologia. *Ponderando-se*, pode-se vir a torturar, e isto a mais não poder torna a sua proibição írrita.

Ademais, não se *justifica* a prática da tortura, o que é o mesmo que dizer-se que a tortura é sempre *ilícita*.

Razões muito particulares, contudo, e sempre excepcionais, podem levar, na singularidade dos casos, à *desculpa* do particular que empreender a tortura de outrem.

---

123. Afinal, consoante DIETLEIN: *"Die bedrohung des Menschen durch den Menschen ist ein beständiges Faktum"*. DIETLEIN, Johannes. *Die Lehre von den grundrechtlichen Schutzpflichten*. Berlin: Duncker & Humblot, 2005, p. 16.

Essa desculpa jamais beneficia um funcionário do Estado.

10. REFERÊNCIAS

ALEXY, Robert. *Die Gewichtsformel*. In: Gedächtnisschrift für Jurgen Sonneschein. Joachim Jickeli; Peter Kreutz (Hrsg.). Berlin: De Gruyter Rechtswissenschaften Verlags-GmbH, 2003.

ALEXY, Robert. *Die Konstruktion der Grundrechten*. In: Grundrechte, Prinzipien und Argumentation: Studien zur Rechtstheorie Robert Alexys. Jan Sieckmann und Laura Clérico (org.). Baden-Baden: Nomos, 2009

ALEXY, Robert. *La fórmula del peso*. Tradução de Carlos Bernal Pulido. In: El principio de proporcionalidad y protección de los derechos fundamentales. Miguel Carbonell (Coord.). México: CEDH, 2008.

ALEXY, Robert. *On the Structure of Legal Principles*. In: Ratio Juris, volume 13, nº 03, Setembro de 2000. Oxford: Blackwell Publishers, 2000.

ALEXY, Robert. *Teoría del discurso y Derechos humanos*. Tradução de Luis Villar Borda. Bogotá: Universidad Externado de Colombia, 2009.

ALEXY, Robert. *Theorie der Grundrechte*. Frankfurt am Main: Suhrkamp, 1996.

ATIENZA, Manuel; MANERO, Juan Ruiz. *Las piezas del Derecho*. Barcelona: Ariel, 2007.

ÁVILA, Humberto. *"Neoconstitucionalismo": entre a "Ciência do Direito e o "Direito da Ciência"*. In: Revista Eletrônica de Direito do Estado, n. 17. Salvador: Instituto Brasileiro de Direito Público, 2009. Disponível em www.direitodoestado.com.br/rede.asp. Acesso em 05 de Junho de 2016.

BARROSO, Luís Roberto; BARCELLOS, Ana Paula de. *O começo da história: a nova interpretação constitucional e o papel dos princípios no Direito brasileiro*. In: Interpretação constitucional. Virgílio Afonso da Silva (Org.). São Paulo: Malheiros Editores, 2010.

BITENCOURT, Cezar Roberto. *Tratado de Direito Penal. Parte Geral*. 17ª ed. São Paulo: Saraiva, 2012

BÖSE, Martin. *Derechos fundamentales y derecho penal como 'derecho coactivo'*. In: La Teoria del bien juridico: fundamento de legitimación del Derecho penal o juego de abalorios dogmático?. Roland Hefendehl (ed.). Madrid: Marcial Pons, 2007

CANOTILHO, José Joaquim Gomes. *Direito Constitucional e Teoria da Constituição*. 7. ed. Coimbra: Almedina, 2002.

CASTANHEIRA NEVES, António. *Lições de introdução ao estudo do Direito*. Proferidas ao curso do 1º ano jurídico de 1968-69. Coimbra: policopiado, 1968-69.

COUTINHO, Luís Pedro Pereira. *Autoridade moral da Constituição: da fundamentação da validade do Direito Constitucional*. Coimbra: Coimbra Editora, 2009.

DIETLEIN, Johannes. *Die Lehre von den grundrechtlichen Schutzpflichten*. Berlin: Duncker & Humblot, 2005.

DONISE, Anna. *Valore*. Napoli: Guida, 2008.

DWORKIN, Ronald. *Do values conflict? A hedgehog´s approach*. Arizona Law Review, vol. 43, 2001.

DWORKIN, Ronald. *Justice for Hedgehogs*. Cambridge-London: The Belknap Press of Harvard University Press, 2011.

DWORKIN, Ronald. *Justice in Robes*. Cambridge-London: Harvard University Press, 2006.

FARIA COSTA, José de. *A tortura preventiva: breve cogitatio à luz do pensamento de Beccaria*. In: Beccaria e o Direito Penal. Coimbra: Coimbra Editora, 2015.

FLETCHER, George P. *The Nature of Justification*. In: Action and Value in Criminal Law. Stephen Shute; John Gardner; Jeremy Horder (Ed.). Oxford: Clarendon Press, 2003, p. 186.

FLETCHER, George P. *O justo e o razoável*. Tradução de Paulo César Busato e Mariana Cesto. In: Novos Estudos Jurídicos. Revista Quadrimestral do Programa de Pós-Graduação Stricto Sensu em Ciência Jurídica da Universidade do Vale do Itajaí, Volume 09, nº 02, maio-agosto de 2004. Itajaí: UNIVALI, 2004.

FIGUEIREDO DIAS, Jorge de. *Direito Penal. Parte Geral*. Tomo I. Questões fundamentais. A doutrina geral do crime. Coimbra: Coimbra Editora, 2012.

FRONDIZI, Risieri. *Que són los valores? Introducción a la axiologia*. México-Buenos Aires: Fondo de Cultura Económica, 1958.

GRAU, Eros Roberto. *Por que tenho medo dos juízes? A interpretação/aplicação do Direito e os princípios*. São Paulo: Malheiros Editores, 2013.

GRECO, Luís. *As regras por trás da exceção: reflexões sobre a tortura nos chamados "casos de bomba-relógio"*. In: Revista Jurídica, n. 23, Temática n. 07. Curitiba: Unicuritiba.

GRECO, Luís. *Conveniência e respeito: sobre o hipotético e o categórico na fundamentação do Direito Penal*. In: Revista Brasileira de Ciências Criminais, Março-Abri de 2012, volume 95. São Paulo: Revista dos Tribunais, 2012.

GRECO, Rogério. *Curso de Direito Penal. Parte Geral*. Niterói: Impetus, 2005.

GUEST, Stephen. *Ronald Dworkin*. Stanford: Stanford University Press, 2013.

GUILLERMO PORTELA, Jorge. *Una introducción a los valores jurídicos*. Buenos Aires: Rubinzal-Culzoni Editores, 2008.

HABERMAS, Jürgen. *Faktizität und Geltung. Beiträge zur Diskurstheorie des Rechts und des demokratischen Rechtsstaats*. Frankfurt am Main: Suhrkamp, 1992.

HARTMANN, Nicolai. *Ethik*. Berlin und Leipzig: Walter de Grunter & Co., 1935.

HARTMANN, Nicolai. *Ontologia dei valori*. Tradução de Nadia Moro. Brescia: Morcelliana, 2011.

HECK, Luís Afonso. *O conceito de Direito ampliado*. Prefácio. In: A norma de direito fundamental associada. Direito, moral, política e razão em Robert Alexy. Roberto José Ludwig (Autor). Porto Alegre: Sérgio Antonio Fabris Editor, 2014.

HUNGRIA, Nelson. *Comentários ao Código Penal*. Volume I. Tomo II. 3ª ed. Rio de Janeiro: Forense, 1955.

JESUS, Damásio de. *Direito Penal. Parte Geral*. 31ª ed. São Paulo: Saraiva, 2010.

KAUFMANN, Arthur. *Derecho, Moral e Historicidad*. Tradução de Emilio Eiranova Encinas. Madrid: Marcial Pons, 2000.

LARENZ, Karl. *Derecho Justo: fundamentos de ética jurídica*. Tradução de Luis Díez-Picazo. Madrid: Civitas, 2001.

LUDWIG, Roberto José. *A norma de direito fundamental associada. Direito, moral, política e razão em Robert Alexy*. Porto Alegre: Sérgio Antonio Fabris Editor, 2014.

LUHMANN, Niklas. *Gibt es in unserer Gesellschaft noch unverzichtbare Normen?* In: Heidelberger Universitätsreden IV. Heildeberg: C.F. Müller, 1993.

MALAMUD GOTI, Jaime E. *Legítima Defesa y Estado de Necesidad: problemas sistemáticos de las causas de justificación*. Buenos Aires: Cooperadora de Derecho y Ciencias Sociales, 1977.

MARTÍNEZ, Pedro Soares. *Axiologia global do Direito*. In: Estudos em homenagem ao Professor Doutor Inocêncio Galvão Telles. Volume I – Direito Privado e Vária. Coimbra: Almedina, 2002.

MORENTE, Manuel Garcia; BENGOECHEA, Juan Zaragüeta. *Fundamentos de filosofía e historia de los sistemas filosóficos*. Madrid: Espasa-Calpe, S.A, 1967.

NEVES, Marcelo. *Entre Hidra e Hércules: princípios e regras constitucionais*. São Paulo: Martins Fontes, 2014.

OLIVEIRA, Rafael Tomaz de. *Decisão Judicial e o Conceito de Princípio: a hermenêutica e a (in)determinação do Direito*. Porto Alegre: Livraria do Advogado, 2008.

PALMA, Maria Fernanda. *A justificação por legítima defesa como problema de delimitação de direitos*. Volume I. Lisboa: Associação Académica da Faculdade de Direito de Lisboa, 1990.

PALMA, Maria Fernanda. *Justificação em Direito Penal: conceito, princípios e limites*. In: Jornadas de Homenagem ao Professor Doutor Cavaleiro de Ferreira. Separata da Revista da Faculdade de Direito da Universidade de Lisboa. Lisboa: Tipografia Guerra, 1995.

PALMA, Maria Fernanda. *O princípio da desculpa em Direito Penal*. Coimbra: Almedina, 2005.

PALMA, Maria Fernanda. *Provas de Agregação de Professores*. Lisboa: não publicado, 1999.

PALMER, Richard E. *Hermeneutics*. Evanston: Northwestern University Press, 1969.

REALE JÚNIOR, Miguel. *Instituições de Direito Penal*. Parte Geral. Volume I. Rio de Janeiro: Forense, 2002.

RECASÉNS SICHES, Luis. *Los temas de la Filosofía del Derecho en perspectiva histórica y visión de futuro*. Barcelona: Bosch, 1934.

RESWEBER, Jean-Paul. *A filosofia dos valores*. Tradução de Marina Ramos Themudo. Lisboa: Almedina, 2002.

ROXIN, Claus. *Strafrecht Allgemeiner Teil*. Band I. Grundlagen. Der Aufbau der Verbrechenslehre. 4. Auflage. München: Verlag C. H. Beck, 2006.

SCHELER, Max. *Der Formalismus in der Ethik und die materiale Wertethik. Neuer versuch der Grundlegung eines ethischen Personalismus*. Halle a.d.S.: Max Niemeyer, 1916.

SCHELER, Max. *El saber y la cultura*. Tradução de J. Gómez de la Serna y Favre. Madrid: Revista de Occidente, 1934.

SCHLINK, Bernhard. *Freiheit durch Eingriffsabwehr. Rekonstruktion der klassischen Grundrechtsfunktion*. EuGRZ (1984).

SCHÖNE, Wolfgang. *Técnica jurídica en materia penal*. Buenos Aires: Abeledo-Perrot, 1999.

SIECKMANN, Jan-R. *Probleme der Prinzipientheorie der Grundrechte*. In: Grundrechte, Prinzipien und Argumentation: Studien zur Rechtstheorie Robert Alexys. Jan Sieckmann und Laura Clérico (org.). Baden-Baden: Nomos, 2009.

SILVA DIAS, Augusto. *Torturando o inimigo ou libertando da garrafa o génio do mal? Sobre a tortura em tempos de terror*. In: Revista do Ministério Público do Rio Grande do Sul, n. 71. Porto Alegre: MPRS, 2012.

SOVERAL, Eduardo Abranches de. *Sobre os valores e pressupostos da vida política contemporânea e outros ensaios*. Lisboa: Imprensa Nacional Casa da Moeda, 2005.

STRECK, Lenio Luiz. *Neoconstitucionalismo, positivismo e pós-positivismo*. In: Garantismo, hermenêutica e (neo) constitucionalismo: um debate com Luigi Ferrajoli. Porto Alegre: Livraria do Advogado, 2012.

STRECK, Lenio Luiz.. *Verdade e Consenso: Constituição, Hermenêutica e Teorias Discursivas: Da possibilidade à necessidade de respostas corretas em Direito*. Rio de Janeiro: Lumen Juris, 2008.

TAIPA DE CARVALHO, Américo. *Direito Penal. Parte Geral*. Questões fundamentais. Teoria geral do crime. Coimbra: Coimbra Editora, 2011.

TAVARES, Juarez. *Teoria do injusto penal*. Belo Horizonte: Del Rey, 2000.

VIVES ANTÓN, Tomás S. *Derecho Penal. Parte Especial*. Valencia: Tirant lo Blanch, 1993.

VON WRIGHT, Georg Henrik. *La diversidad de lo bueno*. Tradução de Daniel González Lagier e Victoria Roca. Madrid: Marcial Pons, 2010.

WAGENLÄNDER, Georg. *Zur strafrechtlichen Beurteilung der Rettungsfolter*. Berlin: Duncker & Humblot, 2006.

WALDRON, Jeremy. *Torture, Terror, and Trade-Offs. Philosophy for the White House*. Oxford: Oxford University Press, 2010.

WELZEL, Hans. *Vom Bleibenden und vom Vergänglicher in der Strafrechtswissenschaft*. Marburg: N.G. Elwert Verlag, 1964.

WOJTYLA, Karol. *Max Scheler e a Ética Cristã*. Tradução de Diva Toledo Pisa. São Paulo: Editora Champagnat, 1993.

ZAFFARONI, Eugenio Raúl; ALAGIA, Alejandro; SLOKAR, Alejandro. *Derecho Penal. Parte General*. Buenos Aires: Ediar, 2002.

12

DA COMPETÊNCIA E PROCESSAMENTO E JULGAMENTO DOS CRIMES DE TERRORISMO

RODRIGO BELLO[1]

SUMÁRIO • 1. Objetivo – 2. Introdução – 3. O art. 11 da Lei 13.260/16 – 4. Princípios processuais – 5. Conceitos de atribuição e competência – 6. Investigação da Polícia Federal – 7. Prisão temporária – 8. Competência da Justiça Federal – 9. Processamento e julgamento dos crimes de terrorismo – 10. Conclusão.

1. OBJETIVO

O escopo do presente artigo é nortear, a partir do estudo da competência penal, o processamento e julgamento dos crimes de terrorismo definidos pela lei 13.260/16, limitando-se a traçar um roteiro desde a investigação até a decisão final. A intenção é homenagear princípios consideráveis do processo penal constitucional, tais como juiz natural e devido processo legal.

Vale lembrar que o crime de terrorismo já era "conhecido" (entre aspas) do operador do direito, pois a Constituição Federal de 1988 já mencionava, simplesmente, o crime de terrorismo, entretanto não se tinha uma definição precisa sobre o mesmo, gerando, com o conceito jurídico aberto, uma instabilidade interpretativa.

Como é a persecução penal, de quem é a atribuição para investigar, onde será julgado são questionamentos que enfrentaremos a partir de agora no presente artigo.

---

1. Advogado Criminalista. Professor de Processo Penal e Prática Penal. Especialista em Ciências Criminais pela UGF/RJ. Autor e professor dos Cursos Forum e Supremo Concursos.

297

2. INTRODUÇÃO

Inicialmente, importante entendermos porque houve a criação de uma lei de terrorismo no Brasil, justamente no ano de 2016. Seria ela o meio eficaz para combater ou pelo menos inibir tais condutas? Evidente que não! Já superamos essa tremenda inocência em achar que leis irão resolver o problema da criminalidade ou minimizar danos. A criação da presente lei foi fruto, não temos a menor dúvida disso, de um processo penal emergencial, onde se criam leis simbólicas para saciar, diga-se de passagem, momentaneamente a sociedade. Uma verdadeira sensação ilusória de segurança. No mais, atentados internacionais, associados à realização das Olimpíadas no Rio de Janeiro e uma necessidade de legisladores quererem os famosos louros da visibilidade midiática, aceleraram todo o processo legislativo. Registre-se, em tempo, a curiosidade tupiniquim em mencionar a exclusão da lei de atos realizados por movimentos sociais ou manifestações políticas, numa verdadeira preocupação eleitoreira. Vejamos o art. 2º §2º da lei 13.260/16:

> "§ 2º O disposto neste artigo não se aplica à conduta individual ou coletiva de pessoas em manifestações políticas, movimentos sociais, sindicais, religiosos, de classe ou de categoria profissional, direcionados por propósitos sociais ou reivindicatórios, visando a contestar, criticar, protestar ou apoiar, com o objetivo de defender direitos, garantias e liberdades constitucionais, sem prejuízo da tipificação penal contida em lei."

Será que algum operador do direito imaginaria que tais manifestações seriam caracterizadas como terrorismo? Mais uma demonstração desta curiosa necessidade brasileira de tudo estar na lei, gerando assim leis extensas e codificações intermináveis. O prolixo, se nossos legisladores soubessem, dificulta o intérprete e gera críticas consistentes.

Especificamente sobre os aspectos processuais, analisaremos a competência definida pelo legislador no art. 11 da lei 13.260/16 agregada à persecução penal, desde a fase investigatória até a decisão final. O intuito claro do presente artigo é dar vida ao direito material trazido em larga escala na lei de terrorismo. Percebemos, em várias situações, que a teoria prevalece sobre a prática, entretanto somos defensores de que um não vive sem o outro, tornando-se necessário o enfrentamento de princípios processuais constitucionais e de temas até então marginalizados, como o procedimento.

Em conclusão a esta breve introdução, é de suma importância trazer a conduta principal do ato de terrorismo dada pelo legislador, observando-se que não se trata da única, pois no art. 5º temos os atos preparatórios que também são criminalizados, tamanha sua importância e no art. 6º um tipo misto alternativo de associação ao terrorismo. Vejamos a conduta norteadora:

> Art. 2º O terrorismo consiste na prática por um ou mais indivíduos dos atos previstos neste artigo, por razões de xenofobia, discriminação ou preconceito de raça, cor, etnia e religião, quando cometidos com a finalidade de provocar terror social ou generalizado, expondo a perigo pessoa, patrimônio, a paz pública ou a incolumidade pública.
>
> Pena – reclusão, de doze a trinta anos, além das sanções correspondentes à ameaça ou à violência.

Não esqueçamos que na atual conjuntura processual, o rito é definido pelo quantum da pena, interessante alteração trazida pela reforma de 2008 no Código de Processo Penal, sendo de grande valia, obviamente, não só analisarmos a conduta descrita, como também verificarmos a norma secundária.

3. O ART. 11 DA LEI 13.260/16

Como tema deste presente artigo, se faz necessária transcrição literal do dispositivo legal que inaugura os aspectos processuais da lei 13.260/16.

> Art. 11. Para todos os efeitos legais, considera-se que os crimes previstos nesta Lei são praticados contra o interesse da União, cabendo à Polícia Federal a investigação criminal, em sede de inquérito policial, e à Justiça Federal o seu processamento e julgamento, nos termos do inciso IV do art. 109 da Constituição Federal.

Nosso roteiro, como caminha a marcha processual, parte, de forma organizada, da análise de princípios que motivaram a edição do dispositivo legal, conceitos importantes que merecem a devida diferenciação, competência, fase investigatória e, concluindo o presente artigo, a fase processual, dando vida, como gostamos de frisar, ao direito material.

4. PRINCÍPIOS PROCESSUAIS

Especificamente sobre o artigo 11 da lei 13.260/16, transcrito acima, verificamos a proteção e incidência, para uma análise de qualidade, de dois princípios processuais da mais alta magnitude, pois possuem revestimento constitucional.

O primeiro, o princípio do juiz natural (art. 5º LIII CF) que orienta todo o estudo delicado da competência penal, tema este que é um dos prediletos de nossos tribunais superiores, refletindo em vasta jurisprudência sobre o assunto, configurando um dos mais significativos em se almejar um processo justo, imparcial e equilibrado.

Poderíamos definir tal princípio, como aquele que previamente, ou seja, de antemão, já determina, de forma imparcial, o juízo competente para o processamento e julgamento de um determinado crime. A necessidade de efetividade do princípio é tamanha, tanto que nosso constituinte originário, no inciso XXXVII do próprio art. 5º vedou a criação de tribunais de exceção, num verdadeiro intuito de abandonar o passado histórico ditatorial e lutar cada vez mais pela sonhadora imparcialidade. Por falar nela, acreditamos que o processo penal só será mecanismo de efetivação do Estado Democrático de Direito se for imparcial. Utopicamente, essa é uma verdadeira luta que todos os amantes da ciência criminal precisam ter. Um processo penal com cartas marcadas nos remete a autoritarismos, injustiças e ditaduras, algo que já superamos e precisamos avançar ainda mais, por mais lento e difícil que seja,

Outro desafio quanto à imparcialidade é o comportamento do magistrado durante o processo penal. Qual sua real dimensão de atuação? Um verdadeiro "convidado de pedra", na ácida crítica de Magalhães Noronha quando se dirigia aos juízes que só observavam e julgavam, ou o juiz ator que atua como verdadeira parte e supre falhas, principalmente da acusação, numa verdadeira, cega e ensandecida luta pela inimaginável e distante verdade real.

São desafios que o processo penal contemporâneo hoje se depara. Imaginemos o seguinte exemplo: "se durante os jogos olímpicos tivéssemos um ato terrorista (os pessimistas achavam que teríamos e que nada daria certo, lembram?) e fossem presos os quatro terroristas ligados a grupos internacionais." A mídia teria interesse em acompanhar? Lógico que sim e aí reside o perigo. Personagens envolvidos querendo se tornar mais importantes que a própria investigação e até mesmo aparecer mais que o processo penal. Erroneamente teríamos, de forma secundária, a proteção ao bem jurídico penalmente relevante, pois querer se destacar mais que a dor das vítimas, numa verdadeira "quebra" de justiça seria gravíssimo. Assim, talvez teríamos a "pressa" midiática na apuração gerando um risco de se desrespeitar aspectos constitucionais insculpidos na Constituição Federal.

Essa é a nossa realidade. A ansiedade, tão bem descrita por Augusto Cury em sua obra "A ansiedade, o mal do século" também reflete no processo penal, que não pode ser para ontem e não pode demorar muito, precisa de equilíbrio, assim como todos nós.

Enfim, respeitar o juiz natural e exigir imparcialidade do magistrado, agindo, por exemplo, de forma subsidiária às partes, protegendo a Constituição, é uma realidade que, talvez, estejamos um pouco distantes, apesar de muitos personagens terem consciência de sua atuação, sejamos justos.

Outro princípio que merece destaque ao analisarmos o art. 11 é o princípio do devido processo legal, o famoso roteiro do procedimento, o passo a passo necessário para apuração profunda da autoria e materialidade. A tríade processual constitucional está completa se agregarmos ao devido processo legal, a ampla defesa e o contraditório (art. 5º LXIV e LXV CF/88).

A democracia exige um processo justo, com amplas oportunidades para ambas as partes. O devido processo penal, que se aplica integralmente na 2ª fase da persecução penal, a judicial, impõe um caminho natural para o processo penal, fluindo com naturalidade e com capítulos muito bem definidos. Se não fosse assim, teríamos ainda mais barbáries e mais inocentes sendo presos. Neste aspecto, aplausos à reforma de 2008, que, com as leis 11.689, 11.690 e 11.719, melhorou e muito a caminhada processual. Alguns podem dizer que ainda não está bom, que precisa melhorar, e retrucamos: o que não precisa melhorar? Vamos reconhecer os avanços e ponto. O processo penal também precisa de entusiasmo e otimismo. Aplaudamos a oralidade trazida, a possibilidade de absolvição sumária, a concentração dos atos de instrução e o interrogatório ao final, que foram, diga-se de passagem, avanços.

O grande perigo atualmente, que em crimes de terrorismo não será diferente, pois naturalmente gerarão repugnância e revolta coletiva, são os pré-julgamentos que presenciamos diariamente. Onde está à presunção de inocência do art. 5º LXVII CF? Enfeite? Adorno? Será que um suspeito com descendência árabe, por exemplo, terá um julgamento justo e imparcial? Os estigmas estarão à flor da pele? E se este, inocente, for condenado? Existe injustiça maior do que essa? Que saibamos, com muita evolução jurídica e porque não de espírito, entendermos que todos, friso todos, merecem, numa Democracia, em um Estado Democrático de Direito o respeito do devido processo legal. Que a mídia evolua e respeite o processo penal, acima de tudo. Que se condene quem merece ser condenado e que se absolva quem merece ser absolvido. Esse é o verdadeiro objetivo do processo penal, não apenas condenar para saciar a vontade sanguinária de uma sociedade, naturalmente revoltada com o crescimento da criminalidade, que por sinal não se resolve com leis ou processos penais céleres e injustos e sim, não fugindo do debate, com políticas públicas de longo prazo e principalmente, educação já nos primeiros anos de vida. Quem sabe, um dia...

5. CONCEITOS DE ATRIBUIÇÃO E COMPETÊNCIA

Insta observar preliminarmente, que ambos os conceitos não se confundem e as regras são independentes. É muito comum associarmos a atribuição de um órgão federal, a competência da Justiça Federal. Isso nem sempre acontece ou se comunica. Basta imaginarmos o exemplo de um crime eleitoral, que pode ser investigado precipuamente pela Polícia Federal e residualmente pela Polícia Civil e a competência para processamento e julgamento do mesmo se dará na Justiça Eleitoral, órgão este diverso da Justiça Federal e Estadual.

Poderíamos primeiramente associar o conceito de competência ao de jurisdição, pois este é o poder emanado do Estado para dirimir e solucionar conflitos. É uno, irretocável e jamais poderá ser limitado. Concordamos que quanto menos se provoca a jurisdição, maior será a qualidade daquela sociedade que está submetida a ela. Já competência é uma forma de gerenciar e organizar a jurisdição. É a forma encontrada para especificar a jurisdição e resolver, com qualidade, a solução dos conflitos. A competência está ligada diretamente ao Poder Judiciário, à Jurisdição, pois é uma exclusividade de julgadores terem competência.

Já atribuição está relacionada a órgãos distintos do Poder Judiciário. Especificamente na seara penal, possuem atribuições, Delegados de Polícia e membros do Ministério Público, para investigação (ambos) e para a promoção da ação penal (Ministério Público). Trata-se de um poder outorgado pela lei a um determinado órgão.

6. INVESTIGAÇÃO DA POLÍCIA FEDERAL

Destaque-se passagem do dispositivo em comento: "...cabendo à Polícia Federal a investigação criminal, em sede de inquérito policial.."

A escolha pela Polícia Federal é natural nestes casos que envolvem terrorismo ou qualquer possibilidade de internacionalidade de condutas, até porque, historicamente, não temos conhecimento de grupos terroristas que nasceram no Brasil. Que não se confunda atos de terror que presenciamos todos os dias em nossas grandes cidades com células terroristas, conforme o já citado art. 2º da lei 13.260/16. No mais, claramente se evidencia o interesse da União Federal na investigação deste crime.

Investigar é apurar, sinônimo de colher o maior número de informações possíveis com o intuito de se chegar aos indícios de autoria e materialidade. Trata-se de uma investigação complexa, que exigirá dos personagens envolvidos (delegados, agentes, peritos) um trabalho árduo e inteligente. Exigir-se-á, portanto, preparação de qualidade.

Neste aspecto, na prevenção ao Terrorismo, destacamos excelente conferência proferida no Seminário Internacional "Terrorismo e Violência: segurança do Estado, direitos e liberdades individuais", realizado pelo Centro de Estudos Judiciários, nos dias 27 e 28 de maio de 2002, no auditório do Superior Tribunal de Justiça-DF, pelo então superintendente regional do Departamento de Polícia Federal no Mato Grosso, Dr. Wantuir Francisco Brasil Jacini.

O eminente delegado abordou, de forma extremamente esclarecedora, as seguintes medidas, permanentes e pontuais, que a Polícia Federal adota no combate ao terrorismo:

a) Prevenção;

b) Inteligência Policial;

c) Cooperação Internacional – Interpol;

d) Controle de Aeroportos, Portos e Pontos de Fronteira;

e) Preservação da Ordem Política e Social;

f) Comando de Operações Táticas;

g) Análise de antecedentes históricos (internacional e nacional);

h) Pesquisa sobre o financiamento do terrorismo;

i) Modernização da Polícia Federal.

Importante destacar que como o Inquérito Policial tramita perante a Justiça Federal, segundo a lei 5.010/66, em seu art. 66, o prazo é diferente da regra geral do CPP (10 dias quando preso). Senão vejamos:

> Art. 66. O prazo para conclusão do inquérito policial será de quinze dias, quando o indiciado estiver preso, podendo ser prorrogado por mais quinze dias, a pedido, devidamente fundamentado, da autoridade policial e deferido pelo Juiz a que competir o conhecimento do processo.
>
> Parágrafo único. Ao requerer a prorrogação do prazo para conclusão do inquérito, a autoridade policial deverá apresentar o preso ao Juiz.

Para réu solto, o prazo geral se aplica, de 30 dias.

Destacamos julgado do Supremo Tribunal Federal no HC 107.382/SP, de relatoria da Ministra Carmem Lúcia, de 17.05.2011, que evidentemente continua sendo atual:

> "1. O prazo de que trata o art. 10, caput, do Código de Processo Penal, é impróprio, não prevendo a lei qualquer consequência processual, máxime a preclusão,

se a conclusão do inquérito ocorrer após trinta dias de sua instauração, estando solto o réu."

2. O tempo despendido para a conclusão do inquérito assume relevância para o fim de caracterizar constrangimento ilegal, apenas se o Paciente estiver preso no curso das investigações ou se o prazo prescricional tiver sido alcançado nesse interregno e, ainda assim, continuarem as investigações."

Neste aspecto investigatório, percebamos no art. 11 que o parágrafo único fora vetado. Analisemos a redação original e as razões de veto:

"Parágrafo único. Fica a cargo do Gabinete de Segurança Institucional da Presidência da República a coordenação dos trabalhos de prevenção e combate aos crimes previstos nesta Lei, enquanto não regulamentada pelo Poder Executivo."

Razões do veto:

"O dispositivo trata de organização e funcionamento da administração federal, matéria que compete privativamente ao Presidente da República, nos termos do art. 84, inciso VI, alínea 'a', da Constituição."

Fica clara e evidenciada, com esse veto, a preocupação da Presidência da República e o respeito à imposição constitucional do art. 84.

Com o intuito de presenciarmos a realidade do que estamos apresentando, segue notícia extraída do Jornal Estado de São Paulo, do dia 21 de julho de 2016, dias que precediam os jogos olímpicos:

"A Operação Hashtag deflagrada nesta quinta-feira, 21, contra um grupo suspeito de compor uma célula do Estado Islâmico no Brasil investiga inclusive as suspeitas envolvendo a atuação de uma ONG "com atuação na área humanitária e educacional" que teria colaborado com o grupo suspeito que se organizava nas redes sociais pelo grupo Defensores da Sharia, um conjunto de leis islâmicas baseadas no Alcorão.

Ao todo, cerca de 130 policiais cumprem mandados judiciais expedidos pela 14ª Vara Federal de Curitiba – sendo 12 prisões temporárias, duas conduções coercitivas e 20 buscas e apreensões, nos Estados do Amazonas, Ceará, Paraíba, Goiás, Minas Gerais, Rio de Janeiro, São Paulo, Paraná e Rio Grande do Sul.

Por motivos de segurança, a Polícia Federal não divulgou o nome dos suspeitos nem da ONG que aparece na investigação.

As investigações tiveram início em abril com o acompanhamento de redes sociais pela Divisão Antiterrorismo da Polícia Federal – DAT. Os envolvidos participavam de um grupo virtual denominado Defensores da Sharia e planejavam adquirir armamentos para cometer crimes no Brasil e até mesmo no exterior.

A operação ocorre a quinze dias dos Jogos Olímpicos, quando o Brasil receberá federações de atletas de todo o mundo, incluindo países que foram alvos de ataques recentes do grupo. Os mandados foram expedidos pela 14ª Vara Federal de Curitiba, onde morava o líder do grupo. O processo corre em sigilo.

Segundo o ministro da Justiça Alexandre de Morais, integrantes do grupo brasileiro que defendia uso de arma de táticas de guerrilha chegaram a entrar em contato com o Estado Islâmico na internet e também a tentar comprar um rifle AK-47 no Paraguai. Além disso, as investigações identificaram que eles buscaram treinamento em artes marciais e de tiro.

Estes atos – tentativa de comprar arma, contato com o Estado Islâmico e tentativa de treinar artes marciais e tiros – motivaram os pedidos de prisão. Um dos alvos da operação chegou a cumprir seis anos por homicídio, segundo Alexandre de Moraes.

A PF identificou que os integrantes do grupo chegaram a fazer um juramento na internet pelo Estado Islâmico, uma prática adotada pelo grupo terrorista para conseguir seguidores. Não foi identificado, porém, qual seria o alvo do grupo brasileiro.

Os investigados responderão individualmente, na medida de suas participações, pelos crimes de promoção de organização terrorista e realização de atos preparatórios de terrorismo, ambos previstos na Lei 13.260/2016. A pena para o primeiro crime é de cinco a oito anos de prisão, além do pagamento de multa. Para quem executa atos preparatórios, a pena varia de três a 15 anos de prisão."

7. PRISÃO TEMPORÁRIA

Ligeira e sensível mudança da lei merece nosso destaque. O artigo 18 da lei 13.260/16 acrescentou alínea no rol dos crimes que se permite a prisão temporária.

A redação da lei 7.960/89, em seu art. 2º inciso III alínea p traz como possibilidade desta prisão, os crimes previstos na Lei de Terrorismo.

Tal prisão, que entendemos caber em qualquer investigação, não somente durante o inquérito, como precisou a lei em ser art. 1º inciso III, é importante para a atividade investigativa. Presume-se que em crimes de terrorismo, esse é um excelente mecanismo para investigar e mostrar a sociedade o interesse da investigação. Isso sem falar, também presumindo, que muitos terroristas, financiados, podem dificultar muito a investigação se soltos durante a mesma.

Salientem-se, por verificarmos hoje uma evolução em outras formas de investigação, como as feitas pelo Ministério Público ou até mesmo as realizadas pelas Comissões Parlamentares de Inquérito no Poder Legislativo, que devemos ampliar as possibilidades de pedidos desta prisão não só no inquérito policial. Outras formas de investigação evoluíram, desde 1989, ao ponto da lei não ter acompanhado, por ser estática, tal mudança conjuntural. Permitir, tão somente para o inquérito, é impedir, sem motivo algum, uma atual necessidade das outras formas preliminares de investigação.

Evidentemente, conforme art. 5º LXVI CF, tal prisão também exigirá autorização judicial por estar acobertada pela cláusula de reserva de jurisdição, por atentar contra a liberdade individual.

Não esqueçamos que a prisão temporária, de natureza cautelar, pois visa proteger a persecução penal, tem um prazo definido em lei e o terrorismo por imposição legal (art. 17 da lei 13.260/89) segue as diretrizes dos crimes hediondos. O tempo de prisão, portanto é regulado pela lei 8.072/90, em seu art. 2º §4º:

> "A prisão temporária, sobre a qual dispõe a Lei nº 7.960, de 21 de dezembro de 1989, nos crimes previstos neste artigo, terá o prazo de 30 (trinta) dias, prorrogável por igual período em caso de extrema e comprovada necessidade."

8. COMPETÊNCIA DA JUSTIÇA FEDERAL

A definição da competência da Justiça Federal é definida pela Constituição Federal de 1988 num critério, diga-se de passagem, bem razoável e coerente.

Destaquemos passagem do art. 11: "...e à Justiça Federal o seu processamento e julgamento, nos termos do inciso IV do art. 109 da Constituição Federal."

Vejamos o inciso IV do art. 109 da CF: "os crimes políticos e as infrações penais praticadas em detrimento de bens, serviços ou interesse da União ou de suas entidades autárquicas ou empresas públicas, excluídas as contravenções e ressalvada a competência da Justiça Militar e da Justiça Eleitoral."

Evidencia-se, a nosso sentir, que o legislador considerou os crimes de terrorismo como crimes em detrimento de interesse da União Federal.

A competência da Justiça Federal é absoluta e em razão da natureza, significando, portanto, que deve se evitar seu deslocamento e analisar o crime em si, que provoca o deslocamento para sua competência.

O site do Supremo Tribunal Federal traz um interessante e lúcido esclarecimento sobre a Justiça Federal, aproximando a sociedade dos esclarecimentos jurídicos, que, às vezes, impedem o acesso à justiça. Vejamos:

> "A Justiça Federal da União (comum) é composta por juízes federais que atuam na primeira instância e nos tribunais regionais federais (segunda instância), além dos juizados especiais federais. Sua competência está fixada nos artigos 108 e 109 da Constituição.

Cap. 12 • DA COMPETÊNCIA E PROCESSAMENTO E JULGAMENTO DOS CRIMES DE TERRORISMO

Por exemplo, cabe a ela julgar crimes políticos e infrações penais praticadas contra bens, serviços ou interesse da União (incluindo entidades autárquicas e empresas públicas), processos que envolvam Estado estrangeiro ou organismo internacional contra município ou pessoa domiciliada ou residente no Brasil, causas baseadas em tratado ou contrato da União com Estado estrangeiro ou organismo internacional e ações que envolvam direito de povos indígenas. A competência para processar e julgar da Justiça federal comum também pode ser suscitada em caso de grave violação de direitos humanos."

Atualmente, possuímos 05 Tribunais Regionais Federais, que compreendem os seguintes Estados:

TRF da 1ª Região – sede em Brasília: compreendem as seções judiciárias do Acre, Amapá, Amazonas, Bahia, Distrito Federal, Goiás, Maranhão, Minas Gerais, Mato Grosso, Pará, Piauí, Rondônia, Roraima e Tocantins.

TRF da 2ª Região – sede no Rio de Janeiro: compreende as seções judiciárias do Rio de Janeiro e Espírito Santo.

TRF da 3ª Região – sede em São Paulo: compreende as seções judiciárias de São Paulo e Mato Grosso do Sul.

TRF da 4ª Região – sede em Porto Alegre: compreende as seções judiciárias de Paraná, Santa Catarina e Rio Grande do Sul.

TRF da 5ª Região – sede em Recife: compreendem as seções judiciárias de Alagoas, Ceará, Paraíba, Pernambuco, Rio Grande do Norte e Sergipe.

Os novos tribunais, cuja instalação ainda está suspensa pelo Supremo Tribunal Federal são:

TRF da 6ª Região – sede em Curitiba: compreenderia as seções judiciárias de Santa Catarina e do Paraná, anteriormente vinculadas ao TRF da 4ª Região, e do Mato Grosso do Sul, anteriormente vinculada ao TRF da 3ª Região.

TRF da 7ª Região – sede em Belo Horizonte: compreenderia a Seção Judiciária de Minas Gerais, anteriormente vinculada ao TRF da 1ª Região.

TRF da 8ª Região – sede em Salvador: compreenderia as seções judiciárias da Bahia, anteriormente vinculada ao TRF da 1ª Região, e de Sergipe, anteriormente vinculada ao TRF da 5ª Região.

TRF da 9ª Região – sede em Manaus: compreenderia as seções judiciárias do Amazonas, Acre, Rondônia e Roraima, todas anteriormente vinculadas ao TRF da 1ª Região.

9. PROCESSAMENTO E JULGAMENTO DOS CRIMES DE TERRORISMO

Como abordamos em introdução do presente artigo, o rito a ser definido está diretamente ligado ao quantum da pena. Vejamos objetiva alteração da Reforma de 2008 em nosso CPP:

> "Art. 394. O procedimento será comum ou especial. (Redação dada pela Lei nº 11.719, de 2008).
>
> § 1º O procedimento comum será ordinário, sumário ou sumaríssimo: (Incluído pela Lei nº 11.719, de 2008).
>
> I – ordinário, quando tiver por objeto crime cuja sanção máxima cominada for igual ou superior a 4 (quatro) anos de pena privativa de liberdade; (Incluído pela Lei nº 11.719, de 2008).
>
> II – sumário, quando tiver por objeto crime cuja sanção máxima cominada seja inferior a 4 (quatro) anos de pena privativa de liberdade; (Incluído pela Lei nº 11.719, de 2008).
>
> III – sumaríssimo, para as infrações penais de menor potencial ofensivo, na forma da lei. (Incluído pela Lei nº 11.719, de 2008)."

Pela lei 13.260/16 todas as condutas ultrapassam a pena de 04 anos, aplicando-se, portanto, o procedimento comum ordinário.

Ainda, entendemos a aplicação, para os crimes de terrorismo de recente alteração legislativa no CPP:

> "Art. 394-A. Os processos que apurem a prática de crime hediondo terão prioridade de tramitação em todas as instâncias."

Na mesma linha do encontro entre a teoria e a prática, a já mencionada Operação Hashtag da Polícia Federal deu ensejo à primeira ação penal no Brasil, após o advento da lei 13.260/16. Vejamos notícia extraída agora do Portal G1:

> "O juiz federal Marcos Josegrei da Silva aceitou nesta segunda-feira (19) a denúncia oferecida pelo Ministério Público Federal (MPF) contra oito investigados na Operação Hashtag. A partir de agora, eles respondem por crimes como promoção de organização terrorista, associação criminosa, corrupção de menores e recrutamento para organização terrorista. Esta é a primeira ação penal por terrorismo no Brasil.
>
> O grupo foi identificado pela Operação Hashtag, antes da Olimpíada do Rio de Janeiro. Na sexta (16), dia em que o MPF ofereceu a denúncia, o juiz federal determinou que a prisão temporária dos oito fosse transformada em preventiva, ou seja, eles ficam detidos por tempo indeterminado. Todos estão presos na Penitenciária Federal de Campo Grande (MS).
>
> Segundo o procurador do MPF Rafael Brum Maron, recrutamento para organização terrorista é o delito mais grave, com pena prevista de 12 a 30 anos de prisão.

Já pena prevista para o crime de promoção de organização terrorista é de cinco a oito anos de prisão e multa.

O conteúdo obtido a partir do afastamento judicial dos sigilos de dados, telemáticos e telefônicos se situa entre a exaltação e celebração de atos terroristas já realizados em todo mundo, passando pela postagem de vídeos e fotos de execuções públicas de pessoas pelo Estado Islâmico, chegando a orientações de como realizar o juramento ao líder do grupo ('bayat'), e atingindo a discussão sobre possíveis alvos de ataques que eles poderiam realizar no Brasil (estrangeiros durante os Jogos Olímpicos, homossexuais, muçulmanos xiitas e judeus), com a orientação sobre a fabricação de bombas caseiras, a utilização de armas brancas e aquisição de armas de fogo para conseguir esse objetivo", diz outro trecho da decisão do juiz federal."

Teríamos, portanto e em homenagem ao visual, a seguinte ordem em homenagem ao princípio do devido processo legal.

a) Oferecimento da Ação Penal;

b) Recebimento;

c) Citação;

d) Apresentação da Resposta do Acusado em 10 dias;

e) Possibilidade de Absolvição Sumária;

f) Audiência de Instrução e Julgamento;

f.1) ofendido;

f.2) testemunhas de acusação;

f.3) testemunhas de defesa;

f.4) peritos;

f.5) acareações;

f.6) reconhecimento de pessoas e coisas;

f.7) interrogatório

g) Possibilidade de Diligências;

h) Alegações Finais Orais (memoriais escritos em casos de complexidade, número de acusados ou diligências);

i) Sentença Penal

Importante destacarmos interessante disposição legal, hipótese urgente de medidas assecuratórias, em destaque ao sequestro de bens, traduzida na medida em que tem por objetivo retomar os bens adquiridos com o proveito do crime. Vejamos artigo processual da lei de Terrorismo:

> "Art. 12. O juiz, de ofício, a requerimento do Ministério Público ou mediante representação do delegado de polícia, ouvido o Ministério Público em vinte e quatro horas, havendo indícios suficientes de crime previsto nesta Lei, poderá decretar, no curso da investigação ou da ação penal, medidas assecuratórias de bens, direitos ou valores do investigado ou acusado, ou existentes em nome de interpostas pessoas, que sejam instrumento, produto ou proveito dos crimes previstos nesta Lei."

10. CONCLUSÃO

Em conclusão, esperamos realmente que sempre avancemos dentro da seara penal, onde as regras democráticas e constitucionais sejam respeitadas, acima de tudo. O desafio principal da presente lei é o respeito às garantias constitucionais, como já salientamos, crimes que geram interesse midiático são extremamente perigosos para o bom andamento da persecução penal.

O objetivo do presente artigo foi dar vida aos aspectos materiais da lei, demonstrar como é a persecução penal dos novos crimes trazidos na lei 13.260/16.

Estamos avançando, essa é a sensação.

13

UMA ANÁLISE HERMENÊUTICA SOBRE O CRIME DE TERRORISMO TIPIFICADO NA LEI 13.260/16:
A INCONSTITUCIONALIDADE DO ELEMENTO SUBJETIVO ESPECIAL DO INJUSTO INSERIDO PELO LEGISLADOR INFRACONSTITUCIONAL

THIAGO GRAZZIANE GANDRA[1]
CARLOS LUIZ DE LIMA E NAVES[2]

SUMÁRIO • 1. Introdução – 2. Caracterização do terrorismo e conceito legal – 3. Causa de exclusão do crime (art. 2º, § 2º, Lei 13.260/16): movimentos sociais – 4. Atipicidade dos atos de terror praticado por organizações criminosas não terroristas que atuam de dentro dos estabelecimentos prisionais – 5. Da inconstitucionalidade do elemento subjetivo do tipo previsto para a configuração do crime de terrorismo – 6. Conclusão – 7. Referências bibliográficas.

1. INTRODUÇÃO

Durante séculos, a formação e evolução dos impérios e nações estiveram umbilicalmente ligadas às guerras de conquistas e ampliação territorial, sendo que o desforço bélico e a guerra "justa" figuraram por muito tempo como meio aceitável e lícito na solução de conflitos in-

---

1. Juiz de Direito do TJMG. Titular da Vara de Execuções Penais de Ipatinga/MG. Mestre em Ciências Jurídico-criminais pela Universidade de Lisboa/Portugal. Pós-graduado em Direito de Empresa pela UGF/RJ. Graduado em Direito pela UFMG. Professor de Direito Penal e Direito Processual Penal.
2. Advogado Criminalista. Doutorando em Ciências Jurídico-Criminais pela Faculdade de Direito da Universidade de Coimbra. Mestre em Ciências Jurídico-criminais pela Universidade de Lisboa/Portugal. Pós-graduado em Direito Processual pela PUC/Minas. Graduado em Direito pela FDMC. Professor de Direito Processual Penal.

ternacionais. Tal situação fez desenvolver, no âmbito dos organismos internacionais, normas costumeiras e convencionais atinentes ao direito de guerra e ao direito humanitário, cujo escopo comum, em linhas gerais, pode ser tratado como a imposição de limites aos ataques e a proteção e socorro às vítimas da guerra.

Neste contexto, já no século XX, havia todo um regramento sobre a guerra, pressupondo exércitos formais e uniformizados, declaração de guerra, armas e técnicas vedadas, armistício e tratados de paz, mas tudo isso foi colocado à prova com o nascimento das guerrilhas e do terrorismo (RODAS, 2016).

Não há direito humanitário ou normas de guerra que sejam capazes de intimidar atentados terroristas, o que incuti o medo nos cidadãos e governantes de grande parte do mundo, fazendo com que os países assumam o compromisso internacional de combater essa prática.

Distante de manifestações terroristas declaradas, o Brasil tardava em cumprir a obrigação assumida internacionalmente, omitindo-se de seu compromisso assumido formalmente perante a comunidade internacional para criar uma legislação específica que fosse capaz de prevenir e combater o terrorismo e o financiamento voltado para essa atividade.

No entanto, avaliado pelo GAFI (Grupo de Ação Financeira Internacional)[3] em 2010, o país ficou em estágio de acompanhamento ("follow up"), em decorrência do injustificável retardamento de nossas autoridades para elaborarem uma política criminal minuciosa e voltada para impedir o terror e ações que o sustentam, o que, evidentemente, passaria pela própria definição do crime de terrorismo que ainda era uma lacuna na nossa legislação.

Tal situação chegou ao limite quando o governo brasileiro foi repreendido formalmente em 2014 ao se tornar, entre todos os Estados-membros que compõem o G-20, o único país que ainda não havia tratado minimamente sobre a matéria envolvendo o financiamento e outras práticas do terrorismo. Essa advertência colocou o estado brasileiro a uma posição constrangedora no âmbito internacional, o que se acentuou com o risco da imposição de sanções na hipótese de não criação imediata de normas de combate ao financiamento do terrorismo (ANPR, 2015, p. 3-4).

---

3. Em inglês, *Financial Action Task Force, ou FATF*, criado em 1989, é um agrupamento governamental internacional de carácter informal, ou seja, não se trata de uma organização internacional criada por tratado, cuja ação consiste na formulação de recomendações com vista à prevenção e repressão da lavagem de dinheiro, do financiamento do terrorismo, do confisco dos lucros do crime e da cooperação internacional nestas matérias.

Diante deste quadro, por iniciativa da Presidência da República, foi encaminhado à Câmara dos Deputados, em 18/06/2015, o Projeto de Lei que tipifica o terrorismo, fazendo-o tramitar em regime de urgência, na forma do art. 64, §1.º da Constituição da República de 1988.

Em meio a várias polêmicas e à intensa discussão envolvendo diversos temas (desde a conceituação do termo "terrorismo" até o círculo de abrangência de tal expressão), a Lei 13.260/16 foi publicada e entrou em vigor em 16 de março de 2016, na véspera da abertura dos jogos olímpicos, o maior evento já organizado em território nacional e a maior competição do mundo.

Comprometido com bandeiras ideológicas mais populares e de proteção às manifestações sociais, o governo empenhou-se em garantir, durante a elaboração da lei, que protestos políticos e de classes sociais e profissionais não fossem tratados como atos terroristas, mormente seja comum, em determinados momentos, que as insatisfações populares acabem estimulando cenas de violência e de depredação generalizada ao patrimônio público e privado. Recorde-se que desde o ano de 2013, por ocasião da Copa das Confederações (torneio preparatório para a Copa do Mundo), o país vivenciava ondas de protestos, muitos deles violentos, e que se estenderam durante os anos de 2014, 2015 e 2016, potencializados pelos desdobramentos da "Operação Lava Jato".

Outro ponto que chama a atenção está relacionado à atuação de organizações criminosas nascidas dentro dos estabelecimentos penais brasileiros que, por sua forma violenta de agir, pela tentativa de intimidação do Estado e pela geração de medo coletivo, fazem com que se pretenda, não raras vezes, que seus atos sejam tratados como terroristas.

Diante disso, no intuito de colaborar com a compreensão do tema, são estes os pontos de abordagem que a seguir vamos enfrentar, na tentativa de conciliar a legislação em vigor com a ordem constitucional.

2. CARACTERIZAÇÃO DO TERRORISMO E CONCEITO LEGAL

Em linhas gerais, o terrorismo apresenta-se como meio de resistência de um grupo socialmente mais fraco que, incapaz de enfrentar diretamente o grupo dominante (muitas vezes representado pelo próprio Estado), utiliza-se de atos de terror objetivando que a disseminação do medo seja capaz de compelir a figura opressora a recuar em determinadas opções políticas de âmbito interno ou externo.

Todavia, a definição do terrorismo não é tarefa fácil, especialmente em razão da fluidez do fenômeno terrorista, que pode adotar as mais diversas formas de manifestação e motivação, caracterizando-se como fenômeno de alta complexidade. Por isso, a generalização taxativa da conduta a ser tipificada torna-se uma tarefa ainda mais delicada em razão das inúmeras causas, motivos, estruturas próprias de cada organização e objetivos dos seus membros (CALLEGARI, LIRA E REGHELIM et. al., 2016, pp. 23-26). Nada disso, por outro lado, obstou a intensificação do exercício legislativo entre as maiores potências do mundo que conseguiram elaborar normas sofisticadas para impedir ou apurar e condenar atos terroristas.

Nestas diversas legislações, para a conceituação do terrorismo dois elementos fundamentais estão presentes. O primeiro, ligado à forma de atuação e resultados obtidos (elemento estrutural); e, o segundo relacionado aos objetivos que se pretende alcançar com o ato (elemento teleológico).

Obviamente, quanto à forma de atuação, o terrorismo caracteriza-se pela ação violenta e indiscriminada, resultando na lesão e/ou morte de um indeterminado número de pessoas não previamente identificadas. Quanto aos objetivos, primordialmente, visa a instalação do medo coletivo e a fragilização do Estado, por meio de ações aleatórias praticadas, normalmente, em locais de grande aglomeração urbana. Resumindo, o terrorismo utiliza-se da prática de crimes comuns, com a finalidade de atemorizar as pessoas para alcançar um objetivo político ou social aos quais seria impossível de ser obtido de outra forma (PÉREZ CEPEDA, 2007, p. 161).

Neste contexto, a fixação dos elementos configuradores do terrorismo, mais do que simples classificação doutrinária, é o que torna possível distinguir o terrorismo dos crimes comuns, apesar de manterem entre si uma identidade inicial. A prática terrorista utiliza-se sempre de tipos penais já existentes, que passarão a ser tratados como meros crimes-meio no exato instante em que se revelarem presentes as duas condições caracterizadoras do terrorismo.

Mas isso não é tudo. Para compreender a disseminação de suas ideias e técnicas, faz-se necessário destacar a estratégia da ação terrorista com dois objetivos: expandir a sensação de pânico social entre os alvos pretendidos e, paralelamente, de propaganda em favor da causa defendida pelos seus membros. Deveras, o terror distingue-se pela criação de um estado emocional de grande medo e pavor e a disseminação deste estado emocional se dá por meio da ação violenta, com a multiplicidade de danos a toda sorte de bens jurídicos, instantaneamente divulgada pelos meios de comunicação de massa.

A disseminação do terror não se alcança por um ato isolado, dissimulado ou às escondidas. Tal espaço concedido pela mídia apenas é possível pela grandiosidade do ato, capaz de chamar a atenção de toda a comunidade, não apenas local, mas mundial. Note-se que esta grandiosidade não está apenas nos números de mortos ou feridos, mas também na ousadia revelada pelo ato, capaz de descortinar a fragilidade do Estado. É a constatação desta incapacidade do Estado de proteger seus cidadãos que faz crescer o sentimento de medo coletivo, núcleo indissociável do fenômeno terrorista.

E, na verdade, o que mais contribui para a difusão deste pânico coletivo é o fato de que o terrorismo tem como característica a aleatoriedade, ou seja, a completa indiscriminação em relação às suas vítimas, que passam a ser tratadas como meros instrumentos para o alcance dos objetivos do ataque terrorista. Trata-se, pois, de absoluta negação dos direitos humanos.

As vítimas diretas do ataque são o meio de se alcançar o Estado, sendo necessário ao discurso do terror a desumanização ou despersonalização das vítimas (CANCIO MELIÁ, 2010, p. 66).

Por fim, realizado o ataque terrorista, é a probabilidade concreta de novos ataques, o prognóstico seguro da fragilidade do Estado e da coletividade frente à violência do ataque, que fazem com que as pessoas passem a temer sincera e coletivamente a ocorrência de um novo ato.

Dito isso, ao analisar a Lei 13.260/16, é possível constatar que a tipificação do terrorismo, de certa maneira obedeceu aos elementos e características acima mencionados. No entanto, inovou no que tange à predefinição dos motivos da prática do ato. Dispõe a legislação:

> Art. 2º – O terrorismo consiste na prática por um ou mais indivíduos dos atos previstos neste artigo, por razões de xenofobia, discriminação ou preconceito de raça, cor, etnia e religião, quando cometidos com a finalidade de provocar terror social ou generalizado, expondo a perigo pessoa, patrimônio, a paz pública ou a incolumidade pública.
>
> § 1º São atos de terrorismo:
>
> I – usar ou ameaçar usar, transportar, guardar, portar ou trazer consigo explosivos, gases tóxicos, venenos, conteúdos biológicos, químicos, nucleares ou outros meios capazes de causar danos ou promover destruição em massa;
>
> II – (VETADO);
>
> III – (VETADO);
>
> IV – sabotar o funcionamento ou apoderar-se, com violência, grave ameaça a pessoa ou servindo-se de mecanismos cibernéticos, do controle total ou parcial, ainda que de modo temporário, de meio de comunicação ou de transporte, de portos, aeroportos, estações ferroviárias ou rodoviárias, hospitais, casas de saúde, escolas, estádios esportivos, instalações públicas ou locais onde funcionem

serviços públicos essenciais, instalações de geração ou transmissão de energia, instalações militares, instalações de exploração, refino e processamento de petróleo e gás e instituições bancárias e sua rede de atendimento;

V – atentar contra a vida ou a integridade física de pessoa:

Pena – reclusão, de doze a trinta anos, além das sanções correspondentes à ameaça ou à violência

A leitura do dispositivo revela que o legislador pátrio fixou que a finalidade do terrorismo deve ser a provocação do terror social ou generalizado (elemento teleológico e núcleo essencial do fenômeno terrorista), devendo o autor do ataque atuar de modo a expor a perigo a pessoa, o patrimônio, a paz pública ou a incolumidade pública (elemento estrutural ligado ao resultado obtido).

Também o parágrafo primeiro do art. 2.º, estabeleceu as formas ou meios pelos quais se praticam os atos de terrorismo, revelando em seus incisos, também, um elemento estrutural, mas agora ligado ao meio ou forma de atuação.

A novidade fica por conta dos motivos, que, segundo expresso na norma, devem estar relacionados a razões de xenofobia, discriminação ou preconceito de raça, cor, etnia e religião. Fixadas estas premissas, passemos à situação das manifestações políticas e dos movimentos sociais, de classe, religiosos ou de categoria profissional.

3. CAUSA DE EXCLUSÃO DO CRIME (ART. 2º, § 2º, LEI 13.260/16): MOVIMENTOS SOCIAIS

Durante a tramitação do projeto de lei que culminou com a Lei Antiterrorismo brasileira, dúvida surgiu quanto à possibilidade de que manifestações político-sociais violentas pudessem ser enquadradas no conceito de terrorismo.

Mesmo que não desejado, não é incomum que manifestações populares terminem em confrontos, depredações, pessoas feridas e mortes. Se, por um lado, tais manifestações sociais fazem parte do jogo democrático, por outro, não raras vezes elas extrapolam os limites toleráveis. Porém, só por isso, não poderiam ser tratadas como atos de terrorismo por lhes faltarem os elementos estruturais básicos do fenômeno terrorista, notadamente, o discurso do terror.

Neste sentido, andou bem o legislador ao estabelecer no parágrafo segundo do art. 2.º, da Lei 13.260/16, que:

§ 2º – O disposto neste artigo não se aplica à conduta individual ou coletiva de pessoas em manifestações políticas, movimentos sociais, sindicais, religiosos, de classe ou de categoria profissional, direcionados por propósitos sociais ou reivindicatórios, visando a contestar, criticar, protestar ou apoiar, com o objetivo de defender direitos, garantias e liberdades constitucionais, sem prejuízo da tipificação penal contida em lei.

O legislador foi expresso no sentido de que não se aplica o tipo do terrorismo às manifestações políticas, movimentos sociais, sindicais, religiosos, de classe ou de categoria profissional, direcionados a propósitos sociais ou reivindicatórios.

Não causa dificuldade a compreensão dos conceitos legais, na medida em que não há dúvida, em tese, quanto ao que sejam movimentos sindicais, religiosos, ou de classe ou categoria profissional. Quanto ao que sejam manifestações políticas, nos socorrendo do Dicionário de Política (BOBBIO, MATTEUCCI e PASQUINO, 1998, p. 786-787), *"sob o ponto de vista da estrutura e das atividades, os movimentos políticos não diferem muito dos movimentos sociais, mesmo que, em geral, a sua estrutura tenda a ser menos fluida"*.

Por sua vez, o conceito de movimentos sociais está ligado à ação de um grupo organizado com a finalidade de alcançar modificações sociais por meio do enfrentamento político, seguindo determinados valores e preferências ideológicas.

Gianfranco Pasquino (BOBBIO, MATTEUCCI e PASQUINO, 1998, p. 787) reconhece que os *"comportamentos coletivos e os movimentos sociais constituem tentativas, fundadas num conjunto de valores comuns, destinadas a definir as formas de ação social e a influir nos seus resultados"*.

Tratando dos comportamentos coletivos, Pasquino (BOBBIO, MATTEUCCI e PASQUINO, 1998, pp. 787-788) os divide em fenômenos coletivos de agregado e fenômenos coletivos de grupo, sendo que nos fenômenos coletivos de agregado o comportamento é similar num grande número de indivíduos, sem que se construa uma nova identidade do grupo e, desaparecido o motivo que deu lugar aos comportamentos, não há mais sentido falar nem mesmo no grupo (ex.: pânico, multidão, moda, boom).

Por outro lado, continua Pasquino (p. 788), nos fenômenos coletivos de grupo, os comportamentos semelhantes *"dão origem ao surgimento de novas coletividades, caracterizadas pela consciência de um destino comum e pela persuasão de uma comum esperança"*. Neste contexto, não seria demais fixar que os movimentos sociais devem ser tratados como fenômenos coletivos de grupo, apenas se distinguindo destes, pelo grau e pelo tipo de mudança que pretendem provocar no sistema, e pelos valores e nível de integração que lhes são intrínsecos.

Na verdade, mais do que os movimentos coletivos de grupo, os movimentos sociais não pretendem ser efêmeros, não reivindicam e buscam uma mudança pontual. De forma geral, são movimentos que buscam impor mudanças nas normas, nas funções e nos processos de destinação dos recursos, que pretendem influenciar nas modalidades de acesso à participação política e de mudança das relações de força, podendo até pretender a subversão da ordem social e transformação do modo de produção e das relações de classe (BOBBIO, MATTEUCCI e PASQUINO, 1998, pp. 791).

Ao contrário do fenômeno terrorista, a finalidade dos movimentos sociais está protegida pelo Estado Democrático de Direito, em que a dialética e a liberdade de pensamento e manifestação são características primordiais e protegidas constitucionalmente.

Como não poderia deixar de ser, ademais, a própria lei foi clara ao estabelecer que as manifestações políticas e movimentos sociais, sindicais, religiosos, de classe ou categoria profissional devem estar *"direcionados por propósitos sociais ou reivindicatórios, visando a contestar, criticar, protestar ou apoiar, com o objetivo de defender direitos, garantias e liberdades constitucionais"*.

Ainda que seja violenta, ainda que as pessoas tenham medo, a manifestação popular não tem a finalidade de disseminar o terror ou difundir o medo coletivo e, portanto, lhe falta o núcleo essencial do terrorismo. De fato, *"ao contrário, em regra, desejam a população local ao seu lado, pois são identificados com eles e, muitas vezes, reivindicam em prol do grande grupo"* (CALLEGARI, LIRA E REGHELIM *et. al.*, 2016, p. 73). Portanto, o próprio conceito e finalidade dos movimentos sociais é incompatível com o fenômeno terrorista, caracterizado pelo discurso do terror implementado numa verdadeira estratégia de comunicação.

Ao fixar a finalidade social ou reivindicatória de tais movimentos, o legislador afastou qualquer possibilidade de enquadramento no conceito de terrorismo, cujo elemento teleológico ("provocar terror social ou generalizado") encontra-se expressamente previsto no tipo do art. 2.ª, *caput*, da Lei.

Assim, como ressalta Callegari, Lira e Reghelim *et. al.* (2016, p. 97), a exclusão do crime se dá pela ausência de elemento essencial do tipo, ou seja, pela própria inadequação típica.

Evidentemente que o fato de não se caracterizar o movimento, ainda que violento, como terrorista, por absoluta atipicidade, não exclui a possibilidade de responsabilidade penal para cada ato criminoso isolado praticado pelos participantes da manifestação, como se vê na parte final do parágrafo segundo do art. 2.º da Lei ("sem prejuízo da tipificação penal contida em lei").

Mas, e quando não se está diante de uma manifestação política ou movimento social, sindical, religioso, de classe ou categoria profissional? Quando a atuação, a pretexto de reivindicar algo ou enfrentar o Estado, sem amparo legal ou constitucional, atua com violência, colocando em risco a integridade física e a vida das pessoas de forma indiscriminada?

Relembremos a situação do sistema prisional brasileiro e a atuação das facções criminosas, que reagem com violência contra cada ato do Estado que não interessa àqueles que estão cumprindo pena[4].

4. ATIPICIDADE DOS ATOS DE TERROR PRATICADO POR ORGANIZAÇÕES CRIMINOSAS NÃO TERRORISTAS QUE ATUAM DE DENTRO DOS ESTABELECIMENTOS PRISIONAIS

Os presídios brasileiros são dominados por facções criminosas e esta é uma constatação pública e notória. Onde o Estado ficou inerte, a criminalidade se organizou. Os fenômenos sociais não surgem isoladamente, não se podendo atribuir-lhes uma única causa. A situação dos presídios brasileiros nada mais é do que o reflexo de um processo histórico em que o Brasil relegou a segundo plano sua política criminal, que não se concentrou na instituição de um sistema penitenciário capaz de cumprir sua finalidade[5].

---

4. Em Natal/RN, após a instalação de bloqueadores de celulares em presídios, a violência tomou conta da cidade, sendo notícia em todo país. "*Por causa dos ataques criminosos ao sistema de transporte, unidades policiais e prédios públicos que vêm ocorrendo em Natal e várias cidades do interior do Rio Grande do Norte, a capital potiguar completa nesta tarde 24 horas sem ônibus nas ruas. A informação é do Sindicato das Empresas de Transporte Urbano de Passageiros de Natal (Seturn). A instalação de bloqueadores de celular na Penitenciária Estadual de Parnamirim, na Grande Natal, é apontada pelo governo como motivo dos atentados*", segundo informação do site G1 (http://g1.globo.com/rn/rio-grande-do-norte/noticia/2016/07/ainda-em-clima-de-violencia-natal-completa-24h-sem-onibus-nas-ruas.html. Acesso em 11.08.2016).

5. Em seu depoimento na CPI, o jornalista Percival de Souza, "relatou sua experiência com o crime organizado nos presídios: "para que os senhores tenham ideia, por motivos politizados, enquanto uma facção criminosa se desenvolvia em bases sólidas, o Governo do Estado simplesmente negava a existência dessa facção, como se fosse uma miragem, uma ficção. Nós poderíamos classificar isso de várias maneiras, inclusive na prevaricação de ordem legal – entendo eu humildemente –, prevaricação. Agora, vejam só: não existia a facção, segundo todos os pronunciamentos oficiais. Entretanto, no gabinete do Secretário da Segurança Pública foi montado um grupo para combater a facção. Os senhores estão entendendo? O Governo diz: 'Não existe o PCC, mas vamos criar um grupo para aniquilá-lo dentro do gabinete do Secretário de Segurança'. Isso é uma heresia, isso é um absurdo."[...] "E eu digo aqui para os membros desta Comissão, para as senhoras e

Deveras, com constatou a CPI de 2008, *"o Estado abandonou o tratamento prisional e o espaço foi assumido pelos próprios presos. A forma de se organizarem foi a criação de facções ou grupos"* (CPI, 2008, p. 63).

Ainda que em algumas unidades prisionais não se verifique a presença desses grupos criminosos, existe um grupo de presos – por vezes, inominado – que domina o local e determina as regras de comportamento, numa autêntica subcultura prisional.

Obviamente que, seja pela dominação ostensiva de uma facção criminosa organizada, seja pela presença de grupo dominante de presos, o uso da força e da violência são as bases dessa dominação, sendo que a violação das regras é severamente punida, quase sempre com a morte[6]. Alerta mesmo Michel Foucault (*apud* CPI, 2008, p. 60) que *"a prisão fabrica também delinqüentes impondo aos detentos limitações violentas; ela se destina a aplicar as leis, e a ensinar o respeito por elas; ora, todo seu funcionamento se desenrola no sentido do abuso do poder"*.

De dentro e fora das unidades prisionais, as facções criminosas, notadamente o PCC, exercem rigoroso comando do crime, ordenando ataques à polícia, incêndio a ônibus, homicídios, assaltos, tráfico e toda sorte de atividades ilegais.

Na visita ao estado do Mato Grosso do Sul, a CPI encontrou em letras douradas, pregadas na parede do pátio do presídio uma mensagem do PCC em conjunto com a sua filial de Mato Grosso do Sul – PCMS, que domina a Penitenciária de Segurança máxima daquele estado: "A FAMÍLIA PCC DESEJA AOS SEUS FAMILIARES UM FELIZ NATAL E UM PRÓSPERO ANO NOVO".

Ouvidos pela CPI, muitos dos presos, elogiaram a facção criminosa e afirmaram que depois da chegada dela às cadeias do Estado, muita coisa

---

os senhores, que, em termos contemporâneos, surgiu, com o crime organizado, uma outra perspectiva inclusive de detectar, com muita sabedoria até, todos os equívocos e vacilos das chamadas autoridades competentes no tratamento deste assunto, para que eles, organizados, penetrassem num vácuo, num vácuo deixado com relação a administrar-se, dentro do primado do real, o universo carcerário. Ou seja, surgiu uma espécie de semiótica, uma nova linguagem, códigos de comunicação: linguagem, estrutura militar; general, soldado; mensagens, salves; penitenciárias, faculdades, faculdades, faculdades. Irônico. O poder de comunicação burlando todas as normas, a cooptação de funcionários corruptos, a cooptação de alguns bacharéis em Direito não dignos de serem chamados de advogados."" (CPI, 2008, pp. 63-64)

6. "CEARÁ: No Instituto Paulo Sarasate, durante a diligência da CPI, os corpos de dois detentos foram encontrados. Um túnel, por onde pretendiam fugir assaltantes do Banco Central em Fortaleza e de onde foram levados, em 2006, R$ 170 milhões, foi descoberto e a fuga frustrada. Os dois detentos, acusados de terem "dado o serviço" para a direção, foram assassinados. Um deles estava pendurado em uma corda na cela de onde partia o túnel, tinha um cadeado na boca e um cartaz pendurado no corpo, onde estava escrito: PCC. Este foi o recado dado pela organização à massa carcerária: fiquem de boca fechada ou morrem" (CPI, 2008, pp. 57-58).

melhorou e que são todos unidos e solidários. Disseram que, quando têm uma reivindicação, os líderes do comando na cadeia é que vão até direção fazer as solicitações.

O então Secretário de Segurança do Mato Grosso do Sul confirmou que o Primeiro Comando da Capital – PCC domina a prisão, *"relatando aos Deputados que o PCC também tem "soldados" nas ruas, que sequestram, matam e extorquem, a mando dos líderes presos, que sempre dão um jeito de ter em suas celas telefones celulares"* (CPI, 2008, p. 58).

Em São Paulo, o PCC está em todas as unidades prisionais:

> No Presídio de Franco da Rocha o desenho colorido, em uma cela, chamava a atenção. Em grandes letras, ocupando mais de um metro da parede, estava escrito: PCC – 1533 (o 1533 representa as letras PCC – o P é a 15ª letra do alfabeto e o C a terceira).
>
> No Centro de Detenção Provisória de Pinheiros, zona Sul de São Paulo, logo na primeira cela – a de triagem que abriga detentos recém-chegados – a CPI viu, no teto, escrito em tinta preta a palavra PCC. Todos os presos ouvidos pela CPI confirmaram pertencer à facção e exaltaram a "ajuda" do PCC à massa carcerária, chamada por um dos presos de "minha família". Confirmaram a ajuda que a organização dá aos seus familiares, distribuindo cestas básicas e pagando transporte e enterros. O diretor do presídio confirmou que o PCC domina não só aquele presídio, mas muitos outros em São Paulo e disse que não vê soluções e alternativas para diminuir o poder do PCC, em face da organização ter força e ter crescido muito.
>
> Na parede do pátio do presídio estava colada uma lista, escrita em papel almaço, dos ganhadores da "rifa do PCC", datada de março de 2008 e que trazia o resultado dos cinco ganhadores do mês: os três primeiros ganharam carros zero km e o quarto e o quinto colocados levaram motos, também zero. Dois dos cinco ganhadores estavam presos e os outros três compraram seus números nas ruas (CPI, 2008, p. 59).

Não bastasse o poder econômico[7] que as facções criminosas atingiram no país, elas ainda se interagem, formando alianças, como no caso do PCC de São Paulo e o Comando Vermelho do Rio de Janeiro e do mesmo PCC com o PCMS do Mato Grosso do Sul.

Deveras, as duas maiores facções criminosas do país surgiram dentro dos estabelecimentos prisionais, o Comando Vermelho, em 1979, no presí-

---

7. "Um livro caixa apreendido pela polícia de São Paulo mostrou, em 2008, que a facção arrecadava cerca de 4 milhões e 800 mil reais por mês com assaltos, roubos a bancos, seqüestros e outros crimes. Este é o movimento "normal" da facção, que inclui também arrecadação com a Rifa do PCC (vendida mensalmente nas cadeias a R$ 10,00 o número) e o tráfico de drogas. Somassem a essa quantia mensal "rotineira" os lucros com mega-assaltos esporádicos, como o ocorrido ao Banco Central de Fortaleza, onde a facção levou R$ 170 milhões, dos quais apenas R$ 20 milhões foram recuperados. Para cuidar de tanto dinheiro existe na organização até a figura do "contador", que é responsável pela contabilidade da facção". (CPI, 2008, pp. 59/60).

dio de Ilha Grande (RJ) e o Primeiro Comando da Capital (PCC), em 1993, na Casa de Custódia de Taubaté (SP). Ambas as organizações, em suas atuações dentro dos estabelecimentos penais têm "*uma pauta comum, que inclui a melhoria das condições de vida no interior dos estabelecimentos prisionais e o fim do tratamento cruel e degradante*" (CPI, 2008, 60).

Michel Foucault (*apud* CPI, 2008, p. 60) já havia alertado sobre isso, afirmando que "*a prisão torna possível, ou melhor, favorece a organização de um meio de delinquentes solidários entre si, hierarquizados, prontos para todas cumplicidades futuras*".

Organizados, criminosos passaram a atuar com violência, dentro e fora dos estabelecimentos prisionais, sempre contando com o apoio uns dos outros, em nome de fazerem parte ou estarem vinculados a um organismo comum, por exemplo, o PCC ou o Comando Vermelho.

Para exemplificar: imagine que o Estado de São Paulo resolva fazer a instalação em todas as unidades prisionais da capital de dispositivos bloqueadores do uso de telefones celulares. Sabendo da iniciativa, líderes do PCC determinam a seus "soldados" que passem a incendiar ônibus coletivos e a atacar unidades policiais reiteradamente até que o Estado recue em sua disposição e não realize a instalação dos bloqueadores. Assim é feito. Diariamente, em vários pontos da cidade, bandidos armados interceptam ônibus coletivos e despejam gasolina no veículo, ateando fogo. Também fortemente armadas passam em frente as unidades policiais e, com armamento pesado, efetuam centenas de disparos na direção do prédio. Nestas ações, houve muitos feridos, algumas mortes, vários ônibus incendiados, delegacias destruídas. As empresas de ônibus desistem de cumprir com suas obrigações. O indivíduo deixa de ter, à sua disposição, um serviço essencial que o condiciona a ficar isolado das demais áreas urbanas.

Não seria absurdo compreender que, ao atear fogo em ônibus coletivo ou determinar que se ateie, ou ao atacar violentamente unidades policiais, temos preenchido o elemento estrutural ligado à atuação violenta, inclusive com previsão legal nos incisos IV e V do §1.º, do art. 2.º da Lei 13.260/16. Não há discussão também, a meu sentir, que a violência da ação impõe o pânico à sociedade em geral, criando uma sensação de medo coletivo, especialmente porque o ataque não é dirigido a determinada pessoa, mas pode atingir qualquer pessoa, a qualquer momento (aleatoriedade). E mais do que isso, faz parte evidente da ação criminosa a finalidade de revelar a fragilidade do Estado e a incapacidade de proteger seus cidadãos e, assim, obriga-lo a recuar na instalação dos bloqueadores de celular.

Se não podemos enquadrar a atuação de uma organização criminosa a qualquer tipo de movimento social (mesmo porque seria absurdo), de modo que a causa de exclusão do crime, alhures mencionada, não se aplica a tais grupos, também, a lei brasileira não permitiu a adequação de tal forma de atuação aos atos de terrorismo.

A Lei 12.850/13 trouxe o conceito de organização criminosa[8], nele se encaixando perfeitamente a atuação destas facções criminosas, como se lê no parágrafo primeiro do art. 1.º da referida norma:

> § 1º – Considera-se organização criminosa a associação de 4 (quatro) ou mais pessoas estruturalmente ordenada e caracterizada pela divisão de tarefas, ainda que informalmente, com objetivo de obter, direta ou indiretamente, vantagem de qualquer natureza, mediante a prática de infrações penais cujas penas máximas sejam superiores a 4 (quatro) anos, ou que sejam de caráter transnacional.

Note-se que o conceito legal de organização criminosa exige: a) reunião de, no mínimo, quatro pessoas; b) que a organização se destine à prática de infrações penais cuja pena privativa de liberdade máxima seja superior a 4 anos ou seja de caráter transnacional; c) que haja estrutura ordenada e também que esteja caracterizada a divisão de tarefas, ainda que informal e; d) que tenha o objetivo de obter vantagem de qualquer natureza.

Neste contexto, não há dúvida de que estas facções criminosas, como o PCC e o Comando Vermelho, se enquadram no conceito de organização criminosa, assim caminhando a jurisprudência[9].

Por sua vez, a Lei das Organizações Criminosas (Lei 12850/13) já tratava especificamente das organizações terroristas (art. 1.º, §2.º, II)[10], sendo

---

8. O art. 1.ª, §1.º da Lei 12.850/13 revogou tacitamente o art. 2.º da Lei 12.694/12, porquanto ambas as disposições tratam de conceituar o que seria organização criminosa e, sendo as duas normas de mesma hierarquia e não sendo nenhuma especial em relação à outra, pelo critério cronológico de solução de antinomia, prevalece a norma mais recente. Neste sentido é a lição de Gabriel Habib (2015, p. 31)

9. Neste sentido, há várias decisões do STJ, valendo colacionar acórdão recentíssimo: PROCESSO PENAL. HABEAS CORPUS. TRÁFICO E ASSOCIAÇÃO. PRISÃO PREVENTIVA. EXCESSO DE PRAZO. **ORGANIZAÇÃO CRIMINOSA**. RÉU COM VINCULAÇÃO COM O "**PCC**". DEMORA JUSTIFICADA. DIFÍCIL INSTRUÇÃO PROCESSUAL. VÁRIOS RÉUS COM NECESSIDADE DE ENVIO DE PRECATÓRIAS. COMPLEXIDADE DA CAUSA. 1. A demora no término da instrução criminal afigura-se justificada diante das circunstâncias do caso concreto, porquanto se cuida de ação penal de difícil condução relativa a **organização criminosa** comandada por integrante do denominado Primeiro Comando da Capital (**PCC**), tendo a presença de mais de uma dezena de acusados e na qual há a necessidade de envio de várias precatórias, o que revela a complexidade no andamento do feito. 2. Ordem denegada (HC 354208 / SP – Sexta Turma – 14.06.2016).

10. Redação do art. 1.º, §2.º, II da Lei 12.850/13 antes da modificação introduzida pela Lei 13.260/16: "*II – às organizações terroristas internacionais, reconhecidas segundo as normas de direito internacional, por foro do qual o Brasil faça parte, cujos atos de suporte ao terrorismo, bem como os*

certo que a Lei 13.260/16 apenas adequou aquela disposição à sua dicção, de modo que, a Lei das Organizações Criminosas se aplica, na forma do novo inciso II, "*às organizações terroristas, entendidas como aquelas voltadas para a prática dos atos de terrorismo legalmente definidos*".

Partindo desta premissa, temos que a definição do que seja uma organização terrorista está ligada à própria definição legal do que sejam os atos de terrorismo.

Neste contexto, como dito alhures, os atos terroristas guardam, em sua definição legal, um elemento estrutural (forma de atuação e resultado obtido) e um elemento teleológico (imposição do medo coletivo), se caracterizando pela aleatoriedade, pelo uso da violência como estratégia de comunicação e na intenção de produzir a fragilização dos poderes constituídos e eventual recuo em determinada política de atuação. Até aqui, a situação do exemplo acima citado, se encaixa perfeitamente.

No entanto, falta no exemplo proposto um dos elementos que compõe a descrição típica dos atos de terrorismo, segundo a lei brasileira, especificamente o elemento relacionado aos motivos da ação criminosa. A Lei 13.260/16 exige para a configuração do ato como terrorista que o mesmo tenha sido praticado por razões "*de xenofobia, discriminação ou preconceito de raça, cor, etnia e religião*".

É de se ressaltar que legislações de outros países assim não o fizeram, de modo que, se atos como o do exemplo proposto fossem praticados nestes países não estaria descartada a hipótese de terrorismo. Países como França (art. 422 do Código Penal), Alemanha (§129a. do Código Penal), Itália (arts. 270, 280 e 289 do Código Penal), Portugal (Lei 52/2003), Espanha (art. 573 do Código Penal), não restringiram os atos de terrorismo ou a atuação de organização terrorista com a fixação de motivos específicos para o ato.

Obviamente que, exigindo a lei brasileira que a motivação do ato esteja ligada a razões de xenofobia, discriminação ou preconceito de raça, cor, etnia e religião, e estando ausentes tais motivos, não há meio de se caracterizar este tipo de ação das organizações criminosas como ato de terrorismo.

Ainda que se trate de ação isolada, mas com o objetivo de pressionar o Estado a recuar, a motivação consistente na revolta contra a instalação de bloqueadores de celular, por exemplo, não estaria prevista como motivo capaz de caracterizar o ato de terrorismo.

---

atos preparatórios ou de execução de atos terroristas, ocorram ou possam ocorrer em território nacional."

No entanto, considerando a fluidez do fenômeno terrorista e a amplitude de motivos capazes de influenciar na atuação violenta contra o próprio Estado Democrático de Direito, a restrição imposta pela Lei brasileira não se afigura adequada ao próprio conceito do terrorismo.

Mais do que isso, ao estabelecer o conceito legal de organização terrorista, a Lei 13.260/16 exigiu que a organização seja voltada para a prática de atos de terrorismo, o que, a nosso sentir, afasta a possibilidade de que o ato de terror seja uma atuação isolada ou determinada por circunstâncias específicas. Significa dizer que para ser caracterizada a organização terrorista, ela deve se destinar, deve voltar sua concentração, à prática do terrorismo, o que, definitivamente não é o caso das facções criminosas que atuam, com violência, no país.

Melhor seria, a exemplo de outros países, que o legislador brasileiro estivesse mais atento ao elemento teleológico do fenômeno terrorista e afastasse das elementares do tipo do terrorismo a motivação do ato.

O legislador português, por exemplo, no art. 2.º da Lei 52, de 22/08/2003, foi mais preciso ao definir que o fenômeno terrorista se caracteriza pela finalidade de buscar prejudicar a integridade e a independência nacionais, impedir, alterar ou subverter o funcionamento das instituições do Estado previstas na Constituição, forçar a autoridade pública a praticar um ato, a abster-se de o praticar ou a tolerar que se pratique, ou ainda intimidar certas pessoas, grupos de pessoas ou a população em geral. Não fez a lei lusitana qualquer menção ao motivo do ato.

No mesmo sentido a legislação espanhola, no artigo 573 do Código Penal, estabelecendo quatro finalidades do ato de terrorismo, sem qualquer referência à motivação deste ato. Tais finalidades seriam: 1.ª) subverter a ordem constitucional ou suprimir ou desestabilizar gravemente o funcionamento das instituições políticas ou das estruturas econômicas ou sociais do Estado, ou obrigar o poder público a realizar ato ou abster-se de fazê-lo; 2.ª) alterar gravemente a paz pública; 3.ª) desestabilizar gravemente o funcionamento de uma organização internacional e; 4.ª) provocar um estado de terror na população ou em parte dela.

As legislações estrangeiras, como nos exemplos acima, preocuparam-se veementemente com a finalidade do ato terrorista, especialmente, em linhas gerais, com a fragilização da autonomia e soberania do Estado.

Desta forma, a conjugação de um ato violento, caracterizado pela aleatoriedade, com a causação de uma atmosfera de medo generalizado e finalidade de subverter a ordem, fragilizando a autonomia e soberania do

Estado, na grande parte das legislações estrangeiras seria capaz de configurar o ato de terrorismo.

Na verdade, ao mesmo tempo em que a fragilização do Estado é finalidade do ato, é também o elemento do fenômeno terrorista capaz de produzir o núcleo essencial do fenômeno, que é a criação do medo generalizado. Justamente porque a violência do ataque tem como finalidade demonstrar que o Estado e os poderes constituídos são frágeis e não podem proteger o cidadão é que nasce entre a população o sentimento de pânico.

É neste sentido que as ações violentas comandadas pelas facções criminosas em represália à prática de um ato pelo Estado, *v. g.*, instalação de bloqueadores de celulares nas unidades prisionais, visam, à toda evidência, a subversão da ordem e a fragilização do Estado, ferem sua autonomia e colocam em posição de submissão os poderes e atividades de Estado constitucionalmente estabelecidos. Nesta esteira, com base nas legislações internacionais, estariam presentes os dois elementos do fenômeno terrorista, estrutural e teleológico, e a aplicação da legislação correlata seria, em tese, possível.

Mas não no Brasil, em que o legislador estabeleceu, para além da estrutura e finalidade do ato, motivos específicos da ação terrorista, num autêntico especial fim de agir. Países como a Espanha e a França, que foram reiteradas vezes alvo de ataques terroristas não impuseram ao tipo penal do terrorismo a configuração de uma motivação específica, porém o legislador brasileiro resolveu fixá-la. Será que agiu bem? Será que essa legislação respeita o modelo estabelecido pela Constituição?

5. DA INCONSTITUCIONALIDADE DO ELEMENTO SUBJETIVO DO TIPO PREVISTO PARA A CONFIGURAÇÃO DO CRIME DE TERRORISMO

Durante os julgamentos da ADPF/187 e da ADPF/54 pelo STF, observou-se que um dos temas mais recorrentes na Suprema Corte, na atualidade, vem sendo justamente a discussão quanto à suposta existência de uma obrigatoriedade dirigida, pelo texto constitucional, aos poderes constituídos para criarem ou revogarem normas penais. Nota-se que, em ambas as ações e em inúmeras outras, visava-se questionar as opções de política criminal decididas pelos representantes populares. Enquanto que na ADPF/187 pretendia-se descriminalizar o porte de *cannabis* para consumo próprio, na segunda ADPF, o objetivo dos autos da ação era incluir uma causa excludente de ilicitude não prevista legalmente a fim de excluir o caráter criminoso sobre eventual aborto de fetos anencefálicos.

Partindo-se de ambos os precedentes, pergunta-se: a Constituição efetivamente determina o modo de produção de leis penais? Existindo um modelo constitucional de direito penal, é possível verificar também algum comando direto de criminalização e descriminalização? Uma norma penal pode ser provida de elementos que contrariem o modelo ou o comando de criminalização constitucional? A Lei Antiterrorismo respeitou as condições impostas para a criminalização da conduta?

Inicialmente faz-se mister destacar que todas essas questões foram motivadas, em grande parte, por fatores sociais, mas também, e sobretudo, pela percepção dos operadores atuais do direito, segundo a qual todos os órgãos de poder, assim como as próprias leis, submeter-se-iam ao império da Constituição. Ou seja, a Constituição representa um conjunto de normas hierarquicamente superior que impõe formalmente o modo de produção da legislação ordinária, bem como o conteúdo axiológico das normas e das decisões que serão proferidas. Em suma, a Constituição assumiria não apenas o controle quanto à forma da produção legislativa, como também (e principalmente) apresentar-se-ia sob a condição de validade que orienta, através de valores elevados a direitos fundamentais, qualquer atividade do Estado, sobretudo, as funções do executivo, judiciais e legislativas.

Nesse sentido, o Poder Legislativo teria liberdade para exercer sua função típica, isto é regularizar uma norma disposta de forma genérica na Constituição, desde que o resultado final daquele processo estivesse em conformidade com os limites e os valores dispostos na Lei Maior.

Esse fenômeno, descrito acima, é denominado pela doutrina como o princípio da Supremacia Constitucional que nasceu com o famoso e prestigiado caso *Marbury vs Madison* julgado pelo magistrado John Marshall, presidente da Suprema Corte dos EUA, em 1803. (BARROSO, 2010, p. 171).

Naquela ocasião, a corte estadunidense desenvolveu o argumento, segundo o qual, sendo o poder judiciário o guardião da Constituição norte-americana e tendo a incumbência de encontrar a regra mais adequada ao caso concreto, os membros dos tribunais devem (além de aplicar) necessariamente interpretar as normas e os fatos de acordo com o paradigma jurídico estabelecido pela Lei Maior. Em sua decisão, John Marshall justificou-se que é exatamente por meio desse conjunto normativo que o operador do direito extrairá as diretrizes que conduzirão o magistrado para as respostas mais corretas sob a perspectiva da ciência jurídica. Nesse ambiente, o juiz considerará, não apenas a norma vigente, mas, sobretudo, aquilo que diz respeito à validade da lei a ser aplicada. Dessa forma, a Constituição define um modelo abstrato e a legislação ordinária deve regularizá-lo de forma mais específica embora válida. Ao regulamentar, contudo, a legislação ordinária, esta deve respeitar os limites impostos pelo paradigma constitucional, como condição de validade jurídica.

Presume-se que quanto a isso não há qualquer controvérsia na doutrina. Por outro lado, o problema desponta-se quando o órgão judicial é provocado para se manifestar sobre uma escolha política do legislador que não viola expressamente um bem jurídico protegido constitucionalmente. Afinal, poderia o STF substituir-se ao legislador ordinário e o próprio órgão judicial eliminar opções definidas por uma maioria circunstancial que concretiza uma determinada política criminal? Decisões judiciais sobre essa matéria não romperia com o princípio da separação de poderes?

Para esclarecer o tema, Figueiredo Dias afirma que a criminalização de condutas é uma opção de política criminal que deverá ser conduzida pelos representantes parlamentares, desde que a escolha esteja respaldada pelos princípios constitucionais da necessidade, da socialidade e da funcionalidade[11]. Para o catedrático, portanto, a política criminal não pode ser arbitrária, mas ela é de certo modo discricionária, já que a conveniência e a oportunidade encontram-se limitadas por requisitos constitucionais e axiológicos.

A primeira dessas condições seria aquilo que o escritor luso denomina de princípio da socialidade. Esse princípio deve ser entendido como sendo a percepção de um consenso social para anuir e validar uma conduta classificada como criminosa pelo direito penal. Na mesma linha, aliás, manifestou-se o Tribunal Constitucional Português:

> Quer isto dizer que se reconhece a discricionariedade do legislador para optar pelo uso de meios penais, até porque, no caso vertente, nem existe consenso social em torno da criminalização, nem se exclui que se esteja perante um direito penal simbólico, nem se demonstra que aqueles meios não possam ser vantajosamente substituídos por outros de maior eficácia prática.

Já o princípio da necessidade pode ser considerado como uma condição ou utilidade social da sanção (FIGUEIREDO DIAS, 2012c, p. 127). Isso significa que as violações aos bens jurídicos protegidos só se tornarão dignas de pena privativa de liberdade se as condutas se tornarem insuportáveis para a convivência social[12]. Em outras palavras, a ofensa apurada deve

---

11. Trecho do acórdão 288/1998: PORTUGAL. Tribunal Constitucional
12. Faria Costa inclui outro elemento, que coincidiria características tanto da necessidade quanto da utilidade social. Segundo Faria Costa, é necessário que a conduta atinja um mínimo ético no âmbito material dentro da estrutura crime. Esse elemento é influenciado pela moral, mas não aquela personalíssima, mas a moral que, embora não tenha numerosos adeptos, possa estar adequada à razão do Estado. Não existiria um conteúdo do mínimo ético, pois este é/acontece ao longo da

ser tão grave que as consequências oriundas dessa ação ameacem romper com o próprio laço que une as pessoas em uma comunidade única. Sendo certo que o bem jurídico é um valor que torna possível a convivência humana em sociedade, a sanção (como consequência da norma proibitiva) só deve estar prevista como o último meio para garantir a proteção da união dos indivíduos dentro de uma concepção comunitária.

Nesse mesmo sentido, de acordo com Cláudio BRANDÃO (2001, p. 6), o que une as pessoas a uma comunidade única são os bens jurídicos tutelados pelo Estado, mas de forma mais especial e incisiva pelo direito penal. Bem jurídico, para o escritor brasileiro, é um valor que torna possível a convivência humana em sociedade. Trata-se de um limite mínimo mas objetivo e necessário, para que o homem possa integrar-se e interagir-se socialmente. Ausente o objetivo de tutela dos bens jurídicos, sob análise de qualquer valor (pré ou pós-constitucional), a intervenção penal perderia completamente a sua legitimidade. Sob a perspectiva material, portanto, "[...] *o crime é definido como violação ou exposição a perigo do bem jurídico* [...]".[13]

Por fim, e formando a moldura dentro da qual o direito penal moderno será concebido, Figueiredo Dias anuncia um dos últimos requisitos de política criminal constitucional que deve ser observado pelos operadores do direito e legisladores, qual seja: a funcionalidade do direito penal.

E o que quer dizer a funcionalidade penal? De acordo com o catedrático português, trata-se da função primordial do direito penal que é a preservação dos valores que estabilizam as bases do Estado Democrático de Direito e que permitem o desenvolvimento da personalidade da pessoa humana com o progresso social.

Seguindo esses critérios o legislador poderia desenvolver a política para combater a criminalidade de forma autônoma, ora privilegiando a liberdade, ora a igualdade no sentido de garantir um ambiente estável para todos.

---

história, em que as pessoas o escolhem naturalmente "[...]É o modo-de-ser social das comunidades jurídicas que necessariamente experienciam o justo. [...]" (COSTA, 2012, p. 176).

13. Fazendo uma digressão história sobre o desenvolvimento da ideia de bem jurídico, Cláudio Brandão afirma que tal instituto foi primeiramente referido por Birnbaum, em 1834, quando as produções iluministas ainda se encontravam no auge da academia europeia. O objetivo da sua criação era justamente estabelecer um padrão mais objetivo que limitasse a intervenção criminal na esfera do indivíduo. A partir desse momento, começou-se a eliminação dos ordenamentos crimes que protegessem tão-somente ideias morais ou religiosas. Contudo, naquela época vinculava-se o bem jurídico a valores tipicamente de uma sociedade liberal. Hoje, por outro lado, sobretudo em decorrência da doutrina alemã do direito penal, já se atribui a defesa do bem jurídico com a ideia de sociedade, ou seja, um conjunto de indivíduos, porque estes não podem ser desvinculados do seu meio. (BRANDÃO, 2001, p. 6-10)

Por essa razão, Figueiredo Dias acredita que o constituinte não teria tido a pretensão de elencar todas as modalidades criminosas, nem mesmo implicitamente, dentro de um único sistema normativo constitucional. Tudo isso dependeria de exames circunstanciais a partir de cada legislatura e de condições sociais que não poderiam encontrar-se enrijecidas na Lei Maior.

Isso não exclui, contudo, a possibilidade de uma ou outra tipificação ser exigida em razão da gravidade dos fatos que ultrapassariam os limites de uma ação repreensiva comum e atingiriam questões humanitárias, como o terrorismo; o genocídio por raça, crença etc. ou, no caso do Estado português, a norma constitucional que determina a criminalização de atos praticados contra a administração pública art. 117º, n.º 3 CRP (FIGUEIREDO DIAS, 2012c, 129/131).

O jurista José de Faria COSTA (2012, p. 116) segue entendimento semelhante ao desenvolver a tese de que a Lei Fundamental teria imposto limites para a criminalização de condutas exigindo, além dos pressupostos anunciados por Figueiredo Dias, o próprio princípio da legalidade. Por outro lado, a Constituição da República Portuguesa também forneceria ordens diretas para a criminalização específica de condutas. Seria o caso, por exemplo, da regra contida no art. 37º, n. 3º da CRP, em cujo texto se anuncia que as ações que infringirem o referido artigo constitucional (que versa sobre prática da liberdade de expressão e de informação) ficarão sujeitas às regras do direito penal (COSTA, 2012, p. 118).

Nota-se, portanto que, nada obstante o parlamento tenha sido concebido para legislar (escusas para a redundância), no direito penal constitucional contemporâneo, o legislador ordinário pode estar limitado por três fatores distintos: formal, material e, excepcionalmente, pelos comandos de criminalização e descriminalização. Supera-se, desse modo, a ideia de liberdade desse órgão para criar as leis sob o crivo da maioria parlamentar, já que a legislação deverá harmonizar-se com os princípios e comandos que se encontram de forma diluída na Constituição.

Avançando sobre a temática e uma solução para o que se propõe neste trabalho, afirma-se não é toda e qualquer conduta que poderá ser criminalizada. No caso da ADPF/54, o STF pacificou a discussão sobre a descriminalização do aborto de fetos anencefálicos, entendendo que a inviabilidade da vida extrauterina impedia a criminalização do ato pelo legislador, já que inexistia um bem jurídico a ser protegido pelo direito penal.

Do mesmo modo, nem toda descriminalização procedida pelo legislador encontrará respaldo e validade constitucional. O legislador, ao revogar um tipo-crime, deverá atentar-se para as hipóteses mencionadas expressamente pela constituinte que determinou a utilização do direito penal como instrumento repreensivo mais eficaz para garantir a convivência humana e a paz social. Isso, em outras palavras, não se encontra dentro da esfera de disponibilidade do legislador, ainda que apoiado por uma maioria parlamentar expressiva.

Nesse sentido, é preciso ressaltar que a lei 13.260/16 foi promulgada, e isso já foi exposto anteriormente, não por mera arbitrariedade do legislador, mas após o governo sofrer constante pressão das entidades internacionais que cobravam das nossas instituições o cumprimento aos tratados assinados pelo Brasil em que o Estado se comprometia a tipificar a conduta e combater os atos terroristas em nosso território.

Contudo, muito além de um tratado, tem-se que o legislador também foi obrigado a cumpriu igualmente a um comando constitucional de criminalização, já que este tipo-penal é um dos únicos com previsão expressa na Constituição o que representa, para Figueiredo Dias, uma ordem do constituinte dirigida ao legislador ordinário para que este estabeleça métodos infraconstitucionais de prevenção a esses atos que são repudiados por todos os membros da sociedade. Por conseguinte, tratando-se de ordem expressa e excepcional, a disponibilidade do legislador para regulamentar a matéria também é reduzida.

> Art. 4º A República Federativa do Brasil rege-se nas suas relações internacionais pelos seguintes princípios:
>
> (...)
>
> **VIII – repúdio ao terrorismo e ao racismo;**
>
> Art. 5º Todos são iguais perante a lei, sem distinção de qualquer natureza, garantindo-se aos brasileiros e aos estrangeiros residentes no País a inviolabilidade do direito à vida, à liberdade, à igualdade, à segurança e à propriedade, nos termos seguintes:
>
> **XLIII – a lei considerará crimes inafiançáveis e insuscetíveis de graça ou anistia a prática da tortura, o tráfico ilícito de entorpecentes e drogas afins, o terrorismo e os definidos como crimes hediondos, por eles respondendo os mandantes, os executores e os que, podendo evitá-los, se omitirem** (...)

Ao destacarmos os dois dispositivos que se referem expressamente ao terrorismo (dos quais se extrai justamente o comando de criminalização), nota-se que o constituinte não condicionou esse ato a qualquer forma de motivação social, dentre os quais: o racismo, a xenofobia ou razões religiosas, como o fez o legislador ordinário, *in verbis*:

Art. 2º O terrorismo consiste na prática por um ou mais indivíduos dos atos previstos neste artigo, por razões de xenofobia, discriminação ou preconceito de raça, cor, etnia e religião, quando cometidos com a finalidade de provocar terror social ou generalizado, expondo a perigo pessoa, patrimônio, a paz pública ou a incolumidade pública.

Ora, é inegável que existe uma contradição entre a norma constitucional que pretende proteger a sociedade indiscriminadamente e a regularização dessa norma que impôs condições especiais para o exercício dessa proteção. Como resolver essa contradição do ordenamento jurídico?

Em verdade, ao ler ambos os dispositivos previstos na Carta Magna, a única interpretação constitucionalmente possível é aquela que considera a previsão do terrorismo como uma norma tipo-regra que impunha ao legislador ordinário a necessidade de tipificar a conduta e prever a consequente sanção penal, subtraindo do parlamentar a possibilidade de ponderar os bens em conflitos, para extrair uma solução adequada e discricionária.

Ou seja, ao prever expressamente o terrorismo como crime, sem qualquer ressalva, o constituinte impôs um modelo de política criminal com conteúdo previamente determinado no sentido de que o legislador brasileiro infraconstitucional deveria comprometer-se com aquele paradigma para eliminar qualquer atividade relacionada com aquele fato e não apenas em situações elencadas discricionariamente por uma maioria circunstancial.

Assim, ao dispor mais do que deveria, tem-se que o legislador infraconstitucional provocou uma situação de inconstitucionalidade na seara penal justamente por provocado um déficit de proteção da norma na legislação ordinária, já que o bem jurídico protegido pela Constituição não se restou completamente amparado ao menos na forma em que o constituinte previa.

Houve, por conseguinte, uma restrição a direito fundamental de forma não autorizada pela Constituição, já que as condições elencadas pelo legislador (além de destoantes da realidade) criaram um rol pretensamente taxativo, em relação ao qual todos os atos de terror (que a Lei Maior também protegia) estaria de fora dessa relação.

Por isso, afirma-se que o parlamento brasileiro deixou de cumprir com a plenitude do comando de criminalização, omitindo-se quanto a todas as demais formas de se praticar o terror na sociedade. Aliás, como já disposto anteriormente, com tal medida, deixou-se de incluir no referido tipo-penal as modalidades mais frequentes de terrorismo que são justamente aquelas que visam desestabilizar a instituições e serviços públicos.

E mais do que isso, criou-se uma contradição em seus próprios termos, já que o terrorismo não é uma conduta qualquer praticada de forma isolada, como já foi exposto, mas o resultado de uma série de crimes tradicionais que tendem desestabilizar a ordem política e social. Nesse sentido, motivar-se pelo pânico social é o único elemento subjetivo especial do tipo possível e garantido constitucionalmente.

Ora, se a motivação é o próprio terror (e, por isso, o termo terrorismo) não se pode exigir uma segunda motivação. O terrorismo, por sua vez, não se baseia em nada além daquilo que possa provocar terror mediante a desestabilização de toda a ordem vigente por meio de atos de violência em grande escala e com mortes e destruições aleatórias. Mas como resolver esse excesso legislativo que provocou um déficit de proteção na esfera infraconstitucional?

Segundo se extrai da obra de CANOTILHO (2012, p. 273), o Estado encontra-se obrigado a praticar comandos mínimos constitucionais, pois o direito fundamental não pode ficar reduzido à mera garantia formal da lei. Existindo, desse modo, uma insuficiência ou defeito de proteção prestada por entidade que era obrigada a garantir tutela (com medidas de natureza normativa ou material) em favor dos direitos fundamentais, mas assim não o fez, caracteriza-se o déficit não autorizado pela Constituição.

A proibição do déficit de realização, portanto, apresenta-se como instrumento hábil constitucional para impedir que os pressupostos mínimos necessários ao exercício da liberdade não sejam descumpridos pelos poderes constituídos. E mais, representa um limite contra eventual discricionariedade do legislador para a conformação do direito objetivo. Isso significa que, ultrapassando-se o limite imposto como mínimo de proteção, surge em favor da sociedade o direito exigir do Estado, através do controle de constitucionalidade, que aquele cumpra o dever inserido na norma de direito fundamental. A intervenção *ad hoc* por meio do reconhecimento de inconstitucionalidade do déficit (provocado pelo excesso, na atividade legislativa, ao inserir indevidamente o elemento subjetivo ao tipo-penal (especial fim de agir: xenofobia, racismo etc.) faz-se imprescindível que o art. 2º da Lei 13.260/16 seja corrigido em âmbito jurisdicional, pelo STF.

> Como temos dito, admitimos, excepcionalmente, a possibilidade de deduzir direitos subjetivos públicos fundamentais em caso de não observância desse patamar mínimo de observância estatal dos deveres objetivos dos direitos fundamentais. Trata-se, em todas as situações referidas, de um patamar de determinação delicada só susceptível de ser apurado – e, em última análise – cabe ao juiz mesmo contra o legislador democrático – em função de uma valoração pontual e concreta em que, sob o pano de fundo da necessária observância dos

333

limites funcionais dos poderes envolvidos, sejam tidos em conta, para além da referida determinabilidade jurídica das prestações estatais devidas, também factores como a relevância jusfundamental do bem lesado, a intensidade da violação ou da ameaça, a situação de desprotecção ou carência fáctica em que se encontrem os particulares afectados ou, nos casos do dever de protecção estatal contra ameaças provindas de terceiros, as possibilidades efectivas de autodefesa. (NOVAIS, 2008, p.122)

Por tudo que foi desenvolvido, é indiscutível, que o parlamento brasileiro descumpriu a obrigação constitucional ao deixar de criminalizar a conduta de terrorismo em toda a sua plenitude. Foram excluídas condutas tão danosas quanto àquelas expostas no art. 2º, *caput*, da Lei 13.260/16, todavia, essa deliberalidade ocorreu sem a autorização do constituinte. Torna-se, assim, forçoso que o Supremo Tribunal Federal reconheça esse déficit e exerça o controle de constitucionalidade para eliminar o referido elemento incompatível com o comando de criminalização imposto pela Constituição de 1988.

6. CONCLUSÃO

O problema do terrorismo parece estar fora da realidade brasileira, já que o país não é alvo de ataques de grupos extremistas de qualquer espécie e também não enfrenta internamente situações desta ordem, pelo menos expressamente.

No entanto, pressão de ordem internacional fez com que o Brasil editasse sua Lei Antiterrorismo, pretendendo assim, muito mais dar uma satisfação externa do que efetivamente combater o terrorismo.

Na verdade, "*em geral, as normas de combate ao terrorismo contêm um caracter meramente simbólico, de eficiência apenas aparente, funcionando mais como uma resposta política do que uma medida eficaz em termos de Direito Penal*" (PÉREZ CEPEDA, 2007, p. 173).

Contudo, nos últimos anos, o Brasil recebeu dois eventos de relevância mundial, a Copa do Mundo de 2014 e as Olimpíadas do Rio de Janeiro de 2016, atraindo muitos turistas e a atenção de todo o mundo. Portanto, não havia mais como resistir à pressão internacional, ainda mais sendo um dos únicos países do G-20 que ainda não tinha enfrentando diretamente a questão terrorista em sua legislação.

Se por um lado vivemos hoje em uma sociedade de risco de todas as espécies, imersos em um constante estado de alerta, por outro, "*o terrorismo aparece como a mais nova forma de disseminação do medo: uma ameaça nova, invisível, incompreendida e, à primeira vista, incontrolável"* (CALLE-GARI, 2016, p. 23)

Assim, queremos crer que a legislação antiterror não deixa de ser uma necessidade da vida moderna, embora, como dito, funcione mais como uma questão simbólica do que como medida eficaz em termos de direito penal.

O maior risco, contudo, considerando a fluidez e diversificação do fenômeno terrorista, é que as legislações antiterror tragam conceitos muito vagos ou elásticos para os atos de terror, para o terrorismo, para o terrorista e para as organizações terroristas.

Neste sentido, o legislador pátrio buscou ser mais restritivo, fixando além dos elementos estruturais e teleológicos para a definição do tipo do terrorismo, um elemento relacionado aos motivos do ato, num autêntico especial fim de agir.

O problema é que fazendo assim, afastou da incidência da lei atos que, por sua violência e finalidade evidente de fragilizar a soberania e a autonomia do Estado seriam tidos por terroristas em grande parte das legislações do mundo, mas não o são no Brasil.

A exclusão dos movimentos sociais e manifestações políticas da definição legal de terrorismo é salutar porque preserva o princípio constitucional da liberdade de expressão e manifestação, fundamental no Estado Democrático de Direito. Porém, a imposição de um especial fim de agir, ligado à xenofobia, discriminação ou preconceito de raça, cor, etnia e religião, não encontrado nas legislações correlatas de outros países, afasta da aplicação da lei, praticamente, à única possibilidade real e efetiva de sua utilização no Brasil.

Não queremos dizer com isso que o Brasil não possa ser alvo de um ataque nos moldes do que ocorre em outros países do mundo, mas o real problema enfrentado pelo Estado foi ignorado.

Neste sentido, extirpar da legislação pátria a motivação específica exigida para o ato de terrorismo seria medida salutar, a fim de vê-la ser aplicada aos fatos que, por sua aleatoriedade, violência e finalidade mais se assemelham aos atentados terroristas, nos moldes da definição colhidas nas mais diversas legislações internacionais.

Não é admissível que facções criminosas, insatisfeitas com as diretrizes e ações tomadas pelos responsáveis pelo sistema prisional possam subverter a ordem, insurgindo-se contra os poderes do Estado, criando o clima de medo e insegurança e assim pretendendo que o poder público pratique ou deixe de praticar determinado ato. Ações legítimas do Estado, ligadas à efetiva fiscalização do sistema prisional, não podem servir de motivação para movimentos violentos de ataque ao Estado, em verdadeira guerra. Não é possível que os ordenadores e executores deste tipo de ataque tenham suas condutas adequadas tipicamente em tipos penais comuns, sem o condão de efetivamente dissuadir o comportamento.

Não que sejamos adeptos o direito penal máximo, do recrudescimento sem critério da legislação penal, mas é que o Estado escolhe mal as condutas e os bens jurídicos que devem ser objeto da norma penal, não se atentando para os princípios da *ultima ratio*, da fragmentariedade, da subsidiariedade e da razoabilidade.

Os ataques violentos de facções criminosas, na forma como alhures exemplificado, são gravíssimos porque representam a própria negação dos poderes do Estado, porque colocam em risco um indeterminado número de pessoas, porque interferem na ordem estabelecida, porque submetem os cidadãos ao medo generalizado, porque querem impor pela força e pela violência um desejo contrário à própria lei. Neste sentido, mereceriam melhor atenção do legislador pátrio, oportunidade perdida com a atual redação do tipo do art. 2.º da Lei 13.260/16.

O elemento subjetivo imposto pelo legislador ordinário (inovando a disciplina sobre terrorismo) contrariou a ordem constitucional que, para este crime específico, dirigiu uma ordem de criminalização sem quaisquer qualidades que pudessem justificar o especial fim de agir. Ao impor razões especiais para a configuração do delito, tem-se que o legislador ordinário excluiu inadequadamente todas as outras modalidades de terrorismo que a Constituição pretendeu prevenir e combater. Reduziu-se, por conseguinte e desproporcionalmente, o mandamento constitucional de criminalização, inviabilizando a proteção universal que a Constituição pretendia estabelecer. Provocou-se, por conseguinte, o déficit da prestação da tutela na esfera legislativa.

Tratando-se portanto de uma ordem com conteúdo previamente determinado e, em respeito do princípio da Supremacia Constitucional, tem-se que esse aspecto deve ser retirado do ordenamento a fim de compatibilizar o tipo-penal com o mandado determinado pelo constituinte. Neste sentido tal déficit deve ser corrigido pela atividade jurisdicional, já que a legislação atual ultrapassou o limite mínimo de proteção à sociedade que se encontra, sob a atual conjuntura, refém de atos terroristas eventualmente motivados por todas as outras razões além daquelas previstas taxativa e irregularmente na Lei Antiterror.

7. REFERÊNCIAS BIBLIOGRÁFICAS

ALEMANHA. **Código Penal Alemán**. Trad. Cláudia Lopez Diaz. Disponível em: < http://www.pensamientopenal.com.ar/system/files/2014/12/legislacion35633.pdf>. Acesso em: 08.08.2016.

ANPR – Associação Nacional dos Procuradores da República. **Nota técnica PRESI/ANPR/JRC n.º 0092015**. Disponível em <http://anpr.org.br/assets/uploads/files/Juridico/Notas_Tecnicas/NotaTecnica_009_2015.pdf>. Acesso em 06.07.2016.

BOBBIO, Norberto. MATTEUCCI, Nicola. PASQUINO, Gianfranco. **Dicionário de Política**. Trad. Carmen C, Varriale et ai.. Coord. trad. João Ferreira. Rev. geral João Ferreira e Luis Guerreiro Pinto Cacais. Brasília: Editora Universidade de Brasília, 1 la ed., 1998.

BARROSO, Luís Roberto. **Interpretação e aplicação da Constituição**. 7. ed. 2. reimp. São Paulo: Saraiva, 2010. p. 359.

BRANDÃO, Cláudio. **Teoria jurídica do crime**. 2. ed. Rio de Janeiro: Editora Forense, 2001.

BRASIL. **Relatório da Comissão Parlamentar de Inquérito sobre o sistema prisional**. Câmara dos Deputados, 2008. Disponível em: <file:///C:/Users/Casa/Downloads/cpi_sistema_carcerario.pdf>. Acesso em: 10.03.2015.

CALLEGARI, André Luís. LIRA, Cláudio Rogério Sousa. REGHELIN, Elisangela Melo. CÂNCIO MELIÁ, Manuel. LINHARES, Raul Marques. **O crime de terrorismo**. Porto Alegre: Livraria do Advogado, 2016.

CANCIO MELIÁ, Manuel. **Los delitos de terrorismo: estrutura típica e injusto**. Madrid: Reus, 2010.

CANOTILHO, J. J. Gomes. **Direito Constitucional e Teoria da Constituição**. 7ª ed., Coimbra: Almedina, 2012.

COSTA, José de Faria. **Noções Fundamentais de Direito Penal** (Fragmenta iuris poenalis). 3. ed. Coimbra: Coimbra Editora, 2012.

ESPANHA. **Código Penal y legislación complementaria**. Disponível em: < file:///C:/Users/Thiago%20Gandra/Downloads/BOE-038_Codigo_Penal_y_legislacion_complementaria.pdf>. Acesso em: 08.08.2016.

FRANÇA. **Código Penal Francês**. Disponível em: < http://www.juareztavares.com/textos/codigofrances.pdf>. Acesso em 08.08.2016.

FIGUEIREDO DIAS, Jorge de. **Direito Penal: questões fundamentais; a doutrina geral do crime**. Tomo I. 2. ed. 2. reimp. Coimbra: Coimbra Editora, 2012c.

GAFISUD/GAFI/FAFT. **Relatório de Avaliação Mútua. Sumário Executivo Prevenção à Lavagem de Dinheiro e Combate ao Financiamento do Terrorismo**. Disponível em <http://www.coaf.fazenda.gov.br/links-externos/Sumario%20Executivo%20Brasil%202010.pdf>. Acesso em 30.07.2016.

HABIB, Gabriel. **Leis Penais Especiais. Tomo II**. 6ª ed, rev. ampl. e atual. Salvador: JusPodivm, 2015.

ITÁLIA. **Código Penal Italiano**. Disponível em: < http://www.juareztavares.com/textos/codigoitaliano.pdf>. Acesso em: 08.08.2016.

NOVAIS, Jorge Reis. **As restrições aos direitos fundamentais não expressamente autorizadas pela Constituição**. Coimbra: Coimbra Editora, 2ª ed., 2010.

PÉREZ CEPEDA, Ana Isabel. **La seguridad como fundamento de la deriva del Derecho penal post moderno**. Madrid: Iustel, 2007.

PORTUGAL. **Lei 52, de 22 de agosto de 2003**. Disponível em: < http://www.pgdlisboa.pt/leis/lei_mostra_articulado.php?nid=119&tabela=leis>. Acesso em: 08.08.2016.

PORTUGAL. Tribunal Constitucional. Acórdão 288/1998. Relator: Conselheiro Luís Nunes de Almeida. Disponível em <http://www.tribunalconstitucional.pt/tc/acordaos/19980288.html>. Acesso em 29 jan. 2014.

RODAS, João Grandino. **A asfixia do terrorismo deve começar pela do respectivo bolso.** Disponível em <http://www.conjur.com.br/2015-dez-03/olhar-economico-asfixia--terrorismo-comecar-respectivo-bolso>. Acesso em 05.07.2016.

14

ELEMENTOS PARA A DEFINIÇÃO DO CRIME DE TERRORISMO E A CARACTERIZAÇÃO DO TERRORISMO CONTEMPORÂNEO

WELLINGTON LUÍS DE SOUSA BONFIM[1]

SUMÁRIO • 1. Introdução – 2. As oito variáveis do terrorismo, segundo George P. Fletcher: 2.1. O fator da violência; 2.2. A finalidade exigida; 2.3. A natureza das vítimas; 2.4. A conexão do ofensor com o Estado; 2.5. A justiça e o motivo das causas terroristas; 2.6. O nível de organização; 2.7. O elemento teatral; 2.8. A ausência de culpa ou de arrependimento – 3. Os elementos da definição de terrorismo na doutrina: 3.1. O elemento estrutural: 3.1.1. O terrorista solitário; 3.1.2. A ausência de hierarquia no terrorismo jihadista; 3.2. O elemento teleológico – 4. Tomada de posição sobre a definição de terrorismo – 5. O terrorismo contemporâneo: 5.1. As características do terrorismo contemporâneo; 5.2. O terrorismo nacional ou interno; 5.3. O terrorismo internacional; 5.4. Terrorismo tradicional x terrorismo contemporâneo – 6. Conclusão – 7. Referências bibliográficas.

1. INTRODUÇÃO

Se há algum consenso quanto a definir o que seja terrorismo, tal reside exatamente na dificuldade de fazê-lo, o que pode ser atribuído à circunstância de não se tratar de um mero fato delituoso, mas, de um conceito histórico, aplicado em diferentes momentos e em realidades distintas e sobre o qual incide uma forte carga emotiva ou política (LAMARCA PÉREZ, 1993, p. 535).

Há, ainda, um componente prático a ser acrescido à dificuldade de definição do terrorismo, eis que ela deverá ser ampla o suficiente para que tenha eficácia e utilidade, e, ao mesmo tempo, bastante precisa e estrita para proteger as liberdades individuais, atendo-se ao princípio da ante-

---

1. Mestre em Ciências Jurídico-Criminais pela Faculdade de Direito da Universidade de Lisboa. Procurador Regional da República da 1ª Região. Coordenador do Núcleo de Assuntos Criminais da Procuradoria Regional da República da 1ª Região.

rioridade da lei penal, como forma de evitar aplicações abusivas (WEYEMBERGH, 2002, p. 162).

Na opinião de Francisco Bueno Arus (2010, p. 171), "não há definição legal possível do delito de terrorismo", uma vez que pode atingir, a um só tempo, bens pessoais, a segurança do Estado e a paz internacional, sendo subsumível a outros tipos penais, como homicídio, ameaça, sequestro ou danos, não havendo, por fim, um delito de terrorismo puro, eis que o que os tribunais julgam são casos de concursos de normas ou de delitos.

De qualquer forma, nos tempos atuais, em que atentados terroristas tornaram-se uma constante e quando o Brasil, finalmente, passou a ter uma lei antiterrorismo, é imprescindível buscar estabelecer quais os elementos que podem ser considerados essenciais à definição de terrorismo, até para entender em que pontos a sua versão contemporânea difere das tradicionais.

Para tanto, inicialmente, será útil conhecer as oito variáveis que George P. Fletcher (2006) considera como recorrentes nas discussões sobre terrorismo, bem assim os principais elementos que a doutrina identifica na tipificação desse fenômeno como crime.

No passo seguinte, serão analisados os elementos da definição do terrorismo identificados pela doutrina penal.

Finalmente, serão analisadas as características do terrorismo contemporâneo, confrontando-as com os aspectos principais do que se pode chamar de terrorismo tradicional.

2. AS OITO VARIÁVEIS DO TERRORISMO, SEGUNDO GEORGE P. FLETCHER

Ao tratar do que chama de "indefinível conceito de terrorismo", George P. Fletcher (2006, p. 900) destaca as múltiplas funções preenchidas pela sua conceituação: o terrorismo é visto como um crime a merecer definição; tal serve à estigmatização de determinadas organizações, permitindo que o seu financiamento seja considerado ilegal; e ainda serve como justificação para os assassinatos dirigidos[2], aplicação esta tida como a mais séria pelo autor.

---

2. Para uma visão rápida a respeito desses assassinatos dirigidos ("targeted assassinations" ou "targeted killings"), veja-se reportagem de Scott Shane (2010), acerca da autorização, pela administração de Barack Obama, para o assassinato dirigido do clérigo radical muçulmano e cidadão norte-americano, Anwar al-Awlaki. Um estudo mais aprofundado, abordando a morte de bin

Dadas essas múltiplas funções, Fletcher (2006, p. 900) considera ingênuo buscar uma única definição de terrorismo, que deveria ser visto, pois, como outra dimensão de crime, maior e mais perigosa, que incorpora elementos da guerra, enfim, um "supercrime".

O autor estabelece, então, o propósito de buscar os elementos a respeito dos quais existe acordo quando se trata de terrorismo, ou, quais os critérios refletidos no consenso existente sobre terem sido terroristas os ataques às torres gêmeas, os ataques suicidas em Israel ou os ataques à bomba em estações de trens, tarefa essa que, segundo ele, não deveria ser cometida aos legisladores, mas, aos acadêmicos que desejam refletir sobre o mundo como ele é (FLETCHER, 2006, p. 901).

Passo seguinte, Fletcher (2006, p. 901-910) propõe uma reflexão sobre as oito variáveis por ele identificadas como recorrentes nas discussões sobre o terrorismo: o fator da violência; a finalidade exigida; a natureza das vítimas; a conexão do ofensor com o estado; a justiça e o motivo das suas causas; o nível de organização; o elemento teatral; e a ausência de culpa ou arrependimento.

2.1. O fator da violência

Para o autor, a premissa do terrorismo é ser um ataque violento e ilegal à vida e à segurança de seres humanos, abrangendo crimes convencionais como assassinato, atentado, estupro ou sequestro, não dizendo respeito, implicitamente, a delitos contra a propriedade ou, ainda, a ofensas criminais como a prostituição, o jogo ou o tráfico de drogas (FLETCHER, 2006, p. 901).

Por outro lado, Fletcher (2006, p. 901-902) levanta a discussão sobre qual seria o aspecto característico da violência terrorista: se a sua aleatoriedade, tal como vista por Michael Walzer[3] (2000), ou um propósito político sistemático, conforme disciplina o *United States Code* (USC)[4], que define o terrorismo internacional, em parte, como atividade que aparenta ser destinada à intimidação ou à coerção da população civil, à influência sobre a política do governo pela intimidação ou coerção, ou, ainda, à afeta-

---

Laden e buscando diferenciar homicídio puro e simples de assassinato dirigido, é realizado por Mark V. Vlasic (2012).

3. Para quem a destruição da moral de uma nação ou de uma classe, ou, ainda, o enfraquecimento da sua solidariedade, são os propósitos da atividade terrorista, para a qual a aleatoriedade é um fator crucial (WALZER, 2000, p. 197).

4. USC, Título 18, Parte I, Capítulo 113B, § 2331. Disponível em: <http://www.law.cornell.edu/uscode/text/18/2331>. Acesso em: 20 ago. 2016.

ção da conduta de um governo pela destruição em massa, por assassinatos ou sequestros.

O esboço dessa discussão serve para introduzir a variável seguinte, qual seja, a finalidade do terrorismo.

2.2. A finalidade exigida

Essa variável está ligada ao propósito subjetivo dos ataques terroristas, tal como posto, por exemplo, no USC[5], quando trata da aparente intenção de "intimidar ou coagir a população civil", ou, ainda, de "influenciar a política do governo pela intimidação ou coerção".

Para Fletcher (2006, p. 902-903), tais propósitos não seriam empiricamente contingentes, no sentido de poderem ou não ser realizados no fato, uma vez que o maior problema em atribuir finalidades a ataques terroristas residiria exatamente em definir qual teria sido essa finalidade, dado que os terroristas não alertam a população nem se propõem a negociar seus intentos antes de atacarem.

Assim, ao se admitir como um cético a respeito dos propósitos subjetivos atribuídos aos ataques terroristas, o autor afirma que as circunstâncias objetivas seriam mais reveladoras, encaminhando, assim, a discussão para as variáveis seguintes (FLETCHER, 2006, p. 903).

2.3. A natureza das vítimas

Quanto a essa variável, Fletcher (2006, p. 903-905) discute se ataques dirigidos a alvos militares podem ser classificados como terroristas, fazendo-o amparado, dentre outros diplomas internacionais, na Convenção Internacional para a Supressão do Financiamento do Terrorismo (CIFT)[6], adotada pela Assembleia-Geral das Nações Unidas em 9 de dezembro de 1999, que define o terrorismo, em parte, como um ato praticado "com a intenção de causar a morte de ou lesões graves a um civil, ou a qualquer outra pessoa que não participe ativamente das hostilidades em situação de conflito armado".

Para o autor, essa é uma questão ainda aberta, a depender de como será tratada no futuro pelos interesses políticos em jogo, e, exemplificando com a ausência de dúvidas sobre ter sido terrorista o ataque da Al Qae-

---

5. Vide nota anterior.
6. CIFT, art. 2, n. 1, alínea b. Disponível em: <http://bo.io.gov.mo/bo/ii/2006/26/aviso26.asp#ptg>. Acesso em: 20 ago. 2016.

da ao encouraçado americano USS COLE[7], afirma a pouca resistência a um cuidadoso escrutínio da alegação de que a definição de terrorismo deveria limitar-se a alvos civis (FLETCHER, 2006, p. 904-905).

2.4. A conexão do ofensor com o Estado

Aqui, a discussão é sobre a possibilidade de Estados engajarem-se em atos terroristas[8], quer seja diretamente, bombardeando alvos civis, ou, indiretamente, pelo financiamento daqueles que praticam atentados suicidas ou sequestram aviões (FLETCHER, 2006, p. 905).

Uma eventual relutância em aceitar que Estados ou seus chefes possam ser responsabilizados por crimes de terrorismo[9] decorreria mais de questões políticas do que jurisprudenciais, tendo em vista a inexistência de previsão, nas definições de terrorismo, da exclusão desses agentes, motivo pelo qual o autor afirma-se inclinado a adotar a posição de aplicação do conceito de terrorismo tanto às ações de Estados quanto às ações criminais ordenadas por seus chefes (FLETCHER, 2006, p. 905-906).

2.5. A justiça e o motivo das causas terroristas

Uma boa causa justifica o uso de meios terríveis? Essa é a pergunta a ser feita diante do slogan "O terrorista de um é o combatente pela liberdade de outro"[10], assunto este tido por Fletcher (2006, p. 906) como o mais controverso na definição de terrorismo.

Para o autor, ao colocar-se ao lado daqueles que entendem irrelevantes as motivações dos atos terroristas[11] e dada a condenação generalizada

---

7. Ataque ocorrido em 12 de outubro de 2000, quando o navio estava sendo abastecido no Porto de Aden, no Yemen (BURNS; MYERS, 2000).
8. Trata-se, pois, da existência ou não do chamado "terrorismo de estado". A esse respeito, rejeitando a ideia dessa qualificação jurídica, Carmen Lamarca Pérez (1993, p. 541), que, embora admitindo que o Estado possa ser moralmente perverso, não o aceita como delinquente. No sentido contrário, admitindo a existência do terrorismo de estado, caracterizado por ataques, praticados com os recursos públicos e a investidura própria de agentes estatais, contra agentes considerados subversivos, Jorge Mario Cárdenas Estrada (2009, p. 57). Nesse mesmo sentido de Cárdenas Estrada é a concepção de terrorismo de estado proposta por Michael Walzer (2004, p. 130), citando como exemplo os "desaparecimentos" de opositores do regime autoritário argentino.
9. Nesse ponto, o autor cita o exemplo da relutância em considerar os EUA culpados de terrorismo pelos ataques com bombas atômicas, contra alvos civis, em Hiroshima e Nagasaki, na Segunda Guerra Mundial (FLETCHER, 2006, p. 905). Walzer (2004, p. 130) é da opinião de que Hiroshima é um caso clássico de terrorismo de guerra, em que há a morte de civis em larga escala com o propósito de obrigar o seu governo a render-se.
10. Tradução nossa para o original "One person's terrorist is anothers's freedom fighter".
11. Também para Kai Ambos (2007, p. 48) é irrelevante a motivação do agente para cometer o ato terrorista, servindo, segundo ele, as justificações apenas para confundir os atos visíveis, que são o aspecto mais evidente.

ao terrorismo no âmbito da política internacional[12], ele deveria ser tratado como um tabu absoluto, tal qual a tortura (FLETCHER, 2006. p. 906).

2.6. O nível de organização

Esta variável diz respeito à necessidade ou não de que, para ser considerado como terrorista, um ato tenha que ter sido praticado por um integrante de uma célula ou grupo, o que, para Fletcher (2006, p. 907-908), não seria verdade em todos os casos, citando o exemplo de Thimothy McVeigh, considerado um terrorista americano, muito embora tivesse, na visão do autor, agido sozinho, assunto esse que será abordado mais adiante.

Por outro lado, o autor em questão acrescenta que o fator organizacional amplia o medo que se tem dos atos terroristas, eis que a organização sobrevive à morte ou à prisão de um agente específico: o incidente terrorista será tanto mais atemorizante quanto menos significativo for esse agente (FLETCHER, 2006, p. 908).

2.7. O elemento teatral

O teatro é o elemento mais próximo de uma condição essencial para a caracterização do terrorismo, dada a dificuldade de imaginar-se que o ato terrorista possa ser praticado sem que haja a intenção de atrair a atenção para a sua realização (FLETCHER, 2006, p. 911).

Esse aspecto teatral torna-se obrigatório, pois, sem ele, não há como comunicar a ameaça de terror à população: o ato terrorista exige uma vitrine aberta e visível do seu poder violento (FLETCHER, 2006, p. 909).

O resumo dessa variável, então, está na frase de Brian Jenkins (1974, p. 4), repetida por Fletcher (2006, p. 909): "terrorismo é teatro"[13].

2.8. A ausência de culpa ou de arrependimento

Para Fletcher (2006, p. 909), a percepção de que o terrorista é alguém que age sem sentimento de culpa ou de remorso é um dos fatores que,

---

12. É o caso do Conselho de Segurança da Organização das Nações Unidas (CSONU), para o qual os atos criminosos objeto de convenções e protocolos internacionais sobre terrorismo não são, sob qualquer circunstância, justificáveis por considerações de natureza política, filosófica, ideológica, racial, étnica, religiosa, ou qualquer outra similar (Resolução n. 1566 do CSONU, § 3). Disponível em: <http://www.un.org/ga/search/view_doc.asp?symbol=S/RES/1566%20(2004)>. Acesso em: 20 ago. 2016.

13. Um exemplo esclarecedor fornecido por Jenkins (1974, p. 5) está na comparação entre a pouca atenção dada aos insurgentes em Angola e Moçambique, na década de 1970, e a posição de destaque então ocupada pelos terroristas palestinos, cuja atuação se tornara uma preocupação mundial de primeiro plano em virtude dos seus ataques.

somado ao elemento teatral, ao medo da repetição e à dimensão organizacional, conta para o impacto desestabilizador do terrorismo sobre a população, explicando o seu poder particular de espalhar o medo e a ansiedade.

Essa ausência de culpa, prossegue o autor, decorre do entendimento de que o terrorista está se opondo à percepção de algum tipo de ameaça, como se estivesse agindo amparado em alguma versão paranoica de legítima defesa ou de necessidade, o que, por vezes, é acrescido de convicções religiosas, que tornam o agente capaz de ver a violência praticada como fruto de uma ordem divina (FLETCHER, 2006, p. 909-910).

A ausência de culpa e de remorso, que são fatores inibidores da ação criminosa, está amparada, ainda, na aceitação pública dos atos terroristas como heroicos, principalmente, pelos parentes e vizinhos dos terroristas (FLETCHER, 2006, p. 910).

Postas essas oito variáveis do terrorismo, Fletcher (2006, p. 910-911) afirma que delas não se pode extrair uma definição simples, ou mesmo complexa, desse fenômeno, uma vez que aqueles fatores não se aplicam todos de uma só vez, sendo sempre possível pensar em alguma hipótese que contrarie a essencialidade de quaisquer daqueles elementos[14].

Fletcher (2006, p. 911) acaba por concluir que o importante é estar atento para todos os aspectos relevantes do terrorismo, com a consciência de que nem todos estarão presentes em uma dada situação concreta, sendo os casos de terrorismo relacionados entre si como os são os membros de uma família, conforme a imagem que tomou emprestada de Wittgenstein (2006, p. 32e): muitos, mas nem todos, terão as mesmas características, como o formato dos olhos ou do nariz, a cor dos cabelos ou a altura. Assim, qualquer definição de terrorismo acabará por ser contestada, sendo a noção desse fenômeno, talvez, como as de democracia[15], constitucionalismo ou Estado de Direito, importante demais para caber em uma definição legal (FLETCHER, 2006, p. 911).

3. OS ELEMENTOS DA DEFINIÇÃO DE TERRORISMO NA DOUTRINA

Em que pese a dificuldade em dar uma definição única ao terrorismo, há, no âmbito da doutrina penal, uma tendência a identificar dois elemen-

---

14. À exceção, talvez, do teatro, que, como já apontado (item 2.7), é a variável que mais se aproximaria de ser uma condição essencial, por ser difícil imaginar uma ação terrorista praticada sem a intenção de atrair a atenção do público (FLETCHER, 2006, p. 911).
15. Walzer (2004, p. 130) também faz uma relação entre as dificuldades na conceituação de terrorismo e de democracia, termo esse que seria, igualmente, contestado, mas do qual se tem um boa ideia do que seja e do que não seja. Para Waldron (2010, p. 79), o ponto não está em definir o terrorismo, mas em entendê-lo, para que se possa saber, de uma maneira razoavelmente sofisticada, o que fazer a seu respeito.

tos principais na tipificação desse fenômeno como crime: um elemento estrutural, decorrente da característica de cometimento dos delitos de terrorismo no marco de uma estrutura organizada; e um elemento teleológico, significando buscar o terrorismo um fim ou resultado político, resultando da soma desses elementos que o terrorismo deveria, conforme Lamarca Pérez (1993, p. 536), ser considerado "violência política organizada"[16].

Sobre esses elementos passa-se a tratar em seguida.

3.1. O elemento estrutural

Conforme dito acima, esse elemento da definição de terrorismo liga-se à sua prática no âmbito de uma estrutura organizada, que é o grupo terrorista, o verdadeiro sujeito ativo do delito[17] (GRUPO DE ESTUDIOS DE POLÍTICA CRIMINAL, 2008, p. 26).

Esse grupo tem sua coerência garantida pela presença de quatro elementos essenciais: vinculação à organização terrorista dos seus intervenientes; o regime de pertença destes àquela; a permanência da organização no tempo e a sua estrutura interna (CANCIO MELIÁ, 2010a, p. 402; GÓMEZ MARTÍN, 2010, p. 31).

Pode-se, também, falar de um triplo elemento comunicativo acrescido pela circunstância de os delitos terroristas serem cometidos no âmbito de uma organização: o fato de o perigo latente permanecer, o anúncio da reiteração delitiva, e, ainda, a capacidade que tem a dita organização para continuar a impor o terror à população (GÓMEZ MARTÍN, 2010, p. 31).

---

16. Comungam desse entendimento, a título de exemplo, Carmen Lamarca Pérez (1993, p. 536; 2010, p. 436-437), Pedro Carrasco Jiménez (2009, p. 130); Víctor Gómez Martin (2010, p. 30) e o Grupo de Estudios de Política Criminal (2008, p. 24-25). Cancio Meliá (2010a, p. 401) acrescenta a esses elementos o de uso de meios de intimidação massiva. Ana Isabel Pérez Cepeda (2010, p. 56 e 71-75), por sua vez, sem esquecer o elemento estrutural, fala em elementos objetivo e subjetivo: o primeiro estaria relacionado à realização de uma conduta com certa substância e, por si, já constitutiva de delitos que afetam bens jurídicos fundamentais, como homicídio, sequestro, ameaças, danos etc.; o segundo, consistente na finalidade de subversão da ordem jurídica ou de alteração da paz pública.

17. Tratando das organizações criminosas de uma maneira geral, Cancio Meliá (2010a, p. 396-397) fala da emergência da organização como "magnitude social autônoma", ou, ainda, como "agente autônomo". No mesmo sentido, mas cuidando especificamente do terrorismo, afirma Lamarca Pérez (1993, p. 551) que é o grupo terrorista, e não o terrorista, que se contrapõe ao Estado, inspirando-se em um análogo e antitético princípio de legitimidade, havendo um aspecto institucional e quase-jurídico que busca romper o monopólio estatal do uso da força. A esse respeito, ainda, inevitável é a remissão ao tratamento dado à questão das organizações criminosas por Roxin (2000, p. 272-273), para quem, nos aparatos organizados de poder, a organização desenvolve-se de maneira independente da identidade dos seus membros, funcionando de maneira automática e sem que importe a pessoa individual do executor, que é fungível, uma peça da engrenagem que pode ser substituída a qualquer momento.

3.1.1. O terrorista solitário

Uma questão relevante quanto à exigência do elemento estrutural ou organizativo diz respeito à existência ou não do chamado "terrorista solitário", sendo um exemplo recorrente o de Timothy McVeigh, responsável pelo atentado realizado contra o prédio federal na cidade de Oklahoma, nos EUA, em 19 de abril de 1995[18] (FLETCHER, 2006, p. 907-908; IGNATIEFF, 2005, p. 83).

Em relatório sobre o terrorismo praticado por agente solitário ("*lone-actor terrorism*") publicado pelo *Royal United Services Institute for Defense and Security Studies* (RUSI), os autores dão a seguinte definição para esse fenômeno:

> A ameaça ou uso da violência por um único perpetrador (ou por uma pequena célula), não agindo por motivos puramente pessoais e materiais, com o propósito de influenciar uma audiência maior, e que age sem qualquer suporte direto no planejamento, preparação e execução do ataque, e cuja decisão de agir não é dirigida por nenhum grupo ou outros indivíduos (embora possivelmente inspirado por outros). (ELLIS et al, 2016, p. IV)

O terrorismo solitário ou centrado em uma causa ("*loner or issue terrorism*") figura dentre os seis tipos de terrorismo identificados por Michael Ignatieff[19] (2005, p. 83) e visa, segundo esse autor, à promoção de uma única causa, sendo implementado por um só indivíduo ou por um grupo pequeno.

O caso de Timothy McVeigh somente poderia encaixar-se nessa classificação de Ignatieff, e mesmo na definição do relatório do RUSI acima transcrita, sob o aspecto da sua inclusão em um pequeno grupo, eis que teve a colaboração de Terry Lynn Nichols, Michael Fortier e James Nichols, irmão de Terry (CARRASCO JIMÉNEZ, 2009, p. 240-243).

Ao analisar os casos de famosos terroristas (supostamente) solitários, como Ilich Ramírez Sánchez (mundialmente conhecido como "Carlos, o Chacal"), o próprio Timothy McVeigh e Ramzi Ahmed Yousef, responsável pelo atentado ao *World Trade Center*, em 1993, Pedro Carrasco Jiménez (2009, p. 232-247) busca mostrar que nenhum deles agiu sozinho, estan-

---

18. A esse respeito e para mais detalhes, tem-se a análise de Pedro Carrasco Jiménez (2009, p. 240-243).
19. Os outros tipos seriam: terrorismo insurrecional, destinado à derrubada revolucionária de um estado; terrorismo de liberação, destinado à derrubada de um regime colonial; terrorismo separatista, que visa à independência de um grupo étnico ou religioso oprimido dentro de um estado; terrorismo de ocupação, destinado à expulsão de forças que ocupam um território adquirido mediante guerra ou conquista; e o terrorismo global, que não se destinaria à liberação de um grupo determinado, mas a infligir danos e humilhação a um poder global (IGNATIEFF, 2005, p. 83).

do sempre integrados a diversas organizações terroristas, como "Carlos, o Chacal", ou a pequenos grupos, como os outros dois.

Assim, para Carrasco Jiménez (2009, p. 232), apenas na ficção existiriam o "lobo solitário" – que, por si próprio, obtém o dinheiro de que necessita, elege os seus objetivos, recolhe e trata as informações necessárias aos atentados, adquire as armas e explosivos, e, por fim executa os atentados – e o "freelance", que, embora autônomo, não é inteiramente autossuficiente, utilizando-se de outras pessoas para algumas daquelas finalidades que o "lobo solitário" realiza sozinho.

Outro autor que se ocupa da questão do terrorista individual é Cancio Meliá (2010b, p. 259-262), que remete a dois fenômenos distintos, cuja relevância empírica seria, também, distinta: o terrorista verdadeiramente isolado e o que atua por adesão.

No primeiro caso, ter-se-ia o autor em série de atos terroristas praticados com ou sem pretensões políticas em sentido estrito[20], figura essa que não seria encontrada na jurisprudência espanhola (CANCIO MELIÁ, 2010b, p. 262). No segundo, com presença relevante na jurisprudência, estaria o sujeito que adere a um projeto terrorista existente, mas, sem que haja um vínculo típico entre os seus atos e a organização terrorista (CANCIO MELIÁ, 2010b, p. 262).

Ainda que haja a pretensão de fazer política, o terrorista solitário, segundo Cancio Meliá (2010b, p. 262), fracassaria em seu propósito pela ausência do elemento coletivo, essencial a toda política[21].

De qualquer forma, no Brasil, a Lei n° 13.260, de 15 de março de 2016[22], que regulamentou o disposto no inciso XLIII do art. 5° da Constituição Federal, disciplinando o terrorismo, definiu que este crime consiste na prática, "por um ou mais indivíduos", dos atos previstos no seu art. 2°, admitindo, assim, a figura do terrorista solitário.

---

20. Um exemplo de terrorista individual, ou de "lobo solitário" da vida real, referido por Fletcher (2006, p. 907-908) e Cancio Meliá (2010b, p. 262), é Theodore Kaczinsky, conhecido como "Unabomber", responsável por diversos atentados à bomba nos EUA, o qual, até onde se sabe, agia efetivamente sozinho. Sobre sua história e o seu manifesto, veja-se reportagem de Robert D. McFadden (1996).

21. Cancio Meliá (2010b, p. 262), ainda a propósito do terrorista solitário, indaga, a título de síntese do problema, como se vai fazer algo político de maneira isolada.

22. Disponível em: <http://www.planalto.gov.br/ccivil_03/_Ato2015-2018/2016/Lei/L13260.htm>. Acesso em 28 set. 2016.

3.1.2. A ausência de hierarquia no terrorismo jihadista

Outro ponto que merece destaque na abordagem do elemento estrutural da definição de terrorismo está relacionado ao chamado terrorismo jihadista, representado, inicialmente, pela Al Qaeda e, mais recentemente, pelo Estado Islâmico, verdadeiros sinônimos do terrorismo contemporâneo, que será tratado mais detidamente à frente.

Neste momento, cabe chamar a atenção para um aspecto relevante e que, dentre outros, diferencia o terrorismo jihadista do que se pode chamar de terrorismo tradicional, que é a ausência de hierarquia.

Cuidando especificamente da Al Qaeda, afirma Burke (2014) que esta, mais do que uma organização, é uma ideologia, tendo seu aspecto organizativo sido enfraquecido após a reação norte-americana aos atentados de 11 de setembro (CANO PAÑOS, 2010, p. 35), trazendo uma nova geração de pequenos grupos ou células constituídas sob a forma de redes, as quais não estão ligadas a qualquer estrutura, mas, reivindicam a ideologia da jihad global, sendo que o desaparecimento de uma rede afeta pouco a continuação das atividades das demais (CASTEL, 2008, p. 995).

Apesar dessas especificidades, as células jihadistas devem ser consideradas organizações terroristas, por trazerem algumas características destas, eis que são adequadas à perpetuação no tempo, a transcender aos atos concretos de terrorismo por elas realizados e a atemorizar de forma relevante a população (GÓMEZ MARTÍN, 2010, p. 44).

Mesmo o Estado Islâmico, definido como "uma organização terrorista de ideologia salafista[23] que prega a jihad armada" (FOTTORINO, 2016. P. 115), mas, que possui propósitos de restabelecimento do Califado[24] e de organização de um Estado regido pela lei islâmica (FOTTORINO, 2016, p. 116), incentiva, tal qual a Al Qaeda, o uso do terrorismo solitário como uma tática e para inspirar seus seguidores à realização de ataques (ELLIS et al, 2016, p. 1), afastando-o, assim, sob esse aspecto, das estruturas hierarquizadas mais tradicionais.

---

23. "Movimento fundamentalista islâmico sunita que acredita na adesão estrita ao Islão tal qual como creem ter sido praticado por Maomé" (STERN; BERGER, 2015, p. 11), e que influenciou tanto a Irmandade Muçulmana, fundada no Egito, em 1928, como os primeiros integrantes da Al Qeada (FOTTORINO, 2016, p. 126).

24. "Instituição própria ao islã, surgida após a morte do profeta Maomé para garantir sua sucessão no exercício do poder", em que o "califa, 'sucessor' em árabe, torna-se o chefe da comunidade muçulmana" (FOTTORINO, 2016, p. 125).

3.2. O elemento teleológico

Conforme o Grupo de Estudos de Política Criminal (2008, p. 24), a exigência de uma finalidade específica constitui-se em elemento delimitador do delito de terrorismo em relação a outras condutas violentas ou intimidatórias graves, podendo-se falar em até três tipos de finalidades relevantes no momento de tipificar o terrorismo: fins de caráter político, definidos de maneira genérica ou específica; propósito de provocar o terror ou a intimidação ou coação da população; ou, ainda, a intenção de matar ou causar lesões corporais graves ou danos importantes, quer à propriedade quer ao meio ambiente (PÉREZ CEPEDA, 2010, p. 63-66).

O fim político é encontrado, por exemplo, na tipificação das organizações ou grupos terroristas no Código Penal espanhol (CPe)[25], consistindo, dentre outras, nas finalidades ou propósitos de subversão da ordem constitucional, ou de supressão ou de desestabilização grave do funcionamento das instituições políticas ou das estruturas econômicas ou sociais do Estado, ou de obrigar os poderes públicos a realizar um ato ou a abster-se de fazê-lo, ou, ainda, em diplomas de caráter internacional como a CIFT[26] (propósito de "compelir um governo ou uma organização internacional a agir ou abster-se de agir") e a Decisão-Quadro do Conselho da União Europeia de 13 de junho de 2002, relativa à luta contra o terrorismo (DQT)[27] (constrangimento indevido dos poderes públicos ou de uma organização internacional a praticar ou a abster-se de praticar qualquer ato, ou, ainda, desestabilização grave ou destruição "das estruturas fundamentais políticas, constitucionais, econômicas ou sociais de um país, ou de uma organização internacional").

A CIFT e a DQT também trazem para a definição de terrorismo, nos dispositivos já referidos, a finalidade de intimidação da população[28], que integra o segundo grupo de finalidades do terrorismo.

A finalidade dos atos terroristas tipificada na lei brasileira[29], que é a de "provocar terror social ou generalizado", também pode ser incluída nesse segundo grupo.

---

25. CPe, art. 571 c/c art. 573, n. 1, 1ª. Disponível em: <https://www.boe.es/buscar/act.php?id=BOE-A-1995-25444>. Acesso em: 25 set.. 2016.
26. Ver item 2.3.
27. DQT, art. 1º, n. 1. Disponível em: <http://eur-lex.europa.eu/LexUriServ/LexUriServ.do?uri=OJ:L:2002:164:0003:0007:PT:PDF>. Acesso em: 20 ago. 2016.
28. Tais finalidades políticas e de intimidação da população também são encontradas no USC (ver item 2.2).
29. Art. 2°, *caput*. V. item 3.1.1.

O terceiro tipo de finalidades é tido como minoritário entre as definições de terrorismo, devendo-se considerar, com Peréz Cepeda (2010, p. 66), que a mera intenção de matar ou de causar graves danos corporais ou patrimoniais não justifica a qualificação da violência como um ato terrorista, o que acabaria por equiparar o terrorismo ao cometimento de outros delitos graves.

4. TOMADA DE POSIÇÃO SOBRE A DEFINIÇÃO DE TERRORISMO

Como já foi dito anteriormente, alcançar uma definição jurídica de terrorismo é tarefa que não é das mais fáceis.

No entanto, a partir das variáveis apontadas por Fletcher e dos elementos da definição de terrorismo extraídos pela doutrina das tipificações existentes em nível internacional, é possível destacar alguns pontos que são essenciais para o tratamento da questão.

Em primeiro lugar, a violência: são esta, ou a sua ameaça, e o seu potencial destrutivo que causam o medo, a insegurança, o terror, enfim, pouco importando que seja ela aleatória ou dirigida[30].

Em segundo lugar, o elemento teatral, que pode estar nas imagens, em tempo real, de aviões chocando-se contra arranha-céus em um dia claro e sem nuvens, na divulgação do sequestro de um avião com centenas de passageiros, ou na constatação de que alguém detonou explosivos que estavam amarrados a si, causando, com isso, a morte de tantos quantos estivessem ao seu redor.

Como posto por Fletcher (2006, p. 910), enquanto o criminoso comum procura esconder-se, negar o delito cometido, o terrorista, pelo contrário, exibe-se, tem orgulho dos seus feitos e até espera o reconhecimento dos que lhe são próximos. Além disso, sem a exposição midiática do ato, as eventuais demandas perderão força e o potencial aterrorizante será diminuído.

---

30. Nos termos do art. 2°, § 1°, da Lei n° 13.260/2016, são atos de terrorismo: "I – usar ou ameaçar usar, transportar, guardar, portar ou trazer consigo explosivos, gases tóxicos, venenos, conteúdos biológicos, químicos, nucleares ou outros meios capazes de causar danos ou promover destruição em massa"; "IV – sabotar o funcionamento ou apoderar-se, com violência, grave ameaça a pessoa ou servindo-se de mecanismos cibernéticos, do controle total ou parcial, ainda que de modo temporário, de meio de comunicação ou de transporte, de portos, aeroportos, estações ferroviárias ou rodoviárias, hospitais, casas de saúde, escolas, estádios esportivos, instalações públicas ou locais onde funcionem serviços públicos essenciais, instalações de geração ou transmissão de energia, instalações militares, instalações de exploração, refino e processamento de petróleo e gás e instituições bancárias e sua rede de atendimento"; e "V – atentar contra a vida ou a integridade física de pessoa" (os incisos II e III foram vetados): V. item 3.1.1.

É a mesma conclusão a que chega Gérard Chaliand (2016, p. 91), para quem "a teatralização do terror é extremamente útil para ele". Conforme esse autor, "[p]ode ser designada como terrorista, dizia em substância Raimond Aron, uma ação cujo impacto psicológico supera em muito seus efeitos físicos", concluindo que "[o] terrorismo visa os espíritos e vontades. É o seu objetivo. O rumo do golpe por vir deve participar do terror" (CHALIAND, 2016, p. 91-92).

Com Jenkins[31], então, há que se repetir: terrorismo é teatro.

Um terceiro aspecto a se destacar diz respeito à organização terrorista. Contrariando Carrasco Jiménez (2009), é possível sim admitir a existência da figura do terrorista solitário, como o "Unabomber"[32], que atuou ao longo de vários anos, fazendo três vítimas fatais e cerca de vinte feridos em seus ataques, tendo chegado a publicar um manifesto contra a sociedade industrial.

Mais recente é o exemplo de Anders Behring Breivik, responsável pela morte de 77 pessoas em Oslo, na Noruega, no dia 11 de julho de 2011, o qual foi condenado pelo crime de terrorismo[33], sendo que não há notícias de que tenha tido qualquer tipo de colaboração por parte de outras pessoas: nos seus atos houve violência, teatro, propósito intimidatório e a divulgação de uma mensagem política, contra o islamismo e o multiculturalismo (ANDERS BHERING BREIVIKb..., 2012).

É certo, por outro lado, que o saber ou imaginar que há um grupo, cuja atuação se prolonga no tempo, apesar da prisão ou da morte de alguns de seus membros, que organiza os atentados, ou, pelo menos, inspira os ataques perpetrados por "lobos solitários" ou por células pequenas não diretamente vinculadas a uma estrutura central, potencializa os efeitos dos atos terroristas, pela manutenção da expectativa de que novos atentados poderão ocorrer.

Assim, embora o "lobo solitário" não seja uma peça de ficção, devendo ser admitida a figura do terrorista individual, a estrutura organizativa, mesmo nos moldes da Al Qaeda ou nos do Estado Islâmico, que estimulam o terrorismo por adesão, deve ser considerada importante, mas, não imprescindível, para a definição do terrorismo.

---

31. Ver item 2.7.
32. Ver item 3.2.
33. Para o seu indiciamento inicial, ver reportagem no *The Telegraph* (ANDERS BEHRING BREIVIKa..., 2012).

Há, ainda, um último aspecto a destacar, que diz respeito à finalidade do ato terrorista. Quando se trata do terrorismo contemporâneo, nem sempre fica claro qual o objetivo de determinados atentados. O que realmente se pretendia com os atentados de 11 de setembro de 2001, em Nova York (11-S): humilhar a maior potência mundial, obrigá-la a mostrar a sua verdadeira face (WALDRON, 2010, p. 76), causar danos econômicos de grande magnitude, atrair novos adeptos para a jihad islâmica, tudo isso ao mesmo tempo? Por outro lado, sem conhecer quais eram exatamente os objetivos de atentados como aquele, haverá como dizer que não se trataram de atos terroristas?

A resposta a essa última questão deve ser negativa. Aqui, o propósito de atemorizar, independente da motivação, deve prevalecer, até porque, com isso, evita-se a tentação, muito comum, de buscar justificar o ato terrorista, ou de confundir reivindicação política com terrorismo[34].

A esse respeito, aliás, é interessante observar que a lei brasileira antiterrorismo definiu como terrorismo a prática dos atos que elenca, "por razões de xenofobia, discriminação ou preconceito de raça, cor, etnia e religião", porém, explicitou a não aplicação do seu art. 2°, que lista os atos considerados como de terrorismo,

> [...] à conduta individual ou coletiva de pessoas em manifestações políticas, movimentos sociais, sindicais, religiosos, de classe ou de categoria profissional, direcionados por propósitos sociais ou reivindicatórios, visando a contestar, criticar, protestar ou apoiar, com o objetivo de defender direitos, garantias e liberdades constitucionais, sem prejuízo da tipificação penal contida em lei"[35].

Desse modo, a violência, o aspecto teatral e o propósito de atemorizar a população devem ser tidos como os elementos essenciais a uma definição de terrorismo, sendo a estrutura organizativa e as razões ou finalidades políticas elementos importantes, mas, não imprescindíveis.

5. O TERRORISMO CONTEMPORÂNEO

Dentre os participantes do 11-S, três eram jovens procedentes de países árabes que residiam na Alemanha, onde cursavam estudos universitários em Hamburgo, cidade da qual, no verão de 2000, partiram para os EUA com o objetivo de iniciar sua instrução de voo, havendo, também, outros participantes oriundos da Arábia Saudita, os quais foram recrutados no Oriente, tendo a Al Qaeda providenciado para estes vistos americanos

---

34. Ver, a esse respeito, Kai Ambos (item 2.5).
35. Art. 2°, § 2°. V. item 3.1.1.

e treinamento no Afeganistão[36]. Na maioria dos casos, viajaram para os EUA em grupos de dois, usando vistos de turistas, e, dois meses antes dos atentados, os 19 sequestradores já estavam em território norte-americano (CANO PAÑOS, 2009, p. 07:7-07:8).

Ao todo, morreram quase 3.000 pessoas no World Trade Center, no Pentágono e na Pensilvânia (GOMEZ CORONA, 2010, p. 57).

Quanto aos atentados de 11 de março de 2004 (11-M), em Madrid, entre os seus autores estavam indivíduos procedentes do Magreb (região da África que inclui Marrocos, Argélia e Tunísia), denotando em muitos casos uma integração satisfatória na Espanha, país em que residiam havia alguns anos (CANO PAÑOS, 2009, p. 07:7).

Nesse perfil, enquadra-se Jamal Zougam, um dos autores materiais dos atentados, nascido no Marrocos em 1973 e que vivia na Espanha desde os 10 anos de idade. Quando dos atentados, Jamal era proprietário de uma loja de telefonia móvel em Madrid (CHAMBON, 2004; CANO PAÑOS, 2009, p. 07:13).

O maior atentado terrorista na história da Espanha, nas estações de metrô Atocha, El Pozo e Santa Eugênia, deixou 191 mortos e mais de 1.500 feridos (11-M..., [200-]).

Já os atentados de 7 de julho de 2005 (7-J), que atingiram os transportes públicos londrinos, foram praticados por jovens entre 18 e 30 anos, de origens paquistanesa e jamaicana, três deles nascidos no Reino Unido, procedentes de famílias estáveis e acomodadas economicamente, aparentemente bem integrados à sociedade britânica, onde um deles, Mohammed Sidique Khan, de 30 anos, era um assistente social que trabalhava com crianças de uma escola primária, e um outro, Shehzad Tanweer, de 22 anos, era um estudante universitário de Ciências do Esporte que ajudava o pai em um restaurante (LONDON ATTACKS, 2008; CANO PAÑOS, 2009, p. 07:7 e 07:27).

Em Londres, foram 52 mortos, além dos 4 terroristas suicidas, e cerca de 700 feridos (LONDON ATTACKS, 2008).

Nesses três casos, aponta Cano Paños (2009, p. 07:7), os membros das distintas células ou redes islamistas não se conheciam, não pertenciam à mesma organização e estavam unidos apenas por uma determinada ideologia e por um sentimento de exclusão, percebido de maneira

---

36. Havia um libanês, dois provenientes dos Emirados Árabes, um egípcio (Mohammed Atta, o líder) e quinze oriundos da Arábia Saudita (CASTEL, 2008, p. 994).

distinta, sendo a ideologia que os unia baseada em uma interpretação radical e política do Islã, assimilada por eles pela internet ou pela influência de clérigos radicais assentados no Ocidente, ou, ainda, pelo contato com recrutadores adscritos ao islamismo radical, quando não pela confluência dessas três variáveis.

Os autores de atentados mais recentes, como os ocorridos em 13 de novembro de 2015 (13-N), em Paris, e em Bruxelas, em 22 de março de 2016 (22-M), ambos reivindicados pelo Estado Islâmico (PARIS AND BRUSSELS BOMBER´S LINKS UNCOVERED; 2016), também possuíam perfis semelhantes aos dos perpetradores daqueles ataques antes mencionados.

Assim, dentre os dez autores do 13-N, todos de origem muçulmana, que mataram cerca de 129 pessoas, havia seis cidadãos franceses, sendo um deles nascido na Bélgica (Salah Abdeslam), e dois belgas de origem marroquina (ESCOBEDO; MORGENSTEIN, 2015).

Dentre os três primeiros suspeitos identificados como autores dos atentados de 22-M, em Bruxelas, também muçulmanos, um era belga: foram 31 mortos e 300 feridos (HUME; AP; SANCHEZ, 2016).

Esse processo de radicalização de jovens muçulmanos na Europa, nascidos em território europeu ou que nele chegaram ainda crianças, revela um problema social complexo, cuja superação vai muito além das medidas antiterroristas baseadas na prevenção ou na repressão criminais. O que talvez seja mais relevante nesses casos é o sentimento de não pertencer à sociedade que os acolheu, bem como o conflito entre a interpretação do Islã que recebem de seus pais e a liberdade de costumes que vige nos países europeus, além de eventuais dificuldades de ascensão social. Daí uma maior suscetibilidade à influência da doutrina jihadista e a integração a pequenos grupos ou células que comungam da ideologia divulgada pela Al Qaeda ou dos objetivos do Estado Islâmico, o que pode suprir esse sentimento de não pertença ou de inadequação social[37].

---

37. Para um retrato mais exato dessa situação, tem-se, principalmente, as obras de Cano Paños (2009 e 2010), bem assim a de Ian Buruma (2007), em que este narra sua viagem a uma Holanda dividida por conflitos sociais, realizada após o assassinato do cineasta holandês Theo Van Gogh, ocorrido em 2 de novembro de 2004, praticado pelo seu compatriota, de origem marroquina, Mohamed Bouyeri. Também abordam esse aspecto, igualmente sociológico, do terrorismo contemporâneo Didier Bigo (2002) e Timothée Castel (2008). Sobre as fases da radicalização dos terroristas islamistas nascidos na Europa (pré-radicalização; conversão e identificação; assimilação da doutrina; e a passagem à ação), veja-se a pesquisa de Tomas Precht (2007). Sobre o recrutamento de terroristas islâmicos na Europa é importante o trabalho de Michael Taarnby (2005), em que adverte para o fato de que o papel dos serviços de segurança, embora vital, é apenas a ponta do iceberg, sendo necessária a compreensão do ambiente islâmico e dos fatores ideológicos, culturais, educacionais

Trazer à baila essas informações foi a maneira que se achou mais apropriada de introduzir a caracterização do chamado terrorismo contemporâneo ou global, que Cano Paños (2010, p. 21), ao classificar o fenômeno terrorista quanto à dimensão espacial, trata por terrorismo transnacional, diferenciando-o do terrorismo nacional ou interno e do terrorismo internacional[38], cujas características serão tratadas mais adiante.

5.1. As características do terrorismo contemporâneo

Os aspectos que distinguem o terrorismo contemporâneo ou global são facilmente perceptíveis nos atentados de Nova York, Madrid e Londres (bem assim nos de Paris e Bruxelas): atos praticados em diferentes países, a partir de diversas localidades, contra objetivos heterogêneos, por pessoas de várias procedências, com capacidade de se infiltrar em qualquer Estado e passar despercebidas até o momento de atuar[39], sem uma base nacional concreta de caráter operativo nem a finalidade de conseguir um objetivo determinado ou sequer uma agenda política exclusivamente interna dirigida à sociedade a que pretendem aterrorizar, mas, apenas, um móvel que é a transformação da ordem internacional, passando ainda pela ideologia religiosa de caráter pan-islâmico e a oposição radical a tudo o que representa a civilização ocidental (CANO PAÑOS, 2010, p. 22-25; CARRASCO DURÁN, 2010, p. 19; PÉREZ ROYO, 2010, p. 10).

Tais aspectos também são encontrados noutros atos terroristas característicos do terrorismo global: os atentados inaugurais em agosto de 1998

---

e sociais desse fenômeno, o que foge à competência daqueles órgãos (TAARNBY, 2005, p. 52). Cabe destacar, também, obras mais recentes, focadas no Estado Islâmico, como a organizada por Éric Fottorino (2016). Em Jessica Stern e J. M. Berger (2016), tem-se um retrato dos chamados "combatentes estrangeiros", que deixam seus países para irem lutar na Síria, bem assim um relato sobre a importância da utilização das redes sociais na propaganda do Estado Islâmico e na captação de novos integrantes. A importância das redes sociais pode ser exemplificada com um caso mais próximo e inusitado: a "Operação Hashtag", desencadeada pela Polícia Federal antes das Olímpiadas de 2016, no Rio de Janeiro, e que resultou no oferecimento de denúncia, pelo Ministério Público Federal no Paraná, contra oito acusados pelos crimes de promoção de organização terrorista e associação criminosa, no que, certamente, é a primeira ação penal ajuizada com base na lei antiterrorismo brasileira. Percebe-se, do relato contido na denúncia, a influência exercida sobre os acusados pela propaganda do Estado Islâmico veiculada nas redes sociais e a intenção de alguns de tornarem-se combatentes estrangeiros na Síria. Disponível em: <http://www.mpf.mp.br/pr/sala-de-imprensa/docs/DennciaOperacaoHashtag.pdf>. Acesso em: 28 set. 2016. Sobre perfis de combatentes do Estado Islâmico, veja-se a obra de Michael Weiss e Hassan Hassan (2015).

38. Para Fernando Reinares (2005, p. 1), o terrorismo internacional seria uma espécie do gênero terrorismo transnacional, o que acaba por resultar em uma divergência de conceitos com Cano Paños: o que para este é transnacional, para o primeiro é internacional. De qualquer forma, para ambos, bem assim para a doutrina em geral, trata-se de terrorismo global (CANO PAÑOS, 2010, p. 21; REINARES, 2005, p. 5; IGNATIEFF, 2005, p. 83; CARRASCO DURÁN, 2010, p. 19; PÉREZ ROYO, 2010, p. 10).

39. Daí a correta expressão utilizada por Didier Bigo (2002, p. 246): inimigo furtivo (*"ennemi 'furtif'"*).

em Nairobi e em Dar el Salaam (Tanzânia); os de 12 de outubro de 2002 e 1 de outubro de 2005 em Bali; os de 16 de maio de 2003 em Casablanca; e os de 26 de novembro de 2008 em Mumbai (REINARES, 2005, p. 4; CARRASCO DURÁN, 2010, p. 14; CANO PAÑOS, 2010, p. 20).

Algo que chama a atenção nesses principais atos do terrorismo contemporâneo (cuja intenção é exatamente essa, chamar a atenção) é a extensão dos danos causados, principalmente, no que diz respeito à quantidade de vítimas fatais.

Foram mais de três mil mortos apenas nos ataques de 11-S, 11-M e 7-J, além dos milhares de feridos, o que denota uma grande capacidade operativa e a falta de preocupação em delimitar as vítimas a serem atingidas.

No caso específico do 11-S, por exemplo, aponta-se para a atuação de três células, situadas em Hamburgo, na Malásia e nos Emirados Árabes Unidos, as quais sequer teriam tido contato entre si nas primeiras fases de planejamento dos ataques (CANO PAÑOS, 2010, p. 46).

Por outro lado, não se vislumbra no terrorismo global nenhuma finalidade de caráter revolucionário, de conquista de independência ou de liberação de algum regime colonial, não havendo, portanto, sob esses aspectos, um segmento populacional definido diretamente beneficiado por sua atuação. Como consequência, não há restrições a quem pode ser vitimado pelos seus ataques.

Michael Ignatieff (2005, p. 98-99) fala, assim, que, por não estarem ao serviço de uma determinada população, não padecem os terroristas contemporâneos de qualquer constrangimento decorrente do código moral dos seus apoiadores ou de uma possível exposição destes a represálias, daí a própria indiferença com relação aos incidentes causados às populações muçulmanas que estão na vizinhança de seus alvos.

Tratando desse aspecto específico do terrorismo global, Cano Paños (2010, p. 47-48) alerta para a ausência da figura do "terceiro interessado", que seria exatamente o segmento populacional determinado em cujo interesse seriam realizados os atos terroristas.

Quando se trata do terrorismo global, porém, há a eliminação ou relativização dessa figura, causando, dessa forma, a debilitação da legitimação política no âmbito da luta armada, trazendo maior capacidade operativa na hora de planejar os atentados[40] (CANO PAÑOS, 2010, p. 51).

---

40. "Neste sentido, o terrorismo transnacional apresenta-se antes de tudo como uma *estratégia de comunicação* com a opinião pública em geral e com seus próprios seguidores em particular, na

Um marco importante dessa nova ameaça terrorista foi a divulgação, em 23-02-1998, por Osama bin Laden, da criação da "Frente Islâmica Mundial para a Jihad[41] contra Judeus e Cruzados" (CANO PAÑOS, 2010, p. 35; REINARES, 2005, p. 4), manifesto do qual constou expressamente a determinação de que constituía uma obrigação dos muçulmanos, em qualquer parte do mundo, a morte de norte-americanos e seus aliados, civis ou militares.

Outro marco importante foi a proclamação do restabelecimento do califado, em junho de 2014, comunicada pelo porta-voz do Estado Islâmico, al-Adnani, através de uma mensagem de áudio, em árabe, intitulada "Esta é a Promessa de Alá", da qual foram distribuídas versões em inglês, francês, alemão e russo (STERN; BERGER, 2015, p. 145). Poucos dias após esse anúncio, divulgou-se vídeo em que se revelava a face do novo "Califa", Abu Bakr al-Baghdadi, discursando em uma mesquita em Mossul (STERN; BERGER, 2015, p. 147).

---

qual o número e a identidade das vítimas ficam relegados a um segundo plano. Mediante esta estratégia de comunicação persegue-se por um lado atrair simpatizantes e convencer a população muçulmana da eficácia da guerra santa contra os infiéis. Por outro lado, através dessa estratégia intenta-se ao mesmo tempo propagar um sentimento de medo e insegurança na população ocidental. Por tudo isso, os atentados terroristas cometidos nos últimos anos tem-se caracterizado por seu caráter cruel e indeterminado, não perseguindo em si uma influência *direta* na conduta do inimigo, mas uma de caráter *indireto* através da propagação de sentimentos de medo e pânico entre a população em geral" (CANO PAÑOS, 2010, p. 50, grifos do autor). Tais considerações reforçam o caráter teatral do terrorismo.

41. Uma análise mais aprofundada dos vários significados de jihad é feita por Gilles Kepel (2003). A palavra árabe designa "esforço", no caso, esforço do crente para, através de maior devoção, elevar-se na escala da perfeição humana (KEPEL, 2003, p. 135). Esse mesmo autor fala da "jihad da alma", que designaria a abstinência que conduz ao combate às tentações mundanas e aos vícios a elas ligados, com o objetivo de buscar a perfeição psíquica (KEPEL, 2003, p. 135). No âmbito social e politico, o "esforço" seria destinado à extensão do domínio do Islã a todo o planeta, falando-se, então, em "jihad ofensiva" e "jihad defensiva": a primeira, destinada a assegurar a expansão territorial do domínio do Islã, com a conquista de países não muçulmanos, tendo como exemplo, na época moderna, a expansão do império otomano, sendo considerada uma obrigação coletiva, concernente, em nome da coletividade, ao califa, aos membros de seus exércitos e a voluntários; já a "jihad defensiva" ("jihad de défense") é proclamada quando a "terra do Islã" é atacada por não-muçulmanos, tratando-se aqui de uma obrigação individual de pegar em armas, contribuir financeiramente ou adotar quaisquer outros meios para o triunfo da jihad (KEPEL, 2003, p. 135-137). Essa "jihad de défense" leva à suspensão das regras canônicas de organização da comunidade, devendo, por isso, ter um caráter de excepcionalidade, apesar do quê, no século XX, proliferou de maneira incontrolada (KEPEL, 2003, p. 137). A jihad proclamada por bin Laden, então, deve ser enquadrada como defensiva, eis que tem como fundamento a ocupação, pelos EUA, de terras do Islã. Mais recentemente, Gilles Kepel (2016, p. 81-85) fala em três gerações de jihad: a primeira foi no Afeganistão, com a invasão desse país pelo exército da então União Soviética; a segunda foi a proclamada por bin Laden, e "privilegiou a luta contra o inimigo distante, os Estados Unidos" (KEPEL, 2016, p. 83); e a terceira e atual, ilustrada pelos ataques de 13-N, em Paris, nasceu a partir de 2005, em torno do então chefe do braço da Al Qaeda no Iraque, Al-Zarqawi.

5.2. O terrorismo nacional ou interno

Quando se parte para a comparação do terrorismo global com aquelas vertentes que Cano Paños (2010, p. 21) classificou, em razão do espaço de atuação, como terrorismo nacional ou interno e terrorismo internacional, tem-se uma dimensão das transformações introduzidas na ideia de segurança.

Nessa classificação de Cano Paños[42] (2010, p. 21-23), são características do terrorismo nacional ou interno: circunscrever sua atividade e seus objetivos políticos ao espaço geográfico compreendido em um determinado Estado soberano; autores e vítimas das ações terroristas têm a mesma nacionalidade; a estrutura organizativa é hierarquizada e, em regra, mantida dentro das fronteiras do país em que operam as organizações terroristas; finalidade fundamental de alteração política ou socioeconômica no país de atuação, ou, ainda, de segregação territorial.

Comparando-se essa classificação com a dos tipos de terrorismo elencados por Michael Ignatieff[43], tem-se que o terrorismo nacional ou interno, conforme as suas finalidades, pode enquadrar-se tanto no terrorismo insurrecional, destinado à derrubada revolucionária de um Estado, quanto no terrorismo de liberação, que visa à derrubada de um regime colonial, como também no terrorismo separatista, que busca a independência de um grupo étnico ou religioso.

Assim, como exemplos de organizações terroristas que visavam à derrubada revolucionária de um Estado, operando por razões políticas e socioeconômicas, podem ser citadas as Brigadas Vermelhas, na Itália, e a *Rote Armee Fraktion* (RAF), na Alemanha, sendo o *Irish Revolutionary Army* (IRA), na Irlanda do Norte, e o *Euskadi Ta Askatasuna* (ETA), na Espanha, exemplos do terrorismo separatista. Já a Frente de Libertação Nacional (FLN), na Argélia, seria o exemplo clássico de terrorismo de liberação.

5.3. O terrorismo internacional

A respeito do terrorismo internacional, caracteriza-se pelo seguinte: atua além das fronteiras de um determinado Estado; executa ações muitas vezes dirigidas contra sujeitos e instituições pertencentes a outro país; e tem a finalidade fundamental de chamar a atenção da opinião pública mundial para um conflito interno, tanto para lograr solidariedade para a

---

42. Que coloca o terrorismo nacional ou interno e o terrorismo internacional sob o adjetivo de "velho terrorismo", em confronto com o "novo terrorismo" (CANO PAÑOS, 2010, p. 53 e 55-56)
43. Ver item 3.1.1.

causa como para pressionar o Estado a que se destina a atividade terrorista a fazer determinadas concessões (CANO PAÑOS, 2005, p. 22-23).

Trata-se de uma campanha de violência que nega as regras internacionais da diplomacia e da guerra, não delimitada territorialmente e na qual são empregados exércitos distintos dos tradicionais (JENKINS, 1974, p. 2-3).

Pode-se dizer, assim, que, embora as ações sejam internacionais, o objetivo maior e final é local.

Não há dúvidas de que a Organização para a Liberação da Palestina (OLP) seja o principal exemplo desse tipo de terrorismo, que, na classificação de Michael Ignatieff[44], enquadra-se como terrorismo de ocupação, destinado à retirada de forças que ocupam um território conquistado.

O sequestro de um avião de passageiros israelense, da companhia El Al, no trajeto Roma-Tel Aviv, por três terroristas palestinos pertencentes à Frente Popular para a Liberação da Palestina (FPLP), ligada à OLP, em 22 de julho de 1968, marcou o advento da era moderna do terrorismo internacional (DERSHOWITZ, 2002, p. 36; CANO PAÑOS, 2010, p. 23; CHALIAND, 2016, p. 94).

Tratou-se, então, do primeiro sequestro de avião com o propósito de aterrorizar uma nação para alterar sua política e atrair a atenção do mundo para a causa de estabelecimento de um estado palestino (DERSHOWITZ, 2002, p. 36).

Dershowitz (2002, p. 36) destaca o sucesso do terrorismo palestino, com a atração de apoio e simpatia para a causa, como um modelo para grupos minoritários étnicos e nacionalistas em todo o lugar[45].

Outro marco desse terrorismo internacional deu-se em 5 de setembro de 1972, com o sequestro e morte de desportistas israelenses, na Vila Olímpica de Munique, durante os Jogos Olímpicos daquele ano, pela organização Setembro Negro (CANO PAÑOS, 2010, p. 23), o que, para Dershowitz (2002, p. 41-42), teria decorrido do tratamento leniente dado pelos governantes europeus ao terroristas palestinos e teria servido como incentivo para mais ações.

---

44. Ver item 3.1.1.
45. Sobre a comparação feita por Brian M. Jenkins entre as diferentes repercussões dos movimentos insurgentes, à época do texto (1974), em Angola, Moçambique e na Guiné Portuguesa, e a estratégia dos terroristas palestinos, com ampla vantagem em atenção da opinião pública internacional para estes, ver item 2.7. Ainda a esse respeito, a interessante relação feita por Dershowitz (2002, p. 57-78) entre os atos terroristas praticados pelas organizações palestinas e os benefícios que daí teriam advindo para essa causa, inclusive a premiação de Yasser Arafat, juntamente com Yitzhak Rabin e Shimon Peres, com o Prêmio Nobel da Paz.

5.4. Terrorismo tradicional x terrorismo contemporâneo

Embora, também no chamado terrorismo tradicional, haja o evidente propósito de trazer o medo e a insegurança, tal é mais uma forma de chantagem (por exemplo, o sequestro de aviões em troca da soltura de presos, muito praticado pela OLP) ou uma ameaça de futuros males, iguais ou piores que os já causados, sendo, em geral, possível perceber qual o objetivo perseguido e/ou o segmento populacional a ser supostamente beneficiado.

Tal acaba repercutindo nos tipos de consequências e de estratégias utilizadas. Assim, com Cano Paños (2010, p. 30-31), é possível dizer que o terrorismo tradicional: tem um repertório de violência moderadamente amplo em suas ações e restrito nas consequências (atentados contra pessoas; delitos de danos; roubos a bancos; e ações mais ou menos espetaculares, como assaltos a embaixadas ou sequestro de aviões); escolhe cuidadosamente os destinatários das ações, privilegiando representantes de determinada ordem política, social ou militar; possui um conceito restrito de inimigo, em razão da perseguição de fins ideológicos ou nacionalistas, contando com uma base de apoio em determinados segmentos da população.

Ao fugir desses parâmetros, o terrorismo contemporâneo transformou o medo de atentados terroristas em um sentimento global, e não de alguns países ou segmentos sociais que há muito vinham se defrontado com tal tipo de violência, como é o caso de Israel, Espanha e Reino Unido.

Ademais, mesmo em sociedades como as desses dois últimos países citados, nenhum atentado específico praticado pelo ETA ou pelo IRA causou tantas vítimas, a um mesmo tempo, quanto os atentados praticados em 11-M e 7-J, respectivamente, em Madrid e Londres[46].

Os Estados Unidos conheciam atentados como o ataque ao prédio federal em Oklahoma City, em 19 de abril de 1995[47], mas nada que se comparasse ao ocorrido em 11-S nem ao medo e ao terror provocados pelos eventos daquele dia. Desde 1814 a área continental dos EUA não sofria um ataque externo (IGNATIEFF, 2005, p. 1).

O que se passou a temer, pois, foi um inimigo difuso, sem uma demanda objetiva, que pode estar em ou vir de qualquer país, inclusive naquele

---

46. Essa afirmação pode ser confirmada com a comparação entre a quantidade de vítimas fatais do 11-M e a de cada atentado praticado pelo ETA, a partir da análise da relação de vítimas de atentados terroristas constante da página da Asociación Víctimas del Terrorismo (AVC) na internet. Disponível em <http://www.avt.org/victimas-del-terrorismo/>. Acesso em: 18 set. 2016.
47. Acerca desse atentado e do seu autor, Timothy MCveigh, ver item 3.1.1.

em que seriam praticados os atentados, e sem quaisquer pudores ou freios quanto às consequências dos atos praticados, nem quanto às vítimas muito menos quanto aos danos econômicos provocados, até pelo propósito de impor humilhação e derrota aos "infiéis".

6. CONCLUSÃO

Atos praticados em diferentes países, a partir de diversas localidades, contra objetivos heterogêneos, por pessoas de várias procedências, com capacidade de se infiltrar em qualquer Estado e passar despercebidas até o momento de atuar, sem uma base nacional concreta de caráter operativo nem a finalidade de conseguir um objetivo determinado ou sequer uma agenda política exclusivamente interna dirigida à sociedade a que pretendem aterrorizar, mas, apenas, um móvel que é a transformação da ordem internacional, passando ainda pela ideologia religiosa de caráter pan-islâmico e a oposição radical a tudo o que representa a civilização ocidental, além da ausência de quaisquer pudores ou freios quanto às consequências dos atos praticados, nem quanto às vítimas muito menos quanto aos danos econômicos provocados, até pelo propósito de impor humilhação e derrota aos "infiéis": tal como visto, estes são os aspectos que distinguem o terrorismo contemporâneo do que se pode chamar de terrorismo tradicional.

Quando tais aspectos são relacionados aos diversos atentados praticados sob o comando, a orientação ou, ao menos, a inspiração da Al Qaeda ou do Estado Islâmico, e, em especial, quando se pensa nos ataques de 11 de setembro de 2001, em Nova York, ou nos mais recentes atentados de 13 de novembro de 2016, em Paris, apenas para ficar com dois dos mais emblemáticos exemplos do terrorismo contemporâneo, o que fica evidente é a extrema violência dos atos, a sua exposição midiática e o terror que tomou conta não somente dos cidadãos dos países diretamente atingidos, mas, da sociedade ocidental como um todo, com o recrudescimento de medidas de segurança em aeroportos e em grandes eventos.

Por outro lado, mesmo considerando as características do chamado terrorismo tradicional (repertório de violência moderadamente amplo em suas ações e restrito nas consequências, como atentados contra pessoas; delitos de danos; roubos a bancos; e ações mais ou menos espetaculares, como assaltos a embaixadas ou sequestro de aviões; a escolha cuidadosa dos destinatários das ações, privilegiando representantes de determinada ordem política, social ou militar; a adoção de um conceito restrito de inimigo, em razão da perseguição de fins ideológicos ou nacionalistas, contando com uma base de apoio em determinados segmentos da população), ainda assim, em comum com o terrorismo contemporâneo, com alguma diferença de alcance e escala, pode-se identificar a violência dos atos, a sua ampla exposição ao conhecimento público e o propósito de impor medo à população.

Portanto, ficam patentes quais os três elementos que devem ser considerados essenciais a uma definição de terrorismo: a violência, o aspecto teatral e o propósito de atemorizar a população.

7. REFERÊNCIAS BIBLIOGRÁFICAS

11-M: MASACRE EN MADRID. **El Mundo**. [200-]. Disponível em: <(http://www.elmundo.es/documentos/2004/03/espana/atentados11m/hechos.html)>. Acesso em 27 jun. 2012.

AMBOS, Kai. **El derecho penal frente a amenazas extremas**. Madrid: Dickinson, 2007.

ANDERS BEHRING BREIVIK TRIAL: indictiment in full. **The Telegraph**. 2012. Disponível em: <http://www.telegraph.co.uk/news/worldnews/europe/norway/9206336/Anders-Behring-Breivik-trial-indictment-in-full.html>. Acesso em: 5 ago. 2012.

ANDERS BEHRING BREIVIK TRIAL: the boy next door turned serial killer. **The Telegraph**. 2012. Disponível em: <http://www.telegraph.co.uk/news/worldnews/europe/norway/9206108/Anders-Behring-Breivik-the-boy-next-door-turned-serial-killer.html>. Acesso em: 5 ago. 2012.

BIGO, Didier. L'impact des mesures anti-terrorristes sur l'équilibre entre liberte et sécurité er sur la cohésion sociale em France. In: BRIBOSIA, Emmanuelle; WEYEMBERGH, Anne (Dir.). **Lutte contre le terrorisme et droits fondamentaux**. Bruxelas: Nemesis e Bruylant, 2002. p. 219-247.

BUENO ARUS, Francisco. Terrorismo: algunas cuestiones pendientes. In: VALENTE, Manuel da Costa; ANTUNES, Maria João; SOUSA, Susana Aires de (Org.). **Estudos em homenagem ao Prof. Doutor Jorge de Figueiredo Dias**. Vol. 3. Coimbra: Coimbra Editora, 2010. p. 153-186.

BURKE, Jason. Think again: Al Qaeda. **Foreign Policy**, Washington, 1 maio 2004. Disponível em: <http://www.foreignpolicy.com/articles/2004/05/01/think_again_al_qaeda?=yes&hidecommentes=yes&page=full>. Acesso em: 13 jun. 2012.

BURNS, John F.; MYERS, Steven Lee. The warship explosion: the overview: blast kills sailors on U. S. ship in Yemen. **The New York Times**, Nova York, 13 out. 2000. Disponível em: <http://www.nytimes.com/2000/10/13/world/the-warship-explosion-the-overview-blast-kills-sailors-on-us-ship-in-yemen.html?pagewanted=all&src=pm>. Acesso em: 14 jun. 2012.

BURUMA, Ian. **A morte de Theo Van Gogh:** e os limites da tolerância. Tradução de Dalila Coutinho. Lisboa: Editorial Presença, 2007.

CANCIO MELIÁ, Manuel. **Los delitos de terrorismo**: estructura típica e injusto. Madrid: Reus, 2010.

_____. Sentido y limites de los delitos de terrorismo. In: SERRANO-PIEDECASAS, José Ramón (Dir.); DEMETRIO CRESPO, Eduardo (Dir.). **Terrorismo y Estado de Derecho**. Madrid: Iustel, 2010. p. 381-416.

CANO PAÑOS, Miguel Ángel. **Generación Yhad**: la radicalización islamista de los jóvenes musulmanes em Europa. Madrid: Dykinson, 2010.

CANO PAÑOS, Miguel Ángel. Perfiles de autor del terrorismo em Europa. **Revista Electrónica de Ciencia Penal y Criminología** (en línea). n. 11-07, p. 07:1-07:38, 2009. Disponível em: <http://criminet.ugr.es/recpc/11/recpc11-07.pdf>. Acesso em 15 mar. 2012.

CÁRDENAS ESTRADA, Jorge Mario. La problemática conceptualización del terrorismo de estado. **Estudios de Derecho**, Medellín, Ano 66, vol. 66, n. 148, p. 43-58, dez. 2009.

CARRASCO DURÁN, Manuel. Medidas antiterroristas y constituición, tras el 11 de septiembre de 2001. In: PÉREZ ROYO, Javier (Dir.); CARRASCO DURÁN, Manuel (Coord.). **Terrorismo, democracia y seguridad, en perspectiva constitucional**. Madrid: Marcial Pons, 2010. p. 13-56.

CARRASCO JIMÉNEZ, Pedro. **La definición del terrorismo desde una perspectiva sistémica**. Madrid: Plaza y Valdés Editores, 2009.

CASTEL, Timothée. Criminologie du passage à l'acte terrorriste jihadiste em Europe. **Revue de droit penal et de criminologie**. Bruxelas, vol. II, p. 986-1024, nov. 2008.

CHALIAND, Gérard. O terrorismo visa os espíritos e as vontades. Entrevista realizada por Laurent GreilSamer e Manon Paulic. In: FOTTORINO, Éric (Org.). **Quem é o Estado Islâmico?**: compreendendo o novo terrorismo. Tradução de Fernando Schelbe. Belo Horizonte: Autêntica Editora, 2016. p. 91-95.

CHAMBON, Fédéric. La double vie de Jamal Zougam. **Le Monde**, Paris, 19 abr. 2004. Disponível em: <http://www.mafhoum.com/press7/190C36.htm>. Acesso em: 15 jul. 2012.

DERSHOWITZ, Alan M. **Why terrorism works**: understanding the threat, responding to the challenge. New Haven e Londres: Yale University Press, 2002.

ELLIS, Clare et al. **Lone-actor terrorism**: final report. Royal United Services Institute for Defence and Security Studies: London, 2016. Disponível em: <https://rusi.org/sites/default/files/201604_clat_final_report.pdf>. Acesso em: 29 set. 2016.

ESCOBEDO, Tricia; MORGENSTEIN, Mark. Who were suspects in Paris terror attacks? **CNN**, Londres, 18 nov. 2015. Disponível em: < http://edition.cnn.com/2015/11/16/world/paris-attacks-suspects-profiles/index.html>. Acesso em: 29 set. 2016.

FLETCHER, George P. The indefinable concept of terrorism. **Journal of International Criminal Justice**, ___, vol. 4, p. 894-911, 2006. Disponível em: <http://heinonline.org>. Acesso em: 31 maio 2012.

FOTTORINO, Éric. **Quem é o Estado Islâmico?**: compreendendo o novo terrorismo. Tradução de Fernando Schelbe. Belo Horizonte: Autêntica Editora, 2016.

GÓMEZ CORONA, Esperanza. Estados Unidos: política antiterrorista, derechos fundamentales y división de poderes. In: PÉREZ ROYO, Javier (Dir.); CARRASCO DURÁN, Manuel (Coord.). **Terrorismo, democracia y seguridad, en perspectiva constitucional**. Madrid: Marcial Pons, 2010. p. 57-96.

GÓMEZ MARTÍN, Víctor. Notas para un concepto funcional de terrorismo. In: SERRANO-PIEDECASAS, José Ramón (Dir.); DEMETRIO CRESPO, Eduardo (Dir.). **Terrorismo y Estado de Derecho**. Madrid: Iustel, 2010. p. 25-52.

GRUPO DE ESTUDIOS DE POLÍTICA CRIMINAL. **Uma alternativa a la actual política criminal sobre terrorismo**. Málaga, 2008.

HUME, Tim; AP, Tiffany; SANCHEZ, Ray. Here´s what we know about Brussels terror attacks. **CNN**, Londres, 25 mar. 2016. Disponível em: < http://edition.cnn.com/2016/03/23/europe/brussels-belgium-attacks-what-we-know/>. Acesso em 29 set. 2016.

IGNATIEFF, Michael. **The lesser evil**: political ethics in an age of terror. Edinburgh: Edinburgh University Press, 2005.

JENKINS, Brian M. International terrorism: a new kind of warfare. In: ___. 1974. Disponível em: <http://www.rand.org/pubs/papers/2008/P5261.pdf>. Acesso em: 9 jun. 2012.

KEPEL, Gilles. Jihad. **Pouvoirs:** revue française d'études constitucionnelles et politiques, Paris, n. 104, p. 135-142, 2003.

_____. Os massacres de 13 de novembro ilustram a jihad da terceira geração. Entrevista realizada por Éric Fottorino e Clara Wright. In: FOTTORINO, Éric (Org.). **Quem é o Estado Islâmico?**: compreendendo o novo terrorismo. Tradução de Fernando Schelbe. Belo Horizonte: Autêntica Editora, 2016. p. 81-85.

LAMARCA PÉREZ, Carmen. Sobre el concepto de terrorismo: a propósito del caso Amedo. **Anuario de Derecho Penal y Ciencias Penales**. Madrid, tomo 46, fasc. 2, p. 535-559, maio-ago. 1993.

LONDON ATTACKS. **BBC News Special Reports.** 2008. Disponível em: <http://news.bbc.co.uk/2/hi/in_depth/uk/2005/london_explosions/default.stm>. Acesso em 27 jun. 2012.

MCFADDEN, Robert D. Prisoner of rage: a special report: from a child of promise to the Unabom suspect. **The New York Times**, Nova York, 26 maio 1996. Disponível em: <http://www.nytimes.com/1996/05/26/us/prisoner-of-rage-a-special-report-from-a-child-of-promise-to-the-unabom-suspect.html?ref=theodorejkaczynski&pagewanted=all>. Acesso em 14 jun. 2012.

PARIS AND BRUSSELS BOMBER'S LINKS UNCOVERED. **BBC News.** 2016. Disponível em: <http://www.bbc.com/news/world-europe-35879401>. Acesso em: 29 set. 2016.

PÉREZ CEPEDA, Ana Isabel. Definición del delito de terrorismo como un delito internacional. In: SERRANO-PIEDECASAS, José Ramón (Dir.); DEMETRIO CRESPO, Eduardo (Dir.). **Terrorismo y Estado de Derecho**. Madrid: Iustel, 2010. p. 53-79.

PÉREZ ROYO, Javier. La democracia frente al terrorismo global. In: PÉREZ ROYO, Javier (Dir.); CARRASCO DURÁN, Manuel (Coord.). **Terrorismo, democracia y seguridad, en perspectiva constitucional**. Madrid: Marcial Pons, 2010. p. 7-12.

PRECHT, Tomas. **Home grown terrorism and Islamist radicalisation in Europe**: from convertion to terrorism: an assessment of the factors influencing violente Islamist extremism and suggestions for counter radicalization measures. Copenhagen: Ministério da Justiça da Dinamarca, 2007. Disponível em:<http://justitsministeriet.dk/fileadmin/downloads/Forskning_og_dokumentation/Home_grown_terrorism_and_Islamist_radicalisation_in_Europe_-_an_assessment_of_influencing_factors__2_.pdf>. Acesso em: 3 jul. 2012.

REINARES, Fernando. Conceptualising international terrorism. **ARI**. ___. n. 82, 2005. Disponível em:<http://www.realinstitutoelcano.org/analisis/802/reinares802.pdf>. Acesso em: 16 mar, 2012. p. 1-6.

ROXIN, Claus. **Autoría y dominio del hecho en derecho penal**. Tradução de Joaquín Coello Contreras e José Luis Serrano González de Murillo. 7. ed. Madrid: Marcial Pons, 2000.

SHANE, Scott. U. S. approves targeted killing of american cleric. **The New York Times**, Nova York, 6 abr. 2010. Disponível em: <http://www.nytimes.com/2010/04/07/world/middleeast/07yemen.html>. Acesso em: 14 jun. 2012.

STERN, Jessica; BERGER, J. M. **Estado Islâmico:** Estado de terror. Tradução de Rita Carvalho e Guerra e Pedro Carvalho e Guerra. Amadora: Vogais, 2015.

TAARNBY, Michael. **Recruitment of islamist terrorists in Europe**: trends and perspectives. Aarhus, DIN: University of Aarhus, 2005. <Disponível em: <http://www.investigativeproject.org/documents/testimony/58.pdf>. Acesso em 4 jul. 2012.

VLASIC, Mark V. Assassination & targeted killing: a historical and post-bin Laden legal analysis. **Georgetown Journal of International Law**, Washington, vol. 43, n. 2, p. 259-333, 2012. Disponível em: < http://gjil.org/wp-content/uploads/archives/43.2/zsx00212000259.PDF>. Acesso em 14 jun. 2012.

WALDRON, Jeremy. **Torture, terror and trade-offs**: philosofy for the White House. Nova York: Oxford University Press: 2010.

WALZER, Michael. **Arguing about war**. New Haven e Londres: Yale University Press, 2004.

_____. **Just and unjust wars**: a moral argument with historical ilustrations. 3. ed. Nova York: Basic Books, 2000.

WEISS, Michael; HASSAN, Hassan. **Estado Islâmico**: desvendando o exército do terror. Tradução de Jorge Ritter. São Paulo: Seoman, 2015.

WEYEMBERGH, Anne. L'impact du 11 septembre sur l'équilibre securité/liberté dans l'espace penal européen. In: BRIBOSIA, Emmanuelle; WEYEMBERGH, Anne (Dir.). **Lutte contre le terrorisme et droits fondamentaux**. Bruxelas: Nemesis e Bruylant, 2002. p. 153-195.

WITTGENSTEIN, Ludwig. **Philosophical investigations**: the german text, with a revised English translation. Tradução de G. E. M. Anscombe. 3. ed. Oxford: Blackwell, 2001. Disponível em: <http://gormendizer.co.za/wp-content/uploads/2010/06/Ludwig.Wittgenstein.-.Philosophical.Investigations.pdf>. Acesso em: 9 jun. 2012.